宁东煤炭基地高效开发核心技术

王 俭 李玉民 著

中国矿业大学出版社

内 容 摘 要

本书主要介绍了十多年来神华宁夏煤业集团在开发建设国家级宁东煤炭基地过程中，联合中国矿业大学等高校与科研单位取得的科研成果和建设经验。针对宁东矿区煤层埋藏条件复杂、煤系地层软弱富含水、煤层极易自然发火、地表生态环境脆弱等特点，通过自主研发、集成创新，开发出以软弱富含水地层凿井技术、复杂特厚煤层千万吨级大采高大倾角综采技术、高韧性难冒放易自燃特厚煤层综放技术、大断面煤巷围岩控制技术、高地温极易自燃复合煤层综合防灭火技术、"探—放—堵—疏—排"综合立体化防治水技术、千万吨级矿井群生态建设技术等一系列创新的技术工艺，构建了特大型现代化矿区安全高效建设与生产的核心技术体系，形成了宁东矿区亿吨级产能、千万吨级矿井群的建设与生产格局，为煤炭科学技术进步和宁夏回族自治区的经济社会发展发挥着显著的作用。

图书在版编目(CIP)数据

宁东煤炭基地高效开发核心技术/王俭，李玉民著. —徐州：中国矿业大学出版社，2017.9

ISBN 978-7-5646-3616-6

Ⅰ. ①宁… Ⅱ. ①王…②李… Ⅲ. ①煤炭基地—煤炭开发—灵武 Ⅳ. ①F426.21

中国版本图书馆 CIP 数据核字(2017)第169754号

书　　名 宁东煤炭基地高效开发核心技术
著　　者 王　俭　李玉民
责任编辑 黄本斌　马跃龙　徐　玮
出版发行 中国矿业大学出版社有限责任公司
（江苏省徐州市解放南路　邮编 221008）
营销热线 (0516)83885307　83884995
出版服务 (0516)83885767　83884920
网　　址 http://www.cumtp.com　**E-mail**:cumtpvip@cumtp.com
印　　刷 江苏淮阴新华印刷厂
开　　本 787×1092　1/16　**印张** 21　**字数** 412 千字
版次印次 2017 年 9 月第 1 版　2017 年 9 月第 1 次印刷
定　　价 40.00 元

前　言

宁东能源化工基地，历经11年的建设，已经初具雏形，并且显示出了她的无穷魅力。如今，全球首个100万kW超超临界空冷电站，全球首个±660 kV直流输电工程，全球首个52万t煤基丙烯(MTP)项目，亚洲最大装置规模的6万t聚甲醛项目及其他系列大型煤炭、煤电、煤化工项目已经在宁东能源化工基地建成投运；全球单套装置规模最大的400万t煤炭间接液化、±800 kV直流输电工程等一批重大项目也即将竣工。截至2015年年底，煤炭生产及建设总规模近亿吨、火电装机容量达到876万kW、新能源装机容量达到383万kW、煤化工产能达到1 357万t，其中烯烃产能达到160万t，成为全国最大的煤基烯烃生产基地。涵盖国家重要的大型煤炭生产基地、西电东送火电基地、煤化工产业基地和国家循环经济示范区的宁东能源化工基地，不但成为宁夏经济社会发展和经济增长的重要引擎，也成为中国能源化工“金三角”(宁东—鄂尔多斯—榆林)的主要支撑。

宁夏煤炭预测储量2 027亿t，居全国第5位，探明储量315.6亿t，居全国第6位，人均占有量居全国第一位。宁东煤田含煤面积3 500 km^2，探明地质储量273亿t，占全区探明煤炭储量的86.5%；宁夏煤炭资源品种齐全，全国14大类煤种，宁夏占有11种。其中主焦煤、无烟煤、长烟煤和不黏结煤是宁夏的优势煤种，也是优质化工用煤、冶金用煤和动力用煤。宁东煤田是国内少有的整装煤田。

2007年3月，国家《西部大开发“十一五”规划》将宁东能源化工基地列入其中，明确提出利用宁东地区水、煤、电、石油、天然气资源丰富的优势，加快建设国家重要的能源工业开发接续基地和重要能源化工产品加工基地。2008年9月，国务院《关于进一步促进宁夏经济社会发展的若干意见》(国发〔2008〕29号)指出：把宁东建设成为国家重要的大型煤炭基地、煤化工产业基地、“西电东送”火电基地。2009年

2月，国家发展与改革委员会批复了《宁东能源化工基地开发总体规划》，确定将宁东建成全国一流的能源化工基地、全国循环经济与资源高效利用示范区和带动宁夏跨越式发展与实现全面小康社会目标的重点开发区。2012年9月，国务院批复宁夏内陆开放型经济试验区，提出依托宁东基地建设国家大型综合能源化工生产基地、综合生产加工区和储备区。

国家批准的宁东能源化工基地，规划到2020年，煤炭生产能力将达到1.3亿t/a，火电装机容量达到2 000万kW，煤化工产成品生产能力达到2 000万t/a。工业项目固定资产投资总规模达到5 000亿元，实现工业增加值和拉动相关产业增加值1 500亿元，新增地方财政收入近200亿元，产业工人达到10万人，带动沿黄城市带新增就业岗位30万个。

宁东煤炭基地的开发建设，生产运行的质量、速度和效率，决定着宁东能源化工基地建设的成败。神华宁夏煤业集团（以下简称“神华宁煤集团”）承担着宁东煤炭基地建设重任，充分发挥大集团技术、人才和资金的优势，在煤炭基地的建设过程中，不辱使命，针对各种复杂条件和工程要求，不断进行技术攻关，不断破解建设生产中的各种难题，形成了一整套核心开发开采技术体系。本书就是这一技术体系的概要总结。这一技术体系的主要内容包括：

(1) 宁东煤炭基地6 m左右的特厚煤层大采高开采技术。从2006年开始，在国内外首创了6.2 m大采高大倾角大起伏千万吨级工作面开采工艺技术，首次实现了煤层厚度4.0～6.2 m、最大煤层倾角29°条件下的大采高成套装备国产化、系列化，在宁东各矿进行了规模化应用。

(2) 宁东煤炭基地10 m左右的高韧性特厚煤层综采放顶煤开采技术。从2003年开始在国内外首次对高韧性难冒放煤层冒放性进行研究，集成创新了多方位可控顶煤弱化技术，成功解决了韧性指数9～11高韧性难冒放煤层综采放顶煤的世界性难题。

(3) 复杂特殊地层千万吨级矿井群高效建设技术。

一是集成创新了深孔疏降水凿井技术，自主研发了非全井控制冻结关键技术，实现了软弱富含水地层高效建井。

二是自主研发了大断面软岩井巷柔模注混凝土快速支护技术，与砌碹支护相比，施工速度提高一倍以上。

三是集成创新并规模化应用了“折返式缓坡斜井开拓加无轨胶轮化”的地面至井下工作面一站式辅运技术，构建了高效高可靠辅助运输系统，保障了重型设备整体长距离快速便捷运输。

(4) 创新了宁东煤炭基地大断面三软煤巷围岩控制技术。

一是应用“锚—梁—网—索”综合支护措施，形成了特厚煤层大断面巷道支护控制与快速施工安全保障支撑技术体系，创造了国内同类机型施工新纪录。

二是应用巷道锚杆可缩性条带碹支护技术，条带碹部分用柔模泵注混凝土结构，无条带碹部分用锚杆支护，增加了碹体的稳定性，提高了支护结构的可靠性。

三是采用“三软”煤层锚网支护沿空掘巷技术，通过 6 m 及 10 m 小煤柱沿空掘巷与围岩注浆加固，有效控制巷道两帮移近量和顶板下沉量，保证了回采期间巷道的稳定性。

(5) 复杂条件千万吨级矿井生产安全保障技术。

一是针对宁东矿区煤层易自然发火的特点，首次将煤化工生产过程产生的液氮大规模应用于矿井灭火工程中，采用地面钻孔液氮直注式、可控温液氮汽化注入式和井下液氮直注式三种液氮灭火技术工艺，成功探索出了一种防治易自燃煤层矿井自然发火的快速高效液氮立体化防灭火新技术。

二是首次揭示了软弱富含水地层工作面顶板离层水突水机理，运用千米定向钻进探放水技术，形成了以“探放为主，疏排为辅”的综合防治水技术，实现了矿井安全回采。

三是采用长距离大孔径定向钻孔施工技术、地面至煤层钻井抽采瓦斯技术，提高了钻孔施工进度和瓦斯抽采量，实现高效抽采和消突，保证安全高效开采。

(6) 创新了千万吨级矿井群生态建设技术，“低投入、低消耗、高效率、可循环、少排放”生态建设方式缓解了日益加大的资源约束和生态环境压力。这些核心技术完全是在宁东矿区国家级亿吨煤炭基地开发建设和生产过程中通过探索、研究、攻关获得的，并且已经在基地成熟应用和大范围推广。宁东煤炭基地的高效开发建设和高效安全生产，保障了宁东能源化工基地的快速建设和发展，为宁夏的经济社会发展发挥出了显著作用。

宁东煤炭基地已经成为14个国家级亿吨煤炭基地中开发建设速度最快、经济效益最好的基地之一。在保障国家能源战略、促进区域经济跨越式发展及提高煤炭产业转化度和行业整体技术水平等方面展示出了良好的导向和重要的示范作用。

本书是神华宁煤集团的广大工程技术人员和建设者在宁东煤炭基地建设过程中辛勤劳动的技术总结和科研结晶，也是神华宁煤集团技术创新水平和科技管理水平不断提高的真实写照。在此，要对参加宁东煤炭基地的建设者，以及与神华宁煤集团携手合作参与宁东煤炭基地建设的各方人士，参与宁东煤炭基地科研项目的中国矿业大学、西安科技大学、煤炭科学研究总院等相关单位的专家学者表示最真挚的感谢和最崇高的敬意！还要特别感谢中国矿业大学出版社的编辑们，正是他们认真而负责地工作才使本书有幸与读者见面！

由于作者学识有限，书中难免存在不足甚至谬误，恳请广大读者提出批评和宝贵意见！

著　者

2015年9月

目　录

第三篇　复杂条件下千万吨级矿井工作面回采工艺

第四篇　复杂条件下千万吨级矿井安全保障技术

总　论

宁东煤炭基地是国家重点开发的14个亿吨级煤炭基地之一，是宁东能源化工基地的产业基础和根本保障，是神华宁煤集团承担的宁东能源化工基地建设重任中最关键的板块。煤炭是宁夏的资源优势，依托这一优势建设的宁东能源化工基地是宁夏的一号工程，是经济上实现“再造一个宁夏”，全区提前进入小康社会的希望所在。宁东煤田含煤面积3 500 km^2，探明地质储量273亿t，煤炭储量丰富，且煤炭资源分布集中，属保护较好的大型整装煤田。神华宁煤集团作为宁东煤炭基地开发的主导企业，为实现宁东煤炭基地开发建设的规模化、大型化、一体化、产业基地化的发展模式，打造绿色能源航母，按照“北部矿区技改挖潜、南部矿区规模发展”的方针，统筹规划了北部石嘴山、石炭井矿区，宁东灵武、鸳鸯湖、横城及马家滩等矿区，并对各矿区科学产能进行了合理布局。基于宁东煤炭基地地层软弱富含水、断层构造多，煤层倾角变化大、厚煤层储量大(约占总储量40%)、韧性大、煤层易自燃等复杂条件，神华宁煤集团对特大型整装煤田亿吨煤炭基地开发建设面临的快速建井、高效高回收率安全开采等技术难题进行联合攻关，并取得显著成效，首创了大倾角复杂特厚煤层6.2 m大采高综采新工艺及其国产化装备的配套技术和高韧性易自燃特厚煤层综放开采新工艺，首次在世界上采用大规模液氮灭火技术，自主研发了复杂特殊地层大断面井筒快速施工技术和复杂条件千万吨级工作面安全高效生产技术。经过创新技术的实施，神华宁煤集团建成了羊场湾煤矿(1 500万t/a)等一批千万吨级安全高效现代化矿井，使宁东煤炭基地初具规模，成为14个国家级亿吨煤炭基地中开发建设速度最快，经济效益最好的基地之一，在保障国家能源战略、促进区域经济跨越式发展及提高煤炭行业整体技术水平等方面展示出了良好的导向和重要的示范作用。

一、宁东煤炭基地的建设条件

(一) 宁东特大型整装煤田资源特点

(1) 宁东煤田含煤面积3 500 km^2，探明地质储量273亿t，远景预测储量1 394.3亿t，煤炭储量极为丰富，且煤炭资源分布集中，长期以来没有乱采滥挖现象，属保护较好的大型整装煤田。

(2) 宁东煤炭基地所属煤田可采煤层多,煤层厚度大,特厚煤层多,厚煤层储量约占总储量的 40%,具有建设现代化千万吨级矿井群和千万吨级综采工作面的优势条件。

(3) 地层软弱富含水、断层构造多。宁东煤田地层分区属于华北地层区、鄂尔多斯盆地西缘。矿区围岩总体较松散,且岩石极易风化。区内部分矿井建井和生产揭露的水文地质条件为复杂类型。此外,区内褶曲和断层较多,断距为 500～1 000 m 以上的大断层有 11 条。

(4) 煤层厚度倾角起伏变化大,煤层韧性大。区内较多倾斜煤层,受大的褶曲影响,煤层赋存倾角变化大,部分主力矿井的煤层倾角最大达到 48°。煤层走向起伏大,最大起伏达到 30°。煤层韧性大,韧性指数为 9～11,硬度系数为 1～2,煤层硬度比顶底板硬度大,总体上呈"顶底软、煤层硬"的特点。

(5) 煤层易自燃。目前,矿区主采煤层 2# 煤层为低灰、低硫、低～特低磷、较高发热量的不黏结煤,属易自燃煤层,煤层自然发火期极短(22 d),各煤层自然发火期差别不大。

(二) 宁东煤炭基地开发建设的总体思路与方针

1. 宁东煤炭基地开发建设的总体思路

依托宁夏煤炭资源优势,神华宁煤集团一开始就提出了"科学布局,适度超前,分步实施,规模经营"的宁东煤炭基地开发建设思路,从提高资源回收率,提高矿井机械化水平,提高煤矿安全生产水平,实现高产高效等因素出发,优化资源配置,走专业化、集约化生产模式,形成区域规模及技术、管理优势,提高生产集中度,实现规模扩张,实施新矿井开发建设和老矿井技术改造并举等措施,着力建设亿吨煤炭基地,打造绿色能源航母。

2. 宁东煤炭基地开发建设的方针

宁东煤炭基地开发建设坚持规模化、大型化、一体化、产业基地化的发展模式,坚持高起点、高水平、资源合理开发利用、可持续发展、安全发展等原则,制定了"北部挖潜,南部发展"的方针,把煤炭规模做大做强。

北部挖潜,重点是"稳定能力、优化系统、精干高效、综合治理",主要是对石嘴山矿区、石炭井矿区现有生产矿井进行技术改造,提高矿井生产能力。围绕合理集中生产,加大技术改造、技术攻关和技术创新工作力度,提高矿井技术装备水平和安全保障能力。

南部发展,遵循"高产高效、集约严细、滚动发展、规模效应"的原则,按照生产能力大型化、生产效率高效化、矿井生产集中化、生产系统简单化、地面布置社会化模式,瞄准世界先进水平,采用先进生产工艺、技术装备,创新管理模式,快步提升集约高效生产水平,建设一批千万吨级大型现代化矿井,创建国内经济效益一流、技术水平一流、管理水平一流、员工素质一流、环境保护一流的现代化新型矿区。

（三）宁东煤炭基地开发建设的现状

宁东煤炭基地开发建设的主力军——神华宁煤集团旗下现有 18 个原煤生产单位(其中露天矿井 1 个),分布在银北矿区(石嘴山矿区、石炭井矿区)和宁东矿区。

石嘴山矿区有石嘴山金能煤业公司,石炭井矿区有石炭井焦煤公司、乌兰煤矿、汝箕沟无烟煤分公司。

宁东矿区已经建成和正在开发建设的有灵武矿区、鸳鸯湖矿区、横城矿区以及马家滩矿区。其中,灵武矿区是宁东煤田第一个开发建设的矿区,共有灵新煤矿、羊场湾煤矿、枣泉煤矿和石沟驿煤业公司等四对矿井;鸳鸯湖矿区包括清水营煤矿、梅花井煤矿、红柳煤矿、石槽村煤矿、麦垛山煤矿等五对矿井,除麦垛山煤矿、红柳煤矿、石槽村煤矿投入试生产外,其他煤矿均已建成投产;马家滩矿区金凤煤矿和双马煤矿已建成投入试生产,金家渠煤矿(400 万 t/a)正在建设中;横城矿区任家庄煤矿和红石湾煤矿已建成投产。神华宁煤集团生产和在建矿井基本情况见表 0-1。

表 0-1　　神华宁煤集团生产和在建矿井基本情况

序号	单位名称	设计能力/(万 t/a)	核定能力/(万 t/a)
1	石炭井焦煤公司	190	207
2	乌兰煤矿	150	240
3	汝箕沟无烟煤分公司	420	460
4	金能煤业公司	450	450
5	灵新煤矿	240	320
6	石沟驿煤业公司	90	90
7	羊场湾煤矿	1 500	1 500
8	枣泉煤矿	800	800
9	任家庄煤矿	240	360
10	清水营煤矿	1 000	500
11	梅花井煤矿	1 200	400
12	红柳煤矿	800	试生产
13	石槽村煤矿	600	试生产
14	红石湾煤矿	60	60
15	金凤煤矿	400	400
16	麦垛山煤矿	800	试生产
17	双马煤矿	400	试生产
18	金家渠煤矿	400	在建

宁东煤炭基地新建矿井自 2007 年以来陆续投产，使基地产量大幅增长。2006 年生产原煤 2 838 万 t，2014 年跃增至 7 280 万 t，年均增长 20.24%。2006～2011年煤炭产量如图 0-1 所示。

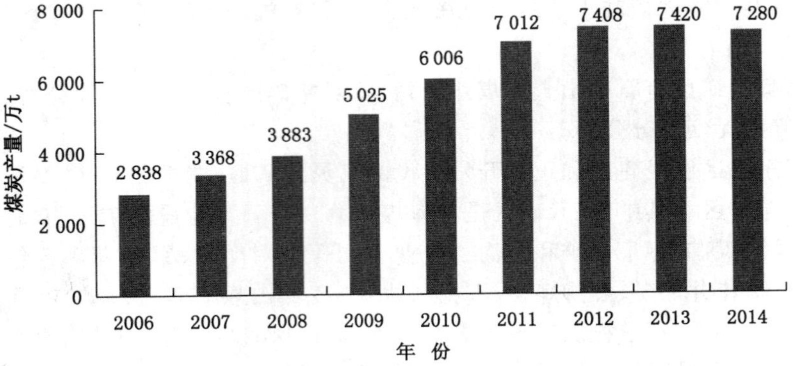

图 0-1　2006～2014 年宁东煤炭基地原煤产量

（四）宁东煤炭基地开发建设的产能规划

宁东煤炭基地规划到 2020 年，在建的矿井全部建成投产，达到 150 Mt/a 的生产规模（灵武矿区 26.20 Mt/a、鸳鸯湖矿区 44 Mt/a、横城矿区 9.1 Mt/a、韦州矿区 6 Mt/a、马家滩矿区 24 Mt/a、积家井矿区 21 Mt/a、银北矿区约 20 Mt/a），具体煤炭产量规划见图 0-2，矿区规划见图 0-3。

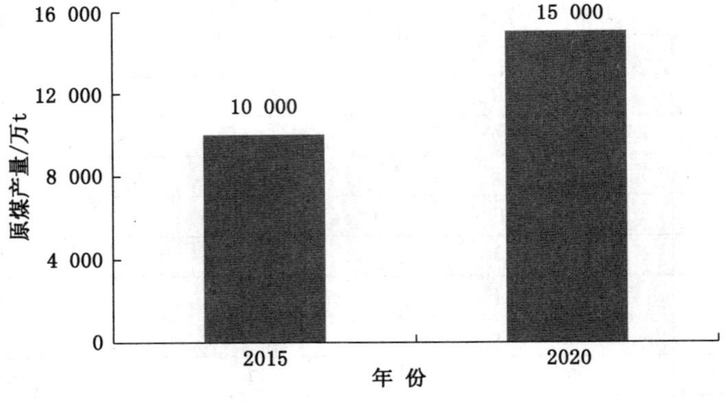

图 0-2　宁东煤炭基地产量规划

二、宁东煤炭基地建设面临的问题

（一）国内外煤炭技术现状

1. 软弱富含水地层高效凿井技术

在表土不稳定含水地层中建设竖井井筒，为了保证开凿围岩的稳定，必须采

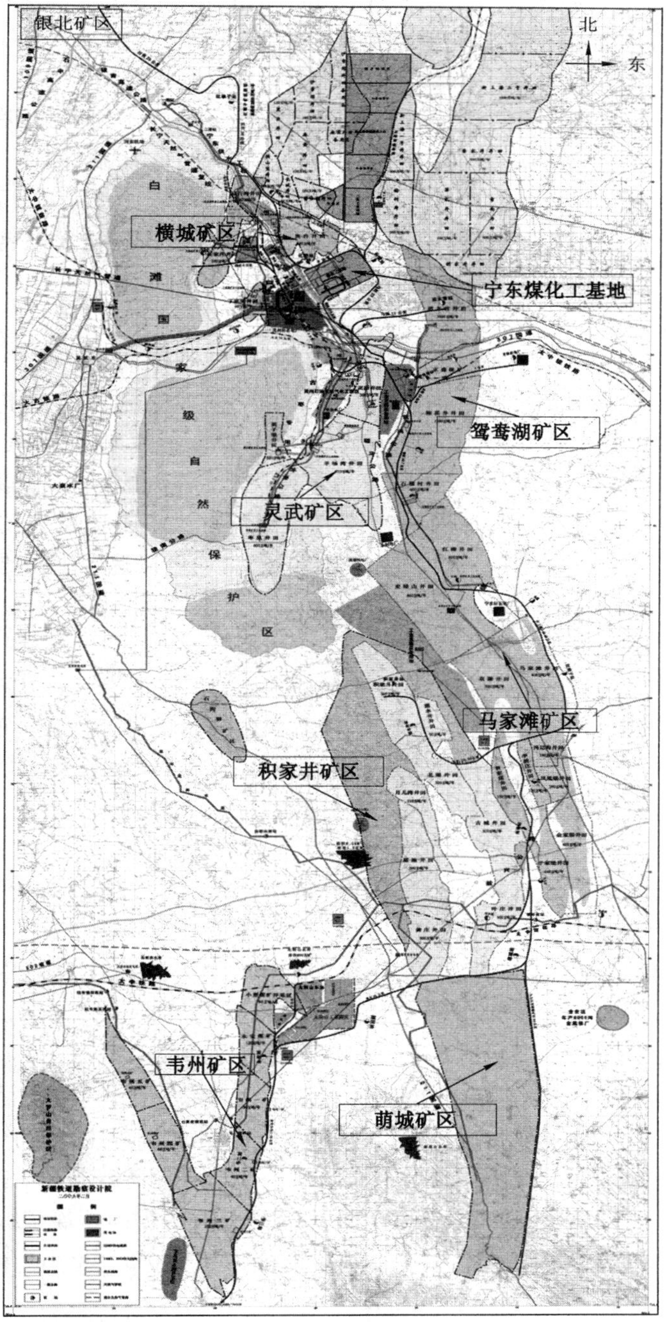

图 0-3　宁东煤炭基地矿区规划

取特殊的方法进行施工。对于几米或几十米的表土不稳定含水层，可采用降低水位、板桩、帷幕和沉井等一般地下工程的施工方法[1-15]，但是对于厚度达 100 m 以上的表土不稳定含水层，上述方法就难于实现。我国自 20 世纪 50 年代中期开始，开展了井筒特殊施工技术的研究，经过 60 多年的不懈努力，在沉井法、注浆法、钻井法、冻结法施工方面取得了显著成效[14,15]，并在条件适宜的矿区取得了较好的技术经济效益，如在巨野煤田龙固煤矿巨厚表土层条件下主井采用钻井法施工近 600 m、冻结法施工冻结孔深度 650 m[16]，这一技术代表着世界领先水平。

2. 软岩井巷支护技术

在软岩井巷支护技术领域，起初采用的是不同类型的单一支护（架棚、锚杆等）[17]，随着对支护理论研究和认识的深入，单一支护形式已经逐步发展为各种多次支护、联合支护形式[18-30]，并形成了各种系列支护技术，如锚喷、锚网喷、锚喷网架、锚喷网架注系列技术、刚架支护系列技术、钢筋混凝土支护系列技术、料石砌碹支护系列技术、注浆加固系列技术和预应力锚索支护系列技术[31-37]。这些技术针对不同矿区、不同地质和生产技术条件，均可以达到令人比较满意的支护效果。

3. 大倾角大采高千万吨级工作面开采技术

大倾角工作面开采技术方面，对于倾角大于 35°的煤层，国内主要以炮采为主，高档普采为辅，综采较少。近年来，随着采煤技术的不断发展，尤其是综采技术的突飞猛进，促进了大倾角煤层的机械化开采水平，突破了采高较小条件下大倾角综采技术，明确了矿压显现及岩层移动特征。

由于大倾角条件下开采工艺复杂，工作面单产普遍较小，突破 3.0 Mt/a 的较为少见。此外，大倾角煤层开采随工作面采高增大围岩控制难度加大，采高大于 5 m 的大倾角煤层开采的研究成果还未见报道。

大采高高产高效开采方面，以美国为代表的国外综采技术装备一直处于世界领先地位，长壁工作面几乎都是日产万吨以上的综采工作面。1998 年，二十英里矿就达到了日产4.311 5万 t、月产 102 万 t 商品煤的水平[38]，但其主要开采的是中厚或薄煤层，4 m 以上的厚煤层一次采全高综采工作面并不多，且大采高开采一般都在近水平煤层进行。以 DBT、JOY 等几家国外主要生产厂家作为代表，通过不断地采用新技术，包括机械、液压及光电控制等新技术，工作面设备的整体可靠性、驱动功率、速度及控制方面都有了很大的提高。煤矿综采工作面设备已具备了日产 2 万 t、年产 600 万 t 以上的能力。表 0-2 为 2006 年国内外几种典型一次采全高工作面参数及配套设备。

表 0-2　　2006 年国内外典型一次采全高工作面参数及配套设备

名　称	美国西麋鹿矿	德国杰兰德埃勤矿	神华大柳塔矿	晋城寺河矿
工作面长度/m	290	430	230	220
煤层厚度/m	4.4	2.8	5.0	5.0
煤层倾角/(°)	近水平	近水平	近水平	1～10
生产能力/(t/d)	41 155	20 262	31 000	16 000
采煤机	6LS 电牵引 1 120 kW	SL300 艾柯霍夫滚筒采煤机	6LS-03	SL500
支架	G890 掩护式	掩护支架	WS1.7-210/450	ZY8600/25.5/55
运输机	PF-4(3×525 kW)	DBT-PF4	L700EP	PF4

国外大采高综采技术最新发展主要体现在两个方面：一是为了适应生产能力和快速推进及减少搬家倒面的需要，工作面尺寸不断加大，工作面最大长度达 400 m 以上，走向最大长度达 4 500 m。二是配套设备趋于向大功率、高可靠性的方向发展，并广泛应用新技术。

4. 高韧性难冒放厚煤层综放开采技术

20 世纪 80 年代，在借鉴国外综放开采的基础上，我国迅速发展起了综放开采技术，经过二三十年的实践、完善与提高，综放开采技术已成为厚煤层主导的采煤方法，在巷道支护、支架造型设计、一通三防、综放工艺等方面有了长足发展并日趋成熟，但对高韧性煤层综采放顶煤，到目前为止，除宁东煤炭基地从 2002 年开始进行韧性指数 9～11 的高韧性煤层综采放顶煤试验开采外，国内外其他地区尚未涉足该领域。

对难冒放硬煤层主要采用以下几种技术提高顶煤冒放性：两巷深孔爆破、工艺巷深孔爆破、煤层注水、爆破与煤层注水结合等[39-44]。采用爆破技术，大多数的煤体都有不同程度的破坏，再经过支承压力的二次破坏后，顶煤的冒放性会有很大的改善。从顶煤弱化效果上讲，爆破的适用性较注水更为广泛。

5. 工作面顶板离层水防突技术

据初步统计，全国 600 处国有煤矿中受水害严重威胁的矿井达 285 处，占矿井总数的 47.5%，受水害威胁的储量超过 250 亿 t。长期以来，受水害威胁的煤层，主要采用两条基本的技术路线，一是疏水降压[45]，二是充分利用隔水层，带水压开采[46]。国内外有关突水机理的重要研究成果，可以归纳为以下几个方面：① 相对隔水层厚度[47]；② 梁模型理论等[48]。

在长期的工作实践及理论认识的基础上，在防治水技术方面形成了一些适用于不同类型水害治理的途径和方法，主要包括井下探放水和疏水降压[45-51]：① 井下探放水。在生产矿井范围内，常有一些充水的小窑老空、断层及强含水层。当采掘工作面接触或接近这些水体时，为消除隐患，常采取超前探放水的措施，在探明水情的基础上将水放出[45-51]。② 疏水降压。疏水降压是借助于专门的工程及相应的排水设备，积极地、有计划有步骤地使影响采掘安全的含水层降低水位（水压）或造成不同规模的降落漏斗，使之局部或全部疏干，防止矿井因含水层高水压而诱发突水[45-51]。以上国内外的研究理论和成果，对指导我国煤炭生产，确保矿井安全方面起到了巨大的作用。但由于煤系地层的特殊性，工作面开采扰动造成顶板离层水突出的机理还不明确，高效探放水的技术及工艺还有待于进一步发展。

6. 易自燃煤层防灭火技术

我国存在有煤炭自燃的矿井占矿井总数的 56%，具有自然发火危险的煤层占累计可采煤层数的 60%；煤炭自燃而引起的火灾占矿井火灾总数的 90%，煤炭自燃是制约矿井安全生产与发展的主要因素之一。

在矿井的防灭火材料与技术方面，我国从 20 世纪 50 年代起采用黄泥灌浆，60 年代出现了高倍泡沫灭火技术[52]，70 年代采用了阻化剂、脲醛泡沫及聚氨酯泡沫等防灭火技术[53,54]，80 年代开始应用惰气防灭火技术[55]，90 年代凝胶技术得到了广泛的应用[56,57]。在灌浆材料方面，除了黄泥外，还采用了矸石、河砂、水泥砂浆、石膏、粉煤灰等材料。这些防灭火材料其作用都是使煤体与空气隔绝，同时吸热降温。这些技术的应用对保障矿井安全生产作出了重要贡献[58]。

对于液氮防灭火工作，早在 1953 年，英国罗斯林矿用灌装液氮汽化形成的氮气扑灭了井底车场附近煤层的自然发火；1962 年，威尔士的弗恩希尔矿将液氮汽化后注入密闭区来扑灭火灾；原联邦德国在 1974 年采用液氮成功扑灭 39 次矿井火灾；苏联也曾在 1979 年利用液态氮扑灭矿井内因火灾，并获得了成功。苏联有关研究人员认为注入液态氮的试验证明，在现场用液态氮扑灭矿山采空区的内因火灾是合理的，这种工艺既简便又有效。而后来，英、法、印度也都逐步试验了这一技术。我国液氮防灭火应用研究起步较晚，于 20 世纪 80 年代才进行了氮气防灭火技术的研究。1983 年天府矿务局进行了罐装液氮入井灭火试验，1987 年抚顺龙凤矿利用井上氧气厂氮气防治综放工作面采空区自燃。液氮作为一种防灭火技术受到国内外的广泛关注，液氮防灭火具有使火区降温快、灭火迅速、效果显著、安全可靠、操作简便等优点，目前已在国内外许多矿井得到了推广使用。

7. 矿区生态环境建设

当今世界发展面临的重大主题是资源与环境，长期以来，资源开发与生态环境保护是世界经济发展的两难选择。如何提高资源开发利用效率，减轻资源开发过程对生态与环境的压力一直是国内外学者的研究热点。针对矿区资源开发与环境保护的矛盾，世界各国开展了广泛的研究，并形成了两大研究方向：一是源头控制，二是采后治理。

由于采矿对环境的破坏是不可避免的，加上历史造成的矿区环境破坏欠账较多，因此源头控制与采后治理都是必需的。一个大型矿区的开发，往往是一个地区工业化和城市化的开端，随着以矿产资源开发为主的各行业的兴起，使当地经济结构发生迅速变化，但是如果不能处理好矿业发展和当地经济结构功能变化引起的一系列社会环境问题，矿区社会经济发展的前景不容乐观。对于生态环境脆弱的西部矿区，更需要在开采过程中和开采后加强资源保护与环境重建工作。

(1) 源头控制

对源头控制而言，目前有多种不同的研究成果，如采矿—复垦一体化工艺、循环经济、清洁生产、绿色开采、与环境协调的开采技术、污染物“零排放”等，而其关键技术在于提高资源回收率、减少伴生资源动用量或损失量、实现废弃物的循环利用，包括矿井水的循环利用。

对西部地区来说，由于今后煤炭资源将得到大规模开发，因此源头控制显得尤为重要。

(2) 采后治理

采后治理主要包括矿区土地复垦与生态重建两个方面，我国自 1988 年国务院《土地复垦规定》颁布实施以来，经历了两个阶段：1989～1998 年的 10 年间，主要以开展示范工程建设为主，在过去充填复垦技术的基础上，发展到非充填复垦、生态工程复垦等技术体系，大大地提高了土地复垦率；第二阶段是自 1998 年以来，人们越来越认识到生态重建的重要性，于是将土地复垦与生态重建有机地结合起来，在复垦出耕地的同时，也改善了区域生态环境质量。目前煤矿土地复垦率已由 1988 年的不足 2%提高到 20%。

经过多年的研究与实践，土地复垦措施分为工程复垦和生物复垦两类；土地复垦与生态重建步骤大致分为土地整形、土壤重构和植被恢复。在土地复垦技术、土地复垦规划、复垦土壤重构、矸石山绿化、植物筛选等方面积累了较为丰富的理论成果与工程经验，但是目前大多数成果来自东部矿区，而西部矿区较少涉及。我国的土地复垦率从区域上看，东部地区远远高于西部地区的水平，而从环境条件分析，西部地区又恰恰是生态脆弱地区，迫切需要开展植被恢复与生态重建工作。

(二) 面临的问题

上述有关国内外关于凿井、井巷支护、开采、安全保障等方面的研究成果对煤矿开采提供了有益借鉴[58-65]，对于宁东煤田而言，还存在以下不足之处：

1. 凿井方面

宁东地区井筒所处地层多为白垩系、侏罗系地层，主要特点为：① 岩石是以软岩层为主，相当一部分为极软岩，岩样单向极限抗压强度绝大多数小于 10 MPa。② 胶结差、疏松的砂岩孔隙度大、裂隙发育，是良好的储水、导水介质；胶结好、坚硬的砂岩孔隙度小、裂隙不发育，富水性差；泥岩的孔隙度低，裂隙小且又闭合，为相对的隔水层。③ 井筒穿过含水且裂隙发育的煤层。该地区白垩系地层土体在强度、蓄水性、导热性能等方面与其他地区的白垩系地层有很大不同；在我国中东部地区适用的设计理念、设计方法与该地区土质特点不相适应。

同时，现有基于上疏下排式的疏降水技术在能力储备和工艺匹配上需进一步完善，才能满足宁东厚软弱富含水地层的要求；同时已有冻结法技术在冻结区域可控性的原理和技术工艺上仍需进一步完善，以解决已建井筒保护和其下地层控制冻结的难题。

2. 井巷支护方面

采用联合支护技术在有效解决围岩变形严重问题的同时，往往增加了支护的施工时间，使得快速成巷与高效支护之间的矛盾日益突出。因此，必须寻求合理的支护方式，以解决围岩有效变形与井巷快速施工相统一的难题。

3. 大倾角大采高高效开采方面

国内外现有千万吨级工作面是在煤层埋藏条件较好的条件下实现的，如神东矿区的大柳塔、晋城的寺河等矿井的煤层赋存条件好且均为近水平煤层，有利于大采高重型设备的运行和综采工作面的开采。由于煤系岩层赋存环境的复杂性和特殊性，宁东矿区千万吨级工作面的实现必然要克服煤层厚度、倾角、起伏变化大、片帮冒顶严重，易自燃、大涌水等诸多世界性难题，要实现此类复杂条件下千万吨级工作面安全高效生产，必须着重破解复杂条件下千万吨级工作面工艺技术的适应性、配套装备的稳定可靠性及整装煤田大面积推广应用的经济性等关键技术难题。

4. 高韧性难冒放煤层开采方面

已有针对难冒煤层综放开采技术及其顶煤预先弱化技术的研究主要致力于坚硬顶煤的放出[60,61]，对于高韧性难冒放煤层国内外均未进行过深入的研究。宁东煤田特厚煤层的韧性指标在 9～11 之间，通过浸水实验得出，浸水 21 d 后煤的抗压强度等参数并没有降低，采用注水办法不能改善宁东煤田高韧性煤层的冒放性。因此，必须研究高韧性难冒放煤层的顶煤采动变形机理，创新顶煤弱化技术及相应的放煤工艺，提高顶煤的回收率，以全面适应宁东煤炭基地建设的需要。

5. 在煤矿安全保障方面

宁东煤田地层软弱富含水，开采扰动造成顶板离层水突出的机理尚不明确，高效的探放水技术装备及工艺还不成熟，单一的防治水方法在系统解决矿井水害方面难以奏效。此外，宁东煤田煤层易自燃，自然发火期极短，大规模采用液氮灭火还存在如下主要问题:① 液氮的资源问题。液氮制造工艺复杂、资源相对贫乏,到目前为止,国内尚无专门为煤矿防灭火提供液氮产品的企业;同时井下贮装、运输都较为困难,地面长距离运输也存在运输成本高的问题。② 液氮的低温输送灌注问题。液氮温度低,一般为−195.8 ℃,在−193 ℃以下即发生汽化,汽化后的温度一般为0 ℃左右,如何快速大量地利用液氮对采空区火灾发挥降温惰化作用进行矿井防灭火是研究的关键。③ 目前对于大量液氮在采空区内与环境的热交换机理还不明确,液氮防灭火还没形成成熟的工艺技术体系。

总之,宁东复杂地质条件特大型整装煤田亿吨级煤炭基地的开发可借鉴经验较少,还存在已有井筒建设技术与本区地层特点适应性差、已有高产高效开采工艺及装备与本区煤层条件不相适应等难题。因此,宁东复杂地质条件特大型整装煤田亿吨级煤炭基地的开发必须通过自主研发、不断创新,破解建设过程中遇到的新问题,以保证基地的建设速度和提高综合效益。

第一篇
复杂条件下快速建井技术

在宁东煤炭基地千万吨级矿井群建设过程中，需建设一批大直径井筒，井筒将穿过第四系、古近系、白垩系、侏罗系地层，上述地层以孔隙结构为主，泥质胶结，含水丰富，可注性差，岩性软，易风化和软化，给建井施工带来很大困难。宁东煤炭基地建设过程中自主研发的深井疏降水法凿井技术，基于上疏下降的思路，解决了长期困扰降水工程技术难题，实现了 600 m 深孔疏降水凿井，创国内外之最；首创的复杂软岩地层非全井控制冻结凿井技术，实现了普通法施工与冻结法施工的有机结合，突破了传统冻结的随意性；自主研发的大断面软岩井巷柔模注混凝土快速支护技术，首次应用了“柔性模板＋柔性模板内浇筑混凝土＋金属网＋外层喷射混凝土”的锚碹联合支护结构，实现了支护结构施工工艺的快速简单，并在大断面黏土软岩斜井条件下实现了日进 6.0 m、月进 165 m 的成绩。通过上述创新技术的全面实施，宁东煤炭基地快速建成了清水营、梅花井等一批满足千万吨级矿井生产要求的大断面井筒，形成了千万吨级矿井群的格局，成为建设速度最快的亿吨级煤炭基地之一。

第一篇

复杂条件下快速建井技术

第一章 非全井冻结法井筒开凿技术

宁东煤田白垩系和侏罗系地层以软岩层为主，相当一部分为极软岩，岩样单向极限抗压强度绝大多数小于 10 MPa，同时岩层胶结差、疏松的砂岩孔隙度大、裂隙发育，是良好的储水、导水介质，在这种地层中冻结速度慢，根据个别已经施工的煤矿测温孔资料，冻结壁交圈的冻结发展速度在 10 mm/d 左右，远小于我国中东部地区古近系、新近系、第四系冲积层 20～30 mm/d 的发展速度。如果全井使用冻结法施工，不仅施工工期长并且造价极高，为缩短施工工期以及降低造价，首次创造性地提出了在涌水量可以控制的情况下选用普通法进行施工，当普通施工方法不能适用时改用冻结的方法凿井。同时，采用热盐水循环控制冻土边界、花管释放冻胀压力、控制冻结挖土等技术[66-82]，克服了上部已建井筒井壁易冻胀破坏的难题。这项技术在麦垛山矿副立井的成功应用，取得了显著的经济效果，缩短施工工期约 6 个月。

第一节 工程背景

根据宁东煤炭基地麦垛山煤矿井筒检查孔的勘测资料，建设矿井附近未见基岩出露，被广泛的第四系风积砂、黄土和古近系的浅红色黏土所覆盖。据检查孔揭露的基岩地层有侏罗系中统延安组、直罗组，各地层由老至新简述如下：侏罗系中统延安组、侏罗系中统直罗组、古近系、第四系。

影响麦垛山煤矿立井井筒施工的含水层主要为侏罗系中统直罗组裂隙孔隙水含水层（厚 181.12 m）、2～6 煤间砂岩裂隙孔隙含水层（厚 80.0 m）及 6 煤以下砂岩裂隙孔隙含水层（厚 22.01 m），其中对井筒施工影响较为明显的有侏罗系中统直罗组裂隙孔隙水含水层、2～6 煤间砂岩裂隙孔隙含水层。

井筒开拓过程中，井筒充水含水层及充水方式，主要取决于岩层裂隙发育程度、上下含水层之间的水力联系以及掘进采动所形成的导水裂隙带能否波及上覆含水层。回风立井井筒位于于家梁周家沟背斜东翼（距离轴部约 300 m）、F_{10} 逆断层下盘，基岩裂隙较为发育，充水、导水性较好，对井筒充水影响较大。据现场岩芯描述，基岩裂隙多为高角度裂隙，结合钻孔抽水试验，四个含水层（组）水头标高相差不大，但单位涌水量、水质相差较大，说明钻孔上下含水层之间有一定的水力联系，但联系较弱。

第二节　软岩地层控制冻结模拟试验

当土体温度降到 0 ℃以下时，土中的自由水结冰并将土体颗粒胶结在一起形成冻结整体。冻土的形成是一个物理力学过程，随着温度的降低，冻土的强度逐渐增大。

人工土层冻结法施工原理：在人工制冷作用下，形成低温盐水，低温盐水在埋设在地层管道内循环，在冻结孔内完成与地层的热交换，带走地层热量，使地温逐渐下降并达到结冰。随着制冷的继续，结冰区逐渐发展，形成设计要求的冻土结构，满足了安全掘砌的施工要求。

影响冻结的主要因素有岩土体性质，冻结、融化温度，冻结孔布置方式，盐水温度及流量，冻结形式等。

为了考察宁东地区软岩地层冻结温度场的发展规律，先对一组固定参数进行冻结和热水循环温度场的计算，为论述方便称其为典型参数。参数的选取原则：以麦垛山煤矿矿井控制冻结工程为原型，并对模型作必要的简化，考查单圈冻结孔条件下，温度场发展的基本形态和规律。

一、计算模型建立

建立合理的计算模型，使工程问题适合应用数值方法求解。要对工程进行可靠的分析，必须对实际工程复杂的地质条件、土体的物理力学性能、热交换等问题进行合理的简化处理。

冻结孔布置的最大圈径为 14 m 左右，冻土向外圈冻结管外侧发展的距离不超过 3 m，根据冻结壁计算研究，井外降温区的宽度不超过外圈冻结管外侧冻结壁厚度的 5～8 倍，故数值模型的几何尺寸可取直径为 60 m 的圆形区域。

井筒冻结管布置圈径取 14.3 m，冻结管布置参数见表 1-1。

表 1-1　　典型参数下冻结管布置方式

冻结管圈径/m	冻结孔个数/个	冻结孔间距/m	冻结管直径/m
14.3	32	1.3	0.127

冻融温度场计算有限元模型的局部网格如图 1-1 所示，在划分网格时，为了提高计算的精度和缩短计算的时间，在靠近冻结管区域及冻土发展方向区域加大网格的密度，在远离冻结管的区域，由于温度梯度小，减小网格的密度。本次计算采用的是 Plane35 平面单元，单元个数在16 000个左右。

初始地温根据宁东地区麦垛山煤矿冻结工程实测资料确定，冻结前土层初

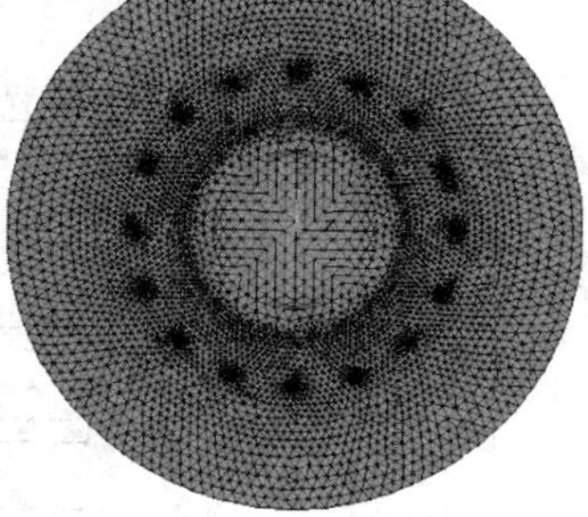

图 1-1　有限元模型网格图

始温度取 7.6 ℃；假设盐水温度在开始冻结 30 d 内降低至－28 ℃，50 d 后达到－30 ℃并保持至冻结结束，冻结期间冻结管壁外温度的变化见表 1-2。

表 1-2　　**冻结时冻结管壁外温度取值**

冻结时间/d	1	2	5	10	30	50	100	150	200	250
管壁温度/℃	10	－5	－20	－25	－28	－30	－30	－32	－30	－30

将冻土壁与井壁接触看成平面导热问题，井壁导热系数取 2.7 W/(m·℃)，厚度为 1.35 m，井壁与空气接触表面温度设为 15 ℃，则热流密度 q_s 为：

$$q_s = [(t_n)_s - 15] \times \frac{2.7}{1.35} = 2(t_n)_s - 30$$

式中　$(t_n)_s$——与井壁接触的土体温度，随时间 t 变化。

根据资料，岩土冻结温度取－1.2 ℃，土在冻融状态下的热物理参数见表 1-3。

表 1-3　　**典型参数下岩土体热物理参数**

初始地温/℃	含水率/%	天然密度/(kg/m³)	岩体比热/[kJ/(kg·K)]		导热系数/[W/(m·K)]	
			非冻结	冻结	非冻结	冻结
7.6	30.0	2 200	1.623	1.082	3.0	3.6

二、冻结温度场单因素试验的数值模拟结果

(一) t_b与冻结温度场关系

将其他冻结温度场影响参数取固定值，t_b变化，对每一个 t_b计算一次冻结壁温度场(冻结壁平均温度 T 和冻结壁有效厚度 E)，并将不同 t_b及其对应的 T 和 E 绘制成曲线。图 1-2 为不同冻结时间下，冻结壁平均温度 T 和冻结壁有效厚

度 E 随冻结管壁外温度变化曲线图。

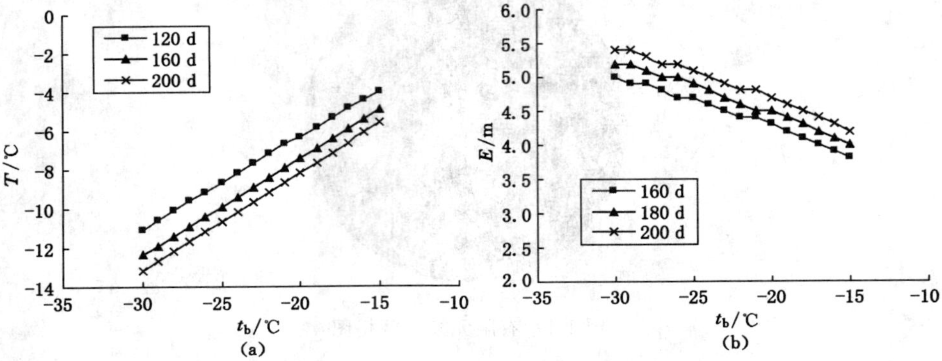

图 1-2　t_b与冻结温度场关系

(a) T 与 t_b关系曲线;(b) E 与 t_b关系曲线

由图 1-2 可知,在相同冻结时间下,冻结壁平均温度 T 与冻结管壁外温度呈正比例关系,冻结壁有效厚度 E 随冻结管壁外温度降低而变大。

(二) t_0与冻结温度场关系

冻结壁温度场的其他影响因素固定,只变化初始地温 t_0。图 1-3 为冻结壁温度场与初始地温 t_0的关系曲线。

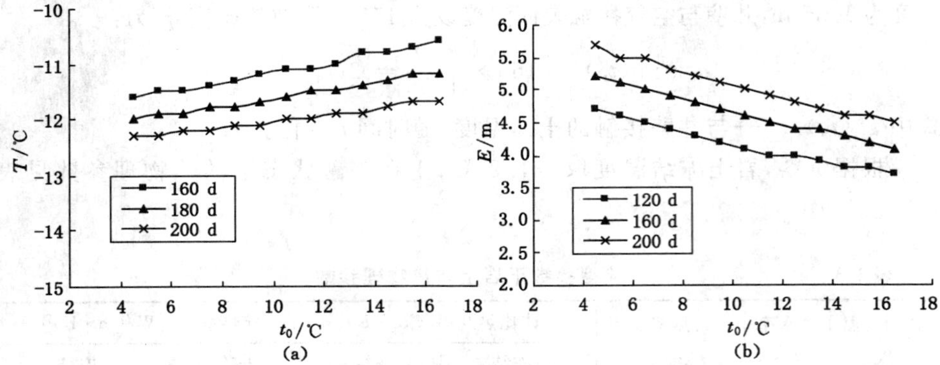

图 1-3　t_0与冻结温度场关系

(a) T 与 t_0关系曲线;(b) E 与 t_0关系曲线

在相同冻结时间下,冻结壁平均温度 T 随初始地温 t_0升高而升高;冻结壁有效厚度 E 随初始地温 t_0升高而变小。冻结时间越长,线性关系越明显。

(三) t_d与冻结温度场关系

固定冻结壁温度场其他影响因素,只考虑冻结温度 t_d对冻结壁平均温度 T 和冻结壁有效厚度 E 的影响。图 1-4 为冻结壁平均温度 T 和冻结壁有效厚度

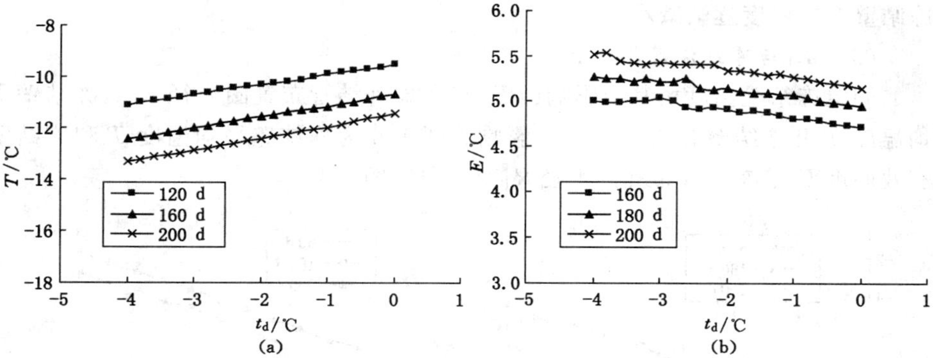

图 1-4　t_d与冻结温度场关系

(a) T与t_d关系曲线；(b) E与t_d关系曲线

E随冻结温度t_d变化曲线图。

冻结壁平均温度T正比于冻结温度t_d，而冻结壁有效厚度E随冻结温度t_d升高而降低。冻结温度t_d越低，说明岩土越难于冻结，因此，相同冻结时间下，冻结壁平均温度会升高，冻结壁有效厚度会减小。

（四）R_0与冻结温度场关系

固定冻结壁温度场其他影响因素，只考虑开挖荒径R_0对冻结壁平均温度T和冻结壁有效厚度E的影响。图 1-5 为冻结壁平均温度T和冻结壁有效厚度E随开挖荒径R_0变化曲线图。

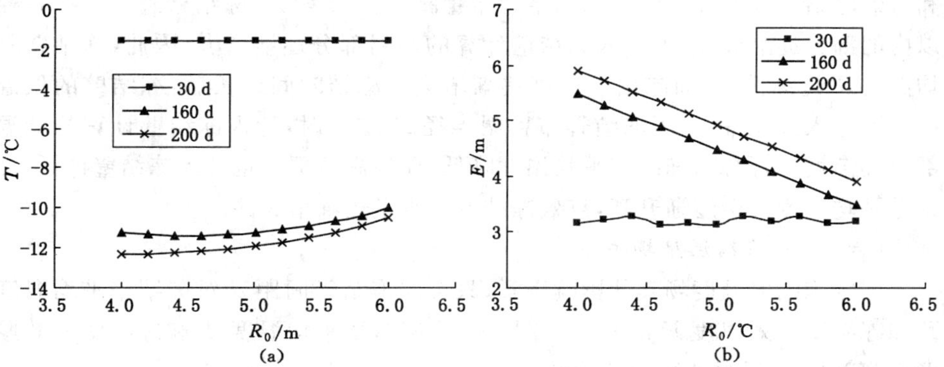

图 1-5　R_0与冻结温度场关系

(a) T与R_0关系曲线；(b) E与R_0关系曲线

冻结时间较短时，冻结壁向内扩展未进入开挖荒径，因此，开挖荒径的大小对冻结壁平均温度T和冻结壁有效厚度E无影响；当冻结时间较长，冻结壁向内扩展至开挖荒径以内时，随开挖荒径增大，冻结壁平均温度T先降低后升高，冻结壁有效厚度逐渐减小。

（五）R_1与冻结温度场关系

固定冻结壁温度场其他影响因素，只考虑冻结管布置圈半径R_1对冻结壁平均温度T和冻结壁有效厚度E的影响。图1-6为冻结壁平均温度T和冻结壁有效厚度E随冻结管布置圈半径R_1变化曲线图。

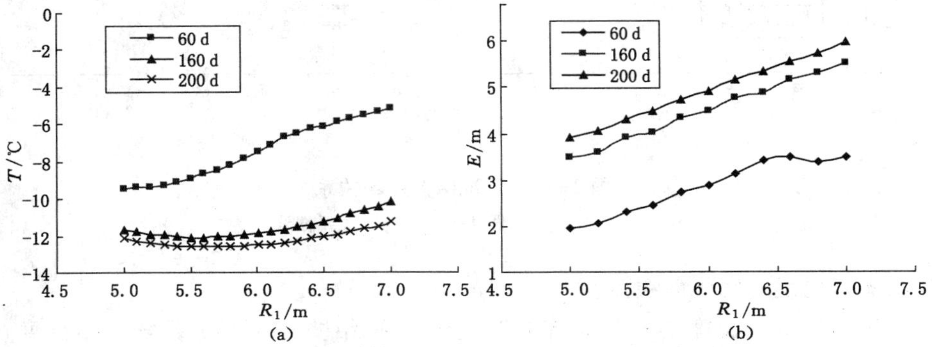

图1-6　R_1与冻结温度场关系

(a) T与R_1关系曲线；(b) E与R_1关系曲线

冻结管布置圈半径R_1的变化实质上是反映了开挖荒径与冻结管布置圈半径之间相对距离的变化。在冻结早期，冻结壁向内扩展至开挖荒径以内的部分属于冻结壁的高温区，而开挖荒径以内的冻结壁部分是不计入冻结壁平均温度和有效冻结壁厚度计算的。随冻结管布置圈半径R_1增大，冻结壁进入开挖荒径以内的部分逐渐减少，即计入冻结壁计算的高温部分逐渐增多，因此，冻结壁平均温度T逐渐升高，而冻结壁厚度逐渐增大。冻结时间延长后，冻结壁的低温区逐渐进入开挖荒径，当冻结管布置圈半径R_1增大时，计入冻结壁计算的低温部分逐渐增多，因此，冻结壁平均温度降低，而后高位部分也计入冻结壁计算，冻结壁平均温度又会逐渐升高，有效冻结壁一直是逐渐增大的。

（六）d与冻结温度场关系

固定冻结壁温度场其他影响因素，只考虑冻结管间距d对冻结壁平均温度T和冻结壁有效厚度E的影响。图1-7为冻结壁平均温度T和冻结壁有效厚度E随冻结管间距d变化曲线图。

在相同冻结时间下，冻结管间距d越大，所形成的冻结壁平均温度T越高，冻结壁有效厚度E越小。冻结管间距d较小时，冻结时间对冻结壁平均温度影响较小，冻结管间距d越大，冻结时间对冻结壁平均温度影响越明显。

三、冻结温度场正交试验数值模拟

通过冻结温度场数值计算，考察各个影响因素在不同冻结时间下，对冻结温

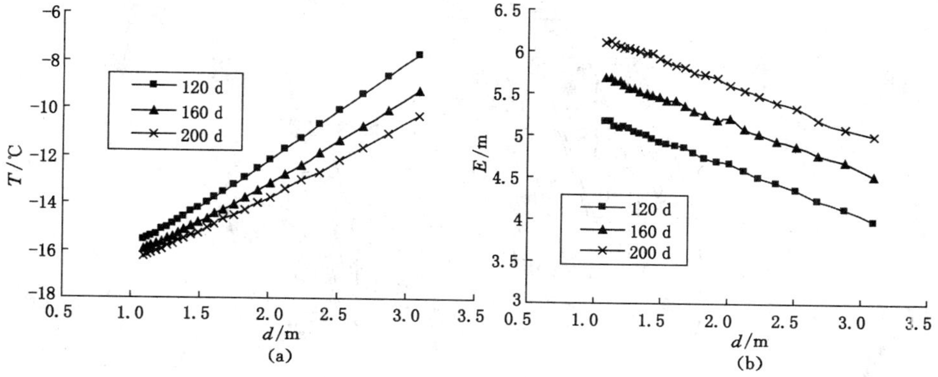

图 1-7　d 与冻结温度场关系

(a) T 与 d 关系曲线;(b) E 与 d 关系曲线

度场影响的显著性。

通过对各组实验及结果分析可知,在不同冻结时间内冻结温度场具有不同的显著性影响因素,具体表述如下:

(1) 对于冻结壁平均温度 T,在冻结 80 d 时,其显著性影响因素为冻结管间距 d、初始地温 T_0,且各因素对 T 的影响关系为 $d>T_0>T_b>R_1>T_d>R_0$;冻结 120 d 时,显著性影响因素为冻结管间距 d,各因素对 T 的影响关系为 $d>T_b>T_0>T_d>R_1>R_0$;冻结 160 d 时,显著性影响因素为冻结管间距 d、冻结管壁外温度 T_b,各因素对 T 的影响关系为 $d>T_b>T_0>T_d>R_1>R_0$;冻结 200 d 时,显著性影响因素为冻结管间距 d、冻结管壁外温度 T_b,各因素对 T 的影响关系为 $d>T_b>T_0>T_d>R_0>R_1$。

(2) 对于冻结壁有效厚度 E,在冻结 80 d 时,其显著性影响因素为冻结管间距 d、初始地温 T_0,冻结管壁外温度 T_b、冻结温度 T_d,且各因素对 E 的影响关系为 $d>T_d>T_0>T_b>R_1>R_0$;冻结 120 d 时,无显著性影响因素,各因素对 E 的影响关系为 $d>T_b>R_1>T_0>R_0>T_d$;冻结 160 d 时,显著性影响因素为冻结管间距 d、各因素对 E 的影响关系为 $d>T_b>R_1>T_0>T_d>R_0$。

四、软岩地层控制冻结物理模拟试验系统

模拟试验系统包括:模型试验箱、制冷与加热系统、加载系统及测试系统等。试验系统示意图如图 1-8 所示。

五、试验过程

试验过程可概括为:首先模拟"冻结壁"的形成;然后再通过热盐水循环,模拟"冻结壁"在高温盐水下化冻规律。试验的具体步骤如下:

(1) 检验试验系统的安全性、可靠性。

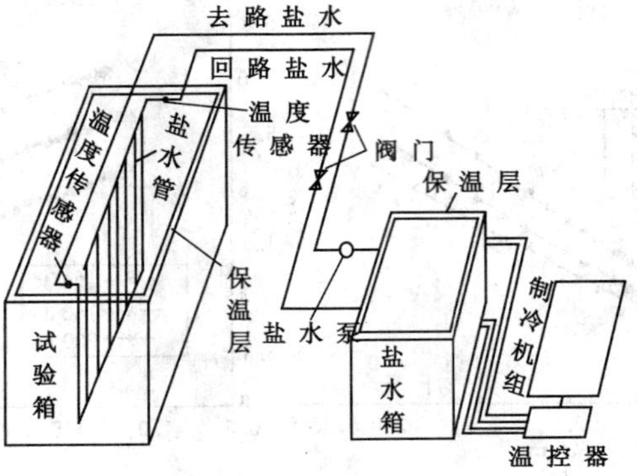

图 1-8　试验系统示意图

(2) 对试验箱进行封水处理及保温处理。

(3) 制作热电偶并对各种传感器进行标定。

(4) 向试验箱中填土，在设计位置布设温度传感器。

(5) 加载预压，使土固结。

(6) 安装荷重传感器。

(7) 检查并调整好传感器，并监测初值，保存数据。

(8) 开机冻结，模拟冻结壁的形成，先将盐水箱中盐水温度降至－20～－25 ℃，再打开阀门使盐水进入冻结管循环，同时开展盐水温度和冻土温度监测。

(9) 冻结壁形成后，用热盐水进行热水循环，先将盐水箱中盐水温度加热至 70±2 ℃，再打开阀门使盐水循环，同时开展盐水温度和土体内温度监测。

(10) 试验完成，分析试验数据。

六、试验结果分析

(一) 冻结温度场分析

1. 冻结壁主、界面温度分布特征

图 1-9 与图 1-10 是试验分布于主、界面热电偶实测的温度场分布曲线。

冻结壁的温度分布取决于多个因素，而其中主要因素是冻结管的间距和冻结持续时间。在本次试验中冻结管的间距为 227 mm，从图中可以看出，在冻结时间为 15 h 以前，主、界面曲线表现为明显的对数型，当冻结时间达到 30 h，此时冻结壁界面厚度为 300.8 mm，超过了冻结管间距，主、界面曲线趋于直线型，在界面尤为明显；当冻结时间达到 35 h，此时冻结壁界面厚度为 366 mm，主、界面曲线表现为较明显的直线型。分析得出结论：随着冻结时间的延长，主、界面温度分布曲线由对数型向直线型变化。分析其原因：主要是由冻结初期冻结过程的不稳定造成的，但随着冻结的不断发展，自冻结锋面趋于平缓时开始，亦即

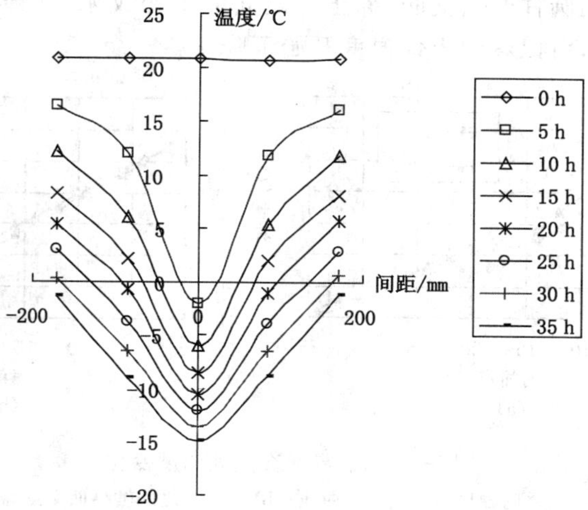

图 1-9　试验中主面热电偶实测温度场曲线图

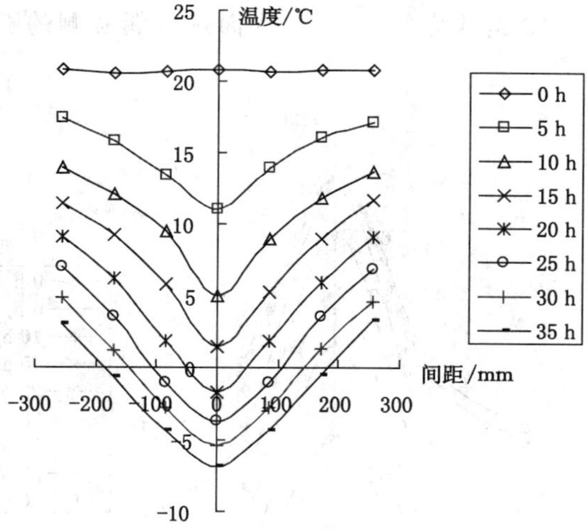

图 1-10　试验中界面热电偶实测温度场曲线

当冻结壁的主面和界面厚度基本相等时，其不稳定性就大大减弱，趋于稳定导热，温度分布曲线趋于直线型。根据这点结论，在现场的温度计算中，冻结壁中的温度分布可以近似为直线分布。

2. 轴、界面交点处温度变化

从图 1-11 可以看出，在冻结初期，温度下降速度比较快，但在冻结到 18～22 h 时，此时冻结温度降低到 0 ℃附近，出现了一个缓慢的下降过程。这是由于在这段时间内，冻结圆柱开始交圈，冻土柱之间的水变成冰，并释放潜热所至。经过这一阶段之后，可以看到土体温度开始下降。

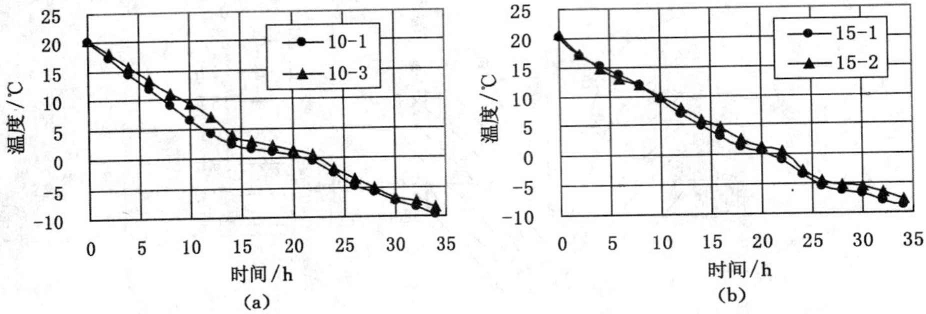

图 1-11　轴、界面交点处温度变化

(a) P_3-P_4之间轴界面交点温度曲线；(b) P_4-P_5之间轴界面交点温度曲线

（二）热水循环温度场分析

1．冻结壁主、界面温度分布特征

图 1-12 与图 1-13 是试验分布于主、界面热电偶实测的随冻结时间变化温度场分布曲线。

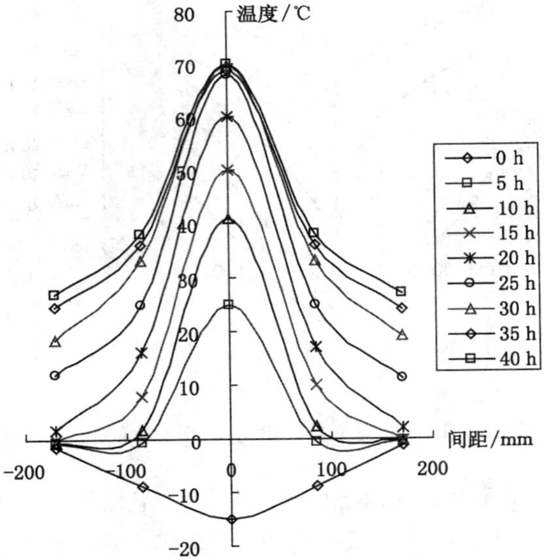

图 1-12　试验中主面热电偶实测温度曲线图

由图可知，主面温度分布表现为明显的倒对数型，界面温度分布在完全热水循环前基本表现为倒对数型，但随着热水循环完成，开始趋于直线型。另外，主、

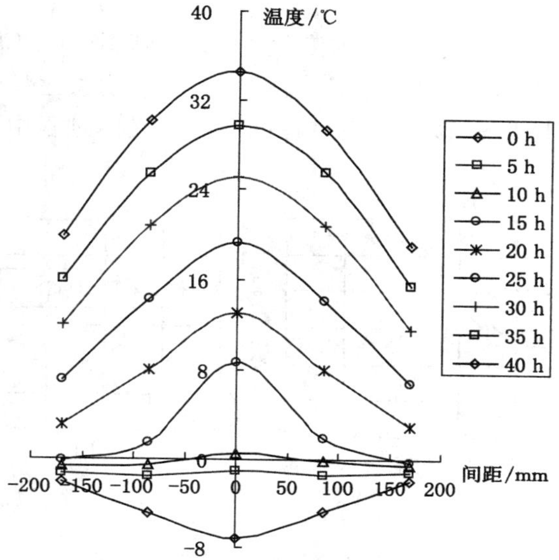

图 1-13　试验中界面热电偶实测温度场曲线

界面上温度梯度都经过了逐渐变大再变小的过程，即在负温区时温度梯度较小，进入正温区，温度梯度明显增大，但土体温度达到一定温度后，梯度开始减小。

2. 轴、界面交点处温度变化

从图 1-14 可以看出，在热水循环初期，在负温区温度升高速度较慢，特别是在热水循环 7～10 h 时，温度在 0 ℃左右有一个极为缓慢的升温过程，甚至有波动，主要是在这一阶段，冻土中的冰融化成水，即存在相变问题，使之吸收潜热而成。另外还可以看出，这一阶段时间比冻结时的时间更长。经过这一阶段之后，土体温度在正温区升温幅度加快。

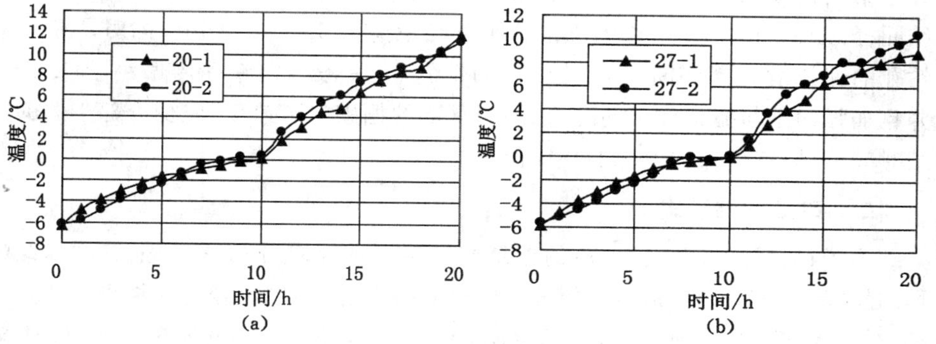

图 1-14　轴、界面交点处温度变化

(a) P_4-P_6之间轴界面交点温度曲线；(b) P_4-P_7之间轴界面交点温度曲线

（三）冻胀变形分析

图 1-15 为冻结壁形成阶段冻胀变化的曲线。从图中可以看出，在 20～23 h 之间冻胀量急剧增加，这是由于在这一阶段土体中水分发生相变，体积急剧增加造成的。从时间上来看，该阶段发生在冻结圆柱交圈过程中及其后较短的时期内。

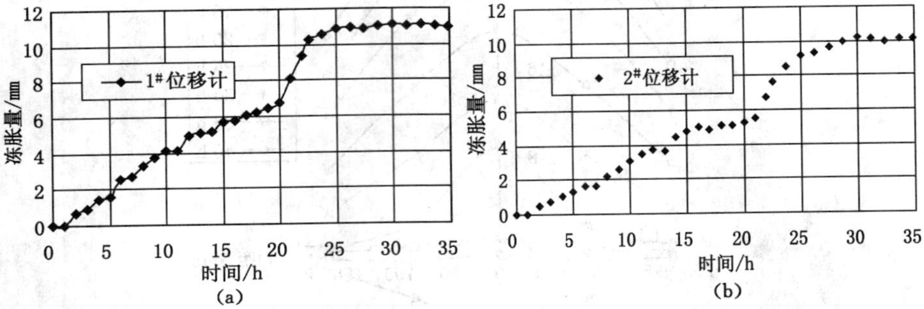

图 1-15　冻结壁形成阶段冻胀变形曲线

(a) 1# 位移计数据；(b) 2# 位移计数据

第三节　人工冻结井筒维护措施

为了做好对已建井筒的保护工作，在分析冻胀产生的影响因素的基础上，针对麦垛山煤矿的工程特点，提出对既有井筒的针对性保护措施。

一、调整冻结施工参数

在冻结施工方案中，适当加大了冻结圈径，增加冻结管距荒径的距离，副立井冻结圈径 ϕ17.8 m，250 m 以上冻结管距荒径距离为 3.4～3.6 m，回风立井冻结圈径 ϕ14.3 m，270 m 以上冻结管距荒径距离为 3.2～3.4 m。同时严格控制钻孔的偏斜情况，特别是冻结孔向内的偏斜量，一般控制钻孔内偏小于 0.4 m，并且加强冻结与掘砌施工的配合，加快下部的掘砌施工速度，减少上部土体的冻结时间，可以有效保护上部的井筒。

二、改变冻结模式

为了在设计时间内使形成的冻结壁满足设计要求，同时控制上部的冻结帷幕的发展，一般采用异形冻结模式，即不同深度采用不同直径的冻结管。实际施工中，冻结管规格确定为上部 ϕ133 × 6 mm，下部 ϕ159 × 6 mm，具体如图1-16 所示。

采用异形冻结，可以加快下部冻结速度，减少冻结时间，从而减少上部冻土向

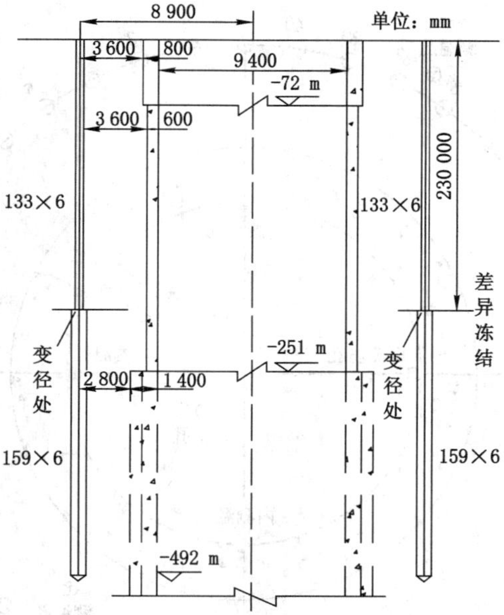

图 1-16　异形冻结管的布置示意图

井心的发展距离，可以控制冻结产生的冻胀，从而实现对上部已建井筒的保护。

三、精细控制冻结施工过程

为了有效实现对上部井筒的保护及下部土体的冻结，对整个冻结施工过程进行监测，通过获得的数据，来调整施工参数，以实现精细控制冻结施工过程。

（一）冻结壁的温度场监测

为了精确掌握和控制冻结壁的发展状况，及时了解冻结壁温度场的发展规律，增加布置冻结壁内的测温孔数量，通过测温孔内温度测点的监测数据来监测冻结壁发展规律。麦垛山煤矿副立井的冻结壁内的测温孔与冻结孔的位置关系如图 1-17 所示。

（二）井筒外冻土发展边界的监测

为了监测井筒外冻土发展的基本规律，掌握冻土的发展边界，对井筒外冻土发展边界进行监测，根据冻土的发展范围采取相应措施，来保护已建的井壁。

通过井筒外布置的泄压孔进行温度监测，在不同深度布置温度测点，通过测点的温度变化来完成对冻土发展范围的监测。副立井井筒外侧泄压孔 8 个，其中 1 个深度 478 m，另外 7 个泄压孔深度 255 m，孔内每间隔 20 m 布置 1 个测点。

（三）井筒内温度的监测

为了监测冻结过程中井筒内水的温度，在井筒内的水中布置温度测点，利用测温系统进行监测。在副立井井筒内部布置测温孔 4 个，测温孔深度 250 m，孔

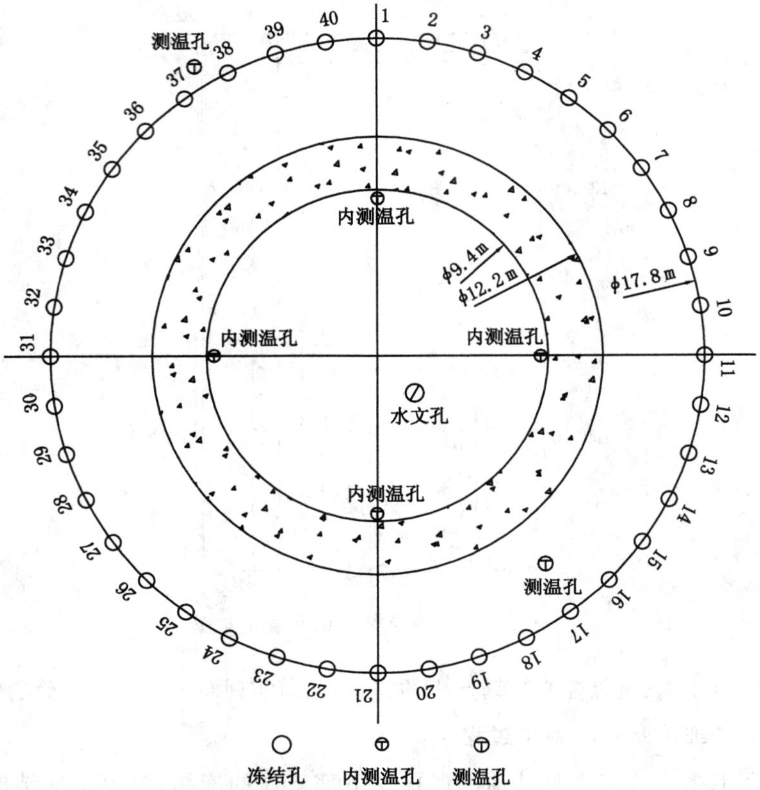

图 1-17　麦垛山煤矿副井测温孔与冻结孔的位置关系图

内每间隔 20 m 布置 1 个测点。

（四）冻结过程对井筒冻胀压力的监测

上部井壁的保护关键是冻土扩展范围控制在井壁之外或冻土虽然到达井壁，但是冻土温度控制在－4 ℃以内，同时尽量使井壁承受较均匀的冻胀压力，因此需要对上部井壁外面的土体进行监测，掌握由于冻胀作用在井壁上面的压力，以便采取技术措施抑制冻胀的发展。

（五）井筒应力应变监测

对井筒在冻结施工过程中的应变进行监测，根据井筒的应变量来监测混凝土井筒结构的力学性能，从而采取相应措施，进行井筒的保护。在井筒结构上选取三个不同的层位，在每一个层位的东南西北 4 个方向，每一个方向选 1 个测量点，在这个点上沿 0°和 90°方向各布置应变计，应变计的布置见图 1-18 和图 1-19。

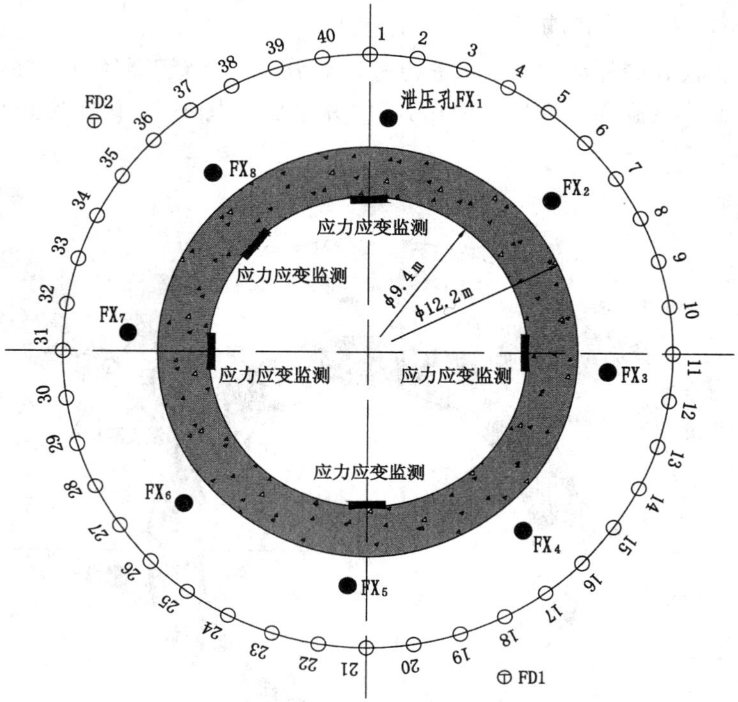

图 1-18　副立井应力应变监测平面示意图

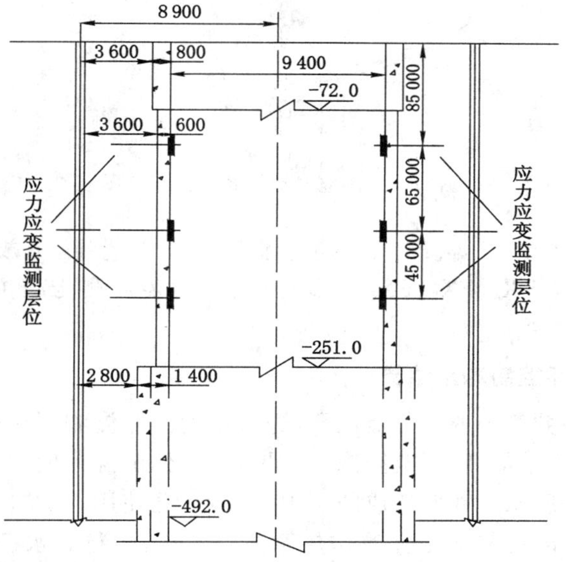

图 1-19　副立井应力应变监测剖面

四、冻胀压力的释放

为将上段井壁外部的冻胀水进行有效释放，在冻结管圈径以内井壁以外打孔泄压可兼作测温和热循环孔使用，副立井泄压孔共 8 个，具体位置见图 1-20 和图 1-21。

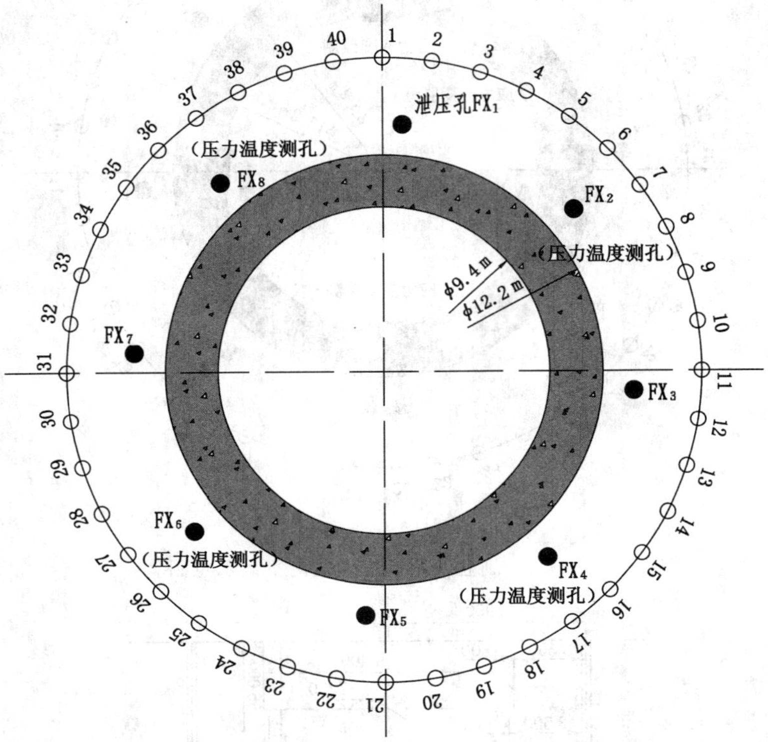

图 1-20　副立井泄压孔平面布置图

图 1-20 中，FX_1、FX_3、FX_5、FX_7 号泄压孔用以泄压，下放钢管规格 ϕ108 mm×5 mm，FX_2、FX_4、FX_6、FX_8 号泄压孔是压力温度测孔，下放钢管规格 ϕ133 mm×5 mm。

五、热水循环控制冻土边界

利用布置在井筒外的部分泄压孔，进行温度的监测和利用循环热盐水控制冻土边界，即在冻结前期，可监测冻土发展速度，作测温孔使用；冻结交圈后，为有效释放上部冻胀水对井壁造成的压力，作泄压孔使用；冻结后期，当冻结零度线推进到泄压孔时可将泄压孔改作热循环孔使用，进行热水循环，以控制冻土发展。

热盐水循环控制冻土边界原理是利用热盐水循环对土体进行加热来控制冻

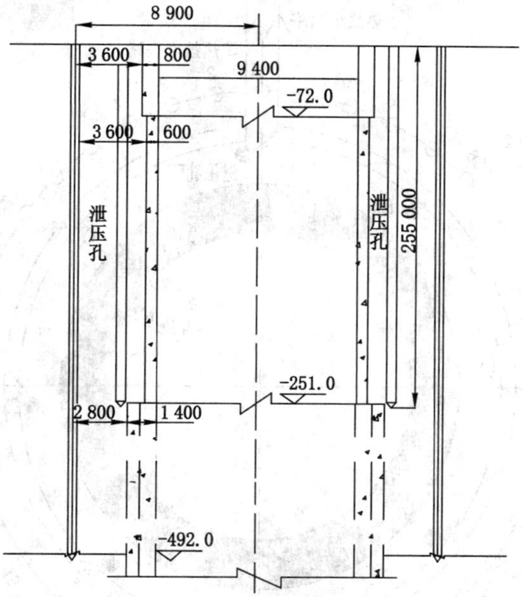

图 1-21　副立井冻结泄压孔剖面

结锋面的移动速度和冻土边界向井壁方向推进，达到热盐水循环提供的热量和冻结管提供的冷量平衡的状态。当冻结施工进入维护冻结期，此时冻结壁厚度和强度都已达到设计值，但为防止冻土内部点升温或冰结体融化，仍需继续冻结，此时的低温盐水温度较积极冻结期高。因为有冷量的不断供应，冻结锋面就会继续向井壁方向推进，直至井帮处土体冻结，如若不加以控制会对井壁产生不均匀的冻胀压力，威胁井壁安全。鉴于此，当冻结锋面接近井壁或即将对井壁产生破坏作用时，开启热盐水循环，在热盐水孔周围形成圆柱形影响区，使冻结土体解冻，控制冻结锋面的推进，消除冻胀压力对井壁的破坏作用，实现热量的供应和冷量的供应相平衡，使得冻土边界始终固定在一定的范围内。

麦垛山煤矿的实际工程中，当冻土发展过快时，副立井 8 个泄压孔可用于循环热盐水。即在泄压孔 ϕ133 mm×5 mm 中放入 ϕ89 mm×5 mm 的套管，其中再放入 ϕ32 mm×3 mm 的钢管，构成热盐水去、回路循环，热水循环的示意图如图 1-22 和图 1-23 所示。

六、控制冻结温度

对于人工冻土，土中孔隙冰和土体分凝冻胀的产生和发展取决于土性、外载荷、水和温度。而当工程条件一定时，土体的附加荷载、土性、水的性质就确定了，人工冻土唯一可控制因素即为温度。温度控制了土体的冻结速度、温度梯度、水分迁移方向、速度和迁移量，从而影响了土中水的相变速度、成冰位置和数

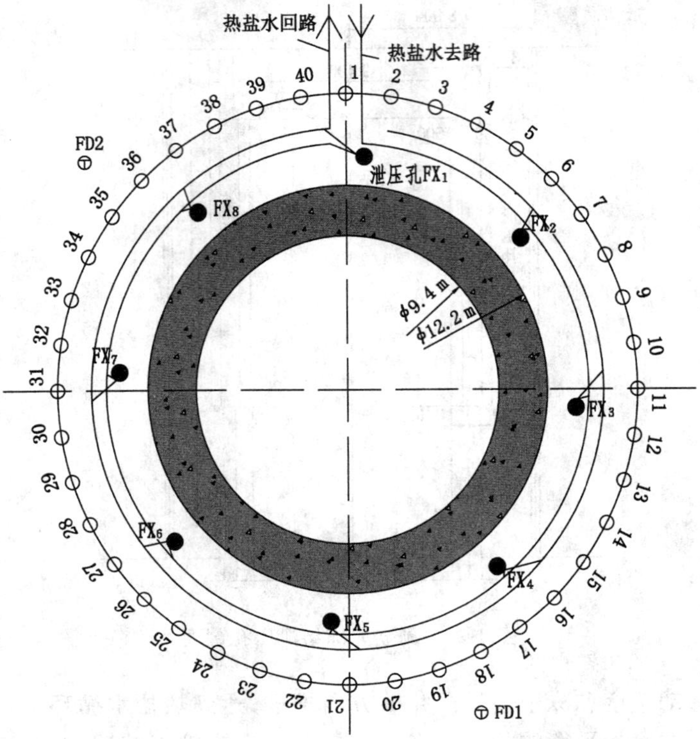

图 1-22　副立井热水循环平面示意图

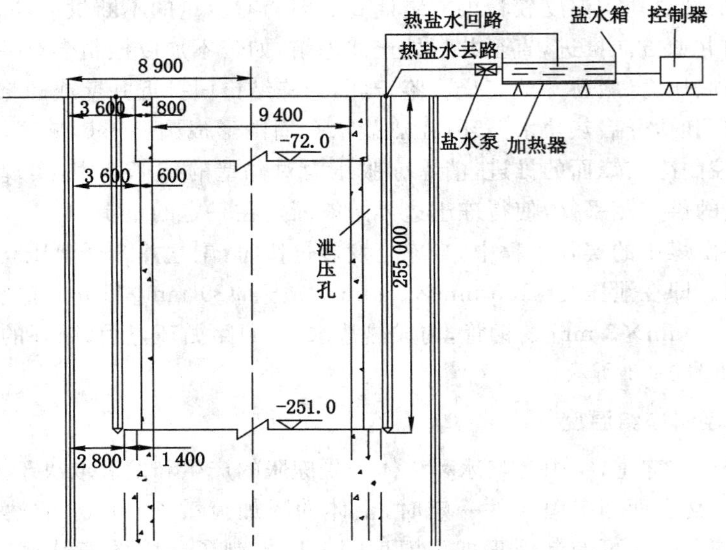

图 1-23　副立井热水循环剖面示意图

量。因此，冻胀控制的关键就是冻结冷源温度——盐水温度。

在相同条件下，盐水温度越低，冻结温度场的发展速度越快。同时，冻土发展速度越快则冻结壁扩展到井壁的时间越早，由于不均匀冻胀而对井壁造成破坏的概率越大，因此，应设计出合理的盐水温度，既要保证下部冻结壁的厚度和平均温度在开挖时能够满足要求，又要保证上部冻结壁的发展不对既有井壁造成破坏。为了同时满足下部井筒开挖及上部保护井壁的要求，建议将盐水温度控制在－20～－25 ℃之间，不宜低于－25 ℃。

第四节　软岩地层井筒人工冻结设计

根据软岩地层人工冻结的设计方法，针对软岩地层的特点，给出基本的人工冻结设计。

一、冻结技术方案

1. 冻结深度确定

副立井冻结深度为 492 m。

2. 地压计算

以冲积层底部作为控制层，设计采用经验地压计算公式：$p=\gamma H$。计算结果为0.28 MPa。

3. 冻结壁厚度计算

采用拉麦公式[83]：

$$E_d = R_a\left(\sqrt{\frac{\sigma}{\sigma - 2p}} - 1\right)$$

式中　E_d——冻结壁厚度，m；

R_a——井筒掘进荒径或冻结壁内半径，m；

σ——冻结岩土的许用抗压强度，MPa；

P——冻结壁外缘水平载荷，MPa。

现有冻结壁厚度公式只适用于表土段冻结，类比基岩冻结井壁并结合本矿井的地质情况，确定副立井冻结壁厚度为 4.5 m。

4. 冻结壁平均温度

采用成冰公式对副风井进行冻结壁强度校核验算：

$$T_c = T_b \times \left[1.135 - 0.352 \times \sqrt{L} - 0.875 \times \frac{1}{\sqrt[3]{E}} + 0.266 \times \sqrt{\frac{L}{E}}\right] - 0.466 + 0.25 \times T_n$$

式中　T_c——冻结壁平均温度，℃；

T_b——盐水温度,℃;

L——冻结孔间距,m;

E——冻结壁厚度,m;

T_n——井帮温度,℃。

验算结果得:当盐水温度 $T_b = -32$ ℃,井帮温度 $T_n = -5$ ℃时,副风井 T_c 分别为-10.4 ℃和-10.5 ℃,根据以上已施工或正在施工的该地区矿井冻结壁设计厚度,结合该矿井的地层特点,确定该矿井冻结壁平均温度为-10 ℃。

5. 段高与冻结壁位移控制

根据规范规定,试挖段(20 m)段高不大于1.5 m,正常掘砌段爆破时段高不大于1.8 m,暴露时间不大于24 h是安全的。

6. 冻结圈径与孔数的确定

冻结孔圈径布置须满足下列公式[84],计算结果见表1-4。

$$D_{圈} = D_{荒} + 2 \times 0.55 \times E$$

按规范要求爆破距离:

$$D_{圈} = D_{荒} + 2 \times 1.2$$

式中 $D_{圈}$——冻结孔圈径,m;

$D_{荒}$——冻结孔荒径,m;

E——冻结壁厚度,m。

表1-4　　冻结圈径、孔数计算选取

序号	项目名称	单位	副井
1	井筒净径	m	9.4
2	井壁厚度	m	≤1.4
3	最大荒径	m	12.2
4	冲积层埋深	m	50
5	井筒深度	m	578
6	冻结深度	m	492
7	冻结管距荒径	m	2.8
8	确定冻结圈径	m	17.8
9	冻结孔个数	个	40

二、制冷系统设计

1. 冻结站氨制冷系统

(1) 井筒高峰期热负荷

$$Q_T = \pi \times d_t \times H_0 \times n_t \times K_t$$

式中　Q_T——单位时间热负荷,kcal/h;

d_t——冻结孔圈径,m;

E——冻结壁厚度,m;

n_t——冷冻机功率,kW;

K_t——单位时间阻力系数。

计算得:副立井 340×10^4 kcal/h(约 1 422.6×10^4 kJ/h,1 kcal=4.184 kJ)。

(2) 冻结站制冷能力配备

冻结站的实际工况:盐水−30～−32 ℃,蒸发温度−36～−38 ℃,冷凝温度 30 ℃。

副风井设一个冻结站,结合本单位情况,设计选用 PLG25ⅢTA 型螺杆式冷冻机 6 台,PLG20ⅡTA 型螺杆式冷冻机 8 台,KA20CBY 型螺杆式冷冻机 6 台。

冻结站实际标准制冷能力为 1 734×10^4 kcal/h(约 7 255×10^4 kJ/h),装机标冷量富裕系数为 1.1 倍。

(3) 制冷辅助设备

经计算,并结合实际情况,副风井冻结站选用制冷辅助设备见表 1-5。

表 1-5　　制冷辅助设备选用

辅助设备	设备型号	设备数量/台
冷凝器	EXV-Ⅱ-340	10
蒸发器	LZ-160	22
中冷器	ZL-10	5
氨油分离器	YF-200TL	3
氨液分离器	AF-1400	9
高压贮液器	ZA-5.0	2
集油器	YF-100	2
虹吸罐	HZA-2.0	2

(4) 运转需用氨量

首次充氨量:$G_a=KQA/1\ 000=52$ t

总用氨量:$G=G_a[1+n(0.05\sim0.1)]=76$ t

(5) 冷冻机润滑油用量

首次加油(N46 号):13 t

运转结束总用油量:35 t

2. 盐水系统

副立井盐水系统设计见表 1-6。

表 1-6　　副立井盐水系统设计

序号	项目名称	单位	副井	备注
1	冻结孔数	个	40/32	
2	冻结深度	m	492/518	
3	冻结管规格	mm	230 m 以上采用 ϕ133×6， 230 m 以下采用 ϕ159×6	
4	盐水干管长	m	350	预计
5	集配液圈长	m	220	
6	盐水比重	kg/m³	1 260	（+15 ℃）
7	盐水比热	kcal/(kg・℃)	0.650	（−30 ℃）
8	盐水总循环量	m³/h	969	
9	盐水干管	mm	ϕ325×8	无缝钢管
10	配集液圈	mm	ϕ325×8	
11	供液管	mm	ϕ75×6	
12	盐水泵型号	12SH-9 扬程 58 m，电机 200 kW， 流量 792 m³/h；选用 3 台，1 台备用		

（1）盐水系统参数

盐水循环量：

$$W_{br} = \frac{Q_0}{\Delta t \times r_{br} \times c_{br}}$$

式中　W_{br}——盐水流量，m³/h；

Q_0——冻结站实际所需制冷能力，kW；

Δt——去路和回路循环盐水的温度差，℃；

r_{br}——循环盐水的密度，kg/m³；

c_{br}——循环盐水的比热容，kcal/(kg・℃)。

盐水管直径：

$$d_m = \sqrt{\frac{W_{br}}{2\ 830 v_n}}$$

式中　d_m——盐水管直径，mm；

W_{br}——盐水流量，m³/h；

v_n——流速，m/s。

盐水泵扬程：

$$H = 1.5 \times (h_1 + h_2 + h_3 + h_4) + h_5 + h_6$$

(2) $CaCl_2$用量计算

盐水系统总体积：

$$V_{br}=V_{冻结管}+V_{盐水干管和集配液圈}+V_{盐水箱}$$

$$G_{Ca}=\frac{1.2\times g_{br}\times V_{br}}{\rho}$$

使用 $CaCl_2$(96%) 440 t。

3. 清水系统

冷凝用水量按下式计算：

$$W=Q_1/1\,000\Delta t=15\ m^3/h$$

式中　W——冷凝用水量，m^3/h；

Q_1——所需制冷能力，kW；

Δt——冷凝用水的温度差，℃。

新鲜水补充按 20 m^3/h 考虑。设备选用 150QJ20-26/4(20 m^3/h、扬程 26 m)潜水泵 2 台，1 台向蒸发冷供水，1 台备用。水源井选用 200QJ32-78/6(32 m^3/h、扬程 78 m)潜水泵 2 台，一用一备。

4. 人工冻结的设计参数汇总

形成的冻结孔布置图如图 1-24 和图 1-25 所示，副井的设计基本参数如表 1-7 所列。

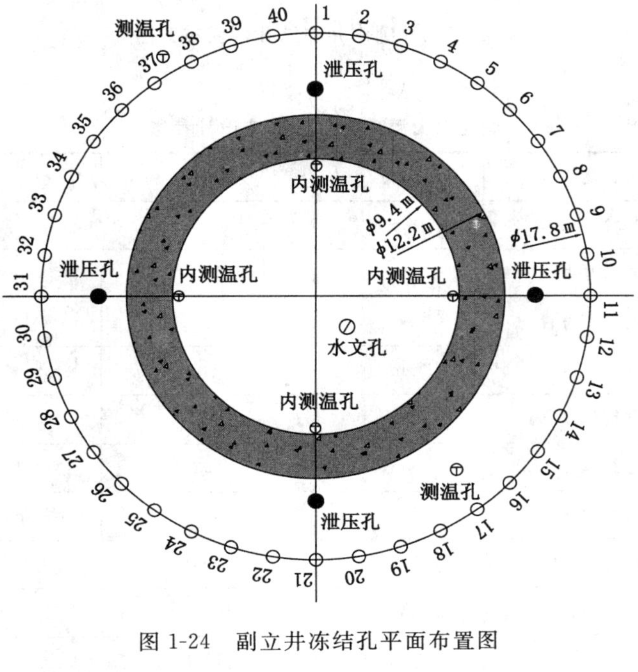

图 1-24　副立井冻结孔平面布置图

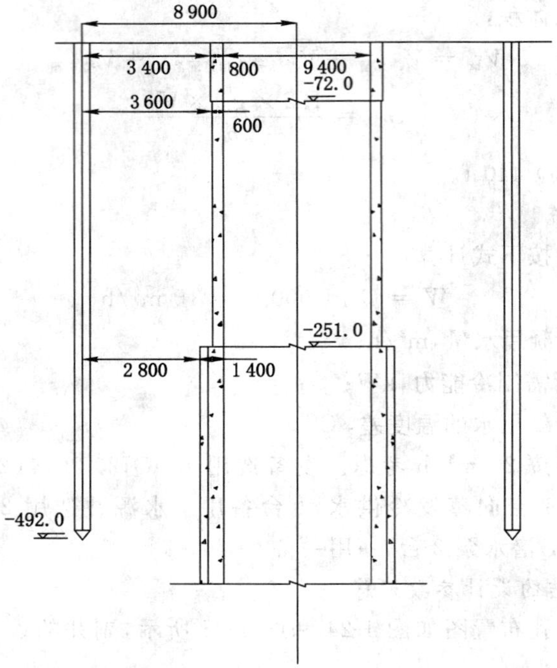

图 1-25　副立井冻结孔剖面布置图

表 1-7　　　　麦垛山煤矿副立井冻结设计参数

序号	项目名称	单位	副立井	备注
1	井筒净直径	m	ϕ9.4	
2	井壁厚度	m	≤1.4	
3	井筒掘砌荒径	m	ϕ12.2	
4	表土深度	m	50	
5	井筒深度	m	578	
6	冻结深度	m	492	暂留 10 m 冻结岩帽
7	最大地压	MPa	4.9	按清水柱压力计算
8	冻结壁厚度	m	4.5	
9	冻结壁平均温度	℃	－10	
10	冻结圈径	m	ϕ17.8	

续表 1-7

序号	项目名称	单位	副立井	备注
11	距荒径距离	m	2.8	
12	冻结孔数	个	40	
13	开孔间距	m	1.397	
14	冻结孔靶域半径	m	0.7	内偏小于 0.4 m
15	终孔最大孔间距	m	0～100≤1.6； 100～200≤1.9； 200～300≤2.1； 300 以下≤2.5	
16	冻结管规格	mm	230 以上采用 ϕ133×6 230 以下采用 ϕ159×6	
17	供液管	mm	ϕ75×6	
18	测温孔深度/个	m/个	492/2 250/4	测温管 ϕ133 mm×6 mm ϕ51 mm×3.5 mm
19	水文孔	m/个	300/1	ϕ89 mm×4.5 mm
20	泄压孔	m/个	255/4	ϕ133 mm×6 mm
21	钻孔总工程量	m	22 984	合计 43 076
22	井筒需冷量	万 kacl/h	340	冷冻站需冷量 520
23	冻结站标准制冷量	万 kacl/h	1 734	需配标冷量 1 576
24	最大用电负荷	kW	4 546	
25	盐水温度	℃	−30～−32	
26	准备工期	d	15	
27	打钻工期	d	90	
28	沟槽工期	d	5	
29	开机至试排水	d	75	
30	排水至下行开挖	d	15	
31	掘砌结束	d	80	
32	套壁至停机	d	25	
33	冻结运转工期	d	195	
34	总工期	d	305	

麦垛山副立井共冻结 275 d，回风立井共冻结 230 d，整个冻结施工期间冻结系统运转正常。在整个施工过程中严格按照信息化施工要求，采取相应的井筒保护措施，有效控制了冻结壁的发展范围。冻结施工完成后，上部已建井筒得到了很好的保护，整个井筒状态良好。

通过减少冻结壁的设计厚度，优化冻结孔布置方案，节省冻结管长度约 14 000 m，仅冻结孔的施工费用、冻结管的材料费用、冻结运转费用及设备配置费用等方面节省约 2 000 余万元。

采用保护措施对既有的井筒结构进行保护，保证了井筒结构满足设计使用要求，较其他需要重新施工上部井筒结构的矿井建设，可缩短施工工期 6 个月左右。

第二章 深孔疏降水凿井技术

古近系、新近系和第四系土层属松散～半固结土层，含水量大(6.6%～36%)，抗压强度低(0.07～0.74 MPa)，饱和度高(36.8%～100%)，不稳定，易冒落，且易风化，抗冻能力差。侏罗系地层的泥岩、砂岩易风化且有强烈的吸水软化、泥化、膨胀的特性，属不良工程岩体。特别是煤层顶、底板的泥岩及泥质胶结的砂岩，岩体孔隙发育且其上部岩层为富含水层。清水营煤矿建设的一个副立井和立风井，净直径分别为9.0 m和6.0 m，深度分别647.8 m和621 m，穿越含水层较多，井筒检查孔预计，井筒最大涌水量达270.6 m^3/h，且岩层可注性差，遇水软化严重。此类富含水软弱地层大直径深立井的开凿，若采用传统凿井技术，风险大、成本高且工期长，为此，根据清水营煤矿井底巷道施工完成条件，提出井筒疏降水凿井技术方案，即首先通过超深降水井最大限度地降低井筒四周地下水位，然后将井筒中心疏水孔和井下疏水巷贯通，解决剩余井筒涌水量排放，确保工作面无积水，为井筒掘砌提供良好的施工环境，解决了长期困扰降水工程的技术难题。在此基础上开发出了新型井筒凿井疏降水技术，将二级钻进、导向钻进技术、靶域钻进等引入大直径降水井和疏导孔施工中，深度达到650 m，终孔直径达到450 mm以上，实现了600 m深孔疏降水凿井，创国内外之最。该创新技术的成功实施，简化了工程管理和程序，降低了工程施工条件，节省造价4 000余万元，缩短工期5.4个月，获得了显著的经济效益和社会效益。

第一节 单井混合含水层疏降水影响规律

Visual MODFLOW(1994)是由加拿大Waterloo水文地质公司在MODFLOW的基础上开发研制的，是目前国际上最为流行且被各国同行一致认可的三维地下水流和溶质运移模拟评价的标准可视化专业软件系统。清水营煤矿井筒疏降水工程采用Visual MODFLOW软件进行了数值计算。

在含水层水头混合情况下进行抽水，承压水和潜水之间的相互渗流场产生影响，影响因素更多，更为复杂，例如若含水层之间水头不同，会在含水层之间发生流动，有潜水和承压水之间产生串流，有多个承压水之间产生串流，不同水头之间组合是复杂的；其次，含水层厚度组合变化也是复杂的；第三，地层参数，特别是渗透系数、潜水的重力给水度、承压含水层的弹性储水系数;等等。下面主要针对在水头相同、含水层总厚度一定的情况下,研究潜水含水厚度(含水层厚度之比)、渗透系数对极限渗流水线和极限流量的影响。

单井混合抽水,是在地层存在潜水层和多个含水层的基础上,抽水井花管全部联通含水层进行抽水,其结构如图 2-1 所示。

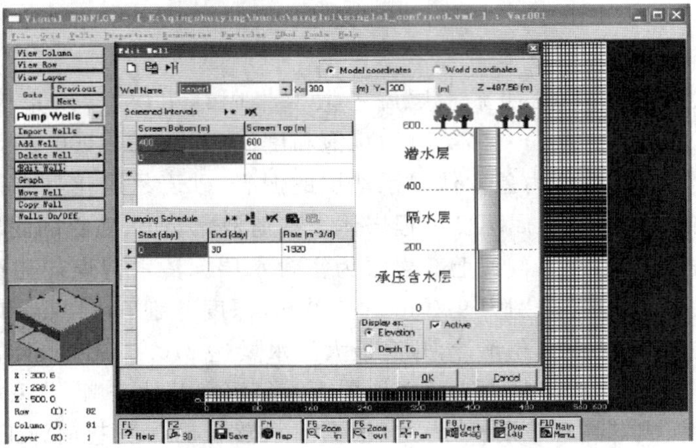

图 2-1 单井混合含水层抽水降水井结构数值模型

潜水降水多因素分析选择 $L_9(3^4)$正交表,三个因素(降水时间、渗透系数和含水层厚度)均为三个水平,研究指标也是单孔极限流量和降水极限水位(潜水层厚度、渗透系数和抽水时间),具体数据见表 2-1 和表 2-2。

表 2-1　　单井混合抽水试验正交表数据

试验号	指标		因素 1	因素 2	因素 3	指标导出量	
	水头极限标高/m	极限流量/(m³/d)	潜水层厚度/m	渗透系数/(m/d)	抽水时间/d	极限降深/m	水位下降率/%
试验 1	269.34	3 460	100	0.021 6	10	330.66	55.11
试验 2	281.24	6 600	100	0.043 2	20	318.76	53.13
试验 3	263.88	13 000	100	0.086 4	30	336.12	56.02
试验 4	236.11	3 670	200	0.021 6	20	363.89	60.65
试验 5	240.95	7 100	200	0.043 2	30	359.05	59.84
试验 6	235.19	14 400	200	0.086 4	10	364.81	60.80
试验 7	191.49	4 120	300	0.021 6	30	408.51	68.09
试验 8	196.62	8 300	300	0.043 2	10	403.38	67.23
试验 9	194.32	16 260	300	0.086 4	20	405.68	67.61

表 2-2　　正交数值计算结果统计分析

因素		极限流量/(m^3/d)	极限降深/m	水位下降率/%
潜水层厚度	100 m	3 750.0	367.7	61.28
	200 m	7 333.3	360.4	60.07
	300 m	14 553.3	368.9	61.48
渗透系数	0.021 6 m/d	3 750.0	367.7	61.28
	0.043 2 m/d	7 333.3	360.4	60.07
	0.086 4 m/d	14 553.3	368.9	61.48

通过表 2-1 和表 2-2 可以得出以下结论：

(1) 在混合含水的情况下，可以看出极限流量和渗透系数仍然保持线性正相关关系，得到统计经验公式：

$$Q_{S_{max}} = 166\ 677K + 140$$

式中　$Q_{S_{max}}$——极限流量，m^3/d；

K——渗透系数，m/d。

(2) 在含水层总厚度一定的情况下，潜水层厚度越厚，极限流量就越大，也基本呈线性关系。

(3) 混合抽水，其极限流量和含水层厚度也呈现线性正相关关系，含水层越深，极限降深越深。

(4) 通过图 2-2 可以看出，渗透系数对极限降深的影响不大，水头下降率平

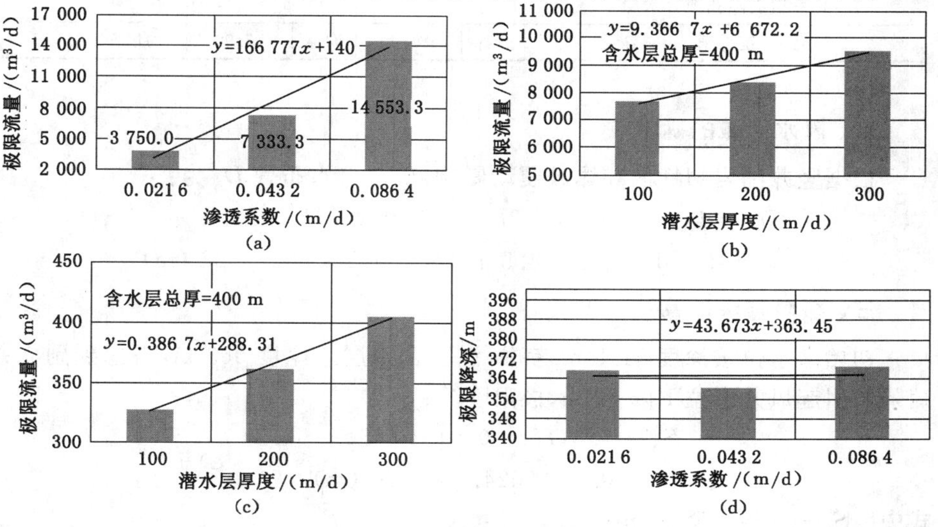

图 2-2　单孔混合降水规律

(a) 单井混合含水层极限流量和渗透系数关系；(b) 潜水含水层厚度与单孔极限流量关系；(c) 单孔混合降水极限降深和潜水层厚度关系；(d) 潜水含水层单孔极限降深和渗透系数关系

均为 61%，略高于单层独立深度的降深率，即

$$S_{max} = 0.61H_0$$

式中 S_{max}——极限降深，m；

H_0——含水层混合水头高度，m。

第二节　疏降水凿井设计

一、井田地质条件

勘探地质报告表明，影响清水营井田副立井井巷施工的含水层主要为白垩系砾岩裂隙孔隙承压含水层、侏罗系中统直罗组裂隙孔隙含水层、侏罗系中统延安组裂隙孔隙含水层 2 煤～8 煤间砂岩裂隙孔隙承压含水层，其中对井筒施工影响较为明显的是侏罗系中统直罗组裂隙孔隙含水层和白垩系砾岩裂隙孔隙层间承压含水层。清水营副立井井筒检查孔水文地质参数见表 2-3。

表 2-3　　清水营副立井井筒检查孔水文地质参数统计表

含水层		层厚/m		地下水位埋深/m		渗透系数/(m/d)	
白垩系砾岩裂隙孔隙层间承压含水层		115.71		51.80		0.009 1	
侏罗系中统直罗组	上段	238.45		59.50		0.020 6	
	下段	169.02		59.50		0.028 1	
侏罗系上统安定组～中统直罗组裂隙孔隙含水层		57.81		56.80		0.0350	
统计值		合计	581.17	均值	56.90	均值	0.023 2

二、降水区域的确定

根据竖井围岩塑性区和爆破震动影响，确定疏水布置 D_s 为：

$$\begin{aligned} D_s &= d_{shaft} + 2E_{lining} + 2L_c + 2 \times 0.2\% H \\ &= 9 + 1.6 + 2 \times 4.5 + 2 \times 0.002 \times 600 = 22\ (\mathrm{m}) \end{aligned}$$

三、极限降深计算

初始潜水位按深度 51.8 m 考虑，混合含水层总厚度 563 m，考虑到副立井疏降水引起风井水位下降 62 m，极限降深：

$$\begin{aligned} S_w &= 0.61H = 0.61 \times (581 - 56.9) \\ &= 0.61 \times 524.1 \approx 320\ (\mathrm{m}) \end{aligned}$$

式中 S_w——极限降深，m；

H——含水层混合水头高度，m。

从地面到水位深度为 320＋56.9＝376.9 (m)。

四、降水区域内的涌水量计算

按稳定流潜水降水计算整个井筒疏水区域内的涌水量：

$$Q_{全}=1.336K\frac{(2H_0-S_w)S_w}{\lg\frac{R}{r_w}}=1.336\times0.0212\frac{(2\times524-320)\times320}{\lg(158/11)}$$

$$=5\ 700\ (m^3/d)=237.5\ (m^3/h)$$

式中　$Q_{全}$——井筒疏排水量，m^3/h；

K——渗透系数；

H_0——水位降深，m；

S_w——极限降深，m；

R——影响半径，m；

r_w——井筒半径，m。

选用单泵抽水能力 60 m^3/h。

五、降水井数

可按 4 个降水井考虑，376.9 m 以下需要借助于疏水巷施工。

六、疏水井及疏水巷设计

疏水巷计划由回风斜井沿着方位 48°22′49″、坡度 5°42′8″下山到临时水仓改到方位28°34′6″进入副立井井底，二煤底板；巷道为梯形断面，净高 2 200 mm，上净宽 2 000 mm，下净宽 2 776 mm；在距离副立井 5 000 mm 处设置厚度 1 500 mm 挡水墙，距离副立井井中 27 m。具体设计如图 2-3 所示。

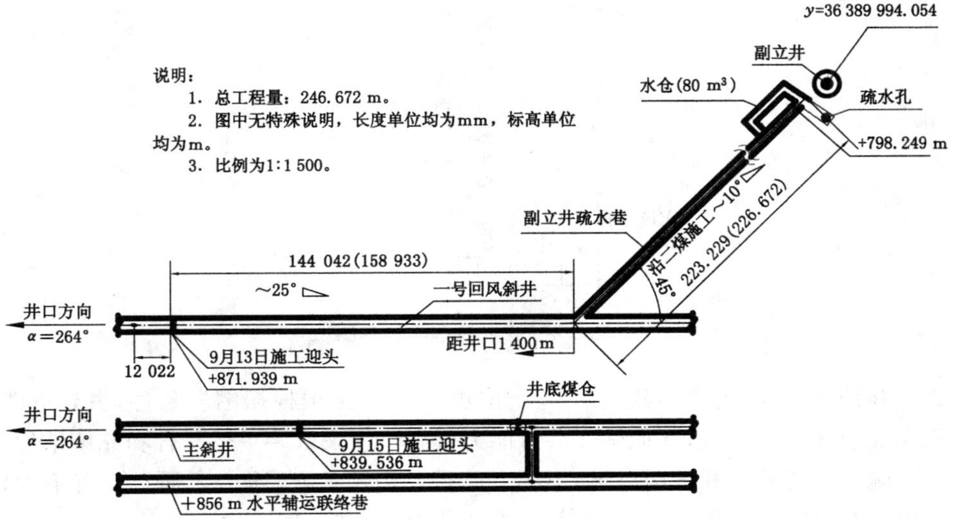

图 2-3　清水营煤矿副立井井底疏水方案

第三节　深孔疏降水技术工艺

清水营煤矿疏降水凿井技术，是在深入研究国内外疏降水渗流场理论的基础上创新形成的，填补了国内外凿井理论的空白，具有较高的理论价值和应用价值。该疏降水技术由理论研究转化为工程工法，已经成为新工法的成功案例。同时该技术简化了工程管理和程序，降低了工程施工条件，如供电供水要求等，并且将施工设备转为生产设备，增加了设备折旧次数，降低了工程成本。在该矿风井和副井施工中，创造疏降水世界最新纪录，达到 620 m，技术经济优势明显，工期缩短 5.4 个月，共节省造价 4 000 余万元。

一、疏降水井结构设计

疏水井沿着纵向，划分为井口固定段、套管段(白管段)和滤水段，其中白管段用于无需疏水地层，滤水段用于含水层(图 2-4)。在施工过程中根据地层变化，这两种管可以交替出现。

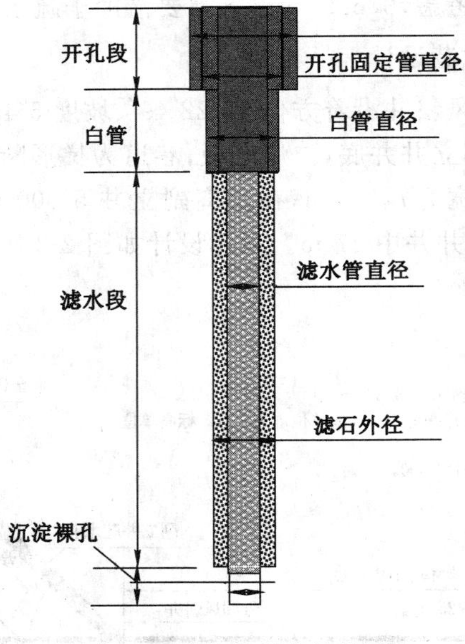

图 2-4　滤水井基本结构图

在滤水管段，为了达到疏水井工作功能要求，必须根据围岩条件，做到既能阻遏隔土体颗粒进入，又能确保渗透能力，因此，可采取多重管复合和充填结构。

疏水井与降水井大同小异，不同点就是井内不安泵，水主要通过自流下渗，所以钻孔直径可大可小，钻孔偏斜要求和井管结构要求也可不同。

辐射井主要通过钻水平孔，增加地下水的联通性，所以需要采取定向钻孔将地下水进行导流，进入主降水井。

二、清水营钻孔施工工艺与流程

钻井过程包括井口盘施工、立钻架、安钻机、开孔固管、钻进、下管、调料固井、洗井。

(1) 钻孔深度：必须满足地下水位降低或者控制凿井时井筒涌水量的需要。因此，钻孔深度应根据含水层位置、厚度、极限水线、沉淀长度等综合因素确定。

(2) 钻孔直径：主要取决于水泵外径和管路外径，满足抽疏水流量的要求，满足滤水层结构要求。

(3) 钻孔工艺：包括一二级钻井直径和钻具组合，以及钻压、钻速、泥浆护壁和排渣等。一级导孔钻进需要控制钻孔偏斜或定向钻进；扩孔钻进包括钻具组合和钻进工艺。

(4) 钻孔布置：包括布置圈径和孔数。布置圈径主要取决于井筒开挖荒径、井筒深度、围岩应力分布。然后根据圈径估计总抽疏水量，根据单孔抽降水能力来设计孔数。

钻孔钻进之前，首先要根据钻成孔的直径、深度、地层特性和现有设备确定是一次钻进成孔还是二次钻进成孔，即所谓经过导孔然后扩孔形成最终钻孔。一般 300 mm 直径以内的钻孔一次钻成，否则采取二三级扩孔成井比较合理和经济。

水文水井钻进所遇到的含水层，大部分是第四纪砂层、砂砾层或卵砾石层，或者等中粗砂岩灰岩。它们的共同特点是胶结性差、松散、易坍塌、漏失。钻进时，因岩石很容易被切削具切入，切削具磨损不大，但吃入深度大，直径大，需要的扭矩也大，要求钻机能提供大的扭矩，钻杆能承受较大的扭矩。钻孔直径大，钻杆与孔壁的间隙就大，要求有大的泵量才能达到净化岩粉的目的。

回转钻进进行水文水井钻探，是应用最广泛的钻探方法。目前很多先进的钻探方法如空气钻进、反循环钻进、潜孔锤钻进等都是从常规回转钻进法演变和发展而来的，仍具有回转钻进的特点。大直径回转钻进方法，在第四纪中多为不取芯钻进，在基岩中为取芯钻进。

在基岩中进行大口径降水井钻探，为了减少对岩石的破碎量，采用岩芯钻探，使用硬合金或钻粒钻头钻进，其钻进工艺与岩芯钻探相似，不同之处就是直径较大所带来的问题。

在特殊情况下，利用岩芯楔断器将岩芯楔断后再卡取，或采用小直径掏芯的办法使大直径岩芯震断后再取。

扩孔钻进成井，即先用小直径取芯钻进，然后用大直径扩孔成井。

根据经验扩孔钻进应注意两个方面：一是根据使用设备能力和井径要求，合理确定扩孔级差，级差一般在直径之间。二是根据地层特点使用合理的钻头类型。

1. 黏土层扩孔钻进

在黏土层扩孔时，由于回转阻力较大，可以采用逐级扩孔的方法成井。另外，黏土层扩孔时造浆率高，应经常调浆。地层条件许可时，可采用清水钻进。在缩径严重地层，应当采用优质泥浆，钻头通过缩径段后，要上下扫孔数次，以减轻缩径现象。

黏土层扩孔钻进所使用的钻头多为六翼螺旋肋骨钻头或多级肋骨钻头，钻压要适当降低，否则阻力太大，会发生蹩车或泥包钻头。一般情况下，转速控制在 4～70 r/min；应加大泵量，用稀泥浆，注意清渣和调浆，使泥浆黏度保持 1～19 s 左右。

2. 砂层扩孔钻进

在砂层扩孔钻进时，阻力较小，进尺快，应当注意泥浆质量，适当加稠泥浆。在钻进时少提动钻具，保持井壁稳定。在流砂层扩孔钻进时，应当减少泵量，以免冲垮井壁。矿层扩孔，除使用六翼螺旋肋骨钻头外，还经常使用多级肋骨扩孔钻头。

3. 砾石层扩孔钻进

为了防止砾石孔壁坍塌，砾石层扩孔钻进应选用玉米式钻头，依靠玉米钻头的挤压作用加固井壁，泵量也不宜太大。

在砾卵石层使用玉米式钻头扩孔时，最大的问题是钻机震动特别大，因此，应降低转速，适当加大压力。有条件的地方应尽量使用钻铤加压，否则钻机磨损太快。

三、导向钻孔技术与应用

随钻测量（measurement while drilling，MWD）是定向钻进中一种先进的技术手段，可以对井下钻具姿态进行实时监测，随时给定向井工程师提供井斜、方位、工具面、井底温度、自然伽马等参数，使司钻随时能了解井下钻具的钻井方向和工作状态。随着技术的进步，现代随钻测量已发展为随钻测井，不仅可以监控定向钻进，还可以进行综合测井。获取信息的种类有：① 定向数据（井斜角、方位角、工具面角）；② 地层特性（伽马射线、电阻率测井记录）；③ 钻井参数（井底钻压、扭矩、每分钟转数）。

传感器装在钻具组合整体的下部，是特殊井下仪器。井下仪器中还有一个发射器，通过某种遥测信道将信号发送到地面。目前使用最普遍的遥测信道是钻柱内的钻井液柱。信号在地面上被检测到后，经过译码和处理，就按方便和可用的方式提供所需的信息。MWD 的最大优点：它使司钻和地质工作者实时地“看”到井下正在发生的情况，从井底测量参数到地面接收到数据只延误几分钟，因此完全可以改善决策过程。

使用伽马射线和电阻率传感器来随钻测井正变得越来越普遍。随钻测井的优点：① 利用伽马射线确定页岩层来选择套管下入深度；② 选定储层顶部开始取芯作业；③ 钻进过程中与邻井对比；④ 识别易发生复杂情况的地层；⑤ 如果在电缆测井作业前报废井眼，至少还有些地层数据可以利用；⑥ 对电缆测井不适合的大斜度井能够进行测井作业；⑦ 电阻率测井可以发现薄的气层存在；⑧ 在钻进时利用伽马射线和电阻串测井可以评估地层压力。

四、井管安装完井工艺

井管安装是完井工艺中重要的工作。它包括井管的选择与强度计算，下管前的准备以及井管和滤水管安装方法的确定。

在井管安装过程中，容易发生井管和滤水管错位、脱落、断裂、扭斜或中途遇阻等事故，因此，必须仔细慎重地做好这项工作。

井管安装前的准备工作有冲孔换浆、校正井深、探井、检查起重设备、工具和管材、综合下管。

五、填砾

将选好的砾料投入过滤器与井壁之间的环状间隙中，这一工序称为填砾。填砾的目的是在滤水管与井壁之间形成人工过滤层。此人工过滤层可以增大滤水管四周的孔隙率和透水性，减小进水时的水头损失，以增加单井出水量；同时，可起滤水挡砂作用，以防止含水层中的细小砂粒涌进滤水管内，因此，可以延长水井的使用寿命。

1. 砾料的均匀度

砾料的均匀度主要涉及用一种规格的砾料还是用多种规格的砾料。室内试验证明了均匀砾料无论在渗透性和孔隙度上皆优于混合砾料。

选择砾石的均匀度应从增大地层渗透性、提高挡砂效果和经济实用等方面考虑。每一地层的砾料有一个标准直径，但要规定误差范围，即过两次筛。推荐误差范围为 8%，例如砾料直径 3 mm，应当选择 2.76 mm 或 3.24 mm 的两种筛网过筛。

2. 砾料的质量

砾料应该是干净、滚圆、光滑的砂砾，不应采用机械破碎的岩石颗料。砾料应由硅质组成，其他石灰质、页岩和石膏质的颗粒含量最多不超过 15%，如果杂质较多，应将砾料进行酸处理再填砾。

3. 砾料的直径

正确地选择砾料的直径是填砾成功的基本条件，通过大量的室内试验和野外现场观察，找到砾料直径与含水层砂料直径间的关系，即砾石直径与砂直径的比值在 4～8 的范围内，以 6 为佳，才能形成好的滤层。

4. 填砾厚度和高度

一般填砾厚度 75～100 mm，为此，要求井的终孔直径比滤水管外径大 150～200 mm。管外砾料高度应超过含水层顶板，其超过的高度，应根据含水层的条件来定。填砾方法主要有：① 静水填砾；② 注水填砾；③ 抽水填砾；④ 深井钻杆泵入。

六、洗井

洗井基本原理，是利用水在滤水管通向含水层部位产生反复流动，同洗衣机洗掉污垢原理相似。人工填砾的洗井，目的是要洗掉砾石层外、自然含水层中的细砂，这就需要使砾石层的砾料在洗井过程中重新排列，以清除夹在砾石层与含水层中的泥皮、泥浆和细砂，水管外不直接接触含水层。洗井的方法很多，主要有：① 活塞洗井；② 压缩空气洗井；③ 喷射洗井；④ 二氧化碳洗井。

第三章　大断面软岩井筒柔模注混凝土锚碹联合支护技术

宁东煤炭基地新建矿井设计生产能力大，井巷设计断面大，折返式缓坡斜井设计总长度大，受地层软弱、富含水等因素影响，井巷掘进与支护普遍困难，多采用锚网索联合支护的方式控制围岩变形。事实上，采用联合支护技术在有效解决围岩变形这一严重问题的同时，往往增加了支护的施工时间，使得快速成巷与高效支护之间的矛盾日益突出。宁东煤炭基地建设过程中自主创新的大断面软岩井巷柔模注混凝土快速支护技术，首次将纤维柔性材料组成的结构模板应用于地下工程支护，实现了“柔性模板＋柔性模板内浇筑混凝土＋金属网＋外层喷射混凝土”的锚碹联合支护结构，实现了支护结构施工工艺的快速简单，并在大断面黏土软岩斜井条件下取得了日进 6.0 m、月进 165 m 的成绩，与原采用砌碹支护相比，施工速度提高一倍以上，大大缩短了施工工期。目前，该技术已在全矿区得到推广应用。

第一节　井筒锚碹联合支护原理

一、刚柔层支护原理

刚柔层支护，从力学概念上讲，就是考虑到强膨胀软岩及高地应力的特点，在支护体内设置一种刚柔层，使其既具有足够的柔度来适应膨胀软岩及高地应力软岩的大变形，以转化膨胀能或变形能，又在一定的时刻具有足够的刚度来限制膨胀型软岩或高地应力软岩的破坏性变形，从而使支护既安全又经济(图 3-1)。

二、壁后泡沫混凝土缓冲层作用机理

在巷道掘进及支护后，及时使用具有良好力学特性、强度适宜且具有一定可缩性的充填材料将壁后预留空间充满，使围岩—充填体—支护结构三者形成一个共同的力学承载体系，充分发挥支架及围岩本身的承载能力，有效地控制围岩松动圈的扩大和位移，从而提高巷道稳定性。具体地讲，壁后泡沫混凝土缓冲层主要有以下作用：

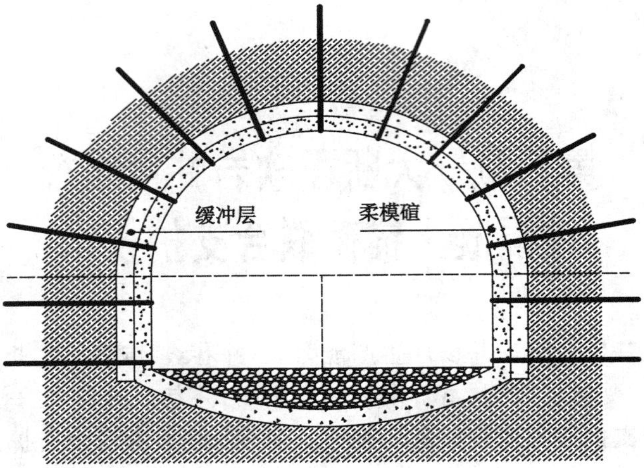

图 3-1　锚碹缓冲层联合结构示意图

(1) 壁后泡沫混凝土缓冲层可吸收围岩变形能及变形量，减少碹体及巷道变形的剧烈程度。泡沫混凝土弹性模量与强度低、压缩量大、围岩应力重新分布或膨胀时所释放的巨大变形能可部分地被缓冲层所吸收，显著降低碹体所承受的荷载。

(2) 壁后泡沫混凝土缓冲层可以改善碹体的受力条件，将来自围岩的外载荷通过缓冲层均匀地传递给碹体，从而使碹体沿全部周边承受均布载荷，有利于碹体支撑能力的充分发挥。

(3) 碹体与缓冲层组成了复合支护结构，将无壁后充填情况下碹体对围岩的单独作用变成了碹体与缓冲层对围岩的共同作用，使作用于巷道围岩的支护强度增加。

(4) 壁后泡沫混凝土缓冲层可封闭围岩，减少围岩的风化和吸水软化。

对壁后泡沫混凝土缓冲层进行数值模拟，有缓冲层情况下，锚碹联合支护体的轴力和弯矩可降低 30%～80%，采用缓冲层与条带碹共同支护高应力及膨胀软岩能够有效地减少混凝土支护体的受力，增加巷道支护的稳定性，为实现可缩性锚碹支护，提出了一种新型柔模注混凝土成碹技术。

第二节　柔模注混凝土快速支护设计

一、总体结构

支护结构为锚杆模注混凝土整体支护。模板采用一次性柔性模板。锚杆一端锚入围岩，另一端穿过柔性模板及其中混凝土层、钢筋网及钢托板与螺母连接，形成一个锚杆、围岩与混凝土连续整体式支护体系。混凝土用泵注入预先固定在巷道周边的柔性模板中，柔性模板由双层高强纤维布制成，锚杆、钢筋网、柔模及混凝土衬砌形成一个整体共同承受围岩压力。

二、柔模设计

采用一次性可弯曲柔性模板。施工时用锚杆和钢筋网固定，然后用混凝土泵注入混凝土即可。由于该模板是柔性的，可随不同形状断面的变化而变化，这种一次性可弯曲柔性模板装置一次安装后，就不再拆除，一次成型，永久支护，对围岩进行高强度的快速支护，使围岩不产生或少产生裂隙，避免水的侵入，围岩与连续整体混凝土支护体共同作用承载地压。

模板由双层高强度纤维织物加工而成，长度为开挖环向周长，宽度为每支护一个循环的长度，两层间距为混凝土厚度。加工时，模板的双层高强度纤维布上设置有纵向加强肋、横向加强肋和混凝土厚度控制肋，如图 3-2 所示。加强肋是为了增加纤维布的抗拉强度，当混凝土充填在布袋内，纵向加强肋和横向加强肋可以阻止混凝土注入后变形过大。

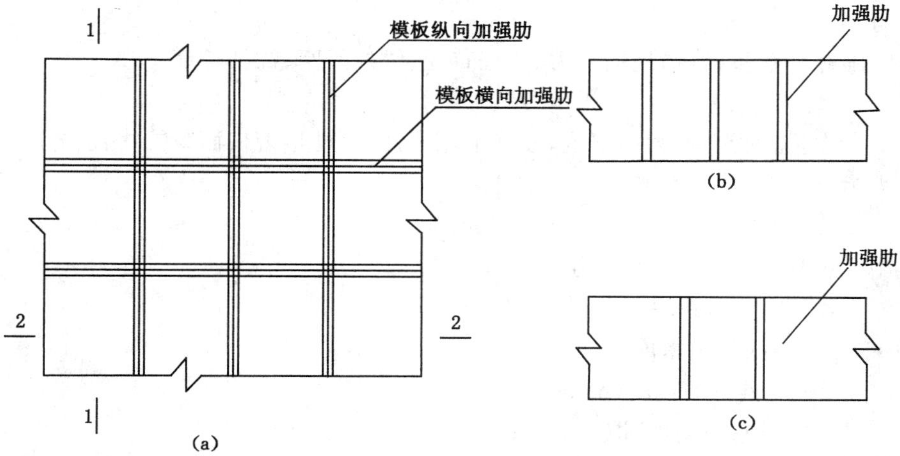

图 3-2　模板加强肋布置图

(a) 模板俯视图；(b) 1—1 剖面图；(c) 2—2 剖面图

浇筑后的成品模板为长方体，按照巷道断面形状制作满足施工需要的柔性模板，在中间部位缝制灌浆口，灌浆口内外长度不小于 300 mm。由于试验巷道处于黄土段，使用钻爆法开挖的成型较差，会使混凝土浇筑存在很大问题。有些地段拱部较平，混凝土流动困难，容易造成堵塞或涨破模袋，我们在每个模袋浇筑口两侧 1.8 m 处又各开一个浇筑口，这样每个模袋有 3 个浇筑口，浇筑就会比较顺利，不会发生堵塞现象。

模板性能：梯形撕裂强度经纬向均大于 900 N，顶破强度大于 900 N/层，抗拉强度 400 N/cm。

三、钢筋网设计

钢筋网作用：① 结构受力：钢筋网作为支护的一部分，与锚杆、混凝土共同作用，提高混凝土强度和抗变形能力。② 支托模板：钢筋网被锚杆托板连接，托起柔性模板，防止浇筑混凝土时，由于重力及泵压作用，模板与混凝土一起下沉或外胀。

钢筋网尺寸：根据工程类比，钢筋网根据其作用一般采用 ϕ6 mm 钢筋焊接而成，网孔尺寸为 100 mm×100 mm，网片规格为 2 100 mm×5 000 mm。

四、锚杆设计

锚杆的作用：① 固定模板：锚杆体外部露出 250 mm 穿通柔性模板，起到固定柔性模板，防止浇筑混凝土时由于重力作用，造成混凝土脱层。② 临时支护：根据锚杆的支护原理，起到早期临时支护作用，以保证施工安全。③ 连接作用：使混凝土支护体与岩体紧密结合，形成一个有机整体，共同受力，提高锚杆支护能力。

锚杆参数包括：锚杆锚固力、锚杆直径、锚杆间距、锚杆长度。

1. 锚杆锚固力

考虑锚杆受力最大的部位，按静水压力计算，则接近地面第二排锚杆承受的拉力为[85]：

$$F = k\rho g(H-h)S$$

式中 F——锚杆承受的拉力，kN；

K——侧压系数；

ρ——混凝土密度，kg/m^3；

g——重力加速度，m/s^2；

H——巷道高度，取 5.2 m；

h——锚杆所在高度，m；

S——锚杆受力面积，m^2。

侧压系数最大值为 1，取值 1。

$$F = 1\times 2\,400\times 9.81\times (5.2-0.45)\times 0.9\times 0.95 = 95618\ (\mathrm{kN})$$

经进行锚固力试验，6 个水泥药卷满足设计锚固力要求。考虑到施工条件及安全，在位于顶部中线和最接近地面一排锚杆安装 7 个水泥药卷。

2. 锚杆直径

锚杆取 HRB335 级钢筋，计算公式为[86]：

$$D = 2\sqrt{S_{截}/\pi}$$

$$S_{截} = F/f_y$$

式中　D——锚杆直径，m；

$S_{截}$——锚杆截面积，m^2；

f_y——钢筋设计强度值，N/mm^2。

$$D = 2\sqrt{318/3.141} = 20\ (mm)$$

$$S = 95\ 618/300 = 318\ (mm^2)$$

即锚杆直径选用 20 mm。

3. 锚杆间距

锚杆间距包括环向间距和纵向间距(沿巷道走向间距)。一般情况下，环向间距和纵向间距相等。考虑到锚杆主要作为临时支护、施工及模袋预留孔而采用矩形布置，综合以上，锚杆间距取 900 mm(环向)×950 mm(纵向)。

4. 锚杆长度

锚杆在柔模支护中主要起临时支护的作用，同时结合红柳矿地质条件，选用锚杆长度如下：顶部 5 排锚杆长 2 000 mm，作为施工中的临时支护锚杆长 2 000 mm，其余锚杆长 1 500 mm。

五、衬砌厚度设计

按等代圆计算方式将井筒简化为圆形，按《公路隧道设计规范》(JTJ 026—1990)选取设计强度，按井壁壁筒计算公式等强换算[87]，厚度 350 mm 混凝土砌块承载能力。

$$p = f_c h(h+2r)/2v_k\,(h+r)^2$$
$$= 6.37\times 0.35\times(0.35+2\times 2.8)/2\times 1.5\times(0.35+2.8)^2 = 0.45\ (MPa)$$

式中　p——垂直均部压力，MPa；

f_c——混凝土砌块砌碹设计强度，MPa；

h——混凝土砌块砌碹设计厚度，m；

r——等代圆半径，m；

v_k——安全系数，$v_k = 1.5$。

C25 混凝土整体浇筑与混凝土砌碹等强度换算混凝土整体浇筑支护厚度为：

$$h = r\left[\sqrt{f_c/(f_c-2v_k p)} - 1\right]$$
$$= 2.8\times\left[\sqrt{12.5/(12.5-2\times 1.5\times 0.45)} - 1\right] = 0.168\ (m)$$

考虑现场施工影响因素，为了确保安全，取混凝土标号 C25，混凝土厚度为 300 mm，其中浇筑混凝土厚度 200 mm，喷射混凝土标号为 C25，厚度为 100 mm。

六、混凝土设计

在本支护方案中采用泵送混凝土作为支护结构的主要承载体，采用强度为C25的混凝土就可以满足设计强度要求。在柔性模板内泵入流动性较好的混凝土，使混凝土能够依靠自身的重量及流动性自动充满整个模袋，并在自重的作用下达到密实，以免除振捣的麻烦，并且能够一次成型，且效果较好。

由于柔性模袋的特殊性，泵注到柔性模袋内部的混凝土在发生初凝之前，混凝土内部的水分要被柔性模袋过滤掉很大一部分，根据国内外的资料及试验测量，水灰比自动降到了0.5以下。柔模泵注混凝土设计与普通的混凝土设计有所不同，在确保混凝土设计强度的情况下，必须保证混凝土的流动性。柔模泵注混凝土与普通混凝土相比，第一，沙率要比普通混凝土小，通常情况下为50%～55%；第二，石子的最大粒径要与输送管的直径相适应，通常最大粒径小于25 mm，一般取20 mm；第三，搅拌的混凝土水灰比取0.6～0.9为宜。

在实验过程中，取每种配合比制成的混凝土做成标准试块，进行强度试验。通过泵送混凝土试验调整混凝土的配合比见表3-1。

表3-1　实验室混凝土的配合比

水泥	沙	碎石	水	泵送剂
493	739	920	246	7.4

注：本配合比的沙子是经过过筛之后粒径小于5 mm的沙子。

现场中的沙子含有20%的石子，同时含水率为5%。现场配合比见表3-2。

表3-2　实验室混凝土的配合比

水泥	沙	碎石	水	泵送剂
482	964	706	289～434	7.23

第三节　快速支护技术工艺

红柳煤矿折返式缓坡副斜井黏土层段实施的柔模泵注混凝土快速施工工艺技术，为富含水层、涌水量大地层条件下的巷道支护开创了新理念和新思路，解决了宁东煤炭基地相同地层条件下井巷施工速度慢的难题，做到了快速支护掘进，为井筒、巷道快速施工积累了施工经验，提高了机械化程度。同时，这种新理念和新思路降低了工人的劳动强度，提高了作业的安全性，取得了日进6.0 m，月进 165 m 的成绩，施工进度较原砌碹支护提高了一倍以上。柔模支护比砌碹支护每米减少工程费用 1 065 元，在经济效益等方面具有显著的优越性，有极大的推广应用价值。目前，该技术已推广至基地其他矿井及回采巷道的支护工程中，取得了良好技术经济效果。

一、锚杆支护

掘进爆破后及时进行敲帮问顶，立即用液压锚杆机或风动锚杆机打锚杆眼，并安装好临时支护锚杆，装运矸石，再进行顶帮锚杆永久支护。

锚杆安装具体要求如下：

(1) 定锚杆眼位：检查巷道规格尺寸是否符合设计要求，先处理完不合格部位，按中线及锚杆布置要求定锚杆眼位，具体尺寸：环向间距×沿巷道轴向间距＝900 mm×950 mm。锚杆定位时必须先从中线部位往两侧量测，并用红漆做好标记。锚杆定位误差必须控制在 4 cm 范围内。

(2) 打锚杆眼：按设计锚杆眼的深度和角度，使用液压锚杆机、风动锚杆机或煤电钻配合 ϕ42 mm 钻头打锚杆眼，钻眼深度误差控制在 5 cm 范围内。

(3) 清理眼孔：安装锚杆前必须将眼孔内粉末清理干净(利用钻杆来回抽动或利用高压风吹眼)，确保锚固剂能够与眼壁良好接触。

(4) 锚杆安装：安装前检查锚杆的规格尺寸是否符合设计要求，锚杆是否合格，锚固剂有无过期结块变质，若影响正常使用，必须立即更换。检查锚杆眼位、角度和深度是否符合设计要求(用待安装锚杆伸入锚杆眼孔检查)，若不合格必须重新打眼。

二、柔性模板施工

1. 柔性模板制作

按照巷道断面形状制作满足施工需要的柔性模板，内外层距离为 200 mm，在中间和拱腰部位缝制灌浆口，灌浆口内外长度不小于 300 mm。

2. 柔性模板挂设

使锚杆穿过柔性模板预留孔，然后挂设柔性模板，将柔性模板绑扎在锚杆上。

三、钢筋网施工

钢筋网片采用 ϕ6 mm 钢筋，100 mm×100 mm 间距，每片规格为 2 100 mm×5 000 mm。在钢筋加工棚加工，现场环向固定在锚杆外端，用锚杆垫板拉紧，网片搭接长度不小于 100 mm，使各网片形成一个整体，网片与岩面距离保持 200 mm。网片的搭接要确保混凝土能够顺利在模袋内流动，避免发生混凝土在模袋内堵塞现象。

四、混凝土施工

1. 混凝土搅拌

在地面用混凝土搅拌机按照设计配合比搅拌干料。干料配好后用大型运输车将干料拉至混凝土搅拌机旁卸掉，用人工方法将干料铲入混凝土搅拌机。搅拌机将搅拌的混凝土顺溜槽流入混凝土输送泵的料斗内。

2. 混凝土浇筑

用混凝土输送泵从拱顶灌注，采用人工敲击的办法振捣。灌注完毕后处理好封口，尽量避免混凝土的流出。在混凝土浇筑过程中要注意振捣，确保模袋充实，特别是边缘及顶部。

3. 喷射混凝土

模注混凝土后，需要对其表面进行喷射混凝土。喷射混凝土支护与模注混凝土在施工处之间的距离应取 30～40 m。喷浆前必须对巷壁模袋进行高压水清洗。对于个别模袋未注满之处，要剪去模袋用喷射混凝土补喷以达到设计厚度。喷射混凝土强度为 C25，喷射混凝土与模注混凝土两者厚度之和应达到 300 mm。喷射混凝土主要起支护和保护模注外层钢筋网的作用，并且可以平整模注混凝土表面，填补每模之间的缝隙。

4. 浇筑混凝土过程中注意事项

首先，在浇筑混凝土前用钢管或方木将钢筋网撑好，避免模袋扯破或鼓胀现象。其次，根据现场调泵注时水灰比，在每模刚开始浇筑时采用大水灰比，可以湿润模袋，增加混凝土的流动性；而在混凝土顺利流到接近地面处模袋时，则降低水灰比，以使混凝土在溜槽内能顺利流入泵机料口为准。第三，混凝土浇筑过程中不要停泵机，最好一次注满。第四，确保顶部填充密实。

5. 混凝土养护

浇筑完成的混凝土和喷射后的混凝土需在一周内进行洒水养护。

第二篇
大断面“三软”煤巷围岩控制

宁东矿区多数矿井采用的大采高开采工艺一次性开采煤层厚度大、开采强度高，客观上要求大采高综采设备实现大型化、重型化、自动化和机电一体化。同时，为满足不断加快的工作面推进速度，一方面，要求工作面的开切眼、回采巷道以及停采线附近的回撤通道的断面都要相应增大；另一方面，为了减少搬家倒面的次数，从工作面布置上会尽可能加大工作面推进长度，这就会给井下巷道维护提出了更高的要求；同时，研究采用无煤柱护巷技术，对提高煤炭的采出率有重要意义。因此，本篇系统阐述的宁东矿区“三软”煤层条件下大断面巷道的围岩控制技术，是宁东矿区安全高效开采的技术保障。

宁东矿区结合国内外先进的开拓开采模式，优化开拓部署，加长工作面推进长度，采用先进的综合机械化开采工艺，实现煤炭的高强度开采。这就给井下巷道支护与维护提出了更高的要求。传统的巷道支护，如砌碹支护、棚式支护等方式已不能满足煤炭安全生产的需要，因而必须结合新的巷道支护技术与工艺，解决“三软”煤层大断面巷道的支护问题，确保煤炭生产的安全高效。

结合无煤柱护巷理论，针对“三软”煤层条件下沿空巷道的围岩结构及其变形特征和沿空留巷时“顶板—充填体—底板”的协调变形机理，研究形成了宁东煤田“三软”煤层条件下充填体的合理充填时间、充填工艺、沿空掘巷窄煤柱的合理宽度及相应的支护技术与工艺。

第四章　锚梁网索联合支护技术

羊场湾煤矿井田浅部走向呈北东、向南西倾斜的单斜构造，走向受褶曲构造影响，煤层有起伏，深部受山疙瘩背斜影响，走向和倾向均发生较大变化。二号煤层为厚度稳定的特厚煤层，井田范围内厚度4.42～10.15 m，平均7.2 m。煤层倾角一般15～20°，平均18°，走向起伏8°～12°。煤层硬度$f=1\sim2$，韧性指标9～10。煤层一般含1～3层夹矸，集中于煤层下部，最大厚度达1.42 m，岩性以泥岩为主，粉砂岩次之，$f=4\sim6$。二号煤层是该矿的主采煤层，采用大采高开采工艺，一次采全高高度为6 m。

二号煤层的顶底板以泥质胶结的粉、细砂岩为主，硬度系数一般为2～4，均属中等稳定岩层。伪顶岩性为泥岩、碳质泥岩，厚度为0.12～0.79 m，随采随垮。直接顶大致可分为两个岩性区，即砂岩区和粉砂岩、泥岩区。底板以粉砂岩为主，泥岩次之。粉砂岩和泥岩厚为1.5～3.5 m，节理、裂隙发育。

基于以上大断面巷道围岩控制机理及地质概况的综合分析与研究，采用“锚—网—索”综合支护控制方案，为大采高工作面安全高效生产与巷道畅通提供了保障。

第一节　大断面“三软”巷道围岩变形机理

一、现场“声—光—电”数字化探测与预报

“声—光—电”(AOE)数字化探测与预报技术，可实现径向、横向、可变角度与信号互馈。运用数字化声发射、光学钻孔窥视与松动范围等先进探测装置(图4-1和图4-2)，开展探测预报，为大断面巷道的支护方案、支护参数、煤柱尺寸的设计提出了科学准确的依据，为复杂煤层埋藏条件下大断面巷道稳定性支护控制提供了新的途径。

以2#测站为例进行说明，2#测站布设在围岩中等稳定区域，距开切眼405 m处，采用“一孔多测或复测”，实现了径向和横向可变角窥视，综合分析损伤裂隙方向、波速和声发射的互馈特征。结果表明：2#测站1#孔中存在裂隙群，在距孔口2.2 m的范围内有裂隙出现，裂隙长度均超过1 m，且多数为纵向裂隙，在2.2 m处孔内煤体结构破碎，完整性较差。0～2.2 m范围内出现了较明显的

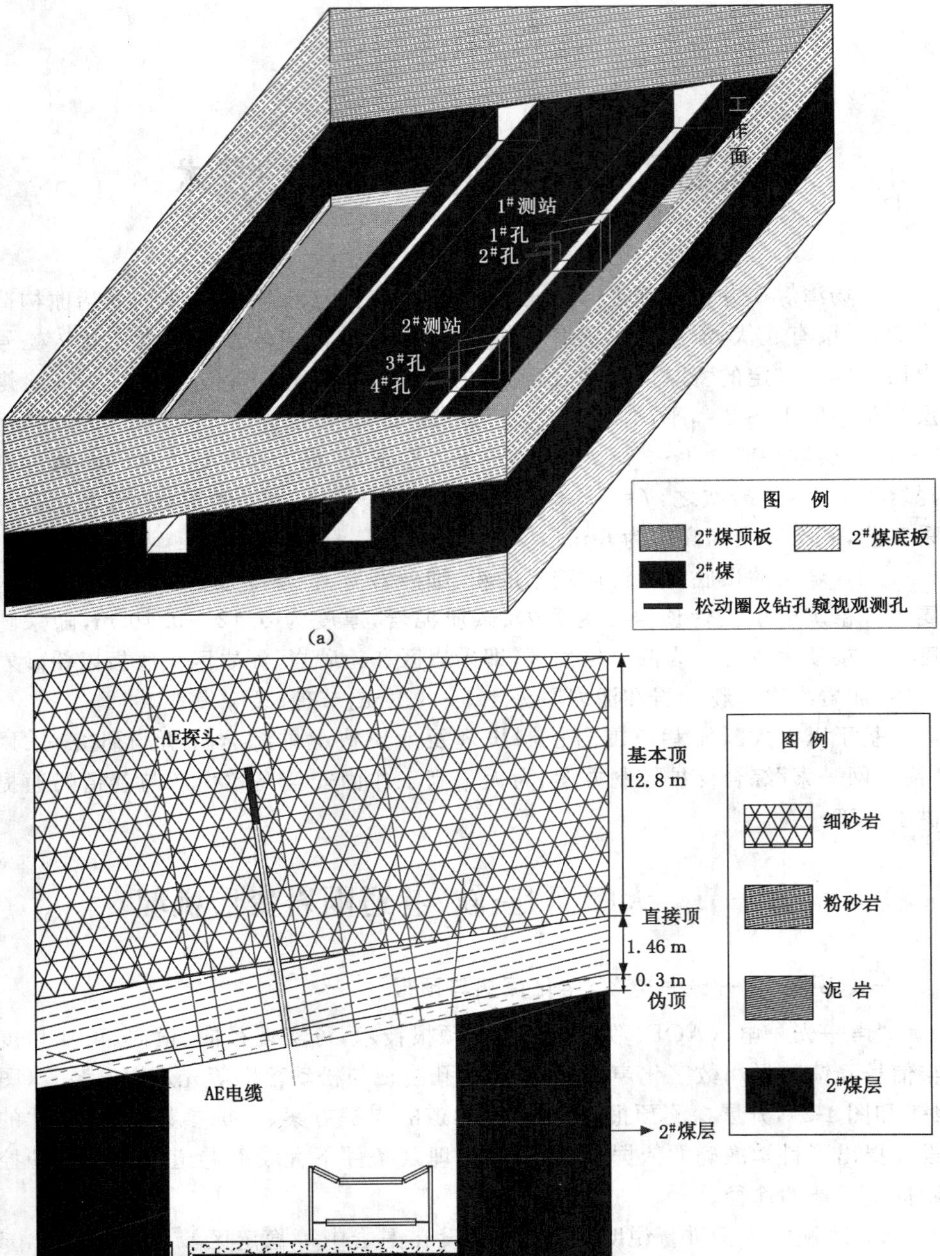

图 4-1 现场探测钻孔布局

(a) 光学钻孔窥视与松动圈探测布置;(b) 声发射探测布置

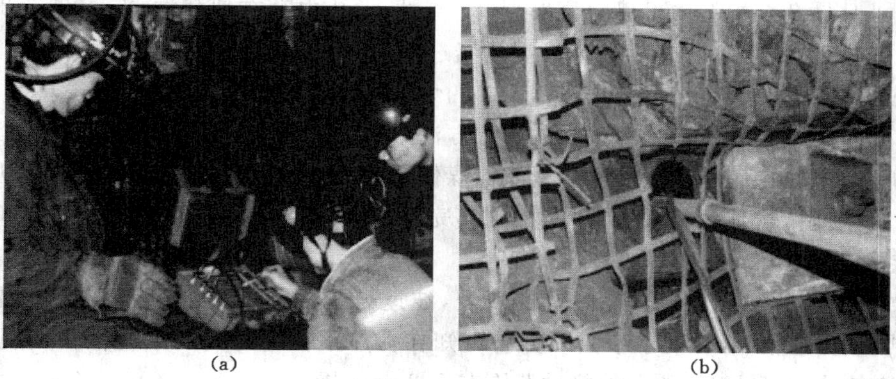

图 4-2 现场超前探测情况描述

(a) 数据采集;(b) 光学钻孔窥视探测

波速降低区域,波速不稳定,初步判断此处有较大的松散岩体结构存在。在1.6～2.2 m 处,波速变化缓慢,利用窥视仪重点观测该区段的内部结构情况,如图 4-3 所示。

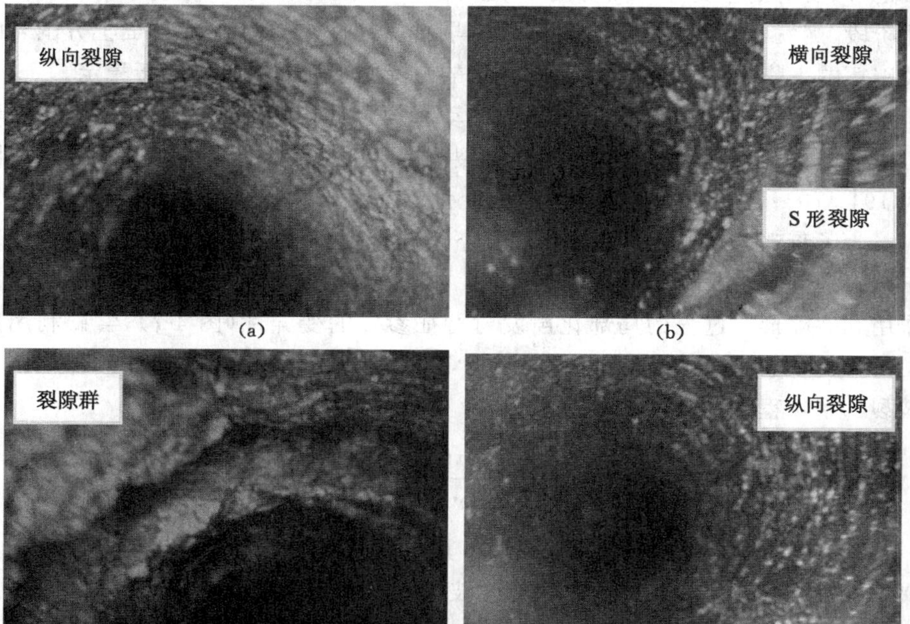

图 4-3 2# 测站 1# 孔钻孔窥视特征

(a) 1 m 处;(b) 1.4 m 处;(c) 2.2 m 处;(d) 3.5 m 处

从钻孔窥视图中可以明显发现，2# 测站 1# 孔中存在裂隙群，在距孔口 2.2 m 的范围内有裂隙出现，裂隙长度均超过 1 m，而且多数为纵向裂隙，在 2.2 m 处孔内煤体结构破碎，裂隙较多，孔内的煤体完整性较差。

基于直射线透射追踪理论的 CT 方法，对大采高工作面上—下运输巷之间的煤柱进行追踪检验。根据现场实测煤体孔壁滑行波波速为标准来理论模拟—追踪—判断煤体损伤破裂效果，检测其完整性，为工程施工排除安全隐患。CT 成像结果如图 4-4 所示。

从图 4-4 可以看出，在两侧孔口处，波速云图呈"耳"字形状逐级向两侧延伸，且波速递增，纵观水平云图分布可知在孔口距孔内约 2.2 m 范围内出现波速变化较为明显，说明此处松动范围在 2.2 m 范围。

综合分析表明，大采高工作面上—下运输巷之间的煤柱，松动范围在 1.7～2.2 m。上运输巷不同区段的煤柱内结构情况存在一定差异性；采用合理有效支护后，上—下运巷之间的煤柱宽度为 35 m，能够保障大采高开采系统的畅通。

从图 4-5 可看出，声发射总事件数和能量的变化都比较大，这是由于采空区上方围岩内应力重新分布产生附加应力，并且声发射的传感器距离开采工作面较近，声发射信号受开采扰动较大，此时围岩断裂主要是受开采扰动引起的。在此阶段，声发射活动的峰值较总事件更早出现，这提前预示了工作面上方围岩断裂破坏的来临，并且声发射活动高峰后的下降并不表明岩体已趋于稳定。

采空区上方顶板破坏前，声发射活动水平会明显上升，如图 4-6 所示。随着工作面的推进，能率不断增加，巷道破裂范围不断增大。此阶段总事件变化范围为 194 570～543 784 个/min，能率的变化范围为 45 495～109 103。

为了直观地反映大采高工作面上下运输巷之间煤柱的局部化损伤程度，基于岩石破裂实验与现场"声—光—电"(AOE)系统观测到的裂隙应力场的相互作用和裂隙形成过程的局部化声发射特征参数的变异性(图 4-7)，尝试利用声发射特征参数定义了损伤程度百分比 $N(\%)$，可以定量地反映岩体局部损伤与破裂的密集程度。

$$N=\frac{\sum(\text{Large\_AE})}{\sum(\text{Total\_AE})}\times 100$$

图 4-8 描述了煤柱局部损伤程度，其包括 4 个过程(Stage-1～Stage-4)，主要反映加载阶段、加载上升阶段、峰值破坏阶段和破坏后阶段的岩体损伤及破裂程度[图 4-8(a)]，但尤其要注意 Stage-4 阶段，如图 4-8(b)所示，煤柱出现峰值破坏后是个卸载过程，并不意味破坏终止，这极易造成判断与决策失误。

总之，根据实验得出的声发射序列，利用公式计算了不同加载模式下的声发射序列 N 值，可以较好地识别动态失稳的异常变化过程以及随时间变化的显著

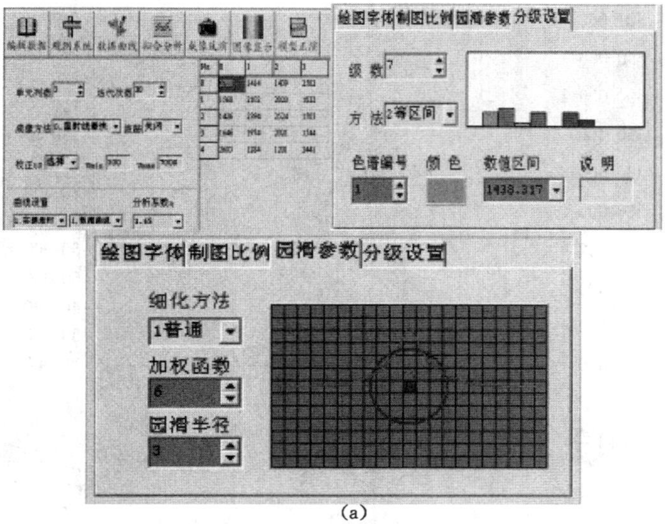

(a)

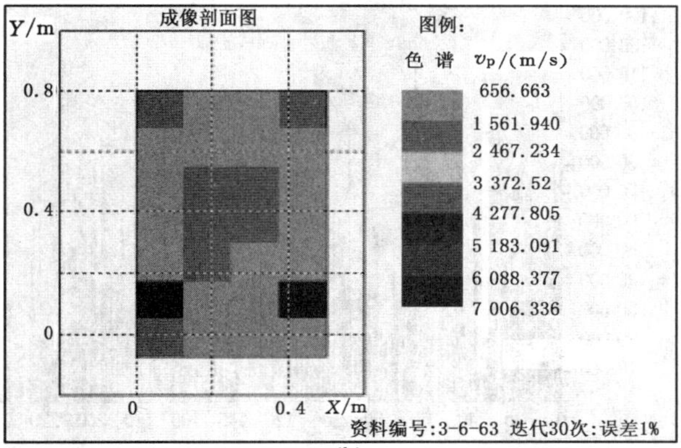

(b)

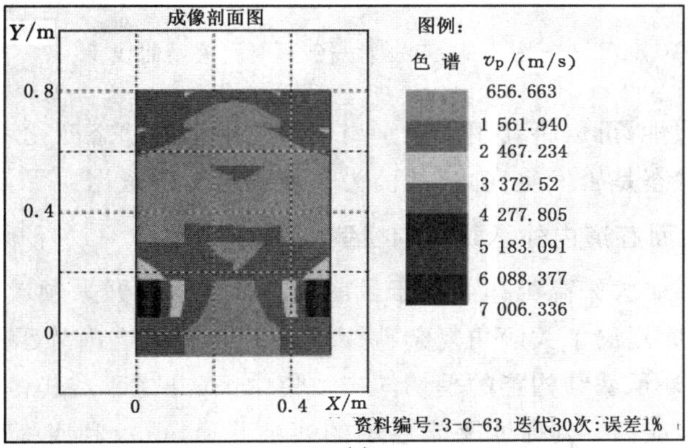

(c)

图 4-4　CT 分析结果

(a) 系统参数设置；(b) 原始成像；(c) 细化图像

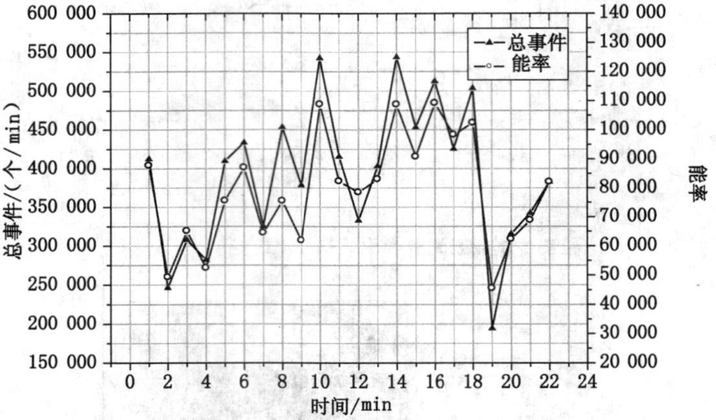

图 4-5　声发射传感器关系曲线

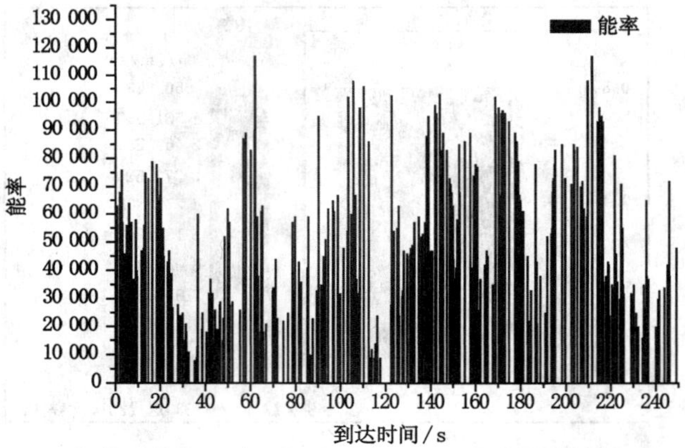

图 4-6　声发射—到达时间关系曲线

性。基于相似性,可以将其用于识别局部损伤活动的状态变化,从而判别近期动态失稳活动状态是否发生变化,从而为失稳判断提供依据。

二、大断面巷道内外承载结构模型

羊场湾煤矿大采高工作面处于目前国内外大采高开采领域最复杂的地质生产条件下,据此提出了大倾角复杂特厚煤层大断面巷道内外承载结构模型。从应力角度讲,外承载结构指的是切向应力集中区(升高区),其相应范围内的切向应力高于原岩应力。对于水平岩层中的煤层巷道,顶板和底板中的切向应力指的是水平应力,而两帮中的切向应力指的是垂直应力。煤巷内、外承载结构模型如图 4-9 所示,其中,R_0为巷道半径;R_s为破碎区外半径;R_p为塑性区外半径;R_i

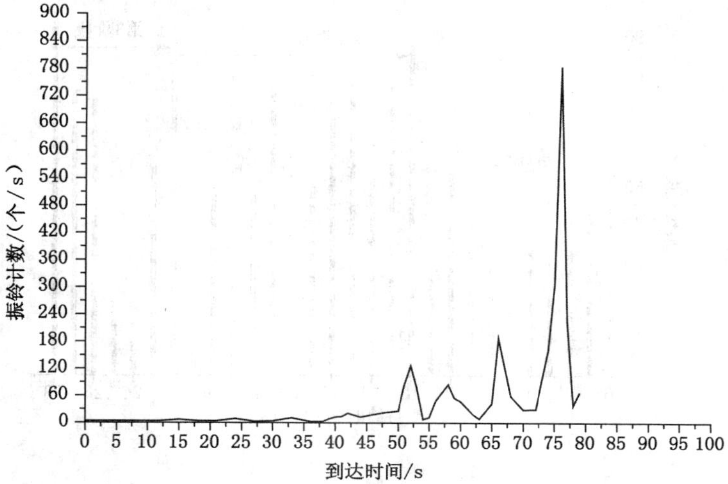

(a)

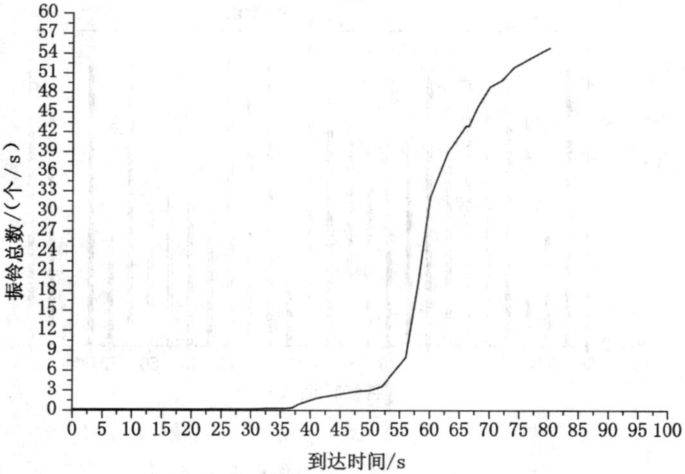

(b)

图 4-7　声发射规律(距离工作面 50 m)

(a) 到达时间—振铃个数关系;(b) 到达时间—振铃总数关系

为内承载结构外半径;R_{bi}、R_{b0}分别为外承载结构的内、外半径。

在内、外承载结构模型中,外承载结构承担大部分岩层应力,是主要的承载结构,它保护内承载结构,对巷道围岩稳定性起着重要作用;内承载结构承担小部分岩层应力,是次要的承载结构,但它对围岩稳定起着重要作用,适时、有效的内承载结构可以改善围岩的应力状态,如采用合适的锚杆和锚索支护参数,对外承载结构提供较大的径向支撑力,促使外承载结构稳定。同时采用金属网等措施,减弱围岩软化,减小破碎区变形量,从而保证巷道围岩的稳定。

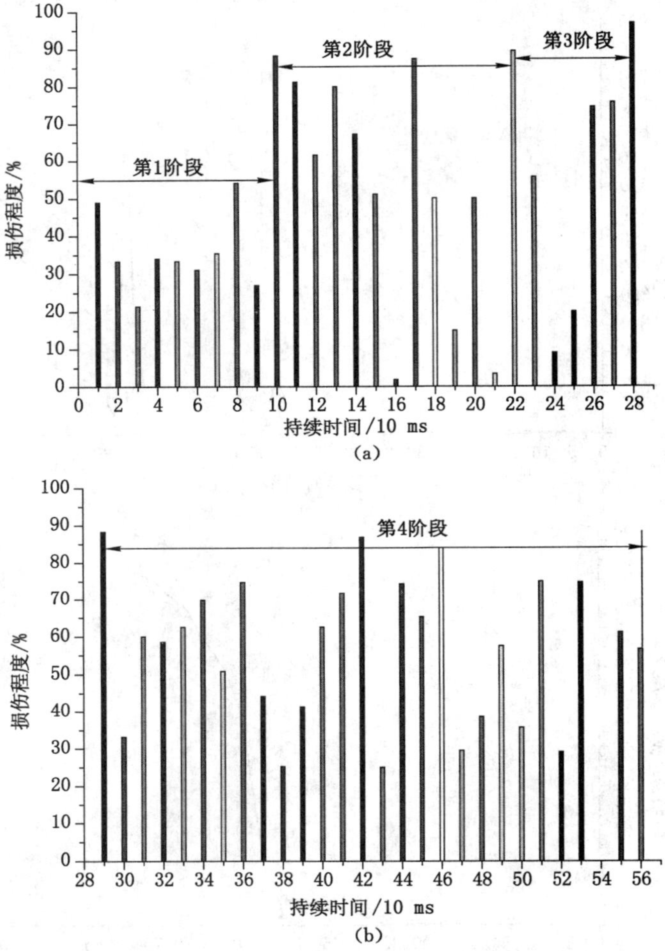

图 4-8　复合岩体局部损伤程度统计特征

(a) 加载上升阶段；(b) 峰值破坏阶段与破坏后运动

三、煤岩失稳预计模式

采空区上覆围岩失稳预测是岩体在采动应力作用下突然失稳破坏过程的预测。由于岩石介质的复杂性、现场资料的不完备性、损伤分布的取向性、非均匀性、载荷历史与加卸载路径的复杂依赖性等因素，其预测极其困难。随着测试手段的完善，使大面积采空区稳定性的多种信息的大范围同步、实时监测已经成为可能。监测中所得到的应力、应变、位移、声发射（事件数和能量）等，都是有关岩体稳定性的可测信息，且都能够反映岩体稳定性的变化。实践表明，仅仅凭单一和孤立的信息及变化趋势往往不能反映岩体内部结构变化的明显的可识别特

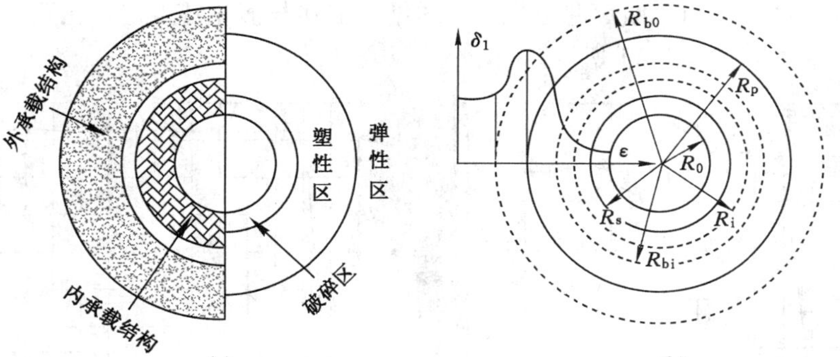

图 4-9 大断面煤巷内外承载结构模型

(a) 内外结构;(b) 应力分布

征,才能从中提取出能够反映岩体稳定性演化的可靠信息。利用加卸载响应比(Y 值)为计算失稳前兆及坍塌预报提供了依据。

其主要思路:对于一个系统,载荷 P 与响应 R 的关系如图 4-10 所示。

考虑 P 有一微小的变化 ΔP,R 有变化 ΔR,定义:

$$X = \lim_{\Delta P \to 0} \frac{\Delta R}{\Delta P}$$

ΔP 为响应率(取 P 为应力、R 为声发射大事件),在系统稳定时,X 在某个常数附近,而当系统趋于失稳时,其值明显增加。令 X_+ 和 X_- 分别是加载($\Delta P>0$)和卸载($\Delta P<0$)时的响应率,定义加卸载响应比 LURR(loading/unloading response ratio)为无量纲的数:

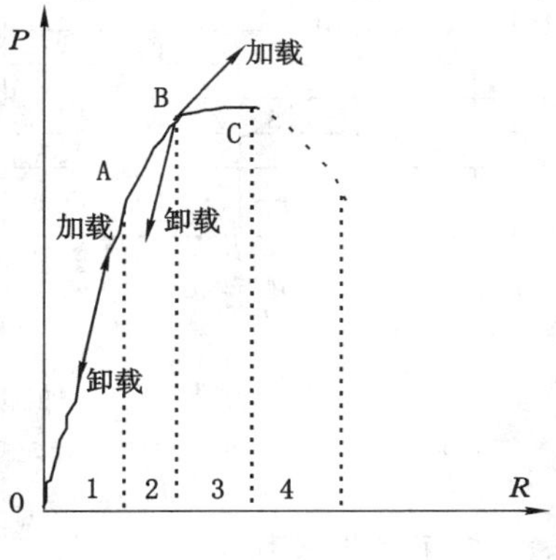

图 4-10 岩体变形的加卸载响应规律

1——加载上升阶段;2——加速破裂阶段;3——临界失稳阶段;4——失稳后运动阶段

$$Y = \frac{X_+}{X_-}$$

经分析,大尺度试件为弹性变形时,$Y\approx1$;超出弹性阶段发生损伤并有坍塌前兆时,$Y>1$。发生损伤时,不断产生加载 ΔP_+ 和卸载 ΔP_-,若同时测得其相应的 ΔR_+ 和 ΔR_-,就可以得到 Y 值,从而判断系统状态和迫近失稳程度。

基于现场“声—光—电”(AOE)数字化探测与预报、理论研究与分析获得的大倾角复杂特厚煤层大采高工作面大断面巷道围岩动态加卸载响应特征,以压力、位移与声发射作为基元参量,定义了加卸载响应比,提出了大倾角复杂特厚煤层大采高工作面大断面巷道煤—岩体结构损伤与演化特性定量化预计模式(4种判别模式),如图 4-11 所示。

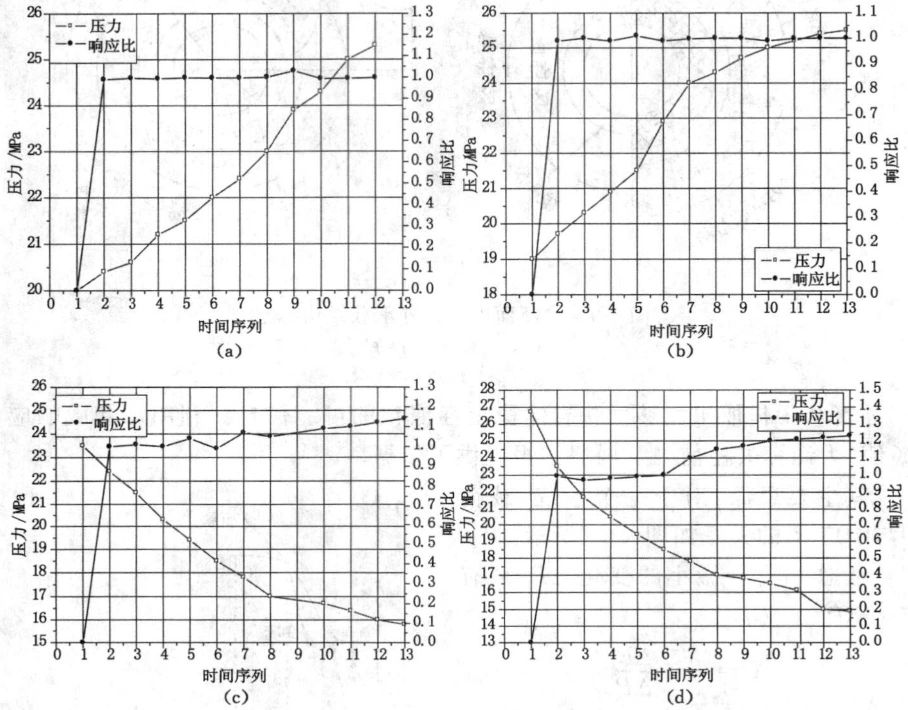

图 4-11 加卸载响应与顶煤失稳模式

(a) 升压稳定模式Ⅰ;(b) 升压稳定模式Ⅱ;(c) 降压稳定模式;(d) 降压不稳定模式

1. 升压稳定模式Ⅰ

如图 4-11(a)所示,在该观测期内,工作面压力不断升高,该部位的变形与声发射信号也非常活跃,但是在该观测期间内保持稳定。根据煤与岩石具有"凯塞效应"这一事实,煤体内部虽然压力不断升高,内部有新的损伤扩展,但是此时的压力还没有超过煤体的极限承载力,所以煤体继续保持稳定。但是要注意,出现这种模式时必须引起足够重视,因为此时煤体内部已经有了损伤的新扩展。

2. 升压稳定模式Ⅱ

如图 4-11(b)所示,加载上升阶段,煤体在该观测期内压力不断升高,但是该部位的加卸载响应比却比较"平静",煤体在该期内保持稳定。根据不可逆性,煤体在压力不断升高,但是煤体内部并没有新的损伤扩展,表明此时的压力还没有超过煤体的最大压力,出现僵持状态,有可能造成疲劳破坏,这相当于煤体卸载后的再加载过程。

3. 降压稳定模式

如图 4-11(c)所示，在一定观测期内，观测到的压力值不断下降，相应的加卸载响应比也比较“平静”，被监测煤体保持稳定在这一种模式，这相当于加载后的卸载过程。这个过程一定要十分小心，这正是一个能量积聚的阶段，尤其要防止出现突变失稳和大面积来压以及采空区坍塌等。

4. 降压不稳定模式

如图 4-11(d)所示，监测煤体的压力持续下降，而损伤与破坏却非常活跃，即加速破裂阶段，加卸载，此时煤体中的应力已超过最大应力峰值，因而承载力已不断下降，因此观测到的煤体内部应力值也持续下降。煤体破坏后运动是一个非稳态过程，其运动过程将缓慢持续下去，此时千万不能麻痹大意，很多事故往往就在这一阶段发生。

在上述 4 种模式中，第四种模式表明岩体已经破坏，第一种模式显示了响应比出现短期异常现象，即响应比在下降背景上出现起伏，预示煤体已经处于危险状态，从而增加了失稳时间的可预报性，出现这两种模式时，须给予高度重视。

第二节　“三软”煤巷稳定性控制

一、运输巷稳定性控制

上运输巷支护参数布置和巷道实景如图 4-12 所示。

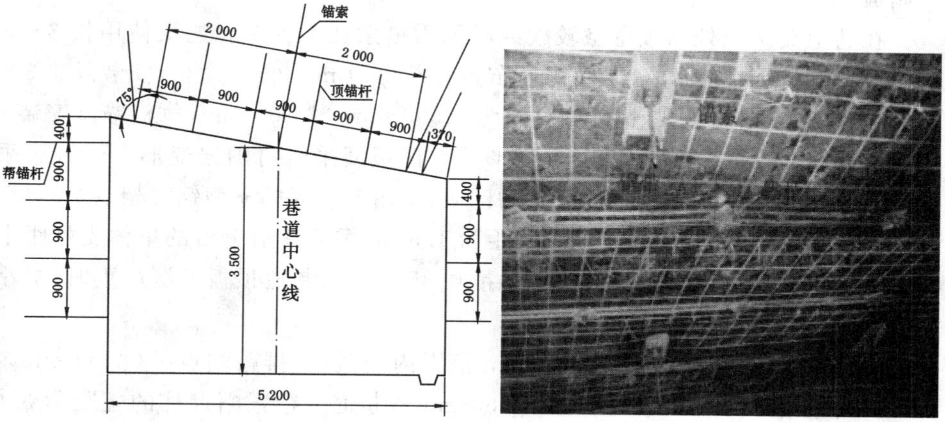

(a)　　　　(b)

图 4-12　上运输巷支护参数布置和支护状况

(a) 支护参数布置；(b) “锚—网—索”综合支护情况

上运输巷的巷道断面积为 18.2 m^2，中高为 3.5 m，宽 5.2 m，主要采用

“锚—网—索”等综合支护。在巷道的顶板和上、下帮及时打设锚杆与锚索，并铺设锚网和钢带。两帮均采用普通圆钢锚杆端头锚固，锚杆为 ϕ16 mm×1 850 mm，端头为小麻花形式，每根锚杆使用两节 ϕ23 mm×350 mm 树脂锚固，上帮布置 4 根锚杆，下帮布置 3 根锚杆。顶板每排布置 6 根锚杆，3 根锚索，每节锚索充填 6 节 ϕ23 mm×700 mm 树脂锚杆，其中 2 节慢速，2 节中速，2 节快速。

锚杆与锚索具体参数见表 4-1 和表 4-2。

表 4-1　　锚杆支护参数　　单位：mm

类型		直径		锚深		间距		排距		布置方式	
顶	帮	顶	帮	顶	帮	顶	帮	顶	帮	顶	帮
圆钢锚杆		20	16	2 200	1 800	900	900	850	850	矩形	

表 4-2　　锚索支护参数　　单位：mm

类型	直径	锚深	间距	排距	布置方式
钢绞线(1×7)	15.24	8 000	2 000	2 000	矩形

巷道两帮铺设钢塑网，上帮铺设高度为 2.5 m，下帮铺设高度为 2.0 m。顶板挂 ϕ6.5 mm 圆钢制 5 400 mm×900 mm 网孔 150 mm×150 mm 的金属网，相邻金属网压接 50 mm，顶板 1 排锚杆压 1 条钢带，钢带用 ϕ1 800 mm 圆钢加工制成。

在巷道交叉点处顶板悬空较大区域采用锚索托梁支护。托梁使用长 3 400 mm 的 14# 槽钢加工而成，在槽钢上布置 3 个 ϕ20 mm 的锚索孔，安装长 8 300 mm 的 ϕ15.24 mm 锚索，锚索间排距为 1 500 mm×2 000 mm，每根锚索安装 6 节 ϕ23 mm×700 mm 树脂药卷。变形严重区域回采时对围岩变形严重区域采用 π 型钢梁支护。在顶板下沉严重的区域，采用 3.2 m 的 π 型钢梁架设“一梁三柱”对其进行维护，排距为 1.0 m，柱距为 1.5 m；靠近巷道上帮的单体支柱距上帮 0.35 m，靠近巷道下帮的支柱距下帮 0.35 m。当巷道顶板下沉严重时，缩小棚距，及时支设“一梁四柱”维护顶板。

上运输巷在工作面煤壁超前 20 m 范围内，支设 3 排戴帽点柱（ϕ100 mm×3.8 m，木柱帽 400 mm×200 mm×150 mm），巷道上帮戴帽点柱的柱距为 3.0 m，距离巷道上帮 0.3 m；下帮两排戴帽点柱的柱距均为 1.0 m，排距不大于 1.0 m，靠近上运输巷下帮的单体支柱距上运输巷下帮 0.5 m，靠近转载机侧单体支柱距转载机侧 0.2 m，在上运输巷切顶线处戴帽点柱支护顶板，柱距不大于 0.3 m，每两颗立柱中间设 1 个戗柱。

下运输巷的巷道断面积为 18.4 m^2，中高为 4.0 m，宽 4.6 m，采用锚网喷支护，锚喷后巷道净断面为 17.6 m^2，如图 4-13 所示。

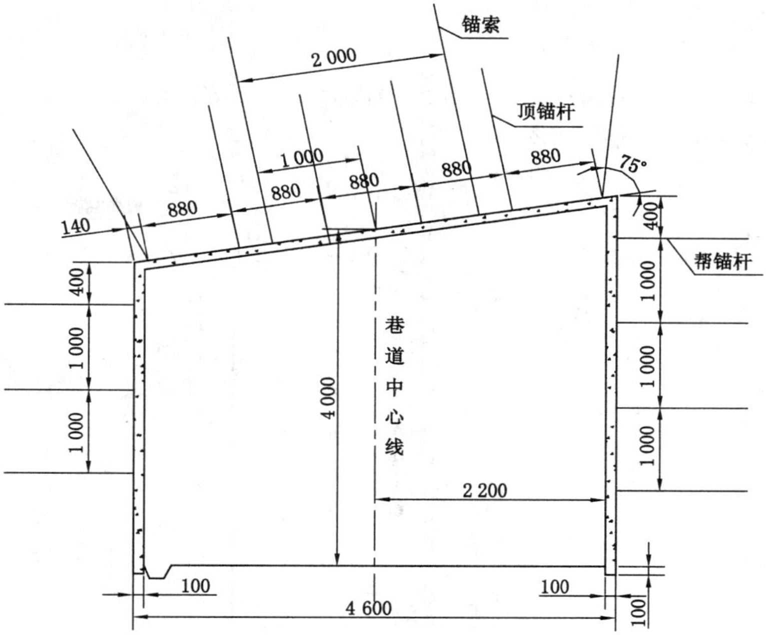

图 4-13　下运巷支护参数布置

锚杆采用螺纹钢筋树脂锚杆，直径 20 mm，长度 2 300 mm，每排 6 根锚杆，每根锚杆充填 2 节 ϕ23 mm×700 mm 的树脂药卷，帮部每排 7 根锚杆，每根锚杆充填 1 节 ϕ23 mm×700 mm 的树脂药卷。锚杆托板规格为 150 mm×150 mm×10 mm，参数见表 4-3。

表 4-3　　**下运输巷锚杆支护参数**　　单位：mm

类型		直径		锚深		间距		排距		布置方式	
顶	帮	顶	帮	顶	帮	顶	帮	顶	帮	顶	帮
圆钢锚杆		20	16	2 250	1 850	880	1 000	850	850	矩形	

锚索类型为钢绞线（1×7），直径 ϕ15.24 mm，锚深 8 000 mm，外露 300 mm，托梁由长 400 mm 的 14# 槽钢制成，每排 2 根，每根锚索充填 6 节 ϕ23 mm×700 mm 的树脂药卷，其中 2 节快速，2 节中速，2 节慢速。金属网由 ϕ6.5 mm 的钢筋制成，网孔 150 mm×150 mm，全断面挂网，顶部金属网规格为 4 800 mm×900 mm，上帮金属网规格为 4 200 mm×900 mm，下帮金属网规格为 3 500 mm×900 mm，局部围岩破碎时采用网孔 100 mm×100 mm 的金属网。

规避了上阶段采煤工作面对下运输巷采动影响，通过系统监测，选择“锚—索—网”等主动防范措施，控制本工作面的超前支承压力影响。

二、回风巷稳定性控制

回风巷的巷道断面积为 13.2 m^2，中高为 3.55 m，宽 3.7 m，采用“锚—索—网”综合支护，参数布置如图 4-14 所示。

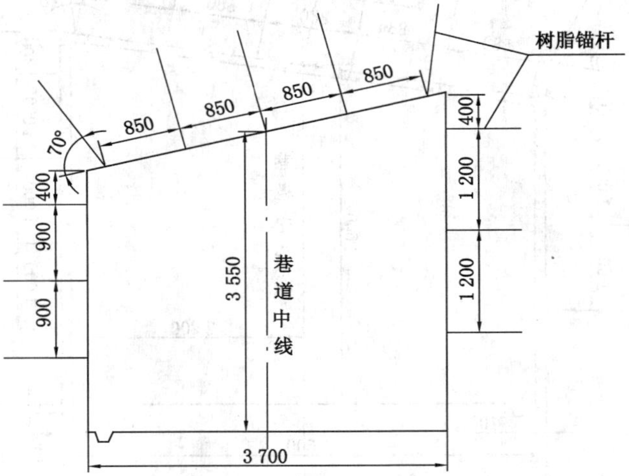

图 4-14　回风巷支护参数布置

掘进时在巷道的顶板和上—下帮及时安装锚杆与锚索，并铺设锚网与钢带。巷道顶部使用 ϕ20 mm×2 300 mm 的螺纹钢筋锚杆，矩形布置，间排距 850 mm×850 mm；上—下帮使用 ϕ16 mm×1 900 mm 小麻花头圆钢锚杆，锚杆间排距 850 mm×850 mm；巷道顶部正中打设一根规格为 ϕ15.24 mm×8 300 mm 的钢绞线锚索加强支护，排距为 3 000 mm。巷道两帮铺设钢塑网，上帮铺设高度为 2.5 m，下帮铺设高度为 2.0 m。顶板挂 ϕ6.5 mm 圆钢制 5 400 mm×900 mm 网孔 150 mm×150 mm 的金属网，相邻金属网压接 50 mm 铺设顶板一排锚杆压一条钢带，钢带用 ϕ1 800 mm 圆钢加工制成。

回采时，对围岩变形严重区段，采用架设“一梁三柱”抬棚及“井”字形木垛加强支护；对巷道顶板下沉与严重破碎区段，采用架设“一梁三柱”π 型钢梁棚子加强支护，棚距 1.0 m，沿顶板倾向方向布置，钢梁长 3.2 m，单体液压支柱规格为 DZ-3.15、DZ-3.50、DZ-3.80，两颗支柱布置于钢梁两端，一颗位于钢梁中间。对局部顶板下沉、破碎特别严重区段，架设“一梁三柱”抬棚仍不能控制巷道顶板下沉的地段，使用 150 mm×150 mm×1 200 mm 长的道木架设“井”字形木垛加强支护。

在距巷道上、下帮 200 mm 位置补打规格为 ϕ15.24 mm×1 000 mm 的钢绞线锚索，锚索排距 3.0 m，每排布置两根，与原锚索相间成“三花”布置，每根锚索使用 8 节规格为 ϕ23 mm×700 mm 的树脂药卷，锚索托梁长度为 400 mm 的 14# 槽钢。在巷道上、下帮距顶板 200 mm 肩窝处各补打一根 ϕ20 mm×2 300 mm 的螺纹钢锚杆，每根锚杆使用 ϕ23 mm×700 mm 长的树脂药卷 2 节。在巷道顶板靠近上、下帮的两根锚杆之间各补打一根 ϕ20 mm×2 300 mm 的螺纹钢锚杆。

沿走向距工作面煤壁超前 50 m 范围内用 3.2 m 的 π 型钢梁架设“一梁三柱”维护顶板，排距为 1.0 m，柱距为 1.5 m；靠近回风巷上帮的单体支柱距上帮 0.35 m，靠近回风巷下帮的支柱距下帮 0.35 m；当回风巷顶板下沉严重时，缩小棚距并及时支设“一梁四柱”维护顶板。现场控制效果良好，保障了巷道的畅通。

三、开切眼稳定性控制

大采高综采工作面开切眼断面为矩形断面，高 3.8 m，宽为 8.3～10.6 m。开切眼应用了预应力锚索—桁架联合支护技术，其力学机理如图 4-15 所示。

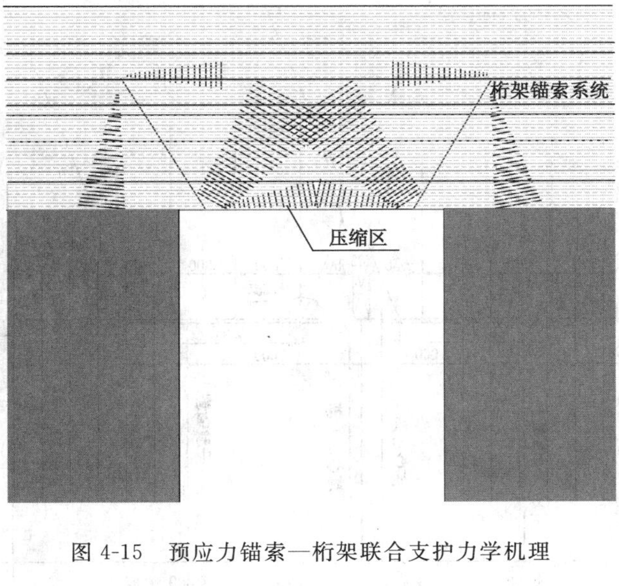

图 4-15　预应力锚索—桁架联合支护力学机理

数值计算表明：采用高预应力对拉并锁紧两根钢绞线，直接作用于顶板浅部的围岩，提供水平预应力改善顶板的应力状态，强化低位岩体的力学性能和提高其抗变形性能，控制层状顶板的不协调变形。桁架锚索是一种能在巷道顶板的水平和铅垂方向同时提供挤压应力的主动支护结构，从而使得锚固区内的煤岩体处于铅垂方向挤压和水平方向挤压状态，桁架锚索系统预紧力引起的主动力使巷道顶板产生向上的位移趋势，使顶板的下沉被部分抵消。在巷道顶板的弯曲变形过程中，锚索受到的拉应力增加，锚固区内的煤岩体受到的挤压力也随之增加。预应力锚索—桁架联合支护在顶板未出现离层时强化顶板，减少变形；出现离层时，也能保证巷道的安全使用，特别是在巷道顶板破碎的情况下，效果更加明显。

在巷道顶部布置两个锚索桁架，桁架托梁采用 14# 槽钢加工而成，槽钢采用 10 mm 厚钢板加工，长度 2.4 m，端部开直径为 ϕ20 mm 的孔。锚索材料为 1×7 股 ϕ15.25 mm 的高强度低松弛预应力钢绞线，锚索长度为 8.3 m，锚索钻孔孔深 8.0 m，孔径 ϕ28 mm，每根锚索使用 8 节 ϕ23 mm×350 mm 树脂药卷锚固，锚固长度为 1.8 m。锚索桁架间排距为 3.0 m，采用配套连接器和锁具连接，并用锚索张紧器安装，张紧力在 100 kN，端部安装铁托板，规格为 80 mm×80 mm。初始水平预紧力 50 kN，并且随着顶板的变形，水平预紧力与顶板压力成正比。在大采高设备安装期间，开切眼顶板最大下沉量仅为 73 mm，表明预应力锚索—桁架联合支护技术效果显著。最终确定并采用的支护控制参数如图 4-16 所示。

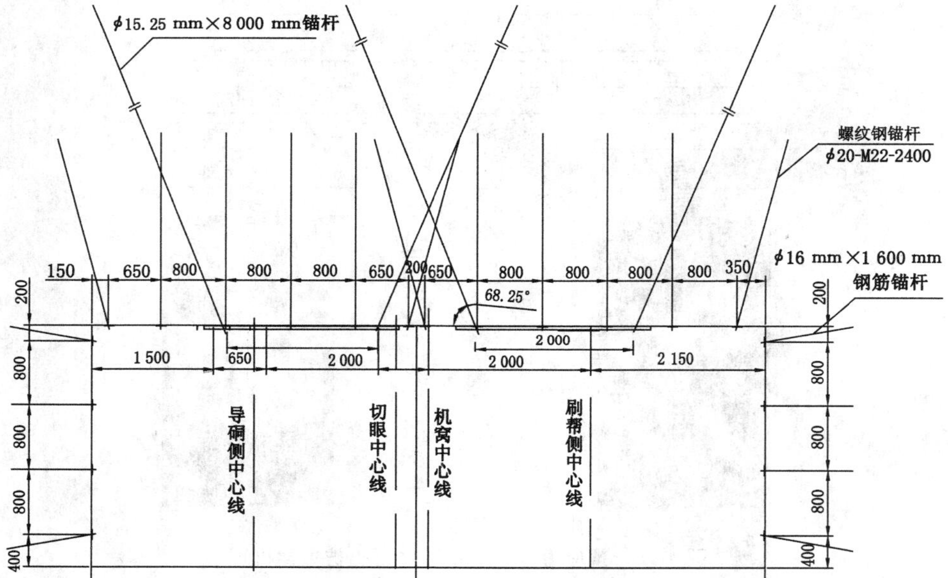

图 4-16　开切眼锚索—桁架支护布局

预应力锚索—桁架联合支护技术有效地控制了巷道顶板离层与破坏，确保了大采高综采设备的安装，为大采高设备的安装创造了更为安全便利的条件。

上述研究从时间、空间和综合技术手段3个方面进行全方位控制，形成了复杂地质生产条件下大断面巷道支护控制技术。在时间上实现开挖与支护的快速及时；在空间上对工作面、上覆岩层、煤柱进行控制；在综合技术手段上采用锚杆、锚索、金属网、喷浆、监测等综合控制措施，有效控制巷道稳定，保障了安全回采。

根据大断面巷道内外承载结构分析，采用了“强帮固顶”控制模式，实施了“锚—网—索”综合支护措施，避免了上阶段采煤工作面对下运输巷采动影响，通过系统监测，选择“锚—索—网”主动防范措施，控制本工作面的超前支承压力影响。利用“声—光—电”(AOE)超前探测预报技术，解决了复杂开采条件下大断面巷硐稳定性支护控制及快速施工难题，减少了循环次数，节省了临时支护时间，单月进尺达980 m，创造了国内同类机型施工新纪录，实现了采掘平衡。形成了复杂特厚易燃煤层大断面巷道支护控制与快速施工安全保障支撑技术体系，提出了复杂地质生产条件下，特厚易燃煤层大断面巷道控制与施工方面的各项支撑技术，保障了矿井安全高效开采。

第五章　复杂环境巷道锚杆可缩性条带碹支护技术

梅花井煤矿回采巷道作为宁东矿区回采巷道复杂环境（“三软”、富水）的典型代表，梅花井煤矿回采巷道进行的支护试验研究对整个宁东矿区类似条件的巷道支护有重要的指导和借鉴意义。

第一节　锚杆可缩性条带碹支护原理

一、混凝土碹支护理论

不同于锚杆支护，混凝土碹支护属于刚性被动支护，作为支护结构承担围岩来压，变形量小。当碹体结构强度满足设计要求时，混凝土碹能较好地限制围岩变形，达到预期的支护效果。但当碹体结构强度不能满足设计要求时，混凝土碹将发生脆性破坏，对巷道的使用安全构成重大威胁。且由于混凝土碹本身的刚性特质，它无法满足控制围岩变形的让压要求，从而使得结构体所承担的围岩压力往往偏大，继而加大了混凝土碹支护结构的设计难度。

二、锚杆连续碹支护理论

锚杆连续碹支护结构实际是一种结合了锚杆支护与砌碹支护特点的支护结构，兼有锚杆主动支护及混凝土碹体被动支护的特点，而且锚杆与混凝土碹体连接，增加了碹体的稳定性，混凝土碹连续布置，提高了支护结构的可靠性。

除了具有锚杆支护与砌碹支护的特点外，锚杆连续碹支护在支护理论方面还有其独特之处，即岩碹组合拱理论、岩碹组合梁理论等。

围岩性态及其变化状况对碹体的作用有重要影响，另一方面，碹体以自己的刚度和强度抑制围岩的变形和破裂的进一步发展，而这一过程同样也影响碹体自身的受力。于是围岩与碹体形成一种共同体，而且锚杆的连接作用增强了围岩与碹体的耦合作用；共同体两方面的耦合作用和互为影响的情况称为围岩锚碹共同作用。充分利用共同作用原理，发挥围岩的自承能力，对维持地下工程稳定和减少对支护的投入是十分有利的。这也是岩石力学在地下工程稳定问题中的一个基本思想。

由围岩支护特性曲线（图 5-1）可以看出，如果改变支护的刚度，就可以改

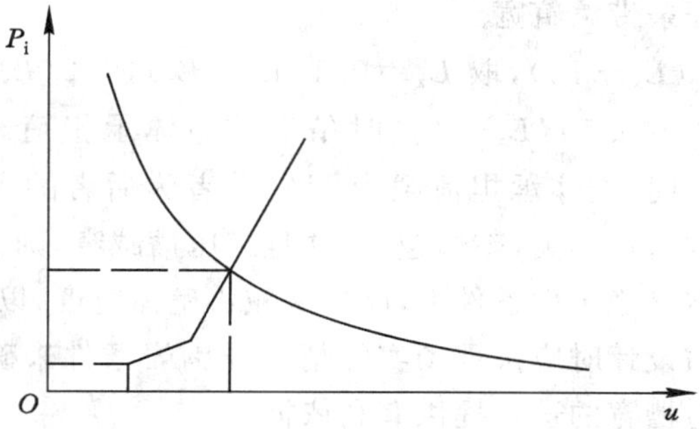

图 5-1　围岩支护特征曲线

P_i——支护强度；u——围岩变形量

变支护的受力状态。岩体性质越软，围岩特性曲线越向外移，变形也越大；而支护时间越迟，支护曲线的起点离坐标的原点也越远，支护工作压力也越低。锚杆连续碹支护采用锚杆紧跟迎头进行支护，改变围岩参数，提高围岩自稳能力，同时柔性支护允许围岩释放能量，利于进行混凝土碹的支护；为确保围岩变形控制符合设计要求，在锚杆支护后及时进行混凝土碹体支护，迅速提高支护结构刚度，使支护特征曲线与围岩特征曲线相交，锚碹联合承担围岩荷载。

上述分析反映了围岩稳定与锚杆连续碹支护相互作用的基本原理，为确定支护的内应力及其变形和选定支护结构、尺寸提供了基本思路。

对锚碹联合支护结构进行数值模拟，可以看出帮部锚杆可以大幅度降低帮部碹体弯矩并小幅度地增加帮部碹体的轴力，从而有利于帮部碹体的稳定性；锚杆和碹体连接与单独碹体结构相比，碹体的弯矩分布有较大变化，锚碹联合支护与砌碹或锚杆支护相比，前者更有利于支护体的稳定。

三、锚杆条带碹支护原理

锚杆条带碹适用于围岩能量较多的巷道，尤其是膨胀性软岩巷道，应采用间隔砌碹的方式，即一段砌碹，间隔一段不砌，不砌的部分采用锚杆支护，这一部分便是释放能量的部分。利用对能量释放的调控，既控制围岩变形又防止碹体被压坏。

锚杆条带碹既能吸收围岩释放的能量，维护地下工程的空间，又能节约支护材料，省时省工。

锚杆条带碹承担荷载与锚杆条带碹槽宽的关系可由下式表示：

$$f = f_s\left(1 - \frac{L_x}{L_x + L_z}\right)^2$$

式中　f——锚杆条带碹碹体承担荷载；

f_s——锚杆连续碹承担最大荷载；

L_x——锚杆条带碹槽宽；

L_z——锚杆条带碹碹宽。

由于 $0 \leqslant L_x \leqslant (L_x + L_z)$，取 $L_x = 0.1(L_x + L_z), 0.2(L_x + L_z), \cdots, 1(L_x + L_z)$，可知，$L_x = (0 \sim 0.1)(L_x + L_z)$ 时条带碹碹体承担荷载为 19%，而 $L_x = (0.9 \sim 1)(L_x + L_z)$ 时，碹体承担荷载为 1%，前者为后者的 19 倍。条带碹所受的压力与支护参数密切相关，碹体越宽，并且卸压槽越窄，则支护所受压力越大，因此在保证支护本身稳定性条件下，应尽量减小碹体宽度，以降低围岩对支护的压力。进行条带碹设计时应按现场实际情况及围岩条件来确定条带碹槽宽，大量的工程实践可对槽宽的选择提供有利依据。

第二节　锚杆(可缩性)条带碹支护设计

根据梅花井煤矿的复杂地质条件，进行锚杆条带碹支护和锚杆可缩性条带碹支护的设计，并依据设计方案进行现场试验研究。条带碹部分设计采用柔模泵注混凝土结构，通过锚杆与围岩连接，群锚形成组合拱，最终碹体部分与组合拱构成围岩碹组合梁；而无条带碹部分用锚杆(网)支护，该部分为能量释放槽部分；采用壁后填充泡沫混凝土的方式实现可缩性设计。

一、条带间距设计

根据锚杆条带碹承担荷载与锚杆条带碹槽宽的关系，结合梅花井煤矿复杂地层条件，选取 $\dfrac{L_x}{L_x + L_z} = 0.5$，即锚碹支护段与锚杆支护段 1∶1 布置。根据施工水平及施工进度的要求，设计条带间距为 1.6 m。

二、混凝土厚度设计

锚杆(可缩性)条带碹支护结构由锚杆、组合拱及条带碹组成，而且锚杆将组合拱与条带碹连接，使组合拱与柔模碹构成组合梁结构，增强了柔模碹的抗弯能力及稳定性，在设计中将组合拱的承载力作为一个安全储备。

锚杆(可缩性)条带碹支护结构模型，如图 5-2 所示。

锚杆(可缩性)条带碹支护结构稳定性比锚喷支护、砌碹支护稳定性好，而且取材方便，对于五类以上围岩，在高跨比小于等于 1 的条件下，基本都可以采用直墙半圆拱形断面。

(一) 地压计算

$$p = \gamma h$$

$$h = 0.45 \times 2^{s-1} \times w$$

$$w = 1 + i(B - 5)$$

式中　p——垂直均布压力，kN/m^2；

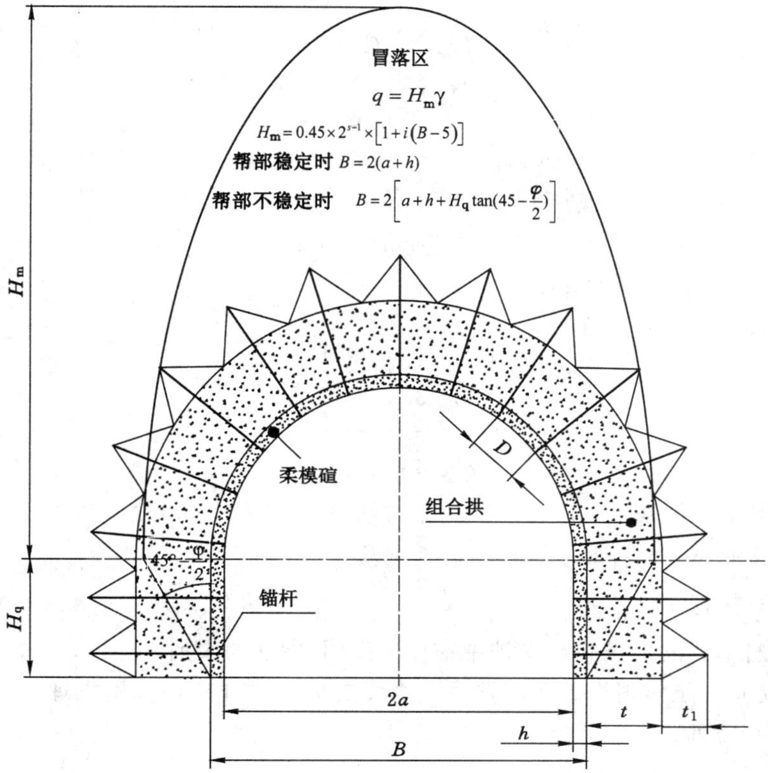

图 5-2　柔模支护结构模型

γ——围岩重度，kN/m³；

s——围岩级别；

w——宽度影响系数；

B——巷道宽度，m；

i——系数，$B<5$ m 时取 0.2，$B>5$ m 时取 0.1。

$$w = 1 + 0.1(5.3 - 5) = 1.03$$

$$h = 0.45 \times 2^{5-1} \times 1.03 = 7.416\ (\mathrm{m})$$

$$p = 25 \times 7.416 = 185.4\ \mathrm{kN/m^2} = 0.185\ \mathrm{MPa}$$

（二）混凝土碹厚度计算

由于条带碹与释压槽按 1∶1 宽度布置，故垂直均布压力值应以 2 倍地压计算值考虑。

为简化计算，按厚壁筒理论计算公式，非圆形巷道等效为圆形巷道，混凝土的支护厚度计算公式如下：

$$h = R_d \times (\sqrt{\frac{f_c}{f_c - 2\nu_k p}} - 1)$$

$$R_d = \frac{(R+h)^2 + R^2}{2(R+h)}$$

式中 R_d——等代圆半径,m;

f_c——混凝土设计强度,N/mm^2,一般采用C25;

ν_k——安全系数,断面为半圆拱形时取2;

h——直墙高度,m;

R——圆拱半径,m。

$$R_d = \frac{3.65^2 + 2.65}{2 \times 3.65} = 2.2\ (mm)$$

$$h = 2.4 \times \left(\sqrt{\frac{11.9}{11.9 - 2 \times 2 \times 2 \times 0.185\,4}} - 1\right) = 186\ (mm)$$

考虑锚杆条带碹的耦合效应,承载力会得到一定的提高,故设计采用150 mm和200 mm两种厚度进行工业性试验。

三、锚杆设计

锚杆(可缩性)条带碹支护中锚杆的作用:主动加固围岩土体,有效地控制其变形,防止岩土体坍塌破坏的发生。柔模支护中锚杆支护作用机理主要表现在以下几个方面:

(一)临时支护作用

柔模支护中锚杆架设两个托盘,第一个起早期临时支护作用,保证施工安全。

(二)固定柔性模板

锚杆体外露部分穿通柔性模板和钢筋网,起到固定柔性模板的作用,并能防止浇筑混凝土时由于其重力作用造成的混凝土脱层。

(三)连接作用

柔模支护中,锚杆不仅使层状岩体形成组合梁,还使混凝土碹与岩体紧密连接,形成一个岩碹组合梁,减小了碹体弯矩从而提高了碹体的稳定性,并使围岩与碹体共同受力,提高了支护能力。

(四)组合拱作用

锚杆将围岩形成组合拱,增加了围岩的强度。锚杆参数包括:锚杆间距、锚杆直径、锚杆锚固力和锚杆长度。

1. 锚杆间距

锚杆间距包括环向间距和纵向间距(沿巷道走向间距)。一般情况下,环向和纵向间距相等。本设计考虑到锚杆主要作为临时支护,而柔性模板预留孔是矩形布置,锚杆间排距取800 mm×800 mm。

2. 锚杆长度

结合梅花井煤矿地质条件，根据《岩土锚杆与喷射混凝土支护工程技术规范》，同时考虑混凝土碹体支护厚度的要求，选用锚杆长度为：帮部锚杆取 2 100 mm，顶部锚杆取2 800 mm。

3. 锚杆锚固力

考虑到接近地面的第二排锚杆为锚杆最大的受力部位，因此，按静压力计算，该锚杆承受的最大拉力为：

$$F = k\rho g(H-h)S$$

式中　F——锚杆承受的拉力，kN；

k——侧压系数，取 1.0；

ρ——混凝土密度，kg/m^3；

g——重力加速度，m/s^2；

H——巷道高度，取 3.65 m；

h——锚杆所在高度，m；

S——锚杆受力面积，m^2。

$$F = 1 \times 2\,400 \times 9.8 \times (3.65 - 0.9) \times 0.9 \times 0.95 = 55\ (\text{kN})$$

通过锚固力试验，6 个药卷抗拔力均大于 5.5 t，满足设计锚固力要求。

4. 锚杆直径

锚杆一般取 HRB335 级钢筋，计算公式为：

$$D = 2\sqrt{\frac{S_{截}}{\pi}}$$

$$S_{截} = \frac{F}{f_y}$$

式中　D——锚杆直径，m；

$S_{截}$——锚杆截面积，m^2；

f_y——钢筋设计强度值，N/mm^2。

$$f_{cu,0} \geqslant f_{cu,k} + 1.645\sigma = 25 + 1.645 \times 5 = 33.25\ (\text{MPa})$$

实际工程中选用 20 mm。

四、柔性模板规格

柔性模板尺寸必须结合巷道断面大小、锚杆间距及施工条件等综合考虑。柔性模板尺寸包括柔性模板长、宽、厚，长度主要依据巷道周边长度及预留量决定。宽度主要根据条带碹槽宽与条带碹承载的关系和地质条件、施工水平、施工进度来决定，设计柔性模板时宽度取 1.6 m，施工时与 1.6 m 的锚杆（网）释放槽间隔布置；厚度则依据混凝土支护厚度来确定，一般比混凝土支护厚度小 50 mm。

柔性模板上有锚杆孔、灌注口及填充孔。锚杆孔用来套挂柔性模板，灌注口用来灌注混凝土，而填充孔则是向混凝土壁后充填材料(泡沫混凝土)。

锚杆孔的间距与巷道断面大小有关，一般取 800 mm，考虑锚杆误差，取 850 mm，灌注口一般布设于柔性模板纵向的中间部位，及距两侧各两排锚杆孔间距处，即三个灌注口。填充孔一般布设于距中间灌注口一排锚杆孔间距处，即两个填充孔。柔性模板尺寸为12.5 m×1.6 m×0.15 m。

五、钢筋网设计

钢筋网在柔模泵注混凝土支护技术中起到了非常重要的作用，主要表现在：

(一) 结构受力

钢筋网作为支护的一部分，与锚杆、混凝土共同作用，提高混凝土强度和抗变形能力。

(二) 支托纤维柔性模板

钢筋网用锚杆和托板连接，以托起纤维柔性模板，防止浇筑混凝土时由于重力和泵压的作用使柔性模板与混凝土一起下沉或外胀，起到限制柔性模板变形并使其成形的作用。

根据《岩土锚杆与喷射混凝土支护工程技术规范》钢筋网喷射混凝土中钢筋网的设计应遵守下列规定：① 钢筋网材料宜采用Ⅰ级钢筋，钢筋直径宜为 4～12 mm；② 钢筋保护层厚度不应小于 20 mm。

根据工程实际，结合以前试验，钢筋网采用 ϕ6.5 mm 钢筋焊接而成，网孔尺寸为 100 mm×100 mm，网片尺寸为 1 600 mm×3 600 mm。

六、泡沫混凝土厚度设计

为满足壁后缓冲层强度低、具有可缩性、具备良好工艺性能等要求，泡沫混凝土是作为壁后缓冲层的最佳材料。

泡沫混凝土是用机械的方法将泡沫剂水溶液制备成泡沫，再将泡沫加入含硅质材料(砂、粉煤灰)、钙质材料(石灰、水泥等)、水及其他附加剂组成的料浆中，经混合搅拌、浇筑成型养护而成的一种新型材料。

泡沫混凝土的特点：质轻多孔，气孔率高达 85%，堆密度小，约 400～800 kg/m^3；强度较低，一般为 0.4～5 MPa。

试验中对不同的泡沫剂进行对比试验，以确定合适的泡沫剂。

泡沫混凝土作为一种支护结构构成部分，太薄起不到效果，太厚则开挖断面大、浇筑泡沫混凝土量大、不经济，综合考虑梅花井煤矿地质条件及现场施工条件，泡沫混凝土厚度取 100 mm。

七、泵注混凝土配合比设计

柔模泵注混凝土支护技术的最大创新就是利用了纤维柔性模板的透水不透浆特性。在本支护方案中，采用泵送混凝土作为支护结构的主要承载体。C25

强度的混凝土可以满足设计强度要求。施工方法采用泵送施工，这就要求混凝土必须有较好的流动性，混凝土能够依靠自身的重量及流动性自动充满整个模袋，并在自重的作用下密实，从而免除振捣的麻烦，但较大的流动性又不能对设计强度有所削弱，这使得柔模泵注混凝土设计与普通的混凝土设计有所不同。在保证流动性的同时也要加大水泥的用量。

柔模泵注混凝土设计与普通混凝土设计相比：第一，砂率要比普通混凝土大，通常情况下为 50%～55%；第二，石子的最大粒径要与输送管的直径及柔模厚度相适应，通常最大粒径小于 20 mm，一般采用 10～20 mm；第三，搅拌的混凝土水灰比取 0.6～0.7 为宜；第四，坍落度宜为 180～200 mm。

根据试验得出的混凝土强度与其对应的灰水比（C/W）关系，用作图法或计算法求出与混凝土配置强度相对应的灰水比，并应按下列原则确定每立方米混凝土的材料用量：用水量（m_w）应在基准配合比用水量的基础上，根据制作强度试件时测得的坍落度进行调整确定；水泥用量（m_c）应以用水量乘以选定出来的灰水比计算确定；粗骨料和细骨料用量（m_g 和 m_s）应在基准配合比的粗骨料和细骨料用量的基础上，按选定的灰水比进行调整后确定。按下式计算混凝土配合比校正系数 δ：

$$\delta = \frac{\rho_{c,l}}{\rho_{c,c}}$$

$$\rho_{c,c} = m_c + m_g + m_s + m_w$$

式中　$\rho_{c,c}$——混凝土表观密度计算值，kg/m^3；

$\rho_{c,t}$——混凝土表观密度实测值，kg/m^3。

当混凝土表观密度实测值与计算值之差的绝对值不超过计算值的 2%时，不需要调整；当二者之差超过 2%时，应将混凝土配合比中每项材料用量均乘以校正系数 δ，即为确定的设计配合比。

泵送混凝土试验后调整的混凝土配合比见表 5-1。

表 5-1　　泵送混凝土试验后调整的混凝土配合比　　单位：kg/m^3

水泥	砂	碎石	水	外加剂	外加剂
400	850	850	216	80	1.6

第三节　围岩支护效果

条带碹通过锚杆与围岩连接，而群锚形成组合拱，最终碹体部分与组合拱构成围岩碹组合梁，而无条带碹部分用锚杆（网）支护，该部分为能量释放槽部分，为了研究锚杆条带碹支护结构，对于围岩能量的吸收和释放之后是否稳定，以及能量的再分配问题，以下采用无锚杆连接条带碹与围岩和锚杆连接条带碹与围岩两种情况下，碹体与释放槽的位移及应力对比，从而证明锚杆条带碹结构的合理与适应性。

一、建立模型

计算范围取 40 m×8 m×35 m，巷道顶部至模拟范围上界 25 m，左界和右界 20 m，下界 10 m，上界施加 1 MPa 的压力来模拟上部岩体。巷道断面形状为直墙半圆拱形，圆半径 3.1 m，直墙高 1.2 m，如图 5-3 和图 5-4 所示。

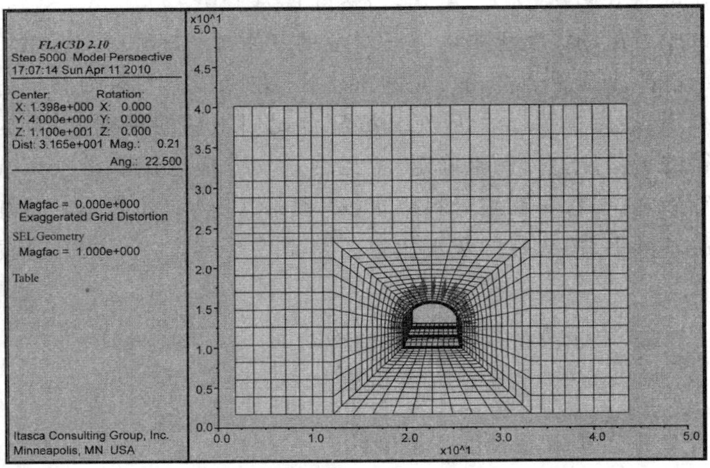

图 5-3　计算模型图

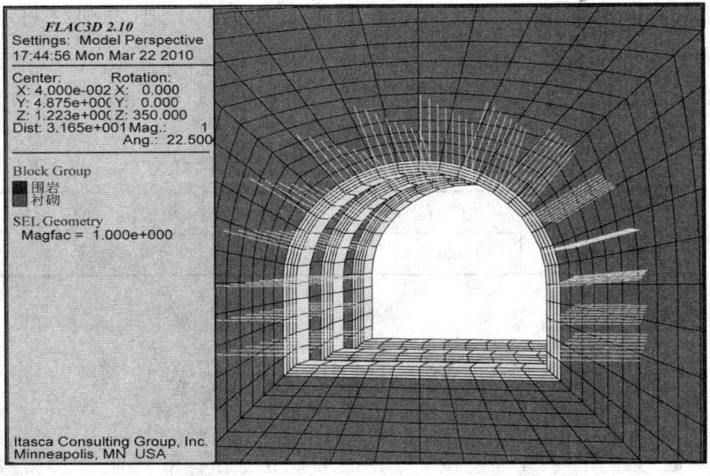

图 5-4　锚杆与条带碹布置示意图

二、计算结果分析

(一) 应力分析

首先,分析围岩整体稳定性,以下将巷道开挖后,未进行锚杆支护与锚杆条带碹支护两种情况下的最大主应力云图如图 5-5 和图 5-6 所示。

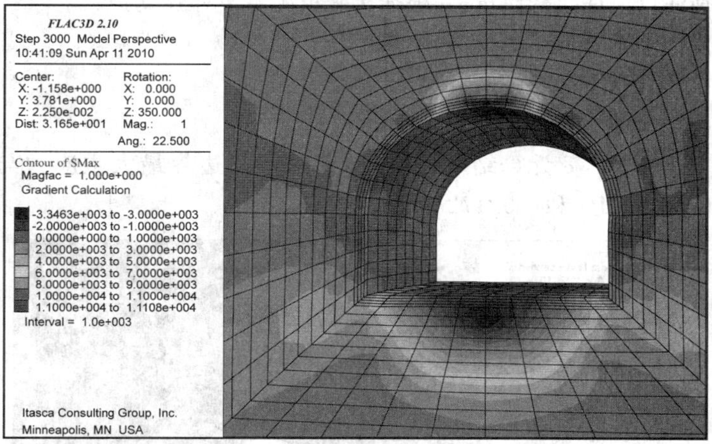

图 5-5 未进行锚杆连接支护最大主应力

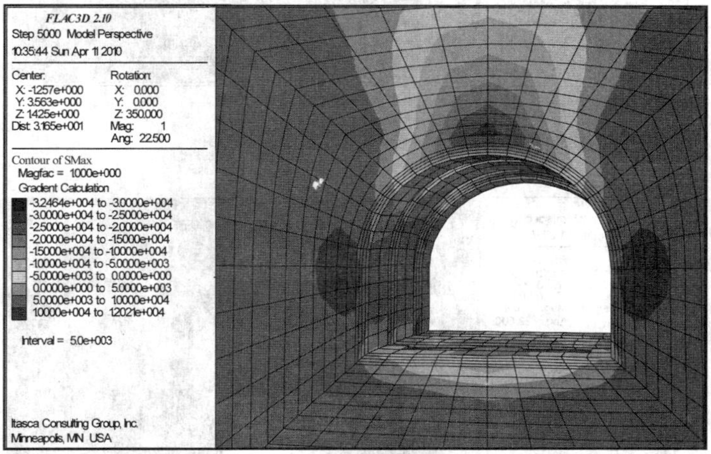

图 5-6 锚杆条带碹支护最大主应力

通过对比图 5-5 和图 5-6 两种情况下的巷道围岩最大主应力云图,最大拉应力均发生在巷道两帮处,均为 0.01 MPa。最大压应力均分布巷道底板处,无支护条件下底板最大压应力为 0.004 MPa,进行锚杆连接条带碹与围岩支护后,底板最大压应力为 0.002 5 MPa，这是由于条带碹支护限制了围岩变形，降低底板最大压应力，缓解底鼓现象。无锚杆支护条件下拱顶围岩处于受拉状态，进行锚杆条带碹支护后，拱顶出现受压区，最大压应力约为0.002 5 MPa，条带碹支护封闭围岩，避免拱顶出现受拉破坏而变形过大。由此可知，两帮是应力相对集中的地方，现场施工时应特别注意模注结构质量，并根据实际情况给予补强支护。

巷道围岩允许抗压强度及抗拉强度分别为：

允许抗压强度$[R_c]$=58 MPa

允许抗拉强度$[R_t]$=－3.5 MPa

从图 5-7 和图 5-8 计算结果可看出，巷道围岩边界最大主应力与最小主应力分别为0.014 MPa 和－0.172 MPa。

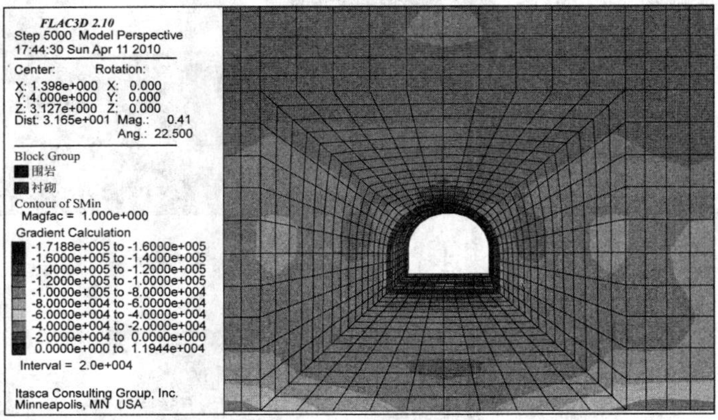

图 5-7　最小主应力云图

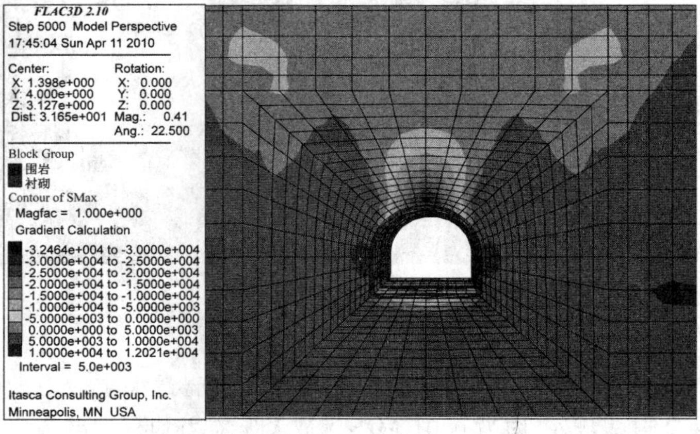

图 5-8　最大主应力云图

可以看出，$|\sigma_{\max}| < [R_c]$，$|\sigma_{\min}| < [R_t]$，所以围岩整体是稳定的。

利用 FLAC 中剖切面功能(plane)，就是可以用切片法来显示围岩内任意平面的应力位移云图，以下分别列出第一个、第二个条带碹以及两个条带碹中间的释放槽内各自某一平面上的应力及变形云图进行分析，如图 5-9 和图 5-10 所示。

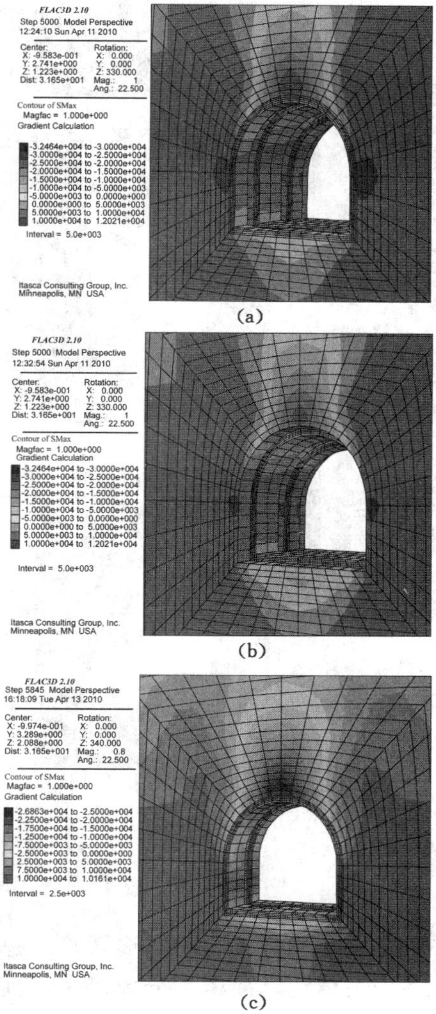

图 5-9　剖切面分别为 $y=1$ m，$y=2.25$ m 和 $y=4$ m 时，平面上的最大主应力云图

(a) $y=1$ m；(b) $y=2.25$ m；(c) $y=4$ m

从以上两组图中可以看出，第一组各平面应力图对比计算结果中，释放槽部

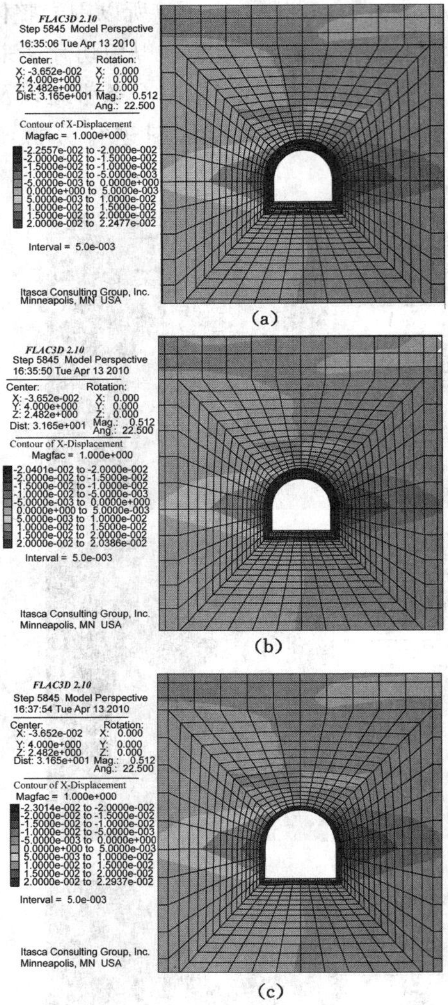

图 5-10　剖切面分别为 $y=1$ m，$y=2.25$ m 和 $y=4$ m 时，平面上的 x 方向位移云图

(a) $y=1$ m；(b) $y=2.25$ m；(c) $y=4$ m

分的应力在支护达到平衡后，最大主应力减小，逐渐趋于稳定，而两个条带碹部分计算结果值显示最大主应力值比释放槽部分大得多，说明支护吸收了一部分围岩所释放的能量，那么围岩的剩余部分能量通过释放槽也就是锚杆（网）支护部分释放了，其表现形式则是变形；再通过第二组图计算结果来看，释放槽部分的位移显然比两个条带碹支护部分的位移要大得多，而释放槽的变形亦在允许形变范围之内，这样结合起来分析即达到了前面所说的围岩通过支护，进行能量再分配时的合理让压结果。

最后，图 5-11 显示的是锚杆轴向内力及围岩垂直方向应力云图，通过锚杆的轴向作用力，将围岩中一定范围岩体的应力状态由单向（或双向）受压转变为三向受压，从而提高其环向抗压强度，使压缩带既可承受其自身重量，又可承受一定的外部载荷，使其有效地控制围岩变形。

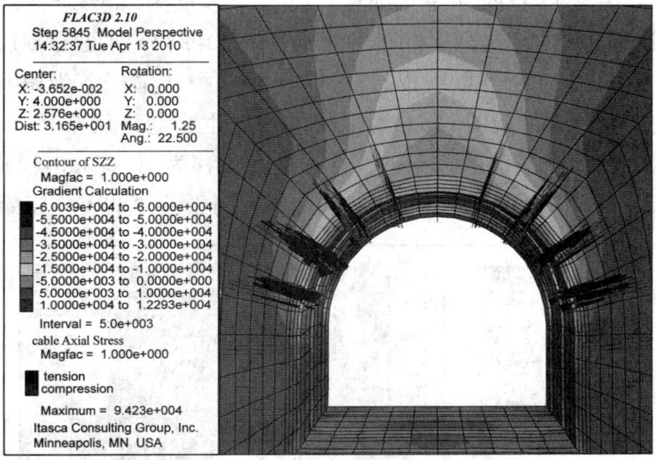

图 5-11　锚杆轴向内力

（二）位移分析

位移监测标准规定，巷道稳定性判断依据：巷道位移量小于允许位移量，巷道收敛速率小于允许收敛速率。不同的围岩特性，巷道围岩稳定的允许位移量和允许的收敛速率是不同的。确定此值，需要通过大量的现场实测数据，进行统计分析和验证。锚喷支护巷道周边允许相对位移值（%）见表 5-2。

表 5-2　　巷道周边允许相对位移值百分表

埋深/m 围岩级别	<50	50～300	>300
Ⅲ	0.10～0.30	0.20～0.50	0.40～1.20
Ⅳ	0.15～0.50	0.40～1.20	0.80～2.00
Ⅴ	0.20～0.80	0.60～1.60	1.00～3.00

采用两次支护的地下工程后期支护的施作应在同时达到下列三项标准时进行：

(1) 隧洞周边水平收敛速度小于 0.2 mm/d，拱顶或底板垂直位移速度小于0.1 mm/d；

(2) 隧洞周边水平收敛速度以及拱顶或底板垂直位移速度明显下降；

(3) 隧洞位移相对值已达到总相对位移量的90%以上。

隧洞稳定的判据是后期支护施作后位移速度趋近于零，支护结构的外力和内力的变化速度也应趋近于零。

根据规定，巷道围岩的洞周允许相对收敛变形量为0.6%～1.5%。从图中计算结果分别列出巷道围岩x方向、z方向位移云图，分别见图5-12～图5-15。

从图5-12和图5-13可以看出，无锚杆连接支护与锚杆条带碹支护条件下巷道围岩x方向水平位移云图，最大水平位移均发生在巷道两帮，第一个条件下最大位移为11.6 mm，锚杆条带碹支护条件下最大位移为10.0 mm，模拟结果显示进行锚杆条带碹支护水平位移可减小15%以上，有利于巷道的整体稳定。

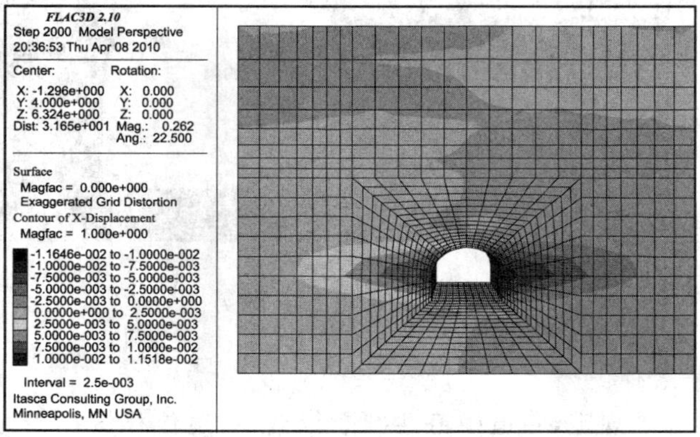

图5-12　无锚杆连接支护x方向位移

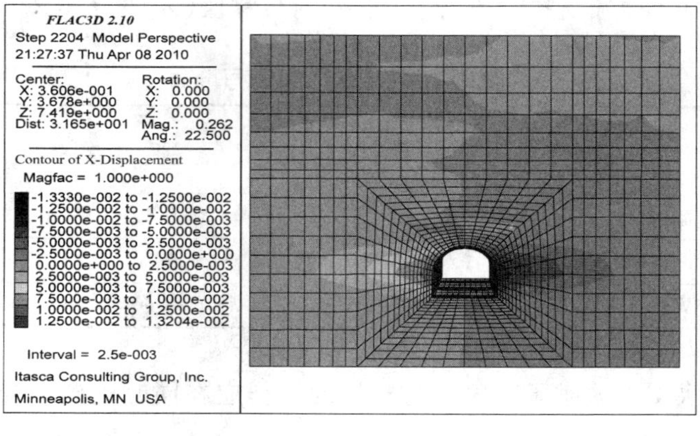

图5-13　锚杆条带碹支护后x方向位移

从图 5-14 和图 5-15 可以看出，无锚杆连接支护与锚杆条带碹支护条件下 z 方向竖向位移云图，无支护情况下拱顶位移 40 mm，锚杆条带碹支护情况下拱顶位移 25 mm，条带碹支护能有效降低拱顶位移值。模拟结果显示无支护情况下拱顶位移出现突变，即巷道不稳定，易发生冒落；进行锚杆条带碹支护后，位移值连续，巷道整体稳定。

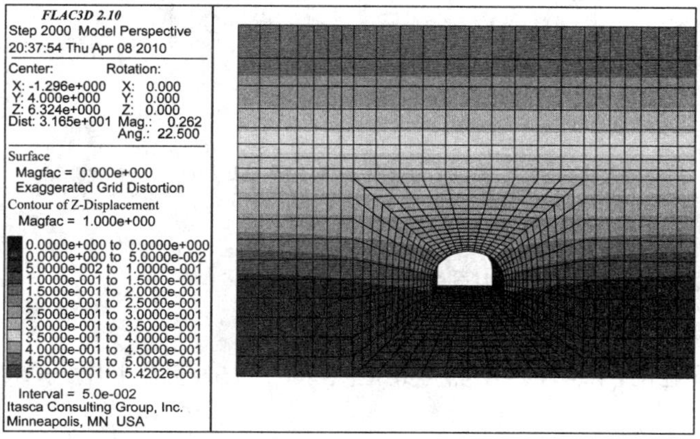

图 5-14 无锚杆连接支护 z 方向位移

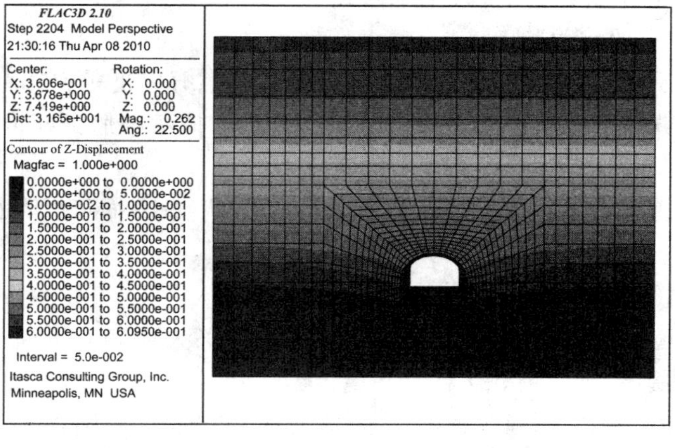

图 5-15 锚杆条带碹支护后 z 方向位移

通过计算结果得知其相对收敛变形量，水平方向为 0.345%，垂直方向为 0.694%，显然，水平方向及垂直方向相对收敛变形量均在洞周允许相对收敛变形量范围内，所以支护稳定后，围岩稳定。

第六章 “三软”煤层综采工作面锚网支护沿空掘巷技术

第一节 沿空掘巷围岩稳定性分析

一、沿空掘巷围岩控制特点

（一）巷道围岩力学环境

沿空掘巷的围岩力学环境与其他类型的回采巷道相比，一般具有以下三个显著的特点：

（1）巷道处于应力降低区。

（2）掘巷期内围岩应力集中程度小。

（3）回采期间应力集中程度很大。

（二）巷道的维护特点

从沿空掘巷的维护特点及生产条件来看，它具有以下维护特点。

（1）服务年限短：与其他回采巷道类似，沿空掘巷的服务年限较短，一般在 2 a之内。

（2）巷道断面：沿空掘巷采用合理的断面形状，一方面可以保持巷道顶板的完整，这对巷道的稳定性是极为有利的；另一方面，也可以改善采煤工作面端头的维护、提高断面利用率。

（3）巷道维护要求：巷道围岩可在不发生破坏失稳和巷道断面满足正常生产要求的前提下，允许有较大的变形量。

（4）巷道的维护原理及技术：与一般的地下岩体工程不同，沿空掘巷围岩在上覆岩层运动和采动影响下发生变形破坏。

二、沿空掘巷的围岩控制机理

沿空掘巷是一种特殊的回采巷道。由于上覆岩层活动剧烈，顶板下沉量大，采动影响十分强烈，加上巷道围岩松软破碎（特别是顶煤和窄煤柱护巷帮），造成在本工作面回采时巷道围岩变形量很大。为此，提出了沿空掘巷上覆岩体大结构的观点。

（一）沿空掘巷大结构稳定性分析

基于基本顶岩层的上覆岩体大结构的稳定性是一个与上区段工作面回采、掘巷及本区段工作面回采时载荷从稳定→不稳定→稳定→不稳定的动态响应过程。

沿空掘巷受到本区段工作面回采影响，巷道与上覆岩体大结构的平面关系如图 6-1 所示。

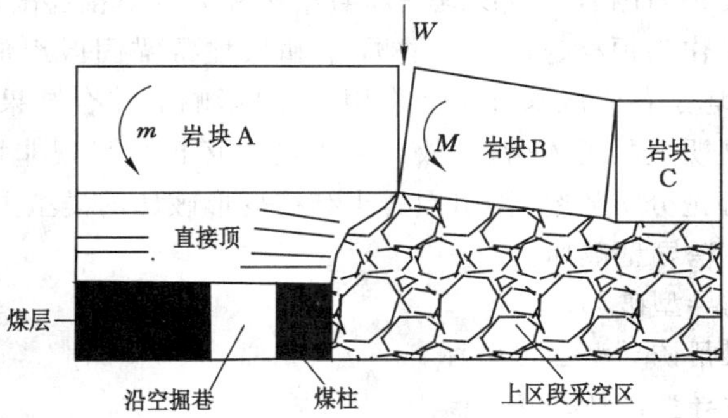

图 6-1　回采时沿空掘巷与上覆岩体大结构的平面图

沿空掘巷在本区段工作面回采时，上覆岩体大结构原有的平衡状态将受到强烈影响，其过程可归结为：

（1）本区段工作面回采时，采空区基本顶岩层产生新的破断，由于沿空掘巷位于采煤工作面前方，这种破断不会在沿空掘巷上方产生，只在采煤工作面采空区内产生。

（2）基本顶岩层破断后，块体 A 将分别在回转力矩 m 和 M 的作用下向本工作面和侧向三角板 B 方向回转下沉，进而破坏了工作面前方沿空掘巷大结构原有的平衡状态。

（3）上覆岩体大结构在较高支承压力的作用下，岩块 A 和岩块 B 将有一定的回转下沉。

（4）沿空掘巷在回采时围岩应力的强烈集中，加上巷道围岩性质的软弱性质，使沿空掘巷围岩产生大变形。

（5）上覆岩体大结构从受工作面回采影响起，直到临近工作面端头的过程中，上覆岩体大结构上的载荷虽然是在不断增加，但由于各岩块间的支承条件并没有改变，故仍会保持随机的平衡状态。

综上分析可以得出这样的结论：沿空掘巷在本工作面回采时，巷道上覆岩体大结构不会发生失稳垮落，但其一定程度的下沉变形是不可抗的，此时保持巷道围岩的稳定性除了适应上覆岩层的下沉外，还应加强锚杆支护和其他支护措施，使巷道围岩锚固结构保持稳定，进而保证沿空掘巷在生产期间的正常使用。

(二) 沿空掘巷小结构稳定性分析

锚杆支护巷道的稳定是通过在巷道围岩中系统布置锚杆，使锚杆群、锚杆的辅助构件及其锚固范围内的围岩形成一个整体承载结构，通过该结构良好的承载性能和对其外部围岩变形的适应性，充分发挥较深部围岩的自承能力，从而保证巷道的稳定性。相对于沿空掘巷上覆岩体的大结构而言，我们把这个由巷道周围锚杆组合支护与围岩形成的统一承载结构称为沿空掘巷围岩小结构。

围岩小结构作为顶板、底板、实体煤帮和煤柱帮锚固区组成的一个有机整体，其变形和破坏是各组成部分相互作用、相互影响的综合结果，由于巷道所处的应力环境呈现明显的不均衡性，故其变形与破坏也将呈现非均匀的特点。通过现场实践和理论分析研究，得出围岩小结构变形破坏的类型主要有以下几种：

(1) 窄煤柱诱导型破坏。

(2) 顶板诱导型破坏。

(3) 实体煤帮诱导型变形破坏。

(4) 底板诱导型破坏。

小结构作为一个支护体而言，其整体力学特性是一个非常复杂的问题，它与锚杆本身的特性、锚杆支护对象的性质、支护体外部的力学环境均有很大的关系。从巷道支护的整体稳定性来考虑，沿空掘巷的围岩小结构无论是在围岩本身特性，还是在加固后的力学特性上，均具有明显的非均衡现象。因此，保持小结构本身的稳定是沿空掘巷稳定的根本。

所以，小煤柱沿空掘巷问题的关键是如何确保小结构的稳定，亦即：小煤柱尺寸的合理值的确定是解决这类问题的关键。

第二节　沿空掘巷煤柱合理尺寸确定

一、小煤柱宽度理论分析

(一) 小煤柱宽度影响因素分析

对于沿空掘巷时的窄煤柱而言，在特定的窄煤柱尺寸和锚杆支护条件下，窄煤柱变形出现以上特点主要与以下几个因素有关：

(1) 巷道上覆岩体大结构的运动和稳定性的影响。

(2) 窄煤柱的支护强度。

(3) 窄煤柱的破坏程度。

(4) 煤柱与其上下交界面接触的情况。

(二) 小煤柱宽度设计原则

确定合理的窄煤柱宽度应遵循以下几个原则：

（1）锚杆安设基础的原则。

（2）相对有利的应力环境。

（3）保证锚杆具有良好锚固性能的原则。

（4）巷道围岩变形的原则。

（5）煤损小的原则。

（三）小煤柱宽度计算

针对合理窄煤柱宽度的确定，我们选择从数值模拟分析和工程实践分析两个方面综合考虑。

1. 数值模拟计算

由于枣泉煤矿前期没有就试验段巷道开展围岩力学性质测试的相关研究，而数值模拟计算研究需要这些基础资料。鉴于此，借鉴中国矿业大学研究过的相似条件下研究成果，用以定性说明枣泉煤矿留设不同尺寸小煤柱条件下的矿压显现规律，为了更加准确地定量描述该条件下巷道围岩控制矿压显现特征，有必要做进一步的科学研究。

要研究不同煤柱宽度下回采巷道的变形与破坏，若在实验室中应用相似材料模拟试验法进行研究，试验经费和试验工作量之大是不可想象的。那么，借助目前岩土工程常用的方法即非线性数值分析方法，利用此方法调整模型方便、计算时间短和灵活的特点，并且可以通过计算得到采场覆岩的破断规律和巷道围岩的应力和变形，达到用理论结果指导现场工程实践的目的。

对于地下采矿尤其是采场问题来说，目前最适用的数值计算软件为 UDEC。UDEC 软件不仅能模拟岩体复杂力学和结构特性，也可很方便地分析各种边值问题和施工过程，并对工程进行预测预报。如果我们能从宏观上把握岩体的力学特性，通过地应力测试把握地应力场，数值力学分析结果完全可以用于指导工程实践。

为充分考虑不同煤柱宽度对小煤柱措施巷变形的影响程度，小煤柱宽度分别设计 3 m、5 m、6 m、10 m、20 m 和 6 m 煤柱注浆加固 6 个方案。根据不同宽度煤柱的模拟结果，对其进行比较，如图 6-2 和图 6-3 所示。

当煤柱宽度为 10 m 和 3 m 时，顶板的下沉量比较大，其次为煤柱宽度为 5 m 时。煤柱宽度为 20 m 和 6 m 时，巷道顶板下沉量较小。当对 6 m 煤柱进行注浆加固时，巷道顶板下沉量最小。

从不同煤柱宽度的巷道采空区侧的帮位移量图中可以看出，当煤柱宽度为 10 m、3 m、5 m 时，采空区侧的帮位移比较大，其次为煤柱宽度为 6 m 时。当煤柱宽度为 20 m 和对 6 m 煤柱进行注浆加固后，巷道采空区侧的帮位移量较小。

综上所述，当煤柱宽度在 20 m 时，巷道的顶底板位移量和两帮移近量都比较小。当煤柱宽度在 10 m 左右时，巷道的顶底板位移量和两帮移近量都比较

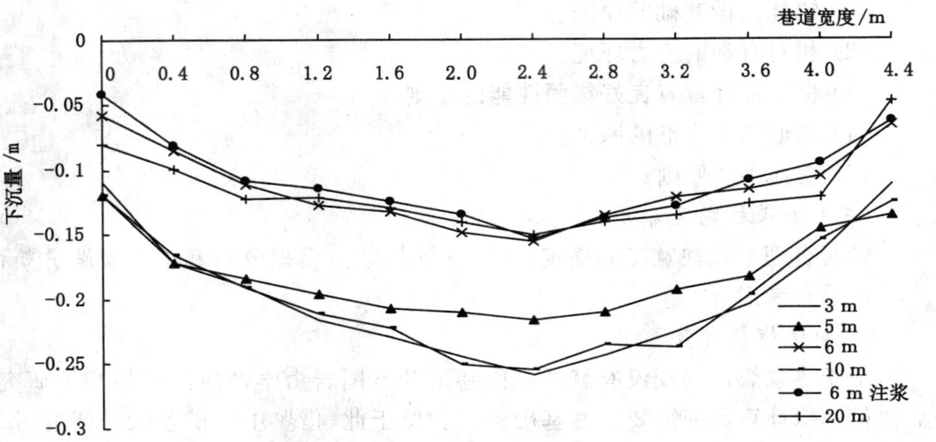

图 6-2　不同煤柱宽度的巷道顶板下沉量

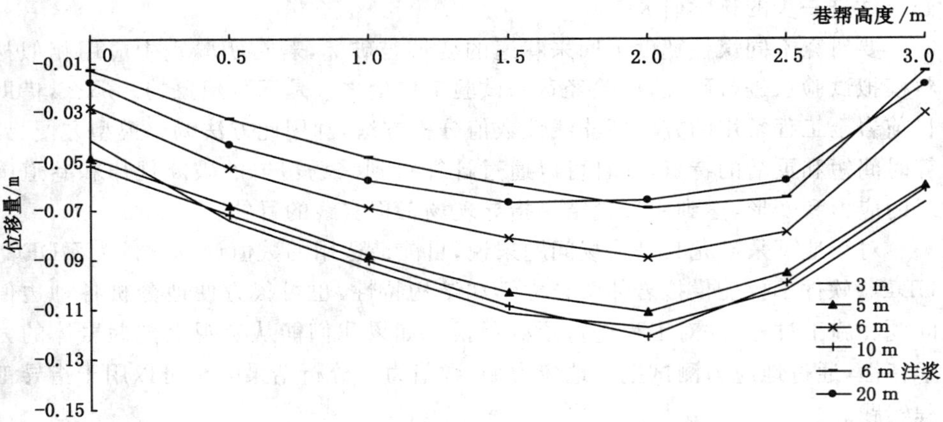

图 6-3　不同煤柱宽度的巷道采空区侧的帮位移

大。当煤柱宽度在 6 m 以下时，煤柱宽度为 3 m 时的巷道变形量和煤柱的稳定性均较差；煤柱宽度在 5 m、6 m 时的巷道变形量较好，对 6 m 煤柱进行注浆加固后，巷道的顶底板位移量和两帮移近量都减小了，甚至优于 20 m 煤柱的巷道。

2. 工程实践分析

沿空掘巷的窄煤柱设计具有很强的工程特征，故合理的窄煤柱宽度还应考虑工程中的一些要求，具体可从以下几方面来认识：

(1) 锚杆的安设基础

窄煤柱采用锚杆支护时，煤柱的宽度至少应大于锚杆的长度。一般地，现有条件下，锚杆的长度多在 2 m 左右，考虑到保留一定的宽度富裕系数，故要求窄煤柱的宽度应不小于 2.5 m。

（2）锚杆安设的可操作性

在该条件下，锚杆支护中常会出现这样的问题，当窄煤柱破坏较为严重时，锚杆钻孔在凿出后不久会出现塌孔现象，致使锚杆的安装无法正常进行，故在实践中应予以考虑。

二、窄煤柱宽度确定

由以上研究可见，12203 工作面措施巷采用“锚网索＋钢带”支护时，窄煤柱的确定应充分考虑以下三个问题：

（1）对沿空掘巷的窄煤柱来说，靠上区段工作面采空侧煤体中存在一定范围的破碎区，当在巷道侧窄煤柱中安设锚杆、锚索时，其宽度最好应能使锚杆、锚索位于采空侧所形成的破碎区之外，这样锚杆和锚索的作用在较为稳定的煤体中，可以保证其可靠的锚固能力。

（2）沿空掘巷的窄煤柱尺寸决定了巷道与上区段工作面回采空间的距离，从而决定了巷道受侧向支承压力的影响程度；同时，窄煤柱的尺寸也将直接关系窄煤柱自身的承载能力。

（3）窄煤柱的宽度应能保证“锚网索＋钢带”组合支护在操作上的可行性。

通过上面的分析可以得出这样的结论：在窄煤柱条件下，沿空掘巷在巷道掘进期间，由于围岩的变形量普遍较小，窄煤柱宽度对巷道围岩变形量的影响不是很明显；但巷道在受本工作面的采动影响时，巷道围岩的变形量均较大，在此情况下，合理的窄煤柱宽度与巷道的稳定性有很大的关系。

因此，从控制围岩变形量的角度出发，提出合理的小煤柱尺寸为 5～6 m。

第三节　沿空掘巷锚杆支护技术

一、锚杆支护技术体系

在煤巷锚杆支护中，必须重视以下两个关键问题：锚杆的预紧力和支护强度。

（一）合理的锚杆预紧力

采用锚杆支护时，施加一定的预紧力对巷道的围岩稳定有着极为重要的意义。初步的研究表明，提高锚杆安装时的预紧力而达到减小巷道围岩变形的主要原因有以下几点。

1. 使锚杆成为真正意义上的主动支护方式

衡量一种支护方式是否是主动支护，其关键在于该种支护能否主动地给所要支护对象提供较高的初阻力，主动使掘巷后围岩的应力状态向三向应力状态转化。在此意义上说，只有施加了一定预紧力的锚杆才是严格意义上的主动支护方式。显然，主动支护方式的锚杆对围岩的变形具有更好的控制作用效果。

2. 提高锚杆的锚固作用效果

单纯从锚杆支护材料来说，它所能提供的承载能力是极为有限的，对围岩受扰动时应力重新分布的影响也很小，不能阻止围岩破裂区和塑性区的形成。但合理的锚杆支护可以通过其径向和横向作用使围岩强度强化，在一定程度上提高围岩的径向约束能力和围岩的抗剪能力，使围岩尽可能保持径向的连续性，处于一个较好的应力状态，从而最大限度地发挥围岩自身的承载能力。

在煤巷中，锚杆支护体系及时承载，同时施加一定的预紧力，即可以有效地抑制巷道浅部破裂煤体向巷道内移近的程度，又可以避免煤体过早的出现裂缝，减缓围岩的破裂过程，从而达到发挥围岩自身承载能力的目的。

3. 实现巷道围岩小结构的高阻让压

在锚杆的工程实践中，较大的预紧力可以有效地控制巷道浅部围岩的继续破裂，保证巷道围岩小结构具备一定的支护强度，从而对其外部围岩起到承载作用，实现锚杆支护的高阻力特点；同时，当小结构具有一定的可缩量时，将对围岩起到一定的让压作用，使小结构更能发挥其作用。

（二）合理的锚杆支护强度

在锚杆支护的工程实践中，锚杆的支护强度问题是一个非常重要的问题，是保证巷道围岩锚固结构稳定的关键问题。

对于煤巷的软弱破碎围岩来讲，锚杆一般都工作在围岩的破碎区和塑性区中，提高锚杆支护强度以提高锚杆对围岩的强度，强化程度主要可从以下两方面来认识。

（1）由于锚杆锚固区内的煤体多处于峰后强度和残余强度阶段，故其对支护强度的反应相当敏感，较小的支护强度增加，就能使其极限强度和残余强度得到较大提高。因此认为，锚杆作用在围岩的破碎区中时，可靠的锚固性能将有效地提高其锚固区中围岩的强度。这对于软弱破碎围岩的锚杆支护是非常重要的。

（2）较大的支护强度对改善围岩的力学性质是有利的，相似材料模拟试验发现，增加锚杆的布置密度（相当于提高支护强度）对于围岩的弹性模量 E、黏聚力 C 及内摩擦角 φ 均有不同程度的提高。

可见，较高的支护强度在使围岩强度得到强化的同时，也使得锚杆与围岩形成的承载结构——巷道围岩锚固结构稳定性得到了提高。

（3）合理的锚杆支护强度。对于煤巷的软弱破碎煤体来说，锚杆支护强度只要保证 0.3 MPa 左右就是比较合理的，而这只要有可靠的支护技术就可以得到保证。

（三）合理的锚杆、锚索组合支护

采用锚索配合锚杆支护技术，利用锚索长度较长，可以穿过围岩松动圈或破碎带达到深部稳定岩层中，加上施以较大的预应力，形成明显的主动支护，使围岩变形得到有效控制。长锚索与短锚杆相结合的支护方式，实质上是把短锚杆范围内的围岩自承拱通过长锚索将其固定在较大的压缩圈内，并通过锚索把力传递到围岩深部的稳定岩体内，因此能最大限度地发挥围岩自承作用，提高围岩的力学性能、改善围岩的受力状态。

（四）配套的金属网、钢带

在围岩破碎情况下，围岩表面的松动、破裂是极为常见的，高强度锚杆和锚索支护满足使用要求时，却并不能发挥出应有的作用，这在现场是十分常见的事实，其中一个主要的原因就在于不使用金属网、钢带等护表构件，或者其性能达不到设计的要求。

与锚杆锚索支护相配套的金属网、钢带等发挥的主要作用有：其一，防止巷道浅部岩体的漏冒和破裂；其二，通过托板将其所承担的载荷有效地传递到锚杆上，并能协调锚杆的受力，发挥锚杆的整体支护作用；其三，有效地提高锚杆锚固范围内围岩的连续性，这对提高支护体系的整体支护强度是有益的。

故在本试验巷道中，为保证锚杆锚索支护体系与其锚固范围内围岩具有较高的支护强度和较大的刚度，应根据实际情况使用金属网、钢带等护表构件。

二、工作面开采概况

在枣泉煤矿进行窄煤柱沿空掘巷围岩控制成套技术研究过程中，首先在该矿 12203 综采工作面掘进一条措施巷进行工业性试验。根据钻孔资料，一、二层煤间距为 25.43～31.49 m，平均层间距为 28.2 m，煤层综合柱状如图 6-4 所示。

12203 综采工作面胶带运输巷设计长度 779.1 m，回风巷设计长度 634.2 m，工作面倾斜长度 224 m，倾角 5°～6°，采高 5.2 m。12203 工作面巷道位于 2 煤层中，沿底掘进，煤层平均厚度 7.27 m，倾角 3°～10°，普氏硬度系数 f=1.6～1.9，容重 1.31～1.35 t/m^3。2 煤层直接顶以泥岩为主，厚 4.47 m，深灰色，致密细腻，含碳质高，夹薄层碳质泥岩，含少量植物茎叶化石，有大量滑面，具不明显水平层理，$f \leqslant 1.5$；基本顶为中粗砂岩，厚 7.29 m，灰白色，以石英为主，次为长石，含微量的白云母片和各暗色矿物、炭屑，砂质胶结，$f \leqslant 3$；直接底以粉砂岩为主，厚 11.29 m，浅灰色，上部多泥质含量，少植物根化石，中部夹 0.6 m 细砂岩，$f \leqslant 2.5$；基本底以细砂岩为主，厚 4.35 m，浅灰色，含较多植物茎叶化石碎片，上部含少量泥质，中部夹粉砂岩薄层及条带，局部夹煤线具波状层理，下部较粗呈中细粒砂岩，夹煤线，向下颗粒较细，具斜层理，$f \leqslant 3$。根据相邻矿井开采经验，确定该工作面采用大采高综采的采煤方法开采。

柱　状	岩石名称	层序号	真厚/m	煤岩性描述
	粉砂岩	6		浅灰色，多泥质，上部含较多植物茎根化石，下部多植物叶片化石，层理不显
	细粒砂岩	7	5.38	浅灰色，石英长石为主，分选较好，泥质黏土质胶结，含少量黄铁矿胶结，具斜层理
	粉砂岩	8	4.71	深灰色，多泥质局部多炭质，含少量植物化石碎片，下部夹细砂岩条带，具水平层理
	中粒砂岩	9	7.29	灰白色，以石英、长石、暗色矿物组成，含炭屑、砂质胶结
	泥岩	10	4.47	深灰色，致密细腻，含碳质高，夹薄层碳质泥岩，含少量植物茎叶化石，具不明显水平层理
	二煤层	11	7.27	黑色，块状，半暗型，沥青光泽，夹镜煤条带贝壳状断口，含黄铁矿及凌铁矿结核
	粉砂岩	12	11.29	浅灰色，上部多泥质含少量植物根化石，中部夹 0.6 m细砂岩
	细粒砂岩	13		浅灰色含较多植物茎叶化石碎片，上部含少量泥质，中部夹粉砂岩薄层及条带，局部夹煤线具波状层理，下部较粗呈中～细粒砂岩，夹煤线，向下颗粒较细

图 6-4　煤层综合柱状图

三、试验支护方案

（一）小煤柱宽度的确定

根据小煤柱宽度理论分析和相似条件的实践经验，小煤柱尺寸取 5～6 m。鉴于以下三个研究目的，现场工业性试验中开展了 6 m 和 10 m 小煤柱注浆护巷条件下的工业性试验：一是验证理论及数值模拟研究成果的可靠性，工业性试验中试验一段 6 m 宽小煤柱；二是对比分析 10 m 和 6 m 小煤柱尺寸条件下的围岩变化规律，试验 10 m 宽小煤柱一段；三是为了检验注浆在加固围岩、封闭采空区等效果，在 6 m 和 10 m 小煤柱中分别注浆。

（二）小煤柱措施巷支护技术方案

12203工作面小煤柱措施巷设计为矩形巷道，净宽4 600 mm，净高3 800 mm，采用“锚网＋钢带＋锚索”的方式进行支护。支护材料及要求：巷道顶板、帮部均采用22#-M24-2400BHRB400号左旋无纵筋高强度螺纹钢锚杆（杆体为22#左旋无纵筋螺纹钢筋，长度2.4 m，杆尾螺纹为M24），采用两节Z2370树脂药卷进行锚固，锚杆预紧扭矩达到400 N·m以上，锚杆间排距800 mm×800 mm，顶板锚杆托板采用150 mm×150 mm×10 mm的铁制穹形高强托板，帮部锚杆采用150 mm×150 mm×10 mm的铁制穹形高强托板配合厚度为5 mm，宽280 mm，长度为450 mm W型钢护板使用；钢带使用W型钢带，规格为W280×3×4500-800-6（厚度为3 mm，宽为280 mm，长度为4 500 mm）；巷道顶板使用8#铅丝编织菱形金属网，网孔50 mm×50 mm，顶网规格为4 600 mm×900 mm，网边搭接100 mm，扣扣相连；巷道帮部使用8#铅丝编织菱形金属网，网孔50 mm×50 mm，网子压在第四排帮锚杆及托板下，网边搭接100 mm，扣扣相连；巷道顶板布置锚索桁架，锚索间距为1.6 m，排距为1.6 m，锚索使用预应力钢绞线，直径17.8 mm，长度为8.0 m，使用三节Z2370树脂药卷锚固，锚固长度不小于2.0 m，锚索张拉预紧力达到200 kN，锚索外漏长度不超过350 mm，桁架采用11#矿工钢加工制作，加工长度2 000 m，托板为200 mm×60 mm×20 mm钢板制作。如施工中煤岩较破碎，可适当调整支护形式，确保施工安全及施工质量。12203工作面措施巷的支护参数如图6-5所示。

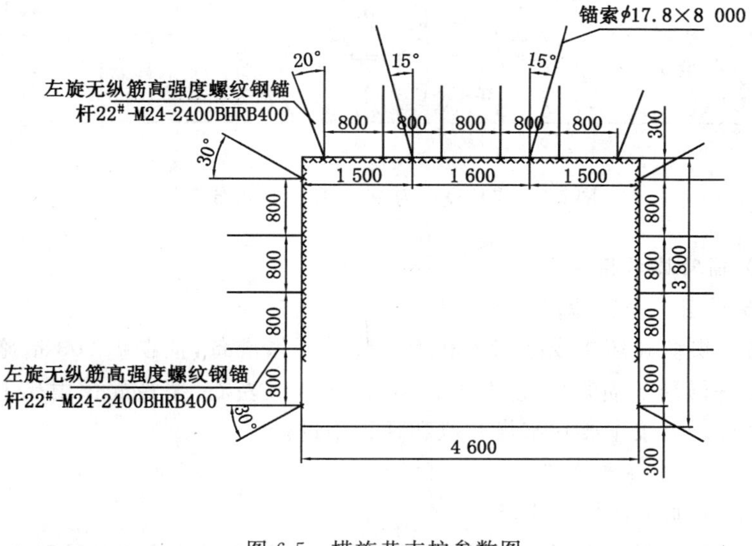

图6-5　措施巷支护参数图

(三) 小煤柱措施巷注浆参数设计

小煤柱中注浆孔布置为"三花",煤柱宽度为 6 m 段注浆孔间距控制在 2.0 m 左右,注浆孔深度确定在 3.0 m 左右,如图 6-6 所示;煤柱宽度为 10 m 段注浆孔间距控制在 2.0 m 左右,注浆孔深度确定在 5.0 m 左右,如图 6-7 所示;各注浆孔孔径为 42 mm。

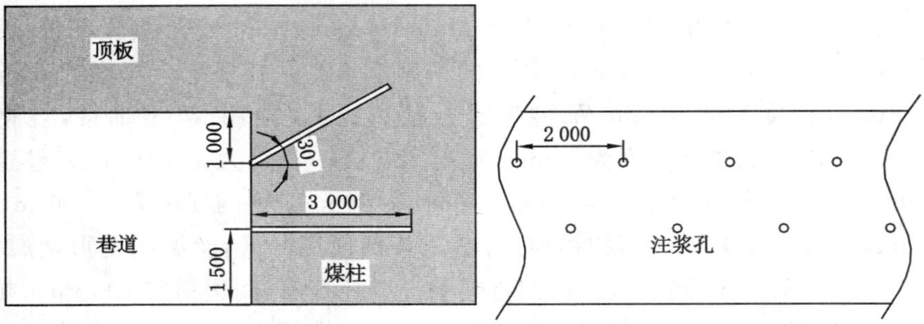

图 6-6　煤柱宽度为 6 m 段注浆孔布置图

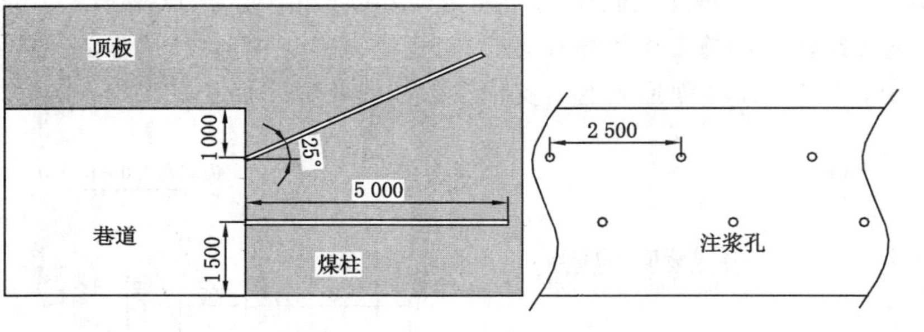

图 6-7　煤柱宽度为 10 m 段注浆孔布置图

(四) 辅助技术措施

1. 巷道围岩表面喷浆技术方案

为防止煤柱破坏造成的漏风和为注浆加固做准备,拟在 12203 措施巷受采动影响前进行局部喷浆处理,喷浆厚度在 30 mm 左右,浆液配比由矿上按现在的方法进行。喷浆主要在窄煤柱侧和顶板中进行。

2. 小煤柱措施巷注浆加固技术方案

(1) 注浆加固材料的选择

注浆加固材料可选择马丽散,它是由两种成分组成的聚亚胺胶脂产品,用于松散体的加固和水流入口的封闭,可与松散煤体产生高度黏合,注入煤体中,低黏度混合物保持液体状态几秒钟，渗透到细小的裂缝中膨胀胶黏，从而有效加固和密封处理区域，其特点：① 黏度低，能很好渗入细小的裂缝中；② 极好的黏合能力，与松散煤体形成很好黏合；③ 良好的柔韧性，能承受随后的采动影响；④ 可与水反应并封闭水流；⑤ 提高煤体支撑力、机械阻力等；⑥ 膨胀率高，达到原来体积的 20 倍左右。

(2) 注浆工艺技术介绍

高分子化学注浆加固技术是一项具有很强实用性且应用范围广的工程技术，其利用液压、气压原理，把高分子化学浆液均匀地注入具有孔隙、裂隙、节理等软弱结构的煤岩体中，浆液以填充、渗透和挤密等方式，将煤岩体胶结成一个整体，使得煤岩体形成强度高、抗渗性能好、稳定性高的新结构体，从而改善煤岩体的物理力学性质，提高其整体性和强度(图6-8)。经过多年的实践，高分子化学煤岩体加固材料成了现代煤矿工程颇具特色，且不可或缺的一项先进技术。

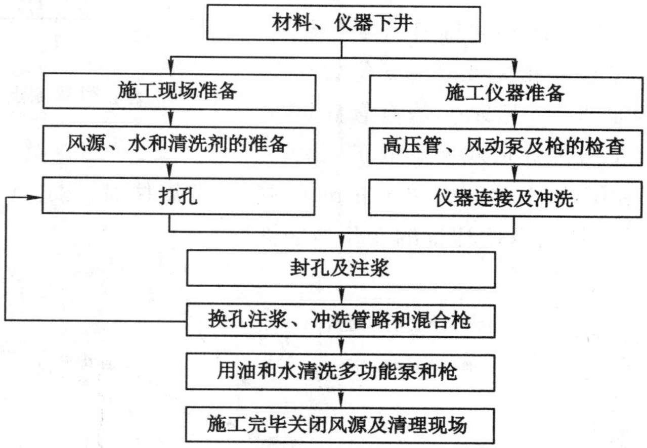

图 6-8　注浆工艺示意图

(3) 主要优点与其他注浆技术相比，注射马丽散具有以下优点：

① 工艺简单，操作简便。多功能注浆泵体积小，质量轻，压风作动源。正常操作两人即可(一人观察巷道顶帮，若漏浆用棉纱封堵，一人更换原料，观察注射泵的运转情况)。

② 注浆前不需喷浆封闭巷道帮顶。

③ 专用封口器的设计合理，封口器一端有垫片，当浆液压力达一定值时，浆垫片冲开，浆液便经注浆管注入岩层；较其他方法封口简单、省时。

④ 马丽散树脂和催化剂两种原料分别用塑料桶装，携带搬运方便，便于井下施工。

3. 巷道监测与结果分析

12203 工作面回采期间，措施巷受采动支承压力的影响，围岩应力重新分布而发生变形，随着时间的推移而逐步趋于稳定或者破坏失稳。因此，监测、分析 12203 工作面措施巷的变形规律、变形特征及支护控制效果，不仅有利于工作面的正常回采，而且也为留设小煤柱沿空巷道的支护参数的进一步优化提供依据。

(1) 巷道表面位移观测

巷道表面位移观测基点要求牢固可靠，基点使用 ϕ20 mm×500 mm 锚杆或木楔，外露长 50 mm，其余 450 mm 用树脂药卷锚固牢固。在巷道底板布置测点时，出露长度以不影响行人和超出轨道面为宜。点与点之间要垂直，错距不得超过 3 mm。如果现场实际条件允许，测站顶板及两帮基点可用已打好的锚杆代替。测点 A、B 位置应在巷帮中点，C、D 位置位于顶底中心，如图 6-9 所示。若有管路或风筒影响时，A、B 离巷道底板不低于 1.3 m。

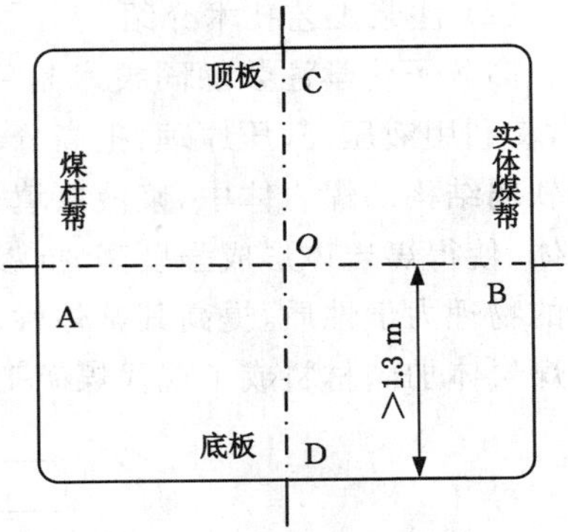

图 6-9 表面位移测点布置示意图

图 6-10 和图 6-11 分别为留设 6 m 和 10 m 窄煤柱时，测点 1 和测点 5 措施巷顶底板移近量和两帮位移量的变化曲线图。

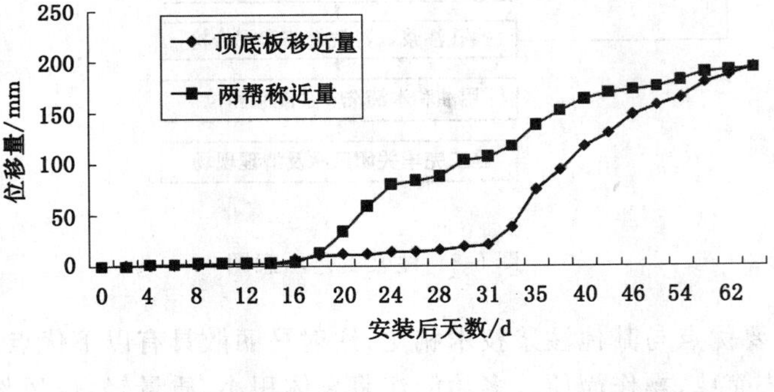

图 6-10 留设 6 m 窄煤柱措施巷表面位移曲线图

比较图 6-10 和图 6-11，留设 10 m 煤柱巷道的顶底板位移量相对于 6 m 煤柱的相差不大，10 m 煤柱的巷道两帮移近量明显小于 6 m 煤柱的巷道两帮移近量；观测到的两种煤柱宽度的巷道的顶底板变形量大约为 200 mm，6 m 煤柱的为 190 mm 左右，而 10 m 煤柱中的两帮位移量为 70 mm。

(2) 巷道顶板离层监测

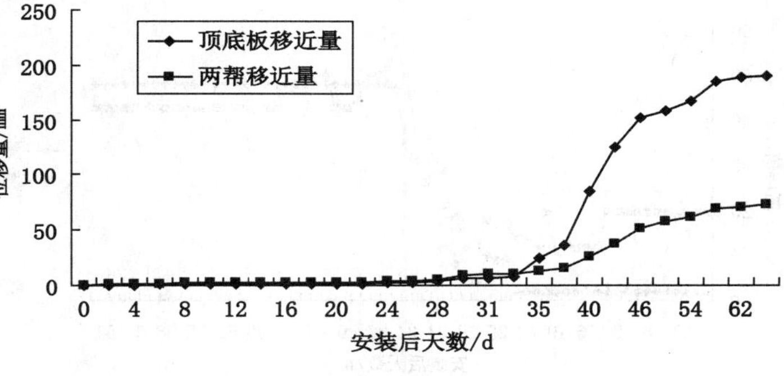

图 6-11　留设 10 m 窄煤柱措施巷表面位移曲线图

在措施巷中的 3 个测站分别布置顶板离层记录仪，每个记录仪分别读取两个顶板离层记录仪和测点的数值，每个测点分为深基点和浅基点，记录仪记录每个测点的离层值。

在 6 m 煤柱巷道中布置 1 个顶板离层记录仪和 2 个测点，在 10 m 煤柱巷道中布置 2 个顶板离层记录仪和 4 个测点。对记录数据进行分析处理，选择合理的测点数据处理得到顶板离层曲线图，如图 6-12 和图 6-13 所示。

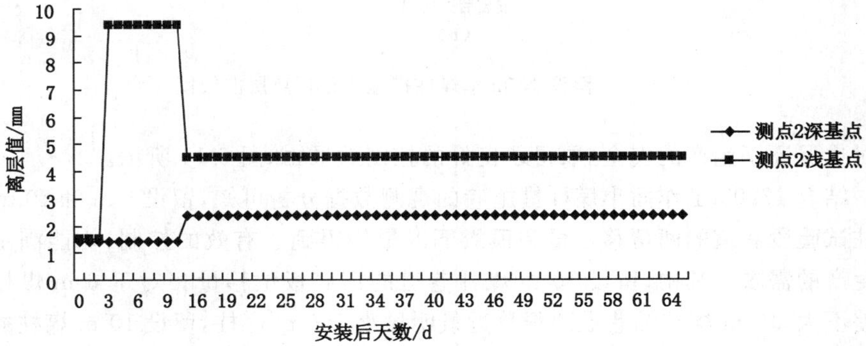

图 6-12　留设 6 m 窄煤柱措施巷顶板离层曲线图

从图 6-12 和图 6-13 可以看出：顶板离层仪的浅基点的离层值一般比深基点的离层值较大，变化趋势基本相同，说明注浆取得了一定的效果，减少了围岩顶板离层量。在工作面经过各个测点的时候，巷道的离层值有较大的变化，然后随着工作面的推进，离层值逐渐趋于不变。留设 10 m 煤柱的巷道的离层量明显大于留设 6 m 煤柱的巷道。

(3) 巷道围岩控制效果

通过对 12203 工作面措施巷进行围岩注浆加固，有效地控制了围岩的变形，

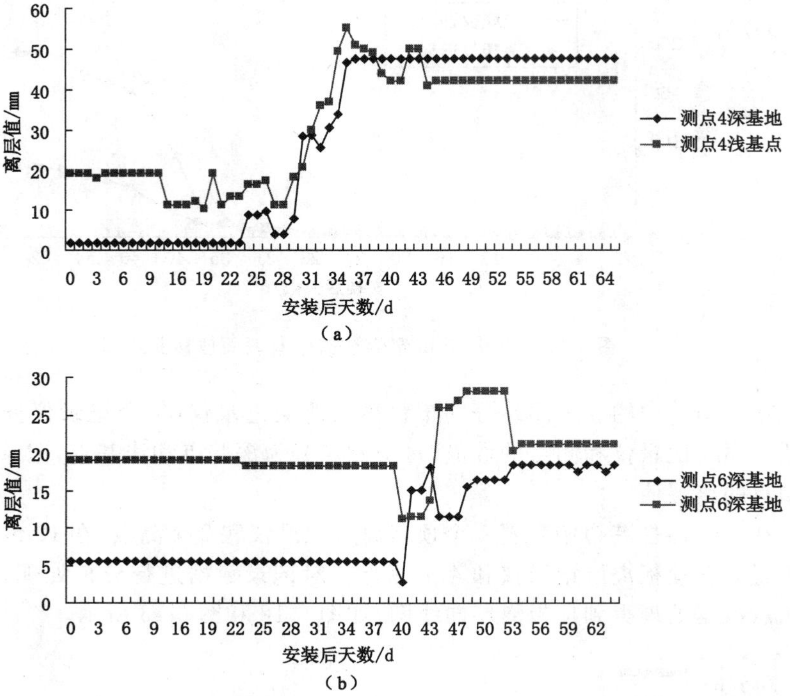

图 6-13　留设 10 m 窄煤柱措施巷顶板离层曲线图

同时也保证了生产的安全，取得了良好的控制效果，如图 6-14 所示。

结合 12203 工作面小煤柱措施巷的观测数据分析可知，留设 6 m 和 10 m 小煤柱试验段巷道的两帮移近量和顶板下沉量均得到了有效的控制，均能满足正常生产的需求。其中，留设 10 m 煤柱巷道的顶底板位移量相对于 6 m 煤柱的相差不大，10 m 煤柱的巷道两帮移近量明显小于 6 m 煤柱，留设 10 m 煤柱的巷道的离层量明显大于留设 6 m 煤柱的巷道。

工业性试验采取的巷道支护方案和围岩注浆方案达到了良好的围岩控制效果，有效地控制了围岩的变形，保证了工作面回采期间巷道的稳定性，可以满足安全生产的需要。

(4) 经济效益分析

枣泉煤矿 12203 工作面小煤柱措施巷在受本区段工作面回采过程超前支承压力影响下，留设 6 m 和 10 m 小煤柱试验段巷道的两帮移近量和顶板下沉量均得到了有效的控制，不仅促进了煤矿安全高效的生产，而且提高了煤炭回收率。与传统的开采方法相比，取得了明显的经济效益，见表 6-1。

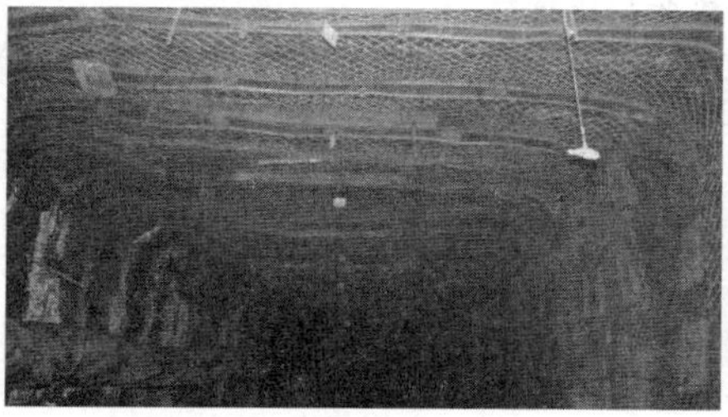

（a）

（b）

（c）

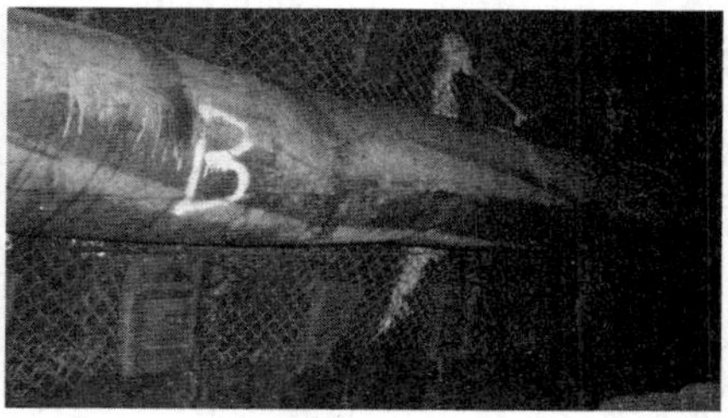

（d）

（e）

（f）

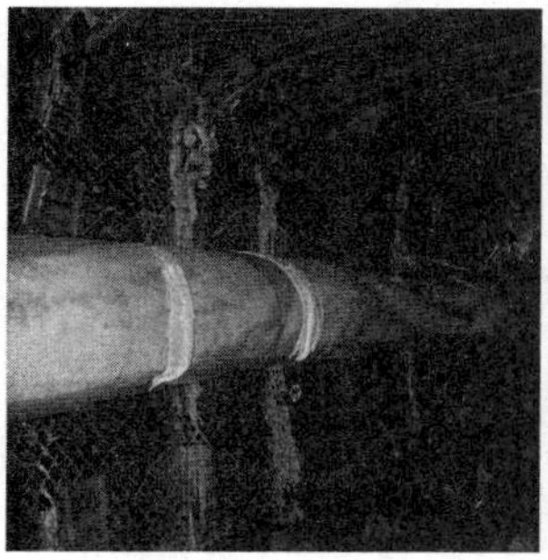

（g）

（h）

（i）

图 6-14 措施巷围岩控制效果

(a) 巷道围岩整体支护;(b) 巷道下帮;(c) 锚杆—金属网;(d) 煤柱帮;
(e) 局部注浆加固;(f) 顶部钢带;(g) 煤柱帮注浆;(h) 高强托盘;(i) 回采帮

表 6-1　　两种方案经济效益比较

比较项目	正常煤柱方案	小煤柱方案
方案的基本特征	相邻工作面留设 40 m 保护煤柱	相邻工作面留设 6 m 和 10 m 保护煤柱(以下按 6 m 保护煤柱进行比较)
工作面区段煤柱延米损失煤量/t	425.6	63.84
区段煤柱缩小延米产生的效益/万元	0	6.5(回采率按 90%计算)
小煤柱延米巷道加固投资/万元	0	0.78
工作面延米效益/万元	0	6.5－0.78＝5.72
方案的主要优缺点	优点:采动压力对巷道影响小,不必对巷道进行加固,节省加固投资;缺点:丢失煤量大,回采率低	优点:回采煤量较多,回采率较高;缺点:采动压力对巷道影响大,巷道维护量大,需要对巷道进行加固

第三篇
复杂条件下千万吨级矿井工作面回采工艺

宁东煤田范围内，煤炭储量丰富，且厚煤层储量约占总储量的 40%，适宜建设特大型矿井。根据宁东煤炭基地的建设开发规划，基地主要依托于千万吨级矿井群的安全高效生产。为此，通过联合研发，攻克了千万吨级 6.2 m 大采高大起伏大倾角工作面国产综采技术并以此为基础形成了 4.5～6.2 m 大采高成套国产装备系列化技术[88,89]，解决了宁东煤田 4.5～6.2 m 大倾角大采高的高效开采问题，并打破了国外公司长期垄断国内高端煤机产品市场的趋势；研发出多方位分区域可控顶煤弱化技术[90]，解决了宁东煤田煤层厚度 6.0 m 以上的高韧性难冒放煤层的高效高回收率开采技术难题[91]；创新了折返式缓坡斜井开拓方式[92]，解决了大埋深倾斜煤层辅助运输无轨胶轮化问题，实现了重型设备地面—井下工作面一站式整体长距离（7 000 m 以上）快速便捷运输，创新了宁东煤炭基地高产高效矿井建设的核心开采工艺技术，填补了国内外在该技术领域的空白。

第七章　复杂条件下千万吨级工作面国产综采技术

2006 年，羊场湾煤矿进行了复杂特厚易燃煤层 6.2 m 大倾角大起伏大采高开采工艺技术和国产化成套设备[93]的开采试验，成功创建了千万吨安全高效矿井，试验工作面取得了最高日产原煤 3.7 万 t，最高月产 86 万 t，月平均产量 80 万 t 以上，具备了年产 1 000 万 t 的生产能力，吨煤开采直接成本降低 5.98元，直接工效达到 252.5 t/工日；2009 年，使用该套设备的综采队年产达到 1 047.51 万 t，成为宁东基地首个千万吨工作面和千万吨采煤队；2010 年该队最高月产达到 107 万 t。自 6.2 m 大倾角大起伏大采高千万吨级工作面试验成功以来，宁东煤炭基地针对不同采高、不同倾角的煤层，形成了 4.5 m、5.0 m、5.5 m、6.2 m 大采高工作面成套国产装备及系列化开采技术，同时，大倾角大起伏大采高工作面成套国产化装备及开采工艺还在宁东煤炭基地的羊场湾、枣泉、梅花井、清水营、石槽村、红柳等矿井进行了推广应用，为千万吨级矿井群建设和千万吨级工作面生产提供了重要技术支撑。

第一节　复杂条件下覆岩移动特征及围岩稳定控制技术

大倾角大起伏大采高条件下，覆岩移动与结构特征呈现出新的特点，对工作面开采围岩控制带来了新的挑战，片帮冒顶严重，易自燃、支架倒滑、片帮漏顶、采煤机失稳、刮板运输机下滑等问题突出。为此针对宁东煤炭基地大倾角大起伏大采高工作面典型条件（羊场湾大采高工作面），运用 UDEC 软件对羊场湾煤矿 2 煤开采进行数值模拟，针对采场围岩应力演化规律及覆岩采动破断演化规律等分析覆岩移动与结构特征，确定围岩稳定性控制技术体系。

羊场湾煤矿大采高工作面赋存条件在立项时是国内外大采高开采领域最复杂条件之一，最大采高为 6.2 m，煤层倾斜角度大（10°～30°，平均 22°），走向起伏大（8°～30°），硬度系数 1～2。

一、大倾角大起伏大采高工作面覆岩移动特征

UDEC 软件不仅能模拟岩体的复杂力学和结构特性，也可很方便地分析各种边值问题和施工过程，已成为目前研究覆岩采动破坏机理及特征的主要研究手段。

UDEC 软件是针对非连续介质模型的二维离散元数值计算程序，它应用于计算机主要包括两方面的内容：① 离散的岩块允许大变形，允许沿节理面滑动、转动和脱离冒落；② 在计算过程中能够自动识别新的接触。UDEC 软件主要模拟静载或动载条件下非连续介质（如节理块体）的力学行为特征，非连续介质是通过离散块体的组合来反映的，节理被当作块体间的边界条件来处理，允许块体沿节理面运动及回转。单个块体可以是刚体的或者是可变形的，接触是可变形的。可变形块体再被细化为有限差分元素网格，每个元素的力学特性遵循规定的线性或非线性的应力、应变规律，节理的相对运动也是遵循法向或切向的线性或非线性运动关系。UDEC 软件既可以用于解决平面应变问题也可以用于解决平面应力问题，既可以解决静态问题也可以解决动态问题。UDEC 软件离散元数值计算工具主要应用于地下岩体采动过程中岩体节理、断层、沉积面等对岩体逐步破坏的影响评价。UDEC3.0 提供了适合岩土的 7 种材料本构模型和 5 种节理本构模型，能够较为适应不同岩性和不同开挖状态条件下的岩层运动的需要，是目前模拟岩层破断后运动过程较为理想的数值模拟软件。

1. 数值计算模型建立

模型的左右边界不小于一个完整工作面的开采及影响范围。为考察 2 煤开采后覆岩的运动变化建立如图 7-1 所示倾向剖面模型，模型长 500 m，高 250 m，通过约束水平方向，垂直方向位移，固定底边界的方式，采用平面应变问题模拟随工作面开采煤壁破坏区域，应力以及位移等变化情况。模型上边界为应力边界，施加埋深 150 m 的上覆岩层载荷，重力加速度为 9.81 m/s^2，其余边界均为固定正方向位移边界，采用摩尔-库仑屈服准则、大变形模式、联合阻尼。

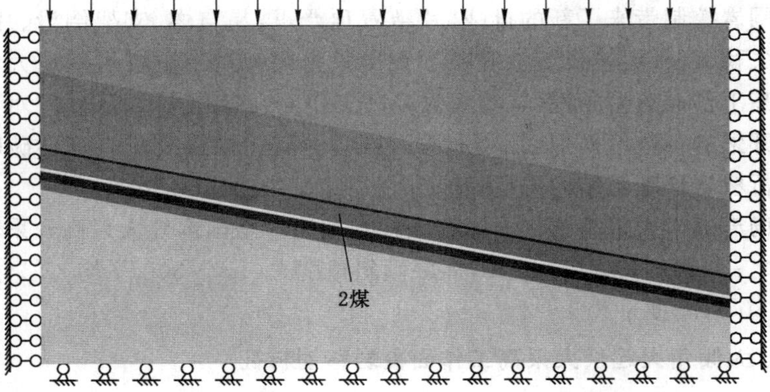

图 7-1　模型示意图

模拟步骤：① 建整体模型，模型原岩应力平衡计算；② 开挖工作面，模型应力平衡计算；③ 数据的提取与后处理。

在进行初步的试运算后，根据运算情况在煤层的顶板（煤层上方顶板 8.5 m、15.5 m、47.5 m）中各设置一条监测线，其中 2 煤层顶板上方 8.5 m 为基本顶，2 煤层上方 15.5 m 为 1 煤层底板，2 煤层上方 47.5 m 为主关键层。

工作面开掘引起覆岩破断与运动，数值分析过程的时间与步骤虽不能与实际开采影响的时间过程相对应，但数值分析中不同时步的应力、位移结果反映了实际开采过程中岩层位移和应力的定性演化过程。

2. 数值模拟结果分析

在工作面倾向方向采用一次开挖方式，考虑到边界效应，左边界留设 100 m 煤柱，右边界留设煤柱 130 m。2 煤开挖后覆岩情况如图 7-2 所示。

图 7-4 是模拟 2 煤工作面开采后覆岩的各项变形监测值。

图 7-3 为 2 煤开采后覆岩移动角情况。

如图 7-2 所示，模拟得到了 2 煤工作面开采后的覆岩破断及其变形状况。综合考虑应力、位移和裂隙的分布状况，从图 7-2(c)可以得出 2 煤工作面开采后沿工作面倾向的“两带”高度 100～130 m。“两带”形状与水平煤层开采形成“对称的马鞍状”有所不同。由图 7-2(d)～(f)可知，工作面下端头处实体煤应力集中程度较大，而上端头实体煤应力得到一定的释放集中程度较小，即因为上端头覆岩应力的释放，工作面上端头往往矿压显现较为剧烈。由图 7-3 可知 2 煤开采后覆岩移动角情况，在上端头覆岩移动角较小。从监测线 1（基本顶、底板）的各项变形监测值可以看出，大倾角条件下，工作面开采后覆岩垮落状况与近水平条件下覆岩垮落状况有着很大的差别。近水平条件下覆岩水平位移较小，只集中在上覆岩层局部的一些区域。而大倾角条件下全部覆岩水平位移值都偏大，相反垂直位移则较小。

对比测线 1～3 可以看出，测线 1 和 2 垂直位移变形量明显比测线 3 变形量大，测线 3 曲线较为规整。对比几条测线的水平变形值可知，测线 3 水平变形较测线 1 和 2 大幅度减小。对比前面所分析的结果（工作面开采后沿工作面走向的两带高度 100～130 m），测线 1～3 均处于导水裂隙带以内。

在工作面倾向方向，2 煤工作面开采后，采空区上覆岩层“两带”发育高度达到了 100～130 m，其中垮落带上方 30～50 m 范围内被压实。大倾角的“两带”形状与倾角不大的煤层相比，不再是“对称马鞍形”，呈现上端头高，下端头矮的形式。在工作面下端头处应力集中程度较大，煤层塑性区范围较上端头有所增大。

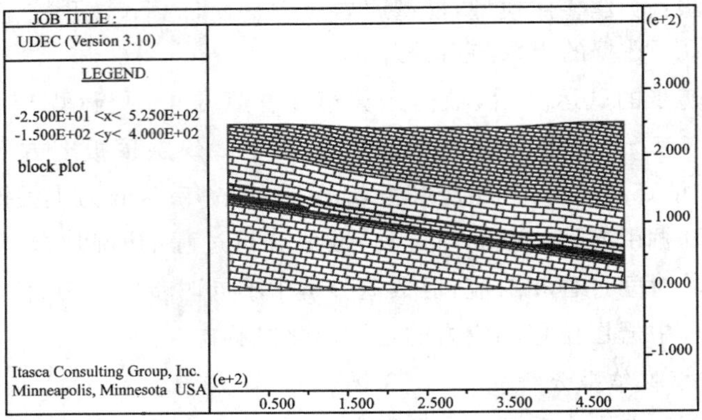

(a)

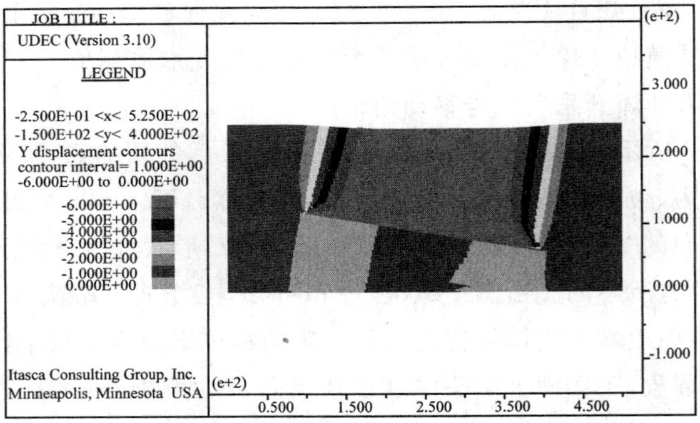

(b)

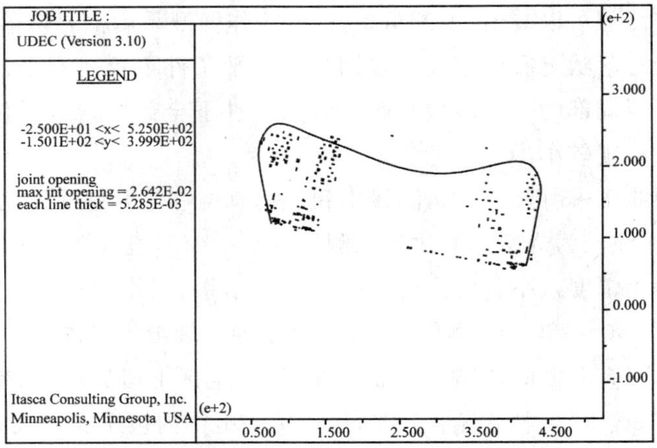

(c)

图 7-2　倾向工作面开采覆岩情况(1)

(a) 覆岩垮落;(b) 垂直位移;(c) 裂隙分布

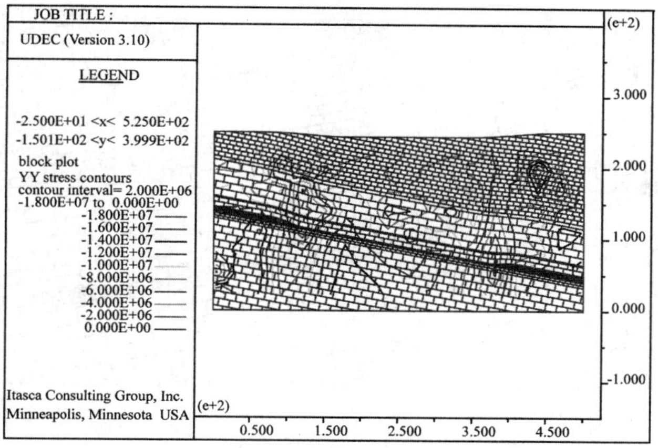

(d)

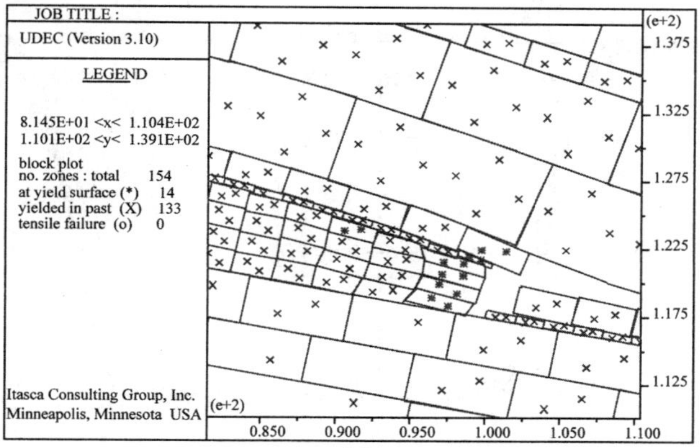

(e)

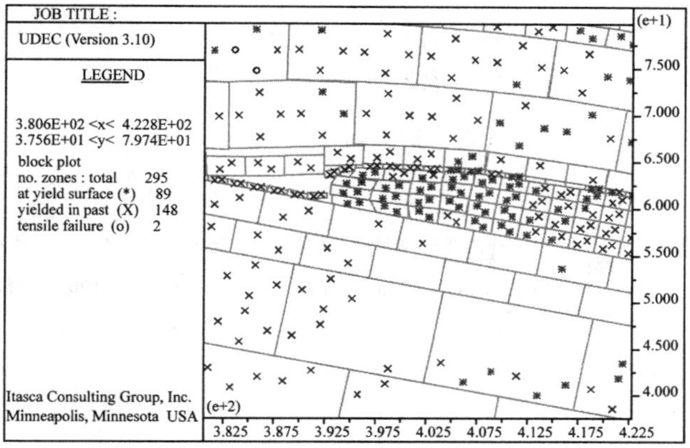

(f)

图 7-2　倾向工作面开采覆岩情况(2)

(d) 垂直应力;(e) 左端头塑性区分布;(f) 右端头塑性区分布

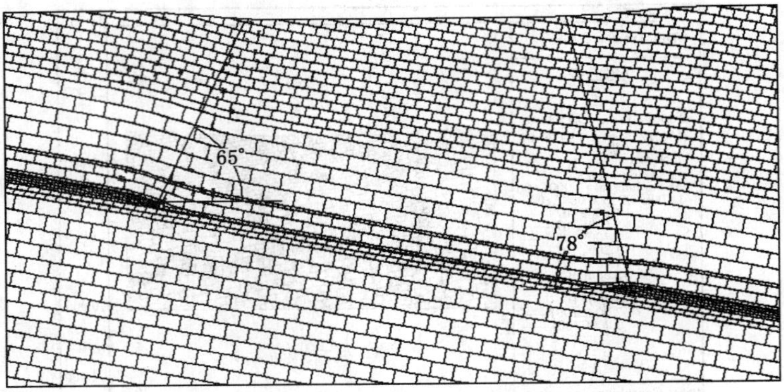

图 7-3　覆岩移动角

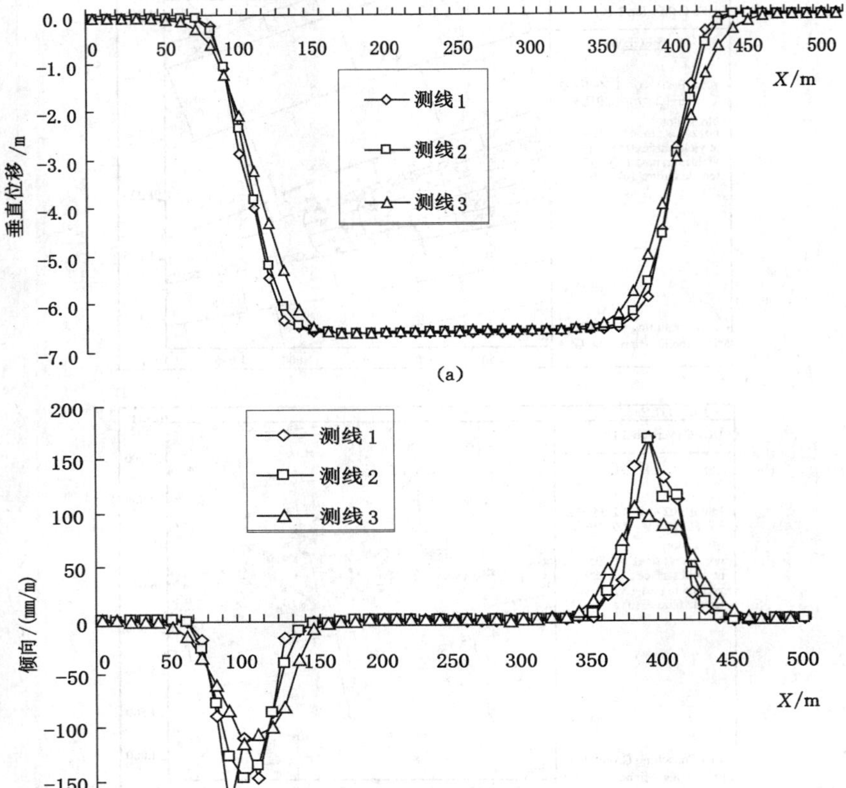

图 7-4　2 煤工作面上方顶板监测线的变形监测值(1)

(a) 垂直位移；(b) 倾向位移

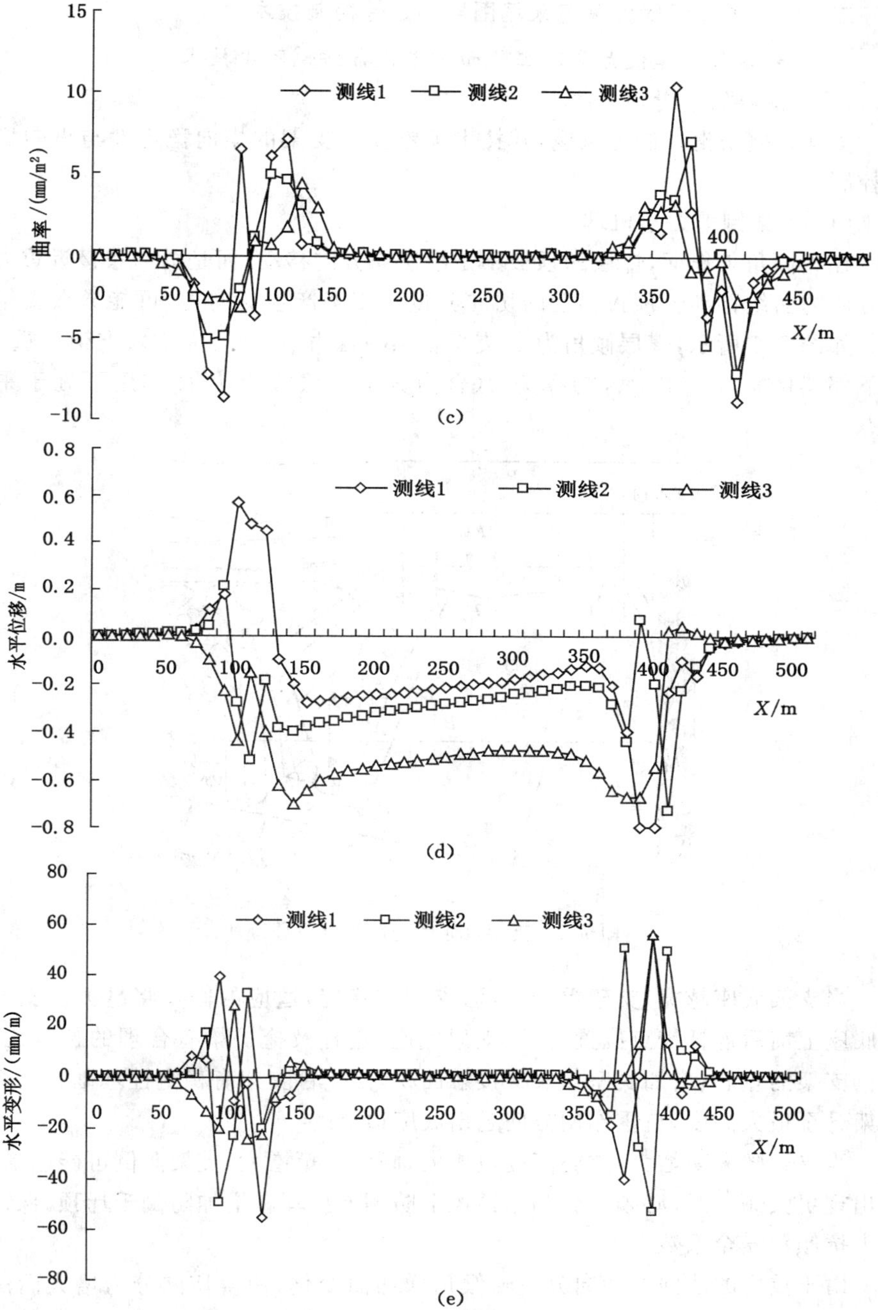

图 7-4　2 煤工作面上方顶板监测线的变形监测值(2)

(c) 曲率;(d) 水平位移;(e) 水平变形

二、大倾角大起伏大采高采场围岩稳定性控制技术

（一）大倾角大起伏大采高工作面重型设备防倒防滑技术

1. 支架防倒防滑控制技术

支架防倒防滑控制是难题，其技术关键就是支架的横向稳定性与纵向稳定性控制。

（1）支架倒滑力学机理

在大倾角工作面，煤层的顶板不是沿法向方向移动，而是沿一条接近重力作用方向的曲线移动。顶板移动的切向分量对支架产生侧向力，可能导致支架倾倒。如图 7-5 所示，煤层倾角为 α，支架在顶板压力 p（合力为 P）、支架自重 W、上下邻架挤靠力 p_s 和 p_x，初撑力 q（合力为 Q）、底板反力 R 作用下处于平衡状态。

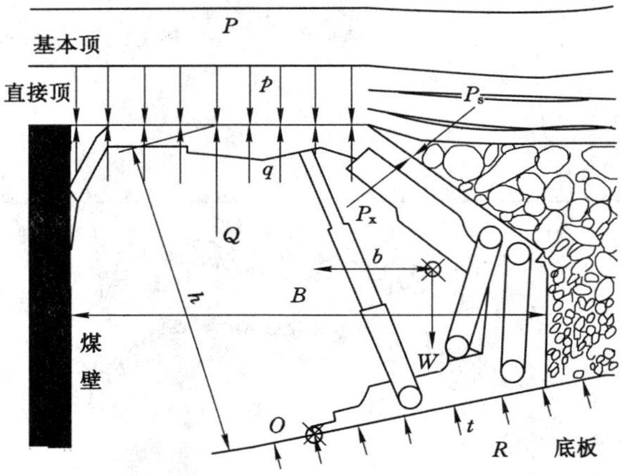

图 7-5 支架抗倾倒与防滑计算原理

当支架底座越宽、支架重心越低，支架越稳定，适应的倾角将越大。支架提高底座上前后连杆铰点位置，保证支架底座、连杆及掩护梁有合理的长度比值，降低支架的重心，增加底座与底板接触面积，使整台支架有稳定性基础。空载时支架升至最大高度，自重作用方向超出底座边沿。

当支架随采高增大，重心高度也增大，倾倒力矩增大，支架倾倒可能性增大。当出现更大倾角时，必须充分利用顶梁上防倒连接耳座增加防倒千斤顶，保证足够大抗倾覆安全系数。

由于重力的法向及切向分量随倾角增加而变化，使得切向分力增大而法向分力减小。因此，工作面支护系统所受的工作载荷变小，而引起支护系统失稳的外载增大，工作面支架滑、倒及架间挤、咬现象加剧。支架在重力 W 和顶板压力

p 作用下，有沿底板坡度下滑的趋势，保证支架不下滑的条件是抗滑力必须大于等于滑动力[94]。

$$F_{kh}=[(W+p)\cos\alpha+Q]f\geqslant F_h=(W+p)\sin\alpha+(p_s-p_x)$$

式中　F_{kh}——防滑装置给予的抗滑力；

f——支架底座与煤岩的摩擦系数。

支架仅在自重作用下的抗滑安全条件为：

$$Wf\cos\alpha\leqslant W\sin\alpha$$

$$\tan\alpha\leqslant f$$

在实际开采中，支架与底板间的摩擦因数受到多种因素如岩性、浮煤和水等的影响，金属与煤层之间的摩擦因数一般取 0.2～0.3。自重条件下支架不下滑的工作面倾角应小于 11°～16°，当倾角大于 11°～16°时，必须采取其他防滑措施。

摩擦系数降低时，需采用带压移架或采用附加设施来保证。可以看出，初撑力有利于支架的抗滑稳定，避免上邻架对本架的挤、咬，对支架防滑也是非常必要的。另外，销轴和销孔之间配合间隙，工作面倾角、采高、重心高度等对支架横向倾倒和滑移都有明显影响。

(2) 支架横向稳定性控制

四连杆机构是掩护式液压支架的稳定机构，其主要作用是保证支架纵向和横向的稳定，控制顶梁的运动轨迹，能承受较大的水平分力和侧向力。四连杆各部件由销轴铰接，销轴与孔之间存在配合间隙，若采用传统的配合间隙，大采高支架由于支撑高度大，即使在水平工作条件下，支架也会出现歪斜、扭转，甚至倒架现象。支架在四连杆结构形式选择上，采用最稳定结构“前双、后双”的连杆形式，加大两前连杆(立柱)间的中心距离，增强支架本身的抗偏扭能力(图 7-6)。

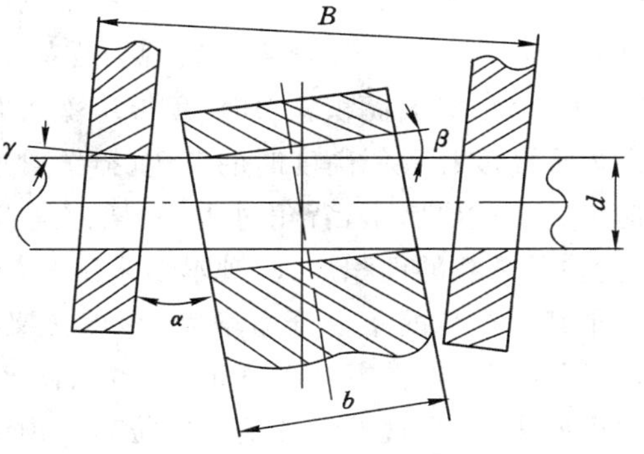

图 7-6　底座与前连杆铰接处销轴配合关系

由于前、后连杆和掩护梁歪斜必然引起顶梁横向偏移。假设前连杆处于最

大偏移，后连杆为掩护梁偏摆中心，则

$$\Delta V_c = \frac{(L_3 + L_4)\Delta V_i}{L_4}$$

式中　ΔV_c—— 顶梁横向偏移距离；

L_3—— 掩护梁上铰点至后连杆孔间距离；

L_4—— 掩护梁前、后连杆孔间距；

ΔV_i—— 掩护梁与前连杆连接处的横向偏移量。

顶梁横向偏移引起支架立柱横向偏斜角度为：

$$\Delta\alpha = \arctan\left(\frac{\Delta V_c}{H_L}\right)$$

式中　$\Delta\alpha$——立柱横向偏移角；

H_L——立柱长度。

四连杆中的底座轴孔间隙大小直接影响支架的横向稳定性。应严格控制轴孔间隙，减小顶梁的横向偏移量，增加支架横向稳定性。

(3) 支架纵向稳定性控制

支架的纵向稳定性是指支架在运动和承载过程中，支架结构沿对称中心平面方向(垂直于工作面方向)保持几何位态稳定的特性。支架在设计中优化其四连杆结构，使支架在工作范围内双扭线的变化从上到下的变化是一条从后到前的变化趋势，即从老塘向煤壁方向运动，这种曲线变化在支架受到基本顶周期来压时，支架顶梁存在一个向前运动的趋势，顶板给支架顶梁一个向老塘方向的摩擦力。使该架型水平摩擦力方向指向采空区，底座合力向后移动，有利于减小底座前端比压和纵向稳定性。

两柱掩护式大采高支架的结构参数对其纵向稳定性的影响很大，特别是顶梁柱窝前后段比值、平衡千斤顶参数和位置尺寸，掩护梁纵向投影长度和与水平夹角等参数是重要的影响因素，纵向失稳主要表现为支架的正常几何位态被破坏。在坚硬顶板条件下，当出现大面积悬顶时，顶板垮落将对支架掩护梁产生强烈的冲击，掩护梁在最大高度和最低高度时的背角(掩护梁上平面与水平线的夹角)是影响支架纵向稳定的重要因素，背角过大，支架四连杆机构的纵向水平稳定性差；背角过小，掩护梁承载的面积加大，基本顶来压时，顶板对支架作用合力作用点后移，掩护梁承载时产生的水平分力增大，影响支架的稳定，所以必须合理控制掩护梁背角。当支架顶梁前方片帮冒顶时，出现冒落空洞，顶梁载荷平衡被破坏，易造成支架纵向失稳，出现不正常的几何位态。顶梁前端采用伸缩梁带二级护帮机构，有利于防止架前冒顶片帮而造成支架失稳。

支架合理的推进速度有利于支架的纵向稳定性。当出现较大面积悬顶时，应减缓推进速度，采取顶板处理措施，或者增加顶板下沉量利于顶板冒落，否则，一旦顶板垮落形成强烈冲击压力和水平冲击波，使支架纵向失稳，对于中等稳定或易冒落顶板，加快推进速度，避免超前切顶，减小掩护梁载荷，又有利于提高支架的纵向稳定性。

2. 刮板运输机下滑控制

由于大采高工作面采高大，煤层倾角大，走向起伏大，刮板运输机运量大(大于 3 500 t/h)，槽内宽度大(大于 1 000 mm)，在开采过程中，工作面刮板输送机受煤层倾角、采煤机割煤顺序和输送机推移顺序等因素影响出现上窜下滑现象，这也是制约工作面正常生产技术难题之一。

采用工作面调伪斜技术，可有效控制运输机稳定性。工作面沿伪仰斜布置，沿垂直于伪仰斜方向推进，即沿走向方向工作面下端头超前上端头一定距离(图 7-7)。这样布置一方面可以减小工作面倾角，另一方面多次推溜拉架后刮板输送机和支架可明显上窜，从而抵消刮板输送机与支架的下滑重量。

根据理论分析，有下式存在：

$$\Delta L \approx (R - \sqrt{R^2 - B^2}) \times 100$$

式中　ΔL——每推一次溜，刮板输送机的上窜量，cm；

R——每次推移刮板输送机长度，m；

B——推溜步距，一般等于采煤机截深，取 0.865 m。

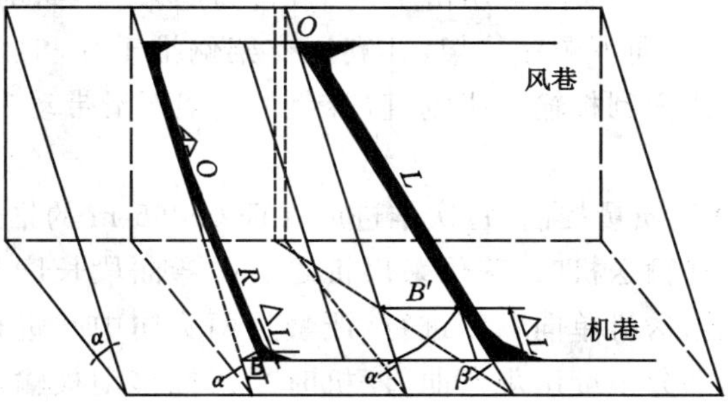

图 7-7　工作面调伪斜原理

由上式可以看出，ΔL 随 B 增大而增大(B 为 0.865 m)，见表 7-1。

表 7-1　　推溜长度与上窜量的关系

R/m	30	45	60	75	90	105	120	135	150
ΔL/m	1.25	0.83	0.62	0.50	0.42	0.36	0.31	0.28	0.25

因此，要合理确定刮板输送机下滑量与调伪斜的角度之间的关系，做到既要靠调伪斜使刮板输送机上窜，抵消下滑量，又要防止上窜量过大。由下而上分段

推溜拉架就可逐渐将工作面调成伪仰斜。调伪仰斜通过最下端架子的推移千斤顶步距及分段推溜长度控制。推溜距离与刮板输送机上窜量的关系可由进刀数来定。这样可根据预计上窜量在机巷帮上标出刮板输送机机头前移量。若刮板输送机及支架下滑量能够靠支架本身得以有效控制，那么刮板输送机上窜到一定程度就会造成机头与转载机搭接困难。若要将工作面调成伪俯斜，其难度要比调伪仰斜大。从上而下推溜移架，不利于支架的防倒防滑，因此，要十分谨慎地使架子顶梁成阶梯形由上而下移架，同样要在回风巷帮上标明机尾移动距离，同时要监测前移过程中刮板输送机的下窜量，以刮板输送机机头与转载机搭接合适为宜。

根据以上分析，除了控制采煤机牵引速度、牵引力和装机功率等，现场还采取了多种有效技术控制措施来控制刮板输送机的稳定性，在现场开采过程中，可以通过以下技术控制措施，控制刮板运输机下滑：

(1) 开采过程中，若出现刮板输送机上窜下滑现象，支架下滑带动工作面刮板输送机下滑，通过改变工作面推溜顺序与工作面调伪斜开采来达到控制目的。

(2) 刮板输送机上窜时，采用由上向下依次推移工作面刮板输送机。同时拉架顺序也可改为由上向下顺序拉架，并利用支架侧推千斤和底调千斤调整支架状态，使支架与工作面刮板输送机垂直，达到控制目的。

(3) 刮板输送机下滑时，采用由下向上依次推移工作面刮板输送机。同时拉架顺序也改为由上向下顺序拉架，并利用支架侧推千斤和底调千斤调整支架状态，使支架与工作面刮板输送机垂直，避免了支架下滑带动工作面刮板输送机下滑。

(4) 输送推移机质量控制，每次推进应保证 0.865 m 的推进度，并与煤壁平行成一直线；在推移输送机时，确保采煤机之后的弯曲段长度不小于 15 个支架的长度；推移刮板输送机单向顺序进行，严禁从两头向中间进行；除斜切进刀段平缓过渡外，其余部分不准出现弯曲；停机时严禁推移刮板输送机，以防卡死刮板输送机；确保刮板输送机的平整，不得出现局部起伏现象。

另外，工作面胶带输送机使用自移式机尾。当采煤机采 3 刀煤(2.6 m)后，开始移动胶带输送机机尾[95]。

3. 采煤机稳定性控制

羊场湾煤矿大采高工作面回采过程中，采煤机重心高，稳定性差；煤层倾角与走向起伏大，采煤机纵向稳定性差。因此，必须考虑采煤机的性能参数(采高、截深、最大牵引速度和最大牵引力等)以及在横向上要与支架和刮板运输机推移(距离与速度)保持最佳匹配。

(1) 采煤机性能参数

采煤机的采高应与煤层厚度变化范围相适应。在实际开采中，由于浮煤和顶板下沉的影响，工作面的实际高度会在开采过程中变小，为保证采煤机正常工作，采高应满足下列关系：

$$H_{\min} = (1.1 \sim 1.2)H_{\mathrm{tmin}}$$
$$H_{\max} = (0.9 \sim 0.95)H_{\mathrm{tmax}}$$

式中，$H_{\min}$、$H_{\max}$、H_{tmin}、H_{tmin}分别为采煤机和支架的最小与最大采高。

通过以上分析与计算，工作面最大采高确定为 6.0 m，滚筒直径 3 200 mm，过煤高度为 900 mm。考虑到煤层起伏和浮煤影响，要求采煤机有 400 mm 左右的卧底量。煤层一般含 1～3 层夹矸，集中于煤层下部，最大厚度达 1.42 m，岩性泥岩和粉砂岩。坚固性系数 4～5，综合分析计算，采煤机适应煤的单向抗压强度 30 MPa，适应夹矸的单向抗压强度 60～100 MPa，功率为 2 152 kW。

经对采煤机割煤及防下滑运行计算分析，采煤机最大牵引力为 1 104 kN，最大牵引速度 24.4 m/min。采煤机采用内外喷雾和架间喷雾。

(2) 纵向(倾向)稳定性分析

沿煤层倾斜方向，采煤机主要受牵引力作用和机身重力作用，如图 7-8 所示。

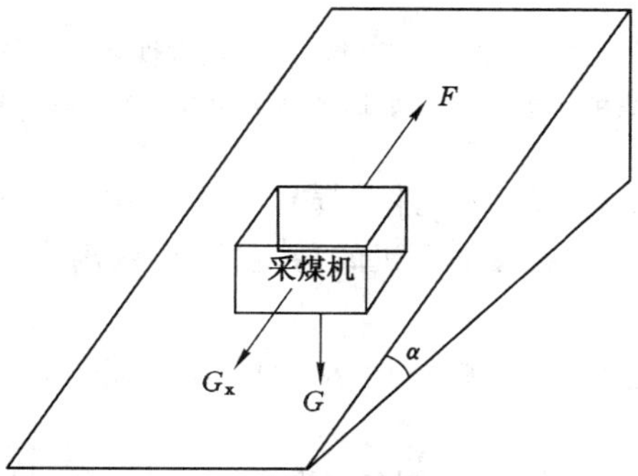

图 7-8　采煤机纵向受力状态

$$G_{x} = G\sin\alpha$$

式中　G——采煤机自重；

G_{x}——采煤机自重沿斜面方向的分力；

α——煤层倾角。

大采高工作面采煤机质量大(144 t)，重心高，与支架相比，采煤机顶部不受岩层和支架约束，煤层倾角大，其向下的分力也很大，纵向稳定性差。

(3) 横向稳定性分析

在横向推进上(煤层走向方向)，与支架相比，采煤机在沿采空区方向处于自由状态，如图 7-9 所示。

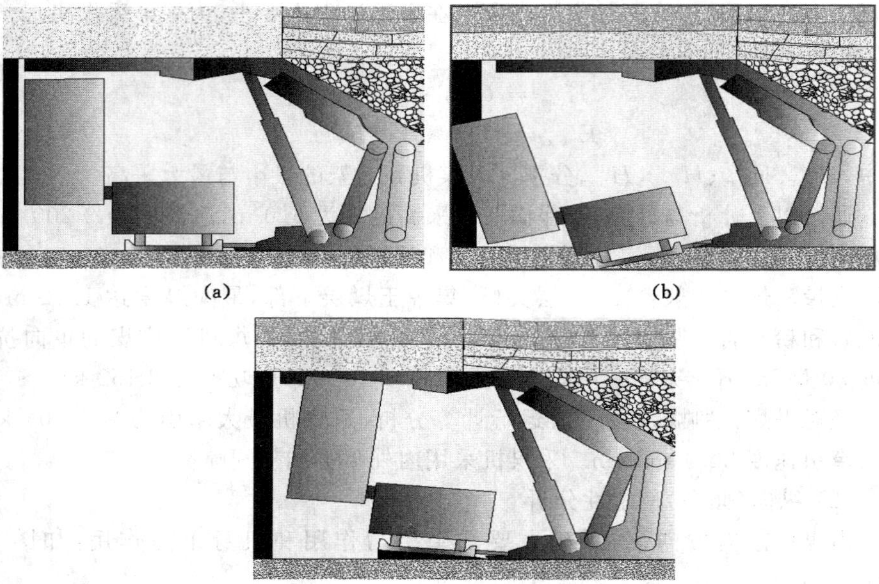

(a) (b) (c)

图 7-9 采煤机横向稳定性

(a) 采煤机正常运行状态;(b) 向煤壁倾斜;(c) 向采空区倾斜

在推进方向上,采煤机截割部件受煤壁的反作用力,采煤机机身较高,截割部件受力较大时会直接影响到采煤机的稳定性,在截割矸石与通过构造体时,这一问题就更加突出。

除此之外,回采过程中还要采用多种技术措施控制采煤机稳定性,主要包括:

① 沿煤层倾斜(纵向)方向,采煤机单向割煤有利于减小牵引阻力,有利于防止采煤机下滑,也有利于采煤机装煤。在正常割煤期间,保持牵引力均衡,使采煤机割煤时受到的反作用力不会有太大变化,从而保持机身的稳定性。

② 大采高工作面开采初期,为仰斜开采,为避免留顶煤过多,割底板,开采过程中需加强采场管理,严格控制开采层位。采煤机斜下方 15 m 至斜上方 5 m 范围内除采煤司机外其他人员不得在架前作业或逗留。推溜滞后采煤机后滚筒 15 个支架以上。

③ 开采过程中,顶板的破断岩石不能在原地停留,而是沿着工作面下滑,在工作面沿倾斜方向的采空区内形成不均匀充填带(工作面下部填实,中部填满,上部悬空),工作面沿倾斜方向围岩运动(顶板下沉与底板鼓起)和支承压力分布以工作面走向推进中轴线为界呈现典型的非对称特征;工作面底板围岩向已成空间的移动加剧,变形和破坏的可能性增大。在非控制状态下,一旦底板出现破

坏，就会产生（向下）滑移，而且破坏滑移区还会向上蔓延，造成底板的大范围失稳并引发工作面"顶板—支架—底板"系统失稳，导致围岩灾变；由于上覆岩层和自身重力分量的作用，工作面支架和设备下滑、倾倒的可能性急剧增加。在回采过程中，加强了控制措施，解决了这一难题。

④ 由于工作面沿走向经过两个向、背斜构造，工作面在开采过程中，沿走向进行仰、俯斜开采，最大仰、俯角±7°，因此在开采过程中，严格控制工作面采煤机卧底量与留底量，以保证正常生产。在工作面试生产时，由于设备磨合等原因，造成俯采过程中工作面采高越来越低，后加大起底幅度，又造成工作面刮板输送机推翻，无法正常运行。开采试验过程中，将工作面调成伪斜，一方面使支架及刮板输送机与工作面倾斜方向有一定夹角，防止刮板输送机和液压支架下滑，达到控制工作面刮板输送机的目的。另一方面增加工作面斜长，使工作面刮板输送机调整空间增大；当工作面刮板输送机下滑时，适当增大工作面伪斜即加快工作面机头进度或减小工作面机尾进度；当工作面刮板输送机上窜时，适当减小了工作面伪斜，加快工作面机尾进度，减小工作面机头进度。经过多次试验，工作面伪斜控制在4°～5°范围内，基本适应了现场安全开采。

⑤ 由于工作面端面距为765 mm，为了减少采煤机卧底时，工作面进行仰、俯斜开采时，最大卧底量控制在150 mm以下，最大留底量控制在100 mm以内。煤帮侧断面距过大，采煤机右滚筒割煤时向老塘侧摆动480 mm，保证了在留底时采煤机不割支架前梁。在卧底、留底过程中，每连续卧底或留底割煤3刀，进行平推2刀，保证支架平缓过渡，控制刮板输送机推翻或仰头。另外，一旦卧底量过大，利用支架辅助起吊，运输机铲煤板前垫木板等，减小卧底幅度。

⑥ 割透机头与机尾底板三角煤，保证巷道底板到工作面底板平缓过渡。大采高工作面采用沿顶留底的方法掘进，在工作面端部留下了较厚底煤，如图7-10所示。

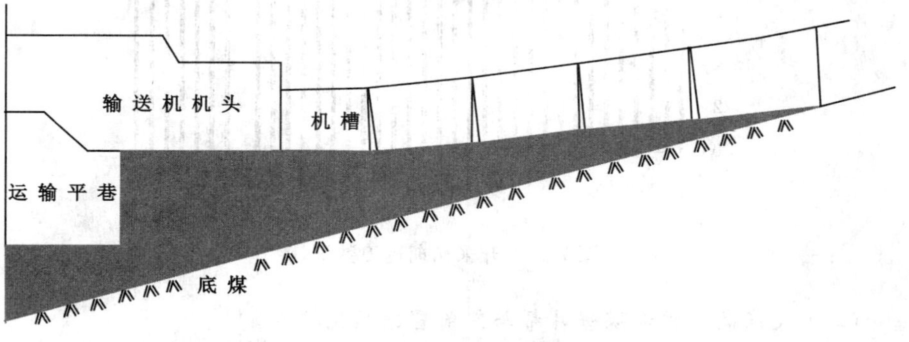

图7-10 端部底板三角留设描述

由于底板未割平(或推移输送机时),过多浮煤或矸石进入底槽,导致输送机出现倾斜、翻转、上窜下跳,影响到采煤机的稳定性。因此,采煤机下行割煤,右滚筒割顶煤,左滚筒割底煤,行至工作面刮板机头割通煤壁,将右滚筒降下割底煤,空刀上行清理浮煤,同时按从下向上的顺序滞后采煤机后滚筒 15 个支架从刮板输送机机头开始依次顺序推移刮板输送机。提前将刮板输送机机尾推向煤壁,采煤机上行至刮板机弯曲段斜切进刀,割透煤壁后,将刮板机剩余部分推向煤壁,后滚筒降下割底煤,右滚筒升起割顶煤。下行割煤时,采煤机滚筒通过螺旋叶片将煤装入工作面可弯曲刮板输送机内。上行空刀清理浮煤时,采煤机滚筒将下行割煤时未完全装净的煤装入刮板输送机内。

开采初期受操作人员对设备的操作和采场的仰斜开采经验等影响,制约了工作面正常回采速度,在开采第一周内(试验阶段),采煤机平均日进刀数在 7 刀左右,通过不断磨合,积累经验,优化管理,第二周工作面逐步调采到正规循环,平均日进刀数在 12 刀,工作面日进度 10.38 m,日产量 2.28 万 t。工作面正常回采期间,日进刀数在 12～15 刀,平均为 14 刀,工作面平均日进度 12.11 m,工作面平均日产原煤 2.66 万 t;最高日进刀数 18 刀,工作面最高日进度 15.57 m,最高日产原煤 3.7 万 t。

图 7-11 反映了开采初期进刀数统计情况[96]。

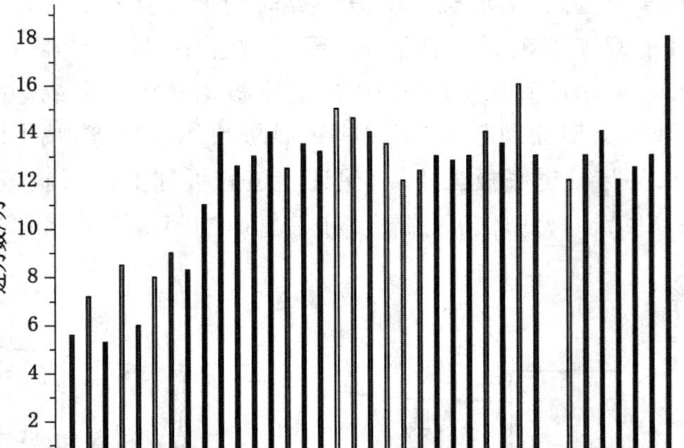

图 7-11　开采初期进刀数统计

(二) 大采高工作面煤壁片帮与架前冒顶控制技术

羊场湾煤矿二煤节理裂隙发育,硬度小,韧性大,煤壁侧压大,大采高开采过程中易片帮;煤层一般含 1～3 层夹矸,集中于煤层下部,最大厚度达 1.42 m,岩性以泥岩为主，粉砂岩次之，硬度系数 4～6。开采范围内煤层伪顶与直接顶为复合顶板，顶板以泥质胶结的粉、细砂岩为主，硬度系数一般为 2～4，均属中等稳定岩层。伪顶岩性为泥岩、碳质泥岩，厚度为 0.12～0.79 m，易冒顶。如前所述，羊场湾煤矿次大采高开采实践证明，当加大工作面的采高时，工作面顶板压力随之增大，煤壁前方支承应力(垂直应力)迅速增大，使煤体产生新的节理、裂隙，煤壁处于不稳定状态，加之基本顶的周期性断裂来压，煤壁会在节理裂隙最发育的地方首先破坏，从而加剧工作面煤壁片帮，如图 7-12 所示。从而对工作面作业人员造成伤害，降低开机率。

图 7-12　现场煤壁片帮现象描述

工作面发生片帮，增加了支架的端面距(765 mm)，加之顶板比较破碎，支架又不能及时支护，就容易引发工作面架前冒顶事故，影响正常安全生产。

片帮机理分析如下：工作面煤壁在采空区方向具有自由面，无约束存在，变形不受限制，当采高加大后，矿压显现剧烈，在超前压力作用下，煤体裂隙发育，易发生大面积片帮，大块煤增多，严重制约了采煤机生产能力的正常发挥。对于仰斜开采的煤壁，其顶板压力为 p，煤层倾角为 α，其片帮滑落面与顶板的夹角为 β，支架的护帮力为 W，护帮力与煤壁的夹角为 γ，片帮煤的受力分析模型如图 7-13所示。

片帮煤的质量形成的摩擦力为：$F_W = fW\sin(90° - \alpha - \beta)$

护帮力在滑面形成的摩擦力为：$F_p = fp\cos(90° - \alpha - \beta)$

护帮力在滑面形成的下滑力为：$T_p = p\sin(Y + \alpha + \beta)$

片帮煤不滑落的条件为：$T_W = F_W + T_p + F_p$

随着 α 的变化，片帮煤下滑力变化非常大，当仰斜 7°时，其下滑力减少了近一半。大采高开采工作面，为了减少工作面片帮，应采用俯斜截采。

三维数值计算与物理相似材料模拟试验的结果表明：采高越大，工作面开采后上覆岩层运动范围也越大。当采高大于 6 m 后，上覆岩层折断的厚度将超过

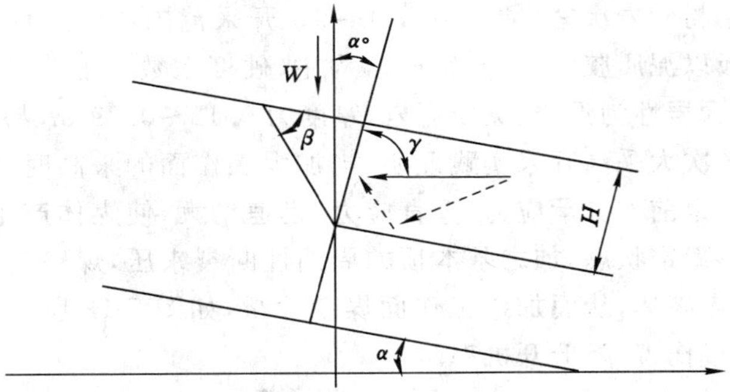

图 7-13　片帮煤受力结构模型

100 m，岩梁折断步距、折断岩梁运动的自由空间均较大，此时工作面支架将承受岩梁大规模运动引起的动载荷和较大的偏心载荷，从而影响到支架的稳定性，使支架、围岩关系恶化，同时由于设备进一步趋向大型化、复杂化，维护和管理难度进一步增加；设备机动性变差，对变化的工作面地质条件适应性低；推进度降低，顶板管理更加困难煤壁片帮加剧，工作面冒顶的机会增加。通过现场实测片帮深度（c）与采高（h）之间关系统计分析（表 7-2）可知，片帮深度随采高增大而增大。因此，在开采过程中应严格控制开采高度。

表 7-2　　片帮深度随采高的变化统计

h/m	4.5	5.0	6.0
c/mm	426	681	1 140
C 增长倍数	1.62	1.59	1.66

同时，数值计算与相似模拟结果表明：当水平力过大，使顶板岩块在回转过程中，接触处的应力超过了岩块在该处的强度；其次，顶板岩块间的剪切力超过了岩块间的摩擦力，使块间形成了错动。所以岩块间必须有一定的水平推力，否则块间就将导致滑落失稳。而此水平推力又不能太大，否则可能使岩块在接触处变形、破碎，最后导致岩块的变形失稳。形成此结构，岩块间必须具备的水平力：

$$T = LQ/2(h - s)$$

从岩块间的滑落失稳分析，则要求结构的平衡必须满足下列条件：

$$T\tan(\varphi - \theta) > R$$

式中　T——水平推力；

R——下位岩层对上位岩层的阻力及块间的剪切力；

Q——每一岩块的质量；

s——每一岩块的下沉量；

L——每一岩块的长度；

h——岩层厚度；

φ——岩块间的摩擦角；

θ——破断面与垂直面的夹角。

经过化简得：

$$L > 2(h-s)/\tan(\varphi-\theta)$$

当 $\theta=0°$ 且 $\tan\varphi=1$ 时，要求岩块的长度起码大于层厚的两倍，这样顶板才能稳定，不至于冒顶。分析表明：大采高工作面冒顶的原因是直接顶的长度小于层厚的两倍，岩层间的剪切力小于摩擦力而滑落失稳。

从岩体形成结构的观点分析，对于基本顶形成的大结构，直接顶对其起支撑作用。如回风巷的基本顶处于板的悬露状态，因而挠度较小，而直接顶则由于强度较弱，或由于岩层较薄，使直接顶的挠度有可能大于基本顶的挠度而形成离层，同时顶板中有明显的层理弱面，且主要压力方向来自顶板。故岩石破坏时基本上沿层理弱面离层、弯曲下沉而逐层折断。由于岩层靠两侧折断处留有残根，使每层的冒落跨度顺次向上递减，形成冒落。根据岩石力学与矿山压力分布角度分析，工作面在回采的过程中，前方的煤壁是一个压力升高区，此时巷道的煤壁周围为抗压、抗剪能力差的较软弱岩层或煤体，层面光滑、平直，造成巷道一侧沿层理面片帮。有时由于巷道顶角处剪应力超过岩石强度而造成巷帮出现剪切破裂，并向巷道中央产生侧向变形或剪切滑移，造成巷道帮部支撑强度劣化，进而诱致顶部产生下挫式破坏，最终演化为局部（大范围）冒顶。因此，为了防片帮与漏顶冒顶，设计过程中，支架侧护板应加宽，顶梁、掩护梁均装设可伸缩侧护，并分开控制，侧护装置调架能力宜大不宜小；为减小支架重量，尽可能考虑侧护单侧伸缩。在采煤机前有严重片帮与顶板大面积暴露，采用超前移架支护顶板。若遇顶板破碎时，带压移架或邻架操作，少降快拉，降架高度控制在不超过支架侧护板 2/3。在回采过程中，可采用以下控制技术解决片帮和漏冒顶问题[97-105]。

1. 煤壁大面积片帮控制

随着护帮力的增大，能够确保较大面积的片帮煤不会失去平衡而片帮下来。针对这种情况，现场开采过程中，利用支架伸缩前探梁及两级护帮装置，控制煤壁大面积片帮。加强工作面工程质量管理，确保工作面煤壁和支架都保持直线，防止压力局部集中造成工作面局部片帮、冒顶。根据煤壁节理发育情况，开采时及时调整伪斜开采，尽量地避开滑落面与工作面平行，防止造成大面积片帮、冒顶。割煤时，超前 2 架收回护帮板，减少了片帮面积。同时，滞后采煤机右滚筒 4 架，及时进行移架作业，打出伸缩梁保证顶梁接顶严实，并将支架一级护帮板及时打出，以防片帮，二级护帮滞后采煤机左滚筒3架打出[102]。

2. 工作面顶板控制

通常大采高工作面采煤机截深都比较大，割煤后、移架前，支架的端面距将增加到1 630 mm，这一部分没有得到支护的顶板易于产生冒顶，特别是当采高比较大时，将威胁工人的人身安全及机器的正常运转，因此，为了有效地支护这部分裸露的顶板，应尽可能地将支架向前移动，使支架的顶梁对这部分顶板起到及时支护作用。实践表明：端面距大小对空顶处顶板冒落有很大影响，破碎顶板，端面距过大使顶板难以控制。据统计，在顶板条件较差时，顶板冒落有60%的情况发生在端面之间区段内，40%发生在支架前移过程中。端面距过小时，由于在运输机向采空区方向倾斜、底板沿走向方向上有下凹或运输机推移不足，采煤机的上滚筒和顶梁之间的距离就会减少，很容易产生采煤机滚筒割顶梁的事故[103]。

3. 架前冒顶控制

由于该工作面端面距为765 mm，支架伸缩前探梁及一、二级护帮防护装置有效防止了架前冒顶现象的发生，但遇到大面积纵深片帮时，易发生架前冒顶，因此将工作面架前冒顶控制放在首位，并采取超前预防措施。及时移架控顶，支架升平升紧，顶梁接顶严密。严禁空顶作业。风、机两巷端头顶板维护时，支设支柱必须严格按照先支后回的原则进行，严禁提前摘掉支柱。碰倒或损坏、失效的支柱必须立即恢复、更换。必须及时检修支架，及时处理卸压支架。

在顶板破碎区，减少支架的降架高度，严格执行带压移架、超前移架的方法。距离采煤机右滚筒1架及时收回护帮板，采煤机割过煤壁后，距离右滚筒2架及时追机移架，并及时控制顶板。片帮与冒顶是相互作用、相互影响的，在遇到架前冒顶严重时，降低了采煤机的速度，减小对顶板采动的影响，并及时移架支护。

加强工作面矿压观测与预测预报，在工作面初次来压和周期来压时，确保工作面控顶范围。工作面煤壁和支架保持直线，防止压力集中。及时调整支架间距，保证架间距均匀，合理降低采高，预防了片帮，进而控制了冒顶。开采期间，出现了高度800 mm左右冒顶，在支架顶梁上用2.0 m板梁将顶背实，然后将支架顶梁升起。同时，制定了冒落高度超过800 mm时，采用架设托钩棚子与支设木垛防止冒顶的技术措施[104,105]。

为了确保大采高支架梁端处顶板的稳定，顶梁侧护板较长，对顶板的防漏矸性能好。伸缩梁行程与采煤机截深保持一致，伸缩梁沿向上4°倾斜伸出，割煤后及时伸出支护顶板，实现了护帮固顶。

（三）大采高综采工作面超前及端头支护技术

1. 超前支护技术

上巷自工作面煤壁向外50 m范围，下巷自工作面煤壁向外20 m范围内进行超前支护。超前支柱初撑力不低于 50 kN。支柱支在实底上，支柱钻底量超过 100 mm 时必须穿底鞋。所有超前支柱用 8# 铅丝不少于 2 股与顶网捆绑牢固，迎山角保持 2°～3°，且支柱支设成一条直线。

在回风巷内沿走向距工作面煤壁向前 50 m 范围内用 3.2 m 的 Ⅱ 型钢梁架设“一梁三柱”维护顶板，排距为 1.0 m，柱距为 1.5 m；其中靠近回风巷上帮的单体支柱距上帮 0.35 m；靠近回风巷下帮的支柱距下帮 0.35 m；当 173# 支架上侧护与回风巷上帮之间的距离超过 1 m 时，在回风巷切顶线处至少打 4 颗戴帽点柱支护顶板，柱距不大于 0.3 m，其中每两颗立柱中间设 1 颗戗柱。若由于工作面刮板输送机的上窜下滑等情况造成支架的上窜下滑，使 173# 支架上侧护与回风巷上帮之间距离加大或减小时，按柱距 0.3 m 增加或减少支柱，但支柱至少不得少于 2 颗。并在切顶线增设 2 颗戗柱，戗柱角度为 80°～85°，柱距为 0.3 m。上端头支架侧护帮板距回风巷上帮 2.5 m 时，需增装 1 台液压支架。此时在回风巷切顶线处至少打 4 颗戴帽点柱支护顶板，柱距不大于 0.3 m。

在上运输巷内沿走向自工作面煤壁向前 20 m 范围内支设 3 排戴帽点柱，巷道上帮戴帽点柱的柱距为 3.0 m，距离巷道上帮 0.3 m；下帮两排戴帽点柱的柱距均为 1.0 m，排距不大于 1.0 m，其中靠近上运输巷下帮的单体支柱距上运输巷下帮 0.5 m，靠近转载机侧单体支柱距转载机侧 0.2 m，在上运输巷切顶线处戴帽点柱支护顶板，柱距不大于 0.3 m，其中每两颗立柱中间设 1 颗戗柱。若由于工作面刮板输送机下滑等情况造成支架下滑，使上运输巷下帮与 1# 端头架下侧护之间的距离小于 0.6 m 时，自破碎机至支架处上运输巷下帮的单体支柱可不支设[106]。

2. 端头支护技术

工作面上、下端头由端头支架支护顶板。端头支架的技术参数见表 7-3[107]。

表 7-3　　端头支架技术参数

型号	ZYT10000/26/55D	支护强度/MPa	0.84～0.86
支架宽度/m	1.65～1.85	顶梁长度/mm	5 410
工作阻力/kN	10000	底板比压/MPa	1.9～2.18
初撑力/kN	7912	推溜力/kN	504
工作高度/m	2.6～5.5	拉架力/kN	989
支护面积/m²	11.8	支架中心距/m	1.75
支架质量/t	39	移架步距/mm	865
运输尺寸/mm	8 940×1 650×2 600		

第二节 复杂条件下千万吨级工作面成套装备国产化技术

宁东矿区煤层厚度变化大(从中厚、厚煤层到特厚煤层)、倾角变化大(从近水平、缓倾斜到倾斜),且沿走向起伏多变。厚～特厚煤层的典型工作面条件见表7-4。因此,根据不同煤层地质条件将成套设备国产化、系列化,才能有效提高资源的回收率,降低投资成本,以指导矿区后续开发的设备选型。千万吨级大采高工作面成套装备的系列化技术首先以羊场湾煤矿大采高工作面煤层的赋存条件为基础展开研究。该大采高工作面成套装备的国产化为宁东矿区大采高工作面综采成套设备系列化奠定了基础。

表7-4　宁东矿区厚～特厚煤层特征

工作面名称	煤层厚度(平均)/m	煤层倾角(平均)/(°)
枣泉煤矿12108工作面	3.6～4.5(4)	32～40(37)
梅花井煤矿116101工作面	3.0～5.8(4.3)	13～25(19)
清水营煤矿110202工作面	4.5～5.7(5.25)	22～27(24.5)
羊场湾煤矿120201工作面	4.44～8.31(6.9)	15～20(18)

大采高综采装备的国产化研制瞄准国内外高端设备的发展方向:装备大型化、重型化、自动化、配套化;装备技术性能成熟,安全可靠性高。基于上述思路,首先进行了6.2 m大采高千万吨级工作面成套装备的配套,在此基础上,形成千万吨级大采高工作面成套装备的系列化。

一、千万吨级大采高装备国产化配套技术

图7-14描述了我国第一台年产1 000万t综采超重型成套装备在羊场湾煤矿大采高工作面联合试运转情况。

该装备是由神华宁夏煤业集团主持设计与监造,联合天地科技上海分公司、郑州煤矿机械集团有限责任公司、中煤北京煤矿机械有限责任公司、平顶山平煤机械装备有限公司和宁夏天地奔牛实业集团有限公司共同研制。配套的SGZ1250/3×855刮板输送机、SZZ1300/525刮板转载机在槽宽、输送能力、设计长度、装机功率四项技术指标及技术先进性在国内同行业中处于领先地位,PLM4500轮式破碎机、DY1600胶带机自移机尾属于国内同类型最大规格的转载和自移装备。这套装备的成功研制使成套装备在6.0 m及以上厚煤层一次采全高工作面开采中能够达到年产1 000万t

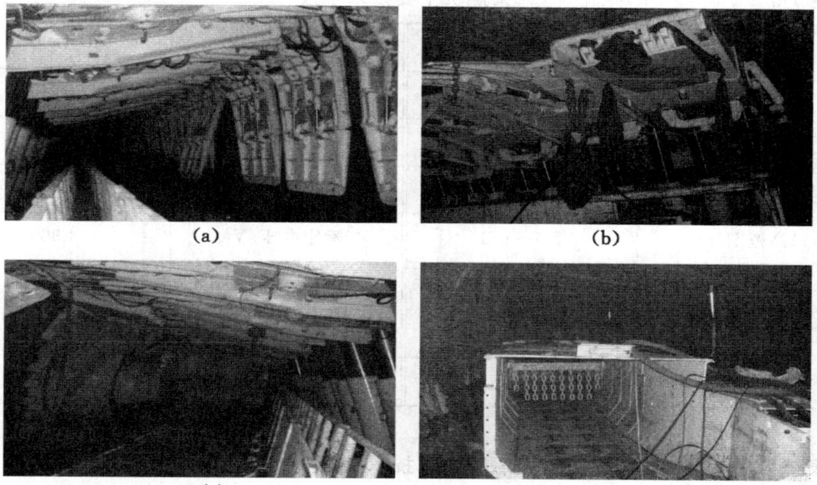

图 7-14　大采高 1 000 万 t/a 国产化配套装备
(a) 液压支架;(b) 端头支架;(c) 采煤机与刮板输送机;(d) 破碎机

的生产能力,工作面主要技术经济指标达到或接近国际同类装备的先进水平,填补了我国煤炭高产高效工作面输送装备、平巷转载、破碎、自移装备的空白,使我国高产高效综采工作面的设计和制造技术跃上了一个新的台阶,为我国大倾角复杂特厚煤层大采高综采装备制造业在高端产品领域的国产化进程起到关键的推动作用。

千万吨级 6.2 m 大采高工作面典型成套设备见表 7-5～表 7-10。

表 7-5　支架技术参数

型号	ZY10000/28/62D	支护强度/MPa	1.03～1.06
支架宽度/m	1.65～1.85	顶梁长度/mm	4430
工作阻力/kN	10 000	推溜力/kN	504
初撑力/kN	7 912	拉架力/kN	989
工作高度/m	2.8～6.2	底板比压/MPa	1.90～2.18
支护面积/m^2	9.5	支架中心距/m	1.75
支架质量/t	41.0	移架步距/mm	865
运输尺寸/mm	8 230×1 650×2 800		

表 7-6　　　　采煤机主要技术参数

型号	MG900/2215-GWD	质量/t	144
生产厂家	天地科技公司	截深/mm	0.865
适合倾角/(°)	<30	使用年限(Mt)/a	≥20
装机功率/kW	2 215	大修周期(Mt)/a	6
采高范围/m	2.7～6.1	额定电压/V	3 300
最大生产能力/(t/h)	4 000	最大牵引速度/(m/min)	24.4
最大牵引力/kN	1 104	冷却方式	内外喷雾
冷却水压/MPa	10	冷却水量/(L/min)	400

表 7-7　　　　刮板输送机技术指标参数

型号	SGZ1250/2565	生产厂家	宁夏天地奔牛实业集团有限公司
运输能力/(t/h)	≥3 600	铺设长度/m	320
总装机功率/kW	2 565	使用年限(MT)/a	14
卸载高度/mm	1 600	额定电压/V	3 300

表 7-8　　　　破碎机技术指标参数

型号	PLM4500	生产厂家	宁夏天地奔牛实业集团有限公司
破碎能力/(t/h)	4 500	总装机功率/kW	525/263
额定电压/V	3 300	驱动装置布置方式	平行传动装置

表 7-9　　　　转载机技术指标参数

型号	SZZ1350/525	生产厂家	宁夏天地奔牛实业集团有限公司
铺设长度/m	31	中部槽内宽/mm	1 350
总装机功率/kW	522	额定电压/V	3 300
破碎能力/(t/h)	≥4 000	刮板链速/(m/s)	2.12
爬坡角度/(°)	10	使用年限(MT)/a	14
爬坡高度/m	1.4	驱动装置布置方式	平行传动装置

表 7-10　　　　　　　胶带自移机尾技术指标参数

型号	DY1600	生产厂家	宁夏天地奔牛实业集团有限公司	工作压力/MPa	20
额定推力/kN	402	最大调高力/kN	484	整机质量/t	28
最大自移力/kN	633	横向校直力/kN	157	调高行程/m	0.28
自移行程/m	3.1	调高力/kN	307	流量/(L/min)	430
横向校直力/kN	247	校直行程/m	±0.125	泵压/MPa	31.5

上述配套装备在羊场湾煤矿进行了成功实施，并取得了良好的技术经济效果，2006 年，最高日产 3.7 万 t，月产 87 万 t；2009 年，使用该套设备的综采队年产 1 047.51 万 t，直接工效达到 252.5 t/工，成为宁东煤炭基地首个千万吨工作面和千万吨采煤队；2010 年，最高月产达到 107 万 t；形成了千万吨级复杂条件 6.2 m 大采高大倾角工作面全套设备国产化，处于世界领先水平，属于目前世界范围内大倾角煤层大采高井工开采首例。

二、千万吨级大采高配套装备性能提升技术

(1) 液压支架：针对宁东煤炭基地采煤工作面倾角大、顶板压力大、顶底板破碎松软，新设备配套中要求支架必须设有防倒防滑装置，加强侧护板推力及强度，顶梁采用伸缩梁加护帮板结构形式；特制 45°大倾角工作面液压支架，从支架宽度、防倒、防滑、防挡矸等方面提升支架性能，端头支架采用后置式与煤壁平齐布置结构形式，顶梁采用伸缩梁加一级或二级护帮板结构形式；针对宁东矿区大采高大倾角煤层地质条件，对液压支架配置了二倾角传感器、三倾角传感器等装置，防止支架横向倾倒，同时能防止支架整组拉移时过升或过降，提高电液控制系统智能化的可靠性。

(2) 刮板输送机：探索应用了液力传动技术中双腔阀控调速型液力耦合器的闭式及开式系统；端卸 2×855 kW 功率传动装置上应用了双速电动机、端卸 2×1 000 kW 功率传动装置上应用了电软启等启动方式，有效解决了刮板输送机电机与减速器液力或摩擦连接传动故障率高、效率低的问题。

(3) 采煤机：推广综采乳化液用水过滤器，完善乳化液自动配液装置等。

从现场工业性试验与开采情况来看，1 000 万 t/a 成套装备的重型化技术在宁东矿区的成功应用，满足了现场安全生产需要，促进了成套装备(系统)的稳定性与可靠性，保障了大采高工作面安全高产高效开采。这也符合当前国际领域高端煤机等设备技术发展方向。特别是羊场湾煤矿 6.2 m 大采高工作面装备了全球范围内大倾角特厚煤层大采高开采领域第一套 1 000 万 t/a 国产化成套装备，也是目前国内复杂赋存条件下 6.0 m 以上特厚煤层大采高成套装备国产化的典型代表之一。在羊场湾煤矿千万吨级 6.2 m 大采高大倾角工作面成功配套的基础上，宁东煤炭基地进行了 4.5 m、5.0 m、5.5 m、6.2 m 千万吨级大采高工作面成套国产化装备的系列化，见表 7-11。

表 7-11　宁东矿区千万吨级大采高工作面成套装备系列化

<table>
<tr><th rowspan="2">编号</th><th colspan="4">工作面“三机”配套</th></tr>
<tr><th>名称</th><th>液压支架</th><th>采煤机</th><th>刮板输送机</th></tr>
<tr><td rowspan="2">1</td><td>型号</td><td>ZY7800/22/45</td><td>MG650/1630-WD</td><td>SGZ1000/2×855</td></tr>
<tr><td>厂家</td><td>郑州煤矿机械集团有限责任公司</td><td>西安煤矿机械有限公司</td><td>宁夏天地奔牛实业集团有限公司</td></tr>
<tr><td rowspan="2">2</td><td>型号</td><td>ZY7000/19/50D</td><td>MG650/1630-WD</td><td>SGZ1000/2×855</td></tr>
<tr><td>厂家</td><td>郑州煤矿机械集团有限责任公司</td><td>西安煤矿机械有限公司</td><td>宁夏天地奔牛实业集团有限公司</td></tr>
<tr><td rowspan="2">3</td><td>型号</td><td>ZY10000/25/55D</td><td>MG900/2245-GWD</td><td>SGZ1250/3×855</td></tr>
<tr><td>厂家</td><td>中煤北京煤矿机械有限责任公司</td><td>天地科技上海分公司</td><td>宁夏天地奔牛实业集团有限公司</td></tr>
<tr><td rowspan="2">4</td><td>型号</td><td>ZY10000/28/62D</td><td>MG900/2215-GWD</td><td>SGZ1250/2565</td></tr>
<tr><td>厂家</td><td>郑州煤矿机械集团有限责任公司、平顶山平煤机械装备有限公司和中煤北京煤矿机械有限责任公司</td><td>天地科技上海分公司</td><td>宁夏天地奔牛实业集团有限公司</td></tr>
</table>

4.5 m、5.0 m、5.5 m 大采高成套装备的具体情况见表 7-12～表 7-14。

表 7-12　4.5 m 大采高典型成套设备

<table>
<tr><th>序号</th><th>设备名称</th><th>规格型号</th></tr>
<tr><td>1</td><td>采煤机</td><td>MG650/1710-WD</td></tr>
<tr><td rowspan="4">2</td><td rowspan="4">液压支架</td><td>ZY7800/22/45</td></tr>
<tr><td>ZY7800/22/45 A</td></tr>
<tr><td>ZYG7800/22/45B</td></tr>
<tr><td>ZYT7800/22/45</td></tr>
<tr><td>3</td><td>刮板输送机</td><td>SGZ1000/2×855</td></tr>
<tr><td>4</td><td>刮板转载机</td><td>SZZ1200/525</td></tr>
<tr><td>5</td><td>破碎机</td><td>PLM3500</td></tr>
<tr><td>6</td><td>自移式机尾</td><td>DY1200</td></tr>
<tr><td>7</td><td>胶带输送机</td><td>DSJ120/220/3×400</td></tr>
<tr><td>8</td><td>乳化泵</td><td>BRW400/31.5×4A</td></tr>
<tr><td>9</td><td>喷雾泵站</td><td>BPW315/12.5</td></tr>
</table>

表 7-13　　**5.0 m 大采高典型成套设备**

序号	设备名称	设备型号
1	二柱双伸缩掩护式中间架	ZY7000/19/50D
	二柱双伸缩掩护式过渡架	ZYG7000/21/42A
	二柱双伸缩掩护式过渡架	ZYG7000/21/42B
	二柱双伸缩掩护式端头架	ZYT7000/22/45D
2	电牵引双滚筒采煤机	MG650/1630-WD
3	刮板输送机	SGZ1000/2×855
4	刮板转载机	SZZ1200/525
	自移机尾	MY800
5	破碎机	PLM 3500
	马蒂尔自移机尾	DY1200
6	组合开关	KJZ3-1200/3300-6
7	移动变电站	KJZ3-1500/3300-9
		KBSGZY-2000/10/3.4
		KBSGZY-2000/10/1.2
		KBSGZY-500/10/1.2(0.69)
8	工作面通信系统	KTC101
9	乳化液泵站	BRW400/31.5
10	喷雾泵站	BPW315/6.3K
11	胶带输送机	DSJ120/180/3×450
12	电缆拖挂单轨吊	

表 7-14　　**5.5 m 大采高典型成套设备**

序号	名称	型号
1	采煤机	MG900/2300-WD
2	刮板输送机	SGZ1250/2565
3	刮板转载机	SZZ1350/525
4	破碎机	PLM4500
5	基本支架	ZY10000/25/55D
6	过渡支架	ZYG10000-25/55D
7	排头支架	ZYP10000-25/55D
8	端头支架	ZYT10000/22/45D
9	带式输送机	SJJ1400/3×630
10	乳化液泵	BRW400/37X4A
11	喷雾泵	BPW500/16

第三节 复杂条件下千万吨级工作面开采工艺

宁东矿区煤层属于特厚煤层，储量丰富，煤层赋存复杂，倾角大，走向起伏大；煤体硬度 1～2，韧性指标高(9～11)，冒放性差。开采实践表明，不管采用分层综采、次大采高开采，还是采用综放开采工艺，实现高产高效开采难度很大。表 7-15 和表 7-16 是几种不同开采工艺的对比分析。

表 7-15 分层开采工艺对比分析

序号	开采方案 /m	工作面数 /个	走向长 /km	平巷数 /条	掘进总长 /km	成巷标准 /(元/m)	成巷总费用 /(千万元)
1	分层开采	2	2	4	8	4 000	3.2
2	大采高	1	2	2	4	4 000	1.6

表 7-16 大采高综采与综放工艺综合对比

序号	指标参数	羊场湾煤矿 大采高综采工作面	羊场湾技改井 C122 综放工作面
1	回采率/%	95.24	75
2	实际产量/万 t	349.2	270
3	销售收入/万元	72 634	56 160
4	巷道掘进率/(m/万 t)	11.93	34
5	巷道掘进成本/(元/m)	4 000	4 500
6	巷道掘进总量/m	4 300	9 500
7	巷道掘进总成本/万元	2 494	4 275
8	人员定编/人	144	182
9	最高月产量/万 t	86	28
10	工效/(t/工)	200 以上	70

要在羊场湾煤矿二煤实现高产高效开采，工作面年产达到 1 000 万 t，大采高综采工艺是唯一的选择。大采高综采一次采全厚采煤工艺的优势主要体现在以下几个方面：

(1) 大采高一次采全高综采工艺能大幅度地提高单产且巷道掘进量少，与综放和分层综采相比，回采工艺相对简单，可有效改善作业环境，减轻劳动强度，就羊场湾煤矿大采高工作面而言，正常月平均产量 80 万 t，工效能提高到 200 t/工以上，有利于实现矿井高产高效。

(2) 大采高一次采全高综采工艺能保证煤炭质量，降低吨煤成本，为矿井提质、降耗、增效探索出一条新路子，增强矿井的市场竞争力。

(3) 大采高工作面采高 6.0 m，与综放开采和次大采高相比，减少开采损失煤量，与分层开采相比，减少护巷煤柱损失，大大提高了资源回收率，符合国家资源政策。

(4) 由于大采高工作面一次采全高开采，工作面空间大(6.2 m)，工作面和采空区顶板运动变形空间大，部分原来的基本顶变为直接顶，随支架及时垮落，垮落顶板的垫层加厚，加之二煤层上方的一煤层底板有含水层，破断后对二煤层顶板具有弱化效应，使动载系数减小，无冲击性。

(5) 通过羊场湾煤矿已建成的 2 个次大采高工作面(采高 3.8～4.3 m)的矿压监测结果表明，基本顶来压明显，但不强烈。支架工作阻力为双正态叠加，且来压峰值较低，与次大采高综采相比，相当于二、三级来压强烈的顶板，工作面实际来压不强烈。这是因为基本顶岩层的破断步距不因采高的增大而变化，下位顶板及时垮落，矸石垫层加厚而造成来压减弱。

(6) 大采高综采工作面巷道断面增大(约 20 m^2)，增加了工作面风量，有利于工作面有害气体稀释，提高工作面安全性。

一、大倾角大起伏大采高千万吨级工作面开采条件

图 7-15 反映了大采高工作面采场布局。表 7-17 全面描述了羊场湾煤矿大采高工作面的基本情况和二煤地质赋存特征。

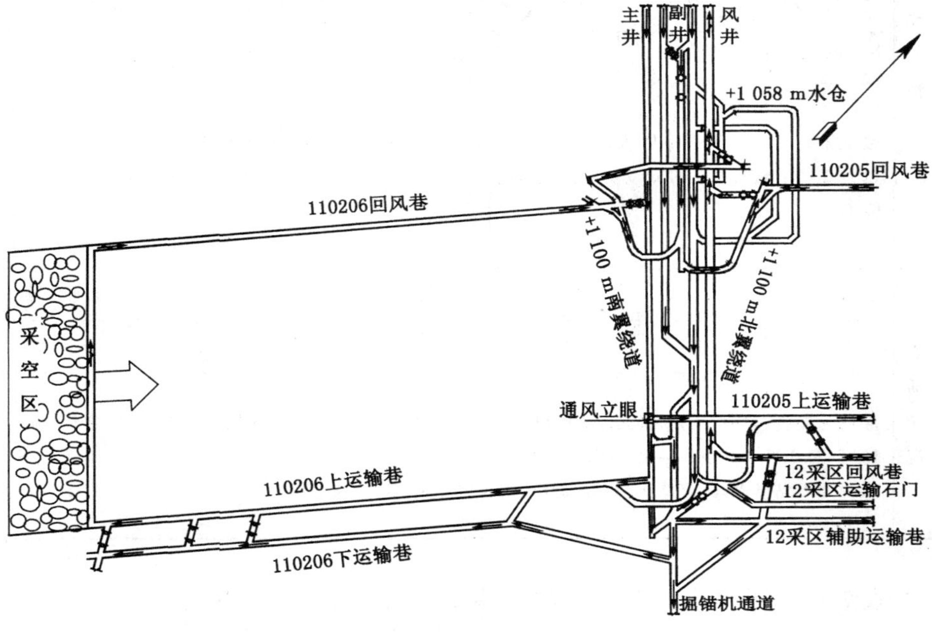

图 7-15　大采高工作面采场布局情况

表 7-17　　　　羊场湾煤矿大采高工作面基本情况

<table>
<tr><td colspan="2">煤层名称</td><td>二煤层</td><td>水平名称</td><td>一水平</td><td>采区名称</td><td colspan="2">11 采区</td></tr>
<tr><td colspan="2">工作面名称</td><td>大采高工作面</td><td>地面标高/m</td><td>1 390.8</td><td>工作面标高/m</td><td colspan="2">1 060.3～1 025.5</td></tr>
<tr><td rowspan="3">概况</td><td>地面位置</td><td colspan="6">地面投影位置:工作面位于羊场湾井田的南翼,工作面回风巷位于风井井口的南东侧1 300 m,运输巷与回风巷平行,位于风井井口的南东侧 1 610 m;工作面切眼上口位于 56 勘探线以北 30 m,切眼下口位于 56 勘探线以北 64 m。设计停采线位于 54 勘探线以北 450 m</td></tr>
<tr><td>井下位置与相邻采掘关系状况</td><td colspan="6">工作面井下位于风井筒以南 130～2 142 m。南侧接近火烧坡背斜构造区,上方(西侧)与 Y110204 采空区以 24 m 安全煤柱相邻,下方(东侧)与 12 采区泄水巷以 33 m 安全煤柱距离平行比邻,北以羊场湾煤矿主井保护煤柱线为界。目前,其上方的 Y110204 工作面已回采完毕,其下方的 12 采区泄水巷、Y120201 回风巷正在施工中,回采后,该工作面采动压力和采空区泄水对其下方的 12 采区泄水巷有影响</td></tr>
<tr><td>回采对地面设施影响</td><td colspan="6">与工作面相对应的地面区域为戈壁沙滩,其上无任何设施</td></tr>
<tr><td rowspan="3">煤层情况</td><td>走向长/m</td><td>2 000</td><td>倾斜长/m</td><td>300</td><td>面积/m^2</td><td colspan="2">589 974</td></tr>
<tr><td>煤厚/m</td><td>6.3</td><td>煤层倾角/(°)</td><td>10～30,平均 22</td><td>走向起伏/(°)</td><td colspan="2">8～12</td></tr>
<tr><td colspan="7">硬度系数 f=1～2,韧性指标 9～10;煤层沿走向厚度起伏不定,工作面的南部煤层厚度大于北部。煤层沿倾向方向的节理较发育,节理方向北东 40°～80°,与工作面走向方向的夹角在 30°左右</td></tr>
<tr><td rowspan="3">煤质情况</td><td>M_t/%</td><td>A_{rad}</td><td>V_r</td><td>Q_{ad}/(kJ/kg)</td><td>S_t/%</td><td>P/%</td><td>工业牌号</td></tr>
<tr><td>20.50</td><td>8</td><td>32</td><td>21.85</td><td>0.60</td><td>0.05</td><td>不黏煤</td></tr>
<tr><td colspan="7">颜色为黑色、丝绢～弱沥青光泽、块状断口、线理状结构、层状构造、内生裂隙不发育、含黄铁矿薄膜、宏观煤岩类型为半暗～暗淡型煤。
煤种为不黏结煤,具有低灰、低硫、低磷、较高发热量、高化学活性特点</td></tr>
</table>

表 7-18 全面描述了羊场湾煤矿大采高工作面围岩赋存状况与特征。

表 7-18　　大采高工作面围岩赋存状况

	顶底板名称	岩石名称	厚度/m	岩性特征
顶底板赋存特征	基本顶	细砂岩	$\frac{14.24\sim11.37}{12.80}$	灰白色,厚层状,泥质胶结,较坚硬。遇水易变软
	直接顶	粉砂岩	$\frac{2.91\sim0.78}{1.84}$	灰白色,成分以石英为主,硅质胶结
	伪顶	泥岩	$\frac{0.37\sim0}{0.30}$	灰黑色,薄层状,层理发育,易脱落
	直接底	泥岩	$\frac{1.62\sim1.37}{1.54}$	灰色,致密,泥质含量高
	基本底	粉砂岩	$\frac{5.86\sim3.87}{4.99}$	灰白色,成分以石英为主,硅质胶结
裂隙	组数	不确定	各组方向	以走向裂隙为主,与工作面开采方向的夹角 30°～50°
	发育情况	较发育		
地质构造情况	从大采高工作面回风巷、上运输巷和工作面切眼施工过程看,受火烧坡背斜构造的影响,在工作面的南部区域范围内小褶曲较发育。煤层沿走向及倾向均存在波浪起伏变化。煤层顶板岩石较破碎,受采掘影响,节理易变成裂隙,造成煤层易片帮、顶板易冒落			

二、大倾角大采高千万吨级工作面开采参数确定

1. 采高确定

采高确定主要考虑地质条件适应性、工作面覆岩稳定性、经济因素及管理因素。综合对比分析,6.0 m 的采高更适应羊场湾煤矿的地质赋存条件,在安全稳定性的前提下,6.0 m 的采高较稳定;在经济方面,6.0 m 采高所选择的支架更经济合理;在现场施工和管理中,6.0 m 采高对初次使用 6.0 m 及以上大采高的羊场湾煤矿符合现阶段生产技术状况,对职工素质也是一个锻炼过程,为以后继续提高开采高度与推广应用奠定人员技术基础。总之,6.0 m 采高适合羊场湾煤矿大采高工作面回采所要求的各方面的条件。

2. 采煤机截深确定

采煤机的合理截深是保障大采高工作面高产高效开采重要参数之一。在确定过程中充分考虑工作面煤壁压缩带侧压大和暴露面单位能耗低的特点,二煤层硬度系数为 1～2,截深一般在 0.6～1.0 之间,工作面年产达到 800 万～1 000 万 t 的目标,并且依据以上选取采煤机截深的原则,按照最低 800 万 t 的要求,通过下式来确定一个合理的采煤机截深:

$$Q = 60 \times s \times M \times v_C \times \rho$$

$$s = \frac{1\ 170}{60 \times 6 \times 3 \times 1.37} = 0.79\ (\mathrm{m})$$

式中 Q——单位时间滚筒落煤量(按照年产 800 万 t,Q=1 170 t/h);

M——采高,m;

s——截深,m;

v_C——采煤机截煤时实际牵引速度(取 3 m/min);

ρ——煤的密度[108]。

考虑到与截深相关联的工作面长度参数受地质因素影响较大,为保证总产量目标的实现,将 0.79 m 截深可选为 0.9 m,则工作面的生产能力为:

循环产量:

$$Q_1 = L \times H \times S \times \gamma \times C = 300 \times 6.0 \times 0.9 \times 1.37 \times 93\% = 2\ 064\ (\mathrm{t})$$

式中 L——工作面斜长,m;

H——工作面采高,m;

S——循环进度,m;

γ——煤的容重,t/m^3;

C——工作面回采率(取 93%)。

日产量:$Q_2 = 12Q_1 = 12 \times 2\ 064 = 24\ 769(\mathrm{t})$

月产量:$Q_3 = 30 \times Q_2 = 30 \times 24\ 769 = 743\ 058(\mathrm{t})$

年产量:$Q_{总} = 743\ 058 \times 12 = 8\ 916\ 696(\mathrm{t}) = 892$ 万 t

可见截深和工作面尺寸的选择能够满足工作面生产能力需要。

实际日产量 29 865 t,月工作日按 25 d 计算,实际月产量 895 950 t,年产量 10 751 400 t。实际回采率为 95.24%,采区回收率为 86.93%。

3. 工作面倾斜长度

在充分考虑现有地质条件前提下,通过建立大采高工作面长度优化力学模型,对影响羊场湾煤矿大采高工作面长度的设备、经济、产量、覆岩稳定性和支护控制等因素以及工程类比研究结果表明:羊场湾煤矿二煤层大采高工作面在采高 6.0 m,工作面长度为 300 m 时,是最为经济合理的。

4. 三机配套与参数

大采高工作面“三机”(支架、采煤机和刮板输送机)主要参数如下:支架架型为双伸缩二柱掩护式,最大工作阻力 10 000 kN,初撑力大于 7 600 kN;最大支护高度 6.2 m,中心距为 1.75 m,支护强度大于 1.0 MPa,底板比压平均为 1.8 MPa,前端不超过 2 MPa,推移步距 865 mm,配电液控制系统,配防倒、防滑、抬底、调架装置,支架前梁带伸缩梁伸缩行程 960 mm,护帮板形式为二级护帮,总护帮高度不小于 2.8 m。

采煤机最大采高 6.0 m,最大生产能力 4 000 t/h,过煤高度 900 mm,截深

865 mm，卧底量大于 400 mm，最大牵引力 1 104 kN，最大牵引速度为 24.4 m/min，装机总功率2 215 kW。

刮板输送机运输能力大于 3 600 t/h，铺设长度 320 m，加强型中双链节距 146 mm，液压伸缩机尾长度 320 m，卸载方式为交叉侧卸，电机功率 2 565 kW。

5. 回采工艺及流程

采用双滚筒采煤机机械落煤，采煤机与刮板机联合装煤，刮板输送机、刮板转载机、可伸缩胶带输送机联合运煤，两柱掩护式液压支架支护顶板。工艺流程：采煤机下行割煤→移架→割透下端煤壁→反向上行空刀清理浮煤→将机头推向煤壁→移刮板输送机→移动刮板机机尾（进入斜切进刀段）→上部斜切进刀→移架→割透上端煤壁→将刮板机剩余部分推向煤壁→采煤机反向下行割煤。

第四节　大采高综采快速推进技术

大采高工作面装备的大型化和重型化给工作面的安装、回撤及过地质构造带来了严峻的挑战，严重影响了工作面的安全高效快速推进，必须攻克大采高综采工作面快速推进技术[109-113]，才能为千万吨级矿井生产提供基础保障。

一、大采高工作面快速安装技术

Y110206 工作面是羊场湾煤矿一分区 11 采区二煤层最后一个开采工作面，首次采用 6.2 m 大采高支架及配套设备，一次采全高开采，在宁东煤炭基地开发建设中具有代表性。

（一）工作面概况

1. 工作面基本参数

Y110206 工作面位于羊场湾井田的南翼，工作面切眼上口位于 56 勘探线以北 30 m，切眼下口位于 56 勘探线以北 64 m，工作面走向长 1 980 m，倾斜长度为 303 m。其在井下位置南侧接近火烧坡背斜构造区，上方（西侧）与 Y110204 采空区以 24 m 安全煤柱相邻，下方（东侧）与 12 采区泄水巷以 33 m 安全煤柱距离平行比邻，北以羊场湾煤矿主井保护煤柱线为界。

工作面巷道断面设计与支护形式见表 7-19。

表 7-19　　Y110206 工作面巷道设计断面及支护

名称	支护形式	净宽/m	净高/m	净断面/m^2
风巷	锚网钢带＋锚索	3.7	3.5	11.84
切眼	锚网钢带＋锚索	8.4	3.5	31.92
上运输巷	锚网钢带＋锚索	5.2	3.5	18.20

2. 地质概况

(1) 煤层及顶底板岩性变化：Y110206 综采工作面开采煤层为 2# 煤层，硬度系数 f=2～3，韧性指标 9～10；在本工作面内及附近钻孔揭露的煤层厚度最大 7.09 m，最小 6.88 m，平均 6.97 m，煤层厚度起伏不定。

(2) 地质构造：煤层倾角 9°～12°，平均 10°。工作面总体为单斜构造，但次级褶皱发育。

(3) 水文地质：预计 Y110206 工作面开采以后 Y110204 工作面采空区积水的影响，工作面正常涌水量 120 m^3/h，最大涌水量 180 m^3/h。

(4) 瓦斯及煤尘情况：瓦斯相对涌出量 1.6～2.76 m^3/t，煤尘爆炸指数 34.6%，自然发火期 1～3 个月，着火点 305 ℃。

（二）工作面快速安装技术

Y110206 综采工作面设备安装工程主要包括地面及井下运输、切眼设备安装及上运输巷设备安装等环节。

工程安装使用 LWC-50T 型支架搬运车 4 台，912X 型支架搬运车 2 台，ED25SH 防爆铲车 2 台，防爆四轮车 4 辆，工作面安装大小设备 453 台(件、架)，具体见表 7-20。

表 7-20　　Y110206 综采工作面设备安装辅助设备一览表

序号	设备名称	规格型号	单位	数量	备　注
1	慢速绞车	JDHB-30/3.5	台	3	工作面上端头绞车硐室内安装
2	回柱绞车	JH-20	台	2	工作面安装
3	平板车	30T	辆	10	两巷物料回收
4	蓄电池电机车	5T	辆	2	+1 100 m、+1 058 m 车场各 1 台
5	叉车	10T	台	1	地面使用
6	支架搬运车	LWC-55T 型	辆	5	工作面设备运输
7	支架搬运车	VTC650 型	辆	3	工作面设备运输
8	铲车	ED25	辆	2	工作面设备安装
9	铲车	ED10	辆	2	工作面设备安装
9	防爆胶轮车	WC5	辆	4	小型设备部件的运输及物料回收
合计				34	

在所有的运输、安装设备中长度尺寸最大的设备为上、下端头支架：长 8 930 mm，宽1 650 mm，高 2 600 mm，宽度最大的设备为破碎机主体：长 4 955 mm，宽 3 000 mm，高1 914 mm；工作面运输的最重设备中间支架，质量为 41.0 t；上运输巷运输的最重设备为破碎机主体，质量为 28 t。

1. 设备运输方式

设备采用无轨胶轮车运输。

2. 运输工具及车辆安排

框架式 LWC50T 支架搬运车 4 台，912X 支架搬运车 2 台，ED25SH 防爆铲车 2 台，防爆胶轮车 4 辆，以及多功能叉车、电机车、连续牵引车、绞车等。

3. 设备运输及特种车辆运输路线

(1) 工作面设备入井路线

支架、刮板输送机、采煤机运输路线：地面→2# 副斜井→+1 058 m 车场南翼绕道→Y110206 工作面上运输巷→Y110206 工作面切眼下口→Y110206 工作面。

转载机、破碎机、设备列车及胶带输送机的运输路线：地面→2# 副斜井→+1 058 m 车场南翼绕道→Y110206 工作面上运输巷。

(2) 升井路线

各种车辆均原路返回。

(3) 运输路线状况及说明

行车路线巷道底板为混凝土底板，道路状况良好，车辆行驶时，应注意井巷供水、供电以及通风设施，特种车辆不进入切眼进行运输，运输长度共计约为 5 470 m。

2# 副斜井至+1 058 m 车场长约 3 000 m，坡度为 5°，巷宽 6 000 mm，高 4 800 mm，副平硐行驶时车辆应低挡行驶。

+1 058 m 车场南翼绕道长约 200 m，巷道平缓，靠右手帮设置高压电缆，供排水管路。

Y110206 工作面上运输巷平缓，长 1 975.8 m，巷道净宽 5 200 mm，中高 3 800 mm，在距切眼 350 m 和 1 000 m 处各设置一个调车场，靠上帮有水管和电缆。

切眼长 298.6 m，最大倾角 13°，平均倾角 10°，巷道净高 2 500 mm，净宽 8 400 mm。

4. 设备的装卸

(1) 设备必须按顺序编号排队运输到 Y110206 工作面。

(2) 单轨吊及轨道、枕木、设备电缆管线、设备安装小件等用防爆胶轮车运输。

(3) 采煤机、刮板输送机、转载机、破碎机、设备列车采用 VTC650 型支架或 ED25SH 防爆铲车搬运车运输。

(4) 液压支架用 LWC-55T 型支架搬运车运输。

(5) VTC650 支架搬运车的装卸方法。

装车:在设备上提前拴好钢丝绳扣,放下支架车铲板将铲板前边铲入设备底下,用车辆自身绞车把设备拉到铲板上,尽量使设备重心靠近车辆载物中心,并用手动葫芦和钢丝绳绑扎牢固即可运输。

卸车:设备运到安装地点,放下铲板松开绑绳和绞车退车抽铲、平稳地卸下设备。

(6) LWC-55T 型支架搬运车装卸方法。

装车:支架车倒车将支架置于框架中心,支架顶梁朝前缩回起吊油缸,将吊索卡具卡入支架底座起吊眼内伸出起吊油缸使支架吊离地面 200 mm 即可运输。

卸车:支架运至指定地点后,缩回起吊油缸、解除卡具,将车开出。

装卸车人员要站在支架里面,司机要密切配合装卸车人员,听清信号后方可操作起吊油缸,谨防挤伤人员。

(7) 安装顺序。Y110206 综采工作面辅助运输设备的安装在综采设备安装前 10 d 全部结束,工作面设备安装顺序为:按照从上向下的顺序安装上端头支架、过渡支架和刮板输送机机尾→安装中间支架和刮板输送机中间部分→采煤机部件运输至安装地点→安装过渡支架和下端头支架→安装刮板输送机交叉侧卸部→安装刮板输送机机头部→安装转载机、破碎机→运输并安装设备列车至皮带机尾段的胶带中间部分→工作面上运输巷铺设临时轨道、安装设备列车→安装胶带输送机中间部分→安装胶带输送机储带仓至卷带装置并二次灌浆。胶带输送机机头驱动斜载部的安装和采煤机的安装在其他设备安装过程中平行作业。

二、大采高工作面快速回撤技术

(一) 工作面概况

羊场湾煤矿 120202 工作面倾斜长 350 m,倾角为 10°,采高 5.6 m。煤层顶板为砂岩,常有薄层状泥岩伪顶,底板为砂岩。工作面风巷长×宽=4.7 m×3.8 m,巷道断面积为17.8 m^2;工作面机巷长×宽=5.2 m×3.8 m,巷道断面积为 19.8 m^2;工作面切眼长×宽=8.6 m×3.8 m,巷道断面积为 32.68 m^2。

(二) 工作面回撤

为了便于设备回收,回收巷道采用双巷布置即辅助运输通道和设备回撤通道,两条巷道之间布置 3 条联络巷,如图 7-16 所示。

巷道内共施工 5 个绞车硐室。设备回撤通道使用 2 台绞车,用于出架调向,辅助运输通道上口及每个联络巷口各使用 1 台,共计 6 台绞车。

(1) 辅助回撤通道沿二煤层顶板掘进,设备回撤通道沿二煤层顶板留 1.2 m 顶煤掘进。

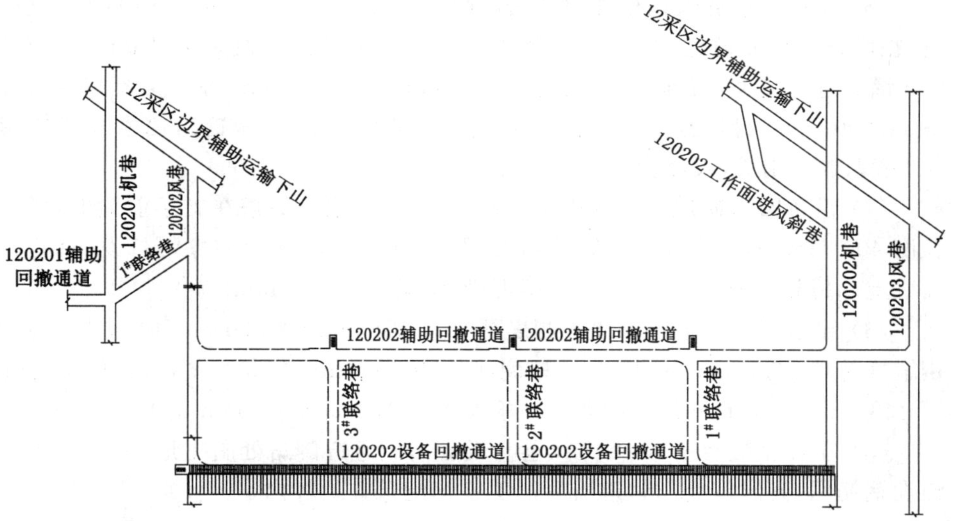

图 7-16　综采工作面回撤通道

（2）辅助回撤通道及联络巷顶部均使用 22#-M24-2500-BHRB500 成套螺纹钢锚杆，锚杆间排 900(800)mm×1 000 mm，每排锚杆使用一条 W280-4700(5200)-3 mm 的 W 钢带，每根锚杆充填 2 节 ϕ23 mm×700 mm 的树脂药卷，顶部铺一层 ϕ6.5 mm 钢筋网，网孔尺寸为 150 mm×150 mm。

（3）回撤通道联络巷留顶煤掘进时，巷道断面由原设计的矩形断面变更为异形断面，巷道顶板倾角保持与煤层倾角一致。

（4）联络巷掘进完毕，变断面继续向前掘 10 m 探巷，探巷顶部使用 ϕ22 mm×2 500 mm 螺纹钢锚杆，锚杆间排距为 800 mm×1 000 mm，每根锚杆充填 2 节 ϕ23 mm×700 mm 树脂药卷，帮部使用 ϕ20 mm×2 000 mm 玻璃钢锚杆，每根锚杆充填 2 节 ϕ23 mm×350 mm 树脂药卷，巷道全断面挂钢塑网；锚索型号为 ϕ17.8 mm×8 300 mm 钢绞线锚索，间排距为 2 000 mm×2 000 mm，每根锚索充填 6 节 ϕ23 mm×700 mm 树脂药卷。锚索桁架采用2 500 mm 的 14# 槽钢制成；探巷迎头煤壁必须挂网且布置玻璃钢锚杆，布置方式与探巷两帮相同。

（5）各绞车硐室全断面挂 ϕ6.5 mm 钢筋网，网孔尺寸 150 mm×150 mm，绞车硐室顶部使用 22#-M24-2500 成套螺纹钢锚杆、每排锚杆穿一根 ϕ18 mm 圆钢制成的钢带，顶部每根锚杆使用 2 节 ϕ23 mm×700 mm 的树脂药卷，帮部使用 ϕ20 mm×2 300 mm 成套螺纹钢端头锚杆，锚杆间排距 800 mm×1 000 mm，每根锚杆充填 ϕ35 mm×350 mm 的树脂药卷 2 节及使用一块 W280×450×5 mm 钢护板。

(6) 设备回撤通道顶板铺双层铅丝网，相邻网搭接 100 mm 并用 14# 铅丝相连，在距设备回撤通道中线左、右各 1 000 mm 的位置布置 ϕ17.8 mm×8 300 mm 锚索进行支护，锚索间排距为 2 000 mm×1 750 mm，每根锚索使用 ϕ23 mm×700 mm 的树脂药卷 6 根(2 节快速、2 节中速、2 节慢速)，锚索托梁使用 14# 槽钢加工制成，长度为 2 500 mm。

(7) 设备回撤通道顶部使用 4.4 m 的 Π 型钢梁一头搭在支架前梁上，搭接长度 400 mm，另一头使用单体支柱支设，单体支柱必须紧靠煤帮打设，且打在实底上。每架支架上搭接两根 Π 型钢梁，钢梁间距 875 mm。

(8) 设备回撤通道停采线一侧煤帮布置 ϕ20 mm×2 300 mm 成套端头螺纹钢锚杆并挂 ϕ6.5 mm 钢筋网，锚杆间排距为 700 mm×1 000 mm，每根锚杆充填 ϕ23 mm×700 mm 的树脂药卷 2 根及使用 W280-450-5 mm 钢护板一个。

(9) 在各联络巷及 120202 风巷与设备回撤通道倒角处施工地坪时，地坪内铺设钢筋网，同时将废旧轨道或废旧工字钢浇筑在地坪内。

(10) 绞车型号：JDHB-30/3.5，绞车使用地锚固定，并在底座使用六颗单体液压支柱形成四压两戗柱加强固定绞车。

(三) 技术效果

羊场湾煤矿无轨运输系统形成之前，利用传统的轨道运输及支架前方的回撤通道，综采设备回收工期为 55 d，无轨运输系统形成后，综采工作面仅用 15 d 即完成设备回收工程。

设备回收任务圆满完成，标志着羊场湾煤矿成功地使用胶轮车完成了工作面设备回收工作，与之前使用轨道运输回收设备工期相比提前了 40 d。同时为羊场湾煤矿的胶轮车运输及后续综采工作面搬家倒面工作提供了宝贵经验。减轻了井下员工劳动作业强度，提高了劳动效率，为矿井安全健康发展作出了较大贡献[112-118]。

三、大采高大功率重型工作面快速过地质构造

宁东矿区范围内，断层等地质构造多，影响了矿井的高效生产，特别对于大功率重型工作面，为此，必须攻克大采高重型工作面快速过断层技术[113]。以枣泉煤矿 11201 工作面为试验基地尝试采用快速过断层技术。

(一) 概况

根据勘探资料和已施工的巷道资料：11201 工作面即将回采过 F_{13} 断层，F_{13} 在 11201 回风巷、胶带巷及辅助巷道实际揭露为正断层，F_{13} 与工作面夹角 18°横贯整个工作面影响区域 867 m；过 F_{13} 之后，工作面预计推进 30 m 左右在工作面中上部揭露 F_{12} 断层，F_{12} 为 11201 风巷实际揭露正断层，与工作面夹角 75°，预计 F_{12} 延伸到 11201 工作面中上部，影响区域 30 m，见表 7-21。

表 7-21　　断层情况表

构造名称	走向/(°)	倾向/(°)	倾角/(°)	性质	落差/m	对回采的影响程度
DF_{12}断层	N70E	SN	47	正断层	2.3	此断层为 11201 回风巷掘进中实际揭露断层，对回采影响较大
DF_{13}断层	N13°E	EW	60～90	正断层	5.0	此断层为 11201 回风巷、胶带巷及辅助运输巷掘进期间实际揭露断层，对回采影响极大

11201 工作面涉及两个含水层，处于一煤层上部的第Ⅲ含水层[直罗组(七里镇砂岩)裂隙孔隙层间承压水]，属于孔隙裂隙层间承压水，愈接近地面区域受大气降水补给影响加大，是回采期间的主要出水水源。二煤层至直罗组砂岩之间的延安组地段为含水较弱的第Ⅳ含水层，是回采期间的次要出水水源，属于砂岩裂隙孔隙层间承压水。预计工作面回采后，主要受第Ⅲ含水层(直罗组粗砂岩含水层)影响较大，预计工作面正常涌水量在 120 m^3/h 左右，最大涌水量 240 m^3/h 左右。11201 工作顶底板情况见表 7-22。

表 7-22　　11201 工作面顶底板情况表

顶底板名称	岩石名称	厚度/m	岩石特征
基本顶	中粒砂岩 粉砂岩	24.0	浅灰、灰白色，泥质胶结含铁，以石英长石为主
直接顶	碳质泥岩	8.2	黑色，薄层状，水平层理，松软易破碎，具滑面，易脱层
伪顶	无		
开采层	二煤层	8.85	黑色，半暗型，沥青丝娟光泽，条带状结构，结构单一稳定性好
直接底	粉砂岩 碳质泥岩	3.9	灰色、灰黑色，块状含碳质，局部含植物化石，层理不清
基本底	细粒砂岩	5.8	灰色，以石英长石为主，夹薄层细砂岩，水平层理

(二) 工作面过断层前准备工作

为确保 11201 大采高工作面安全回采过 F_{12} 和 F_{13} 断层影响区，现决定对 11201 工作面机巷受 F_{13} 正断层影响区与 11201 工作面风巷受 F_{13} 和 F_{12} 正断层影响区注射玛丽散加固顶底板，注射位置如下：11201 机巷受正断层 F_{13} 影响区 30 m(1 979～2 009 m)范围内的顶板注射玛丽散加固顶板，如图 7-18 所示；11201 风巷受正断层 F_{13} 影响区 42 m(1 201～1 243 m)与 F_{12} 影响区 12 m

(1 139～1 151 m)范围的顶板注射玛丽散加固顶板，如图 7-19 所示；11201 机巷受正断层 F_{13}影响区 30 m(2 106～2 136 m)范围内从巷道上帮距底板 200 mm 向工作面注射玛丽散加固 3# ～6# 支架底板，防止支架钻底。

1. 玛丽散注射孔要求

(1) 机巷顶板注射孔要求

注射玛丽散钻孔倾向孔距为 4 m，走向孔距为 6 m，每排两个，施工时可根据现场实际适当。

靠机巷上帮一排钻孔距煤帮 300 mm，孔深 5 200 mm 与机巷顶板夹角 50°，钻孔直径 42 mm；靠机巷下帮一排钻孔距煤帮 1 100 mm，孔深 4 000 mm，垂直巷道顶板，钻孔直径 42 mm。

(2) 风巷顶板注射孔要求

注射玛丽散钻孔倾向孔距为 3. 2 m，走向孔距为 6 m，每排两个，施工时可根据现场实际适当调整。

靠风巷下帮一排钻孔距煤帮 300 mm，孔深 5 200 mm 与风巷顶板夹角 50°，钻孔直径 42 mm；靠风巷上帮一排钻孔距煤帮 1 100 mm，孔深 4 000 mm，垂直巷道顶板，钻孔直径 42 mm。

(3) 机巷上帮注射孔要求

注射玛丽散钻孔走向孔距为 6 m；钻孔距底板 200 mm，水平偏下 10°施工，注射孔深2 500 mm。

由于工作面直接底为炭质泥岩与粉砂岩互层，可根据现场实际情况灵活确定注射孔位置。

马丽散是一种低黏度，双组分合成高分子——聚亚胺胶脂材料，采用高压灌注进行加固时，当树脂和催化剂掺在一起时发生反应，当它被高压推挤，注入煤岩或混凝土裂缝，可沿煤层或混凝土裂缝延展直到将所有裂缝填充。该产品具有高度黏合力和很好的机械性能，注入地层后，低黏度混合物保持液体状态几秒钟，渗透细小的裂隙，发生膨胀和黏结，有效地加固围岩松动圈，使之成为整体，提高了围岩的整体承载能力，从而达到控制巷道顶板的垮落及巷道片帮的目的；该产品遇水后(掺水)时产生关联反应，发生膨胀，在膨胀压力的作用下产生二次渗压，高压推力与二次渗压将马丽散压入并充满所有裂缝，从而达到止漏目的。

2. 施工工艺

注马丽散树脂施工工艺：敲帮问顶→用煤电钻向顶板打注射孔→埋设注浆管→安装封口器→用高压胶管连接注射枪和注浆泵→将两根吸管分别插入装有马丽散树脂和催化剂的桶内→开泵注浆→停泵→拆卸注射枪。

3. 具体的施工步骤

(1) 孔位设计：如图 7-17 和图 7-18 所示。

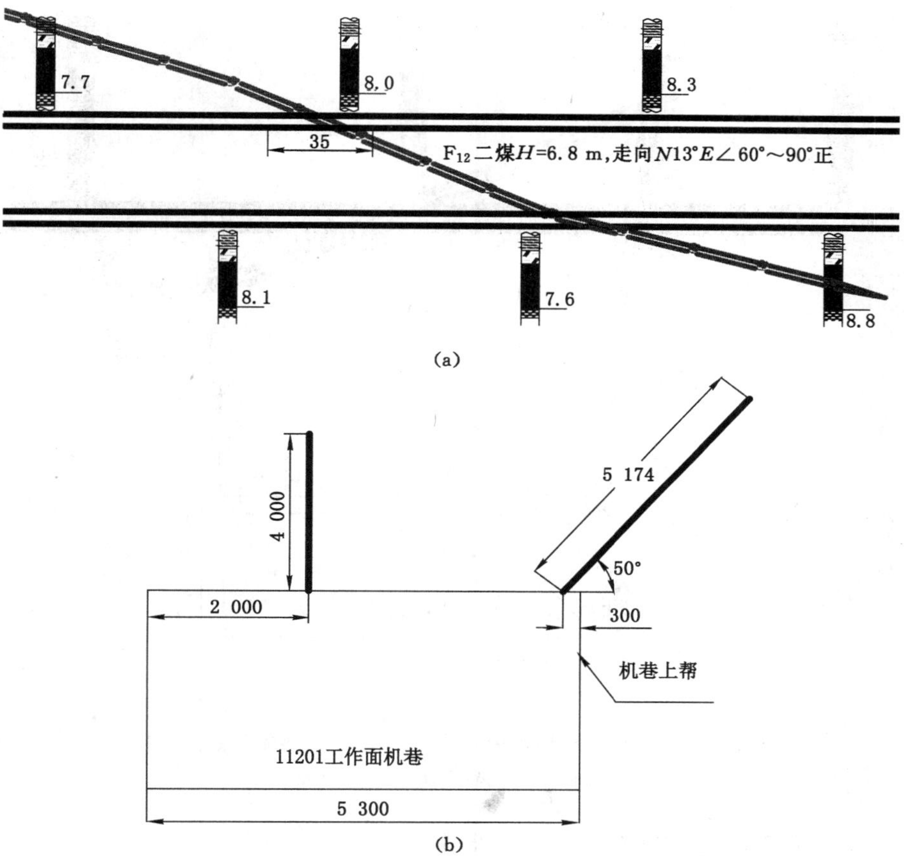

图 7-17　11201 工作面机巷过断层影响区注射玛丽散钻孔布置图

(a) 平面示意图;(b) 断面示意图

(2) 打孔:要求钻孔直径 42 mm,使用煤电钻配合 43 mm 的钻杆进行打孔。

(3) 玛丽散树脂与催化剂用无轨胶轮车运至 11201 工作面 3# 联络巷上口后,用人工扛至作业地点。

(4) 把多功能泵及其附件组装好并把注射枪固定住。

(5) 打孔注浆由工作面向巷口方向顺序进行,打完 3 组眼后开始注浆,此后打孔与注浆平行作业,注浆时把两根吸料管分别插入马丽散树脂和催化剂桶中(马丽散树脂与催化剂体积比为 1∶1,质量比为 1∶1.17),活塞在气马达的作用下运动,由于压力的作用原料经过活塞进入输送管,输送到注射枪里,通过注射枪注入地层,原料渗入裂隙,进入而快速反应达到黏结加固的目的。

(6) 当压力达到 5～8 MPa 或出现大面积漏浆(漏浆量＝泵的注量)时,注浆完毕,即可换孔注浆或停止注浆,用树脂冲洗管路和混合枪。

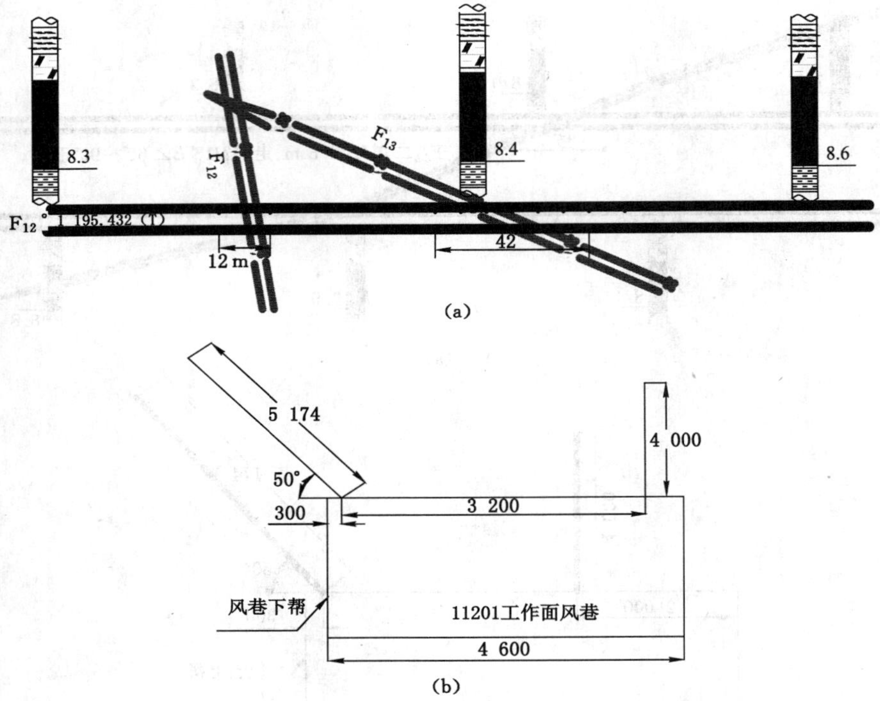

图 7-18　11201 工作面风巷过断层影响区注射玛丽散钻孔布置图

(a) 平面示意图；(b) 断面示意图

(7) 换孔注浆，重复(2)～(5)的步骤。

(8) 注浆完毕后，用清洗剂(机油和水)清洗多功能泵和附件。

加强断层区风机两巷顶底板的管理，除了在风机两巷 F_{12}、F_{13} 断层影响区注射玛丽散加固顶底板外，还有以下措施。

(1) 将风巷三排带帽点柱变为“一梁三柱”。

(2) 及时更换卸压、损坏或失效的单体支柱。

(3) 顶板破碎漏矸处，在巷道顶部铺设菱形金属网，使用双股 14# 铅丝进行联网。

(4) 工作面胶带巷出现片帮时，必须支设点柱进行背帮处理，防止因片帮出现漏顶，背帮柱柱距 1 m，背帮使用小杆(1 200 mm×60 mm×10 mm)。

(5) 工作面过断层期间胶带巷必须备有 50 颗 DW45/110 单体支柱、30 颗 DZ25/100 单体支柱、5 m^3 木板梁和小杆、30 片菱形金属网、100 根道木(150 mm×150 mm×1 200 mm)等备用支护材料。

(三) 工作面过断层的方法

F_{12} 正断层落差 2.3 m，F_{13} 正断层落差 5 m 全部采用适当降低采高调整开采层位破断层下盘底板的方法平推通过。

根据地质资料及现场实际情况正确控制工作面开采层位：

(1) 层位调整原则：上盘按作业规程要求进行回采，当工作面破底量超过1.0 m时采用爆破的方法对岩石进行预松动，工作面断层面向机头方向5个支架底煤不超过1.0 m。

(2) 工作面破岩段可通过适当抬高底板的方法减少破岩量，但抬底段最大倾角不能超过12°(工作面倾角9°)且与工作面平缓过渡。

(3) 调整开采层位时原则上每隔一刀挑顶或卧底一次，每一刀挑顶或卧底量不得超过100 mm。

(四) 工作面过断层安全技术措施

(1) 过断层期间，破岩段应尽量降低采高(4.5 m以内)，最大限度地减少破顶量；破底段顶板条件较好时应尽量留底，断层面向机头机尾各20个架子范围采高逐渐过渡到正常采高。由于该断层与工作面斜交，在过断层前后10 m范围内，采煤机司机必须随时观察工作面断层覆存情况，截割断层的下盘岩石时，应控制采煤机速度(不大于4 m/min)缓慢进入断层区，防止采煤机因速度过快损坏截齿和机械传动部。

(2) 采煤机司机必须站在支架内控制采煤机，严禁在支架与电缆槽之间行走。支架工必须与采煤机司机密切配合，滞后前滚筒2～3架移架并打出一级护帮板，滞后采煤机后滚筒2～3架打出二级护帮板，以防冒顶或片帮且断层面前后20个支架范围内严禁成组收扩帮或伸缩梁。

(3) 支架初撑力必须符合要求，确保支架顶梁接顶严实，过断层时，带压擦顶移架，以支架能够前移时停止降柱，严禁多降，尽量减少顶板松动。断层面左右各3个支架超前移架，必要时可扩大超前移架范围，若工作面出现漏矸时，必须及时拉架将伸缩梁插入煤壁打出扩帮板。采煤机割岩石时，采煤机截割电机电流不能大于截割电机的额定电流180 A。过断层期间工作面顶底板必须割平，保证支架间高低错差不超过侧护板高度的2/3。

(4) 采煤机割完断层后，支架工应及时将支架护帮板打出，防止煤壁片帮。要根据平巷坡度变化的大小逐步调整采煤机的卧底和抬高量，工作面不得出现台阶，以免影响设备的推移。

(5) 在工作面机尾段(140#～179#)进入断层影响范围期间，为减少工作面做机窝期间此段顶板空顶时间，可将工作面进刀方式改为下端头斜切进刀，待断层影响区到130#架以下时再将进刀方式改为上端头斜切进刀。过断层期间采煤机割岩石超过1.0 m厚时，为减少采煤机破岩石负荷及减少此段顶板空顶时间，可采取松动爆破及减少循环进尺方法(如将循环进尺由865 mm减少到500 mm的方式)降低采煤机破岩石量，使其快速通过，降低采煤机破岩石期间此段顶板空顶时间[114]。

（五）岩石松动爆破安全技术措施

（1）工作面破岩高度超过 1 m 时采用爆破的方法对岩石进行预松动，破岩高度在 1～1.5 m 之间时沿揭露岩石的中线打单排眼，1.5 m 以上时打双排眼，下面一排眼距工作面底板 0.8 m，上面一排眼沿岩石的上沿与第一排眼垂直距离的中心线布置，眼距均为 1.5 m，装药量 300 g，炮眼深 2.5 m，采用 XTP-260 型风钻配合 B19 钻头施工，炮眼爆破最小抵抗线不得小于 1 m，封泥要封满封实，采取每段每次最多同时爆破 10 个炮眼。

（2）工作面有大块矸石不能从采煤机机身下通过或发现超出破碎机范围（2 000 mm×2 000 mm）的大块矸石时，应先将刮板输送机闭锁，尽量用采煤机破碎滚筒进行破碎，破碎滚筒不能破碎的用 XTP-260 型风钻辅助破碎滚筒进行破碎，如还不能破碎的采用打眼爆破的方法进行处理，采用风钻配合 B19 钻头施工炮眼，装药量不得大于 75 g，炮眼爆破最小抵抗线不得小于 0.5 m，封泥要封满封实[115]。

第八章　高韧性难冒放特厚煤层综放开采技术

宁东基地厚度 10 m 左右的煤层在特厚煤层中所占的比重很大，而且煤层硬度 1～2，节理及裂隙不发育，韧性指标 9～11，属难冒放煤层。若采用传统的开采工艺，将会带来开采效率低、安全效益差、经济效益差、煤炭损失大的不利影响，若采用国内成熟的综放开采工艺，存在煤层韧性大、顶煤冒放性特别差的问题，并且国内外也没有在这种高韧性煤层中进行综采放顶煤的先例可循。2002 年，宁东高韧性易燃特厚煤层综采放顶煤技术进行研发攻关，经过多方调研考察论证，采用了顶煤弱化等一系列技术，终于攻克了这一难题。首次揭示了韧性指数 9～11 难冒厚顶煤采动变形机理，集成创新了多方位分区可控顶煤弱化技术，包括工艺巷顺层深、浅孔联合爆破弱化顶煤技术、平巷扇形孔爆破弱化顶煤技术等[116,117]，实现了高韧性易燃特厚煤层综放开采新工艺。高韧性易燃特厚煤层综放开采新工艺在羊场湾煤矿二分区(原磁窑堡技改井)实施成功，大幅提高了高韧性易燃特厚煤层顶煤的回收率。综放试验工作面生产历时 5 个月，月平均推进 579.5 m，累计生产原煤 68.7 万 t，其中顶煤放出 35 万 t；工作面回采工效达到 25.3 t/工，最高回采工效为 66.57 t/工，最高月产量为 15.1 万 t；工作面回采率达到 80%，最高平均回采率达到 84.6%(2003 年 2 月)。试验工作面开采获得成功以后，该技术在宁东矿区各矿得到了广泛应用，工作面长度由试验时的 145 m 增加至 350 m，工作面推进长度由原来的 715 m 增加至 4 000 m 以上，开采煤层厚度由原来的 10 m 左右增加至 14 m，煤层倾角由原来的 13°增加至 37°。

高韧性难冒放特厚煤层综采放顶煤技术为宁东亿吨级煤炭基地开发提供了重要保障，为千万吨级矿井群建设和千万吨级工作面生产提供了重要技术支撑。

第一节　力学特性及韧性指标判定

一、取样和实验

实验煤样都采自磁窑堡技改井，共 6 组，取样见表 8-1。

取样分述如下：

(1) 2# 煤上分层：采自 11# 采煤工作面。2# 煤上分层的层理、节理及裂隙均不发育，整体性比较好。

表 8-1　　煤、岩体力学性质实验试件数量　　单位：个

试样类别	抗拉强度				抗拉强度				抗剪	三轴
	自然	7 d	14 d	21 d	自然	7 d	14 d	21 d		
上分层煤	4	5	5	5	3	3	4	4	—	5
中分层煤	4	4	4	4	3	3	4	5	—	5
下分层煤	5	5	4	4	3	3	3	4	—	5

注：d——试件浸水的时间。

(2) 2# 煤中分层：采自 Y132(2)e 采煤工作面，此分层层理较发育，节理不太发育。

(3) 2# 煤下分层：采自 Y132(3)w 掘进工作面，此分层层理发育，断口呈不规则层状。由于此分层中下部煤体比较破碎，该分层的煤样基本采于中上部。

煤抗拉强度采用巴西法间接测定[118]，试验是在 WPM 25 kN 的材料试验机上进行。煤的单轴抗压强度及弹性模量、泊松比测定是在 WPM 1 000 kN 的万能材料试验机上进行。煤、岩的黏结系数和内摩擦角通过三轴试验间接测定，试验在岩石三轴试验机上进行。煤、岩的抗剪强度在 WPM 10 kN 材料试验上进行。

二、试验结果

1. 煤的物理性质

2# 煤上、中、下三个分层的物理性质的测定结果可见表 8-2。

表 8-2　　磁窑堡技改井 2# 煤层物理性质

煤层	真密度(比重)/(kg/m³)	视密度/(kg/m³)	含水率/%	吸水率/%		
				7 d	14 d	21 d
上分层	1 475	1 242	20.56	7.11	7.89	8.32
中分层	1 518	1 309	20.03	6.53	6.55	7.02
下分层	1 519	1 253	20.79	4.12	4.12	3.63
平均值	1 504	1 268	20.46	5.92	6.19	6.32

2. 煤的力学性质

2# 煤层上、中、下三个分层，在自然含水状态下力学性质的测定结果可见表 8-3。

表 8-3　　磁窑堡技改井 2# 煤层力学性质测定结果

煤层	抗拉强度/MPa	抗压强度/MPa	弹性模量/GPa	泊松比	凝聚力/MPa	内摩擦角/(°)
上分层	1.48	14.7	0.99	0.16	4.4	31.4
中分层	0.89	20.9	0.84	0.2	7.0	22
下分层	1.27	13.9	0.69	0.14	4.5	21.6

技改井煤层与其他难冒煤层力学性能对比见表 8-4。

表 8-4　　磁窑堡技改井煤层与其他矿难冒煤层力学性能对比

矿名	单轴抗压强度/MPa	弹性模量/GPa	孔隙率/%
彬县下沟矿	29.7	4.14	2.39
磁窑堡技改井	18	0.915	20
平朔安家岭矿	37.8	5.02	—
铜川下石节矿	26.5	5.70	9
大同忻州窑矿	40	2.8～3.4	8.11

从表 8-4 可以看出，其他矿煤的弹性模量在 3～5 GPa 间，但磁窑堡技改井煤的弹性模量只有 0.915 GPa，仅为安家岭的 0.18 倍，为大同忻州窑的 0.17～0.78 倍，弹性模量小；磁窑堡技改井煤层的孔隙率是 20%，大于其他矿煤层的孔隙率。

图 8-1 为几个矿煤层 σ - ε 峰值前的对比，可以看出，磁窑堡技改井煤层的 σ-ε 曲线变化比较平缓，而其他矿区的曲线变化比较陡。磁窑堡技改井煤的单轴抗压强度在峰值点为 18 MPa，应变量为 0.02；彬县下沟矿煤峰值点的单轴抗压

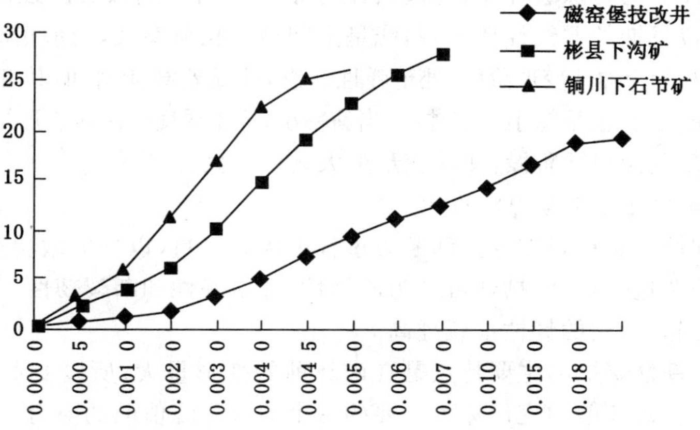

图 8-1　典型煤峰值前应力—应变曲线

强度为 30 MPa，应变量为0.007；铜川下石节矿煤单轴抗压强度为 27 MPa，变形量 0.004 7。虽然磁窑堡技改井煤的单轴抗压强度没有其他两个矿大，但破坏前的变形为彬县下沟矿煤的 2.85 倍，是铜川下石节矿煤的 4.26 倍，表明这类煤层在达到其应力峰值前发生了较大的变形，表现为内在空隙的压密与压密后体积的缩减，其较大的应变物理基础是其孔隙率大，是其他矿井煤层的 2～10 倍，这类煤层我们称为高韧性难冒煤层。

高韧性煤最明显的特点是抗压强度不大，不易破坏，达到峰值前应变量大。图 8-2 为脆性煤和高韧性煤全应力—应变曲线对比图，从图中可以看出，两类煤虽然单轴抗压强度相同，但在破坏前的变形量不同，高韧性煤的变形量 l_g 明显大于脆性煤的变形量 l。

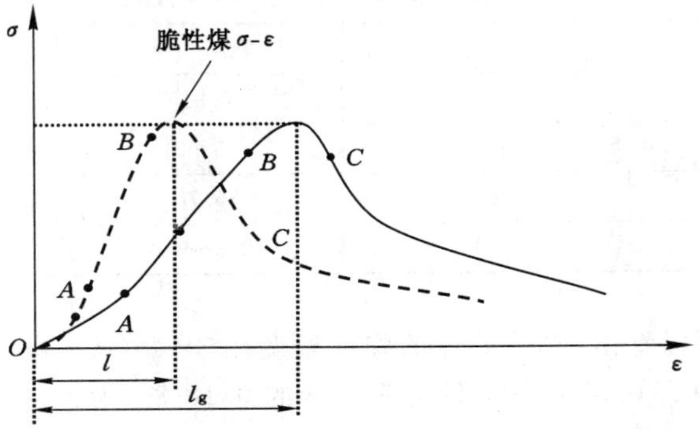

图 8-2　脆性煤和高韧性煤全应力—应变曲线对比图

在全应力—应变曲线上影响高韧性煤应变量主要是峰值前的三个阶段，如图 8-2 所示。

(1) *OA* 段为孔隙裂隙压密阶段：原有张开性结构或微裂隙逐渐闭合，岩石被压密，形成早期的非线性变形，曲线呈上凹型。孔隙率大，变形量大。

(2) *AB* 段为弹性变形阶段：处于弹性状态，即随着载荷增加，其变形基本上是按比例增加。弹性模量越小斜率越小，当斜率小，抗压强度一定时变形量就越大。

(3) *BC* 段为塑性阶段：塑性变形量大韧性就大。

3. 顶煤韧性定义与判定指标

所谓韧性就是材料在变形和断裂过程中吸收能量（以外力做功来衡量）的一种性能。按照这一定义，韧性可分为静韧性、冲击韧性和断裂韧性。材料的强度和变形能力越大，它的韧性也就越高。

因为高韧性煤层的主要特点是在破坏前的变形量大，所以变形量可作为一个参数指标。破坏前的变形量大主要的一个原因是峰值前的应力—应变曲线斜率比较缓，即弹性模量比较小，所以把弹性模量也作为一个指标。

韧性和脆性是一对相反的概念，也是材料的两种相对的特性，所以定义韧性时可以参考定义脆性的一些指标。相对于金属材料而言，岩石和煤是脆性材料，而脆性材料有韧性特性，主要表现为在破坏前变形量大。关于煤岩的脆性有很多表示方法，采用 σ_c/σ_t（压拉比，即单轴抗压强度与单轴抗拉强度之比）表示煤岩的脆性是常用的一种，认为 $\sigma_c/\sigma_t>20$ 时为脆性破坏，$\sigma_c/\sigma_t<20$ 时为非脆性破坏。表 8-5 为几个矿的压拉比，从表中可以得出，磁窑堡技改井煤的压拉比明显小于其他矿区煤的压拉比。

表 8-5　　典型矿煤的压拉比

矿别	平朔安家岭	彬县下沟矿	铜川下石节	磁窑堡技改井
σ_c/σ_t	16.95	20.85	18.66	13.59

韧性的定义与综放开采冒放性有直接的关系，因此压拉比、弹性模量和变形量三指标都符合高韧性范畴时，此煤的抗压强度很小冒放性会很好，这对综放开采而言，韧性的定义和确定都失去了意义，所以把抗压强度也作为一项指标。

统计学的观点认为，描述一个物体的参数分布范围的方法是：首先随机选取一个样本空间，再计算该样本空间的平均值和均方差，那么这个分布范围即平均值减去一倍均方差与平均值加上一倍均方差区间内，当某一个数值不在此范围内，认为此数值为特殊点。根据此原理，随机取一些矿区煤层的弹性模量、压拉比和孔隙率各作为一个样本，再分别统计其平均值和均方差。

弹性模量和压拉比样本空间见表 8-6，孔隙率样本空间见表 8-7，具体统计数据见表 8-8。

表 8-6　　典型矿统计原始数据

矿名	抗压强度/MPa	抗拉强度/MPa	压拉比	弹性模量/GPa
忻州窑矿 8911 工作面	37.43	1.25	29.94	6.04
铜川下石节矿	20.40	1.75	11.66	5.35
	32.50	2.84	11.44	6.04
彬县下沟矿	29.70	1.48	20.07	4.14
平朔安家岭矿	37.80	1.30	29.08	5.02
磁窑堡技改井	17.80	1.21	14.71	0.92
汝箕沟矿	27.00	1.90	14.21	
忻州窑矿 8916 工作面	40.00	0.90	44.44	3.20
龙固煤矿	15.20	0.65	23.38	1.94
	14.60	0.88	16.69	2.81

表 8-7　　典型矿煤层孔隙率原始数据

矿名	孔隙率/%	矿名	孔隙率/%
古书院	4.1	东滩矿	2.56
荫营矿	3.22	鲍店矿	2.76
阳泉一矿	6.07	兴隆庄矿	2.48
永红矿	7.14	南屯矿	3.26
唐安矿	5.5	白龙矿	6.28
忻州窑矿	8.11	西曲矿	4.84
水峪矿	7.35	乌达矿	5.91
王庄矿	16.09	鹤壁五矿	7.58
平均孔隙率	5.82	均方差	3.23

表 8-8　　综放矿区力学统计分析结果

项目	抗压强度/MPa	抗拉强度/MPa	弹性模量/GPa	压拉比	孔隙率/%
平均值	27.24	1.42	3.94	19.56	5.82
均方差	8.24	0.46	1.53	2.12	2.79
平均十均方差	35.48	1.88	5.47	21.68	9.03
平均一均方差	19	0.96	2.41	17.44	2.79
磁窑堡	17.80	1.21	0.92	14.71	20

从表中可以看出，磁窑堡煤体的弹性模量是平均弹性模量 $\overline{E}$ 与一倍均方差 ε_E 之差 $E_{-\varepsilon}$ 的 0.38 倍，是平均弹性模量 $\overline{E}$ 与一倍均方差 ε_E 之和 $E_{+\varepsilon}$ 的 0.17 倍；压拉比是平均压拉比 $\overline{\delta}$ 与一倍均方差 ε_δ 之差 $\delta_{-\varepsilon}$ 的 0.83 倍，是平均压拉比 $\overline{\delta}$ 与一倍均方差 ε_δ 之和 $\delta_{-\varepsilon}$ 的 0.67 倍；磁窑堡煤体的孔隙率是平均孔隙率与均方差之和的 3.43 倍。根据以上分析可以得出如下结论，高韧性煤层的特点主要是弹性模量、压拉比偏小和孔隙率大。

根据统计学的原理，平均弹性模量 $\overline{E}$ 和均方差 ε_E 为：

$$\overline{E} = \frac{1}{n}\sum_{i=1}^{n} E_i = 3.94\ (\text{GPa})$$

$$\varepsilon_E = \sqrt{\frac{n\sum_{i=1}^{n} E_i^2 - (\sum_{i=1}^{n} E_i)^2}{n^2}} = 1.53\ (\text{GPa})$$

其中 E_i 为样本空间中第 i 个煤体的弹性模量。

平均弹性模量 $\overline{E}$ 与一倍均方差 ε_E 之和 $E_{+\varepsilon}$：

$$E_{+\varepsilon} = \overline{E} + \varepsilon_E = 5.47\ (\text{GPa})$$

平均弹性模量 $\overline{E}$ 与一倍均方差 ε_E 之差 $E_{-\varepsilon}$：

$$E_{-\varepsilon} = \overline{E} - \varepsilon_E = 2.41\ (\text{GPa})$$

同理，可以算出平均压拉比和压拉比均方差：

$$\overline{\delta} = \frac{1}{n}\sum_{i=1}^{n}\delta_i = 19.56$$

其中 $\delta = R_c/R_t$。

$$\varepsilon_\delta = \sqrt{\frac{n\sum_{i=1}^{n}\delta_i^2 - (\sum_{i=1}^{n}\delta_i)^2}{n^2}} = 2.12$$

平均压拉比 $\overline{\delta}$ 与一倍均方差 ε_δ 之和 $\delta_{+\varepsilon}$：

$$\delta_{+\varepsilon} = \overline{\delta} + \varepsilon_\delta = 21.68$$

平均压拉比 $\overline{\delta}$ 与一倍均方差 ε_δ 之差 $\delta_{-\varepsilon}$：

$$\delta_{-\varepsilon} = \overline{\delta} - \varepsilon_\delta = 17.44$$

同理，计算平均孔隙率和均方差：

$$\overline{k} = \frac{1}{n}\sum_{i=1}^{n}k_i = 5.82\%$$

$$\varepsilon_k = \sqrt{\frac{n\sum_{i=1}^{n}k_i^2 - (\sum_{i=1}^{n}k_i)^2}{n^2}} = 3.23\%$$

平均压拉比 $\overline{k}$ 与一倍均方差 ε_k 之和 δ_{+k}

$$\delta_{+k} = \overline{k} + \varepsilon_k = 9.03\%$$

平均压拉比 $\overline{k}$ 与一倍均方差 ε_k 之差 δ_{-k}

$$\delta_{-k} = \overline{k} - \varepsilon_k = 2.79\%$$

从实验分析和统计分析来看，影响煤的韧性有四个参考指标，分别为弹性模量 E、压拉比 σ_c/σ_t、破坏前的变形量和孔隙率，所以以这四个指标来定义煤的韧性，根据表中的数据，弹性模量在为 2.42～5.47 GPa，压拉比为 17.44～21.68，孔隙率为 2.79%～9.03%，所以韧性煤的弹性模量小于 2 GPa，压拉比小于 16，孔隙率大于 12%。另外，顶煤的单轴抗压强度也应作为韧性指标，因为高韧性煤的冒放差，破坏前变形量大，而其应变量与单轴抗压强度有直接的关系，因此其抗压强度应大于 15 MPa。高韧性煤的定义指标见表 8-9。

表 8-9　　高韧性煤指标

指标	压拉比	弹性模量/GPa	单轴抗压强度/MPa	变形量	孔隙率/%
数据	<16	<2	>15	>0.015	>12

第二节　综放工作面参数及设备选型

磁窑堡技改井首采综放面工作面走向长度 715 m，工作面倾斜长度 145 m。为了维护工作面煤壁的稳定性，防止片帮，按有利于控制采煤机割煤层位，提高资源回收率，二煤层首采综放工作面沿煤层底板开采，工作面平均采厚为 10.04 m，工作面割煤高度为 2.9 m 即可满足要求，确定采放比为 1∶2.46。

对于高韧性易自燃冒放性差的二煤层，其综放首采工作面可借鉴硬煤层放顶煤开采的经验及二煤层放顶煤开采试验结果，将工作面放煤工艺确定为一刀一放，放煤步距 0.8 m。工作面后部采用双轮顺序放顶煤工艺；过渡支架处的放煤工艺安排在拉过渡支架之后进行；回风巷和运输巷均沿二煤层底板布置，两巷均采用矩形断面，锚杆支护；在工作面上下两端各布置 3 组过渡支架，并在下端头布置两架一组的端头支架。工作面设备选型结果见表8-10。

表 8-10　　综放工作面主要设备组成

序号	名称	数量	备注
1	ZFS 5800/18/32 型放顶煤支架	94	按面长 145 m
2	ZFG 6500/19/32H 型排头放顶煤支架	6	
3	ZTZ 13000/21/33 型两架一组中置式端头支架	1	工作面下端头
4	MG 400/920-WD 电牵引采煤机	1	1 140 V
5	SGZ 800/800 中双链铸焊封底式前部刮板输送机	1	1 140 V
6	SGZ 800/800 中双链铸焊封底式后部刮板输送机	1	1 140 V
7	SZZ 1000/400 型转载机	1	1 140 V
8	PLM 2200 型轮式破碎机	1	1 140 V
9	SSJ 1200/315 型可伸缩带式输送机	1	1 140 V
10	RB 400/31.5Ⅱ型乳化液泵	2	1 140 V
11	RXⅡ 2000 型乳化液箱	1	
12	FRX 1000 型辅助液箱	1	
13	WPB 315/16 型喷雾泵	2	1 140 V
14	WPB 320/6.3 型喷雾泵	2	1 140 V
15	WPB 315/16 型喷雾泵配套清水箱	1	
16	WPB 320/6.3 型喷雾泵配套清水箱	1	

第三节　高韧性难冒放特厚煤层采动变形机理

以磁窑堡技改井为例，采用 FLAC 3.0 有限元差分数值模拟计算程序分析高韧性顶煤冒放性的特点。

一、数值模拟模型

计算模型将采场围岩系统简化为一平面应变系统，模型上方受垂直载荷 γH 作用，其中 H 为煤层基岩距地表高度，γ 为平均容重。

本次模拟主要是分析韧性的主要特征——弹性模量对顶煤冒放性的影响，因此，按弹性模量不同，建立三个模型，即：① 弹性模量 E 为 0.9 GPa；② 弹性模量 E 为 1.8 GPa；③ 弹性模量 E 为 2.7 GPa。

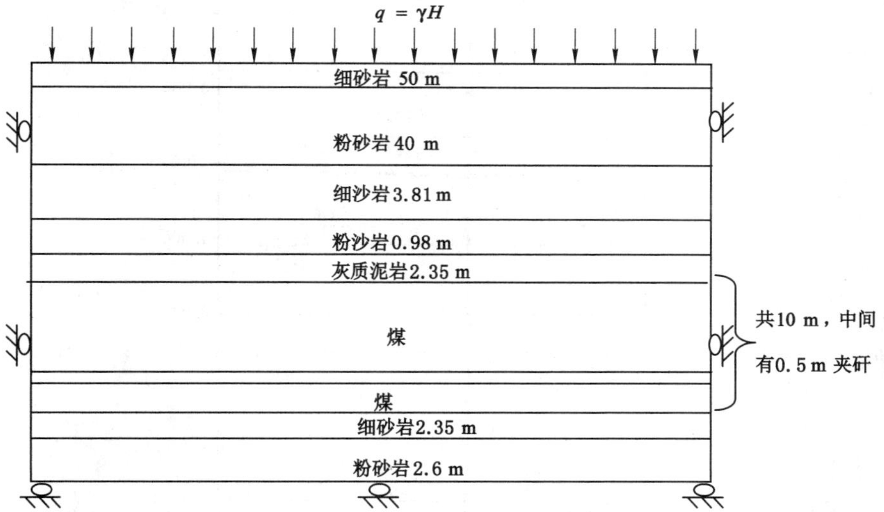

图 8-3　数值模拟数学模型

二、数值模拟结果及分析

通过用 FLAC 分析高韧性顶煤的冒放性，模拟结果如图 8-4 所示。

从图 8-4(a)可以看出，在 E 为 0.9 GPa 时顶煤悬顶比较长，达到了 50 m，且上位和下位顶煤都没有垮落；图 8-4(b)相比图 8-4(a)顶煤悬顶长度短，为 20 m；图 8-4(c)中悬顶分为两部分，靠近工作部分悬顶长度为 9 m，此部分顶煤基本没有垮落，另一部分为 20 m，只有上位 1.5 m 左右的顶煤没有垮落，下位 6 m 顶煤基本垮落。

从 FLAC 计算结果可以看出，弹性模量小的顶煤在破坏前的变形(弯曲)比

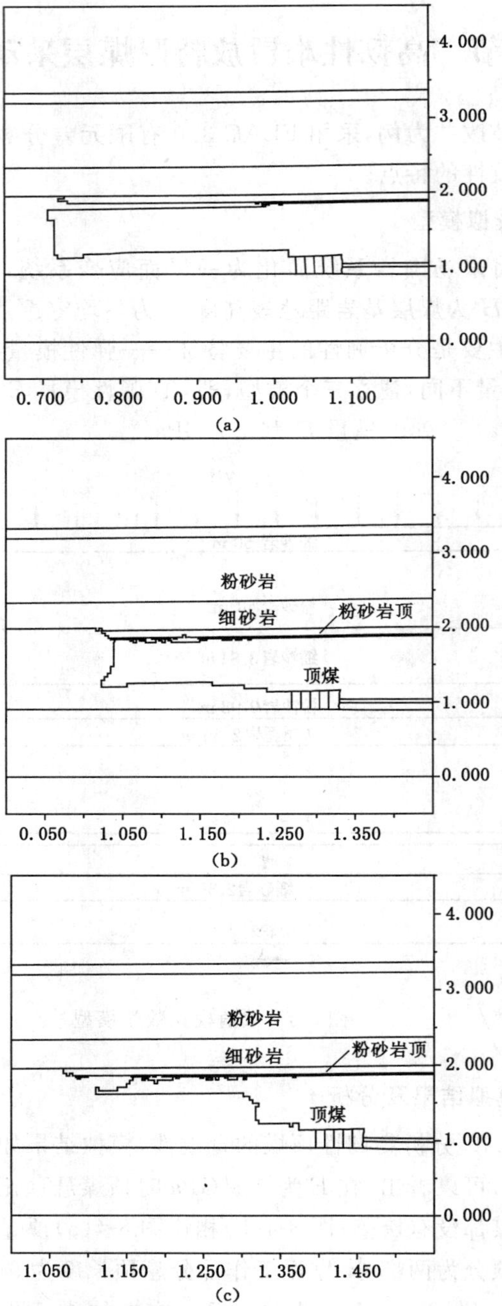

图 8-4 FLAC 模拟结果

(a) 顶煤弹性模量 $E=0.9$ GPa(测定值)；(b) 顶煤弹性模量 $E=2\times0.9$ GPa；
(c) 顶煤弹性模量 $E=3\times0.9$ GPa

较大,顶板不能对顶煤有足够的压裂作用,从而顶煤不能破坏,这是高韧性煤不易垮落的直接原因。从顶煤受到顶板的压力来看,在顶煤弹性模量为 0.9 GPa 时,顶煤中最大应力是 4 MPa,在距工作面煤壁 12 m 处应力降为零,如图 8-5 所示。

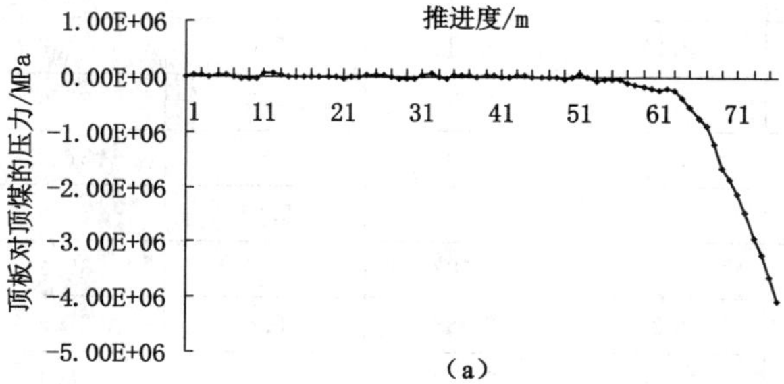

(a)

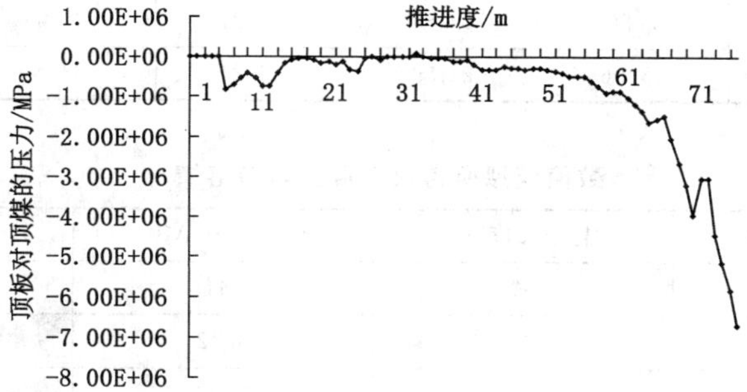

(b)

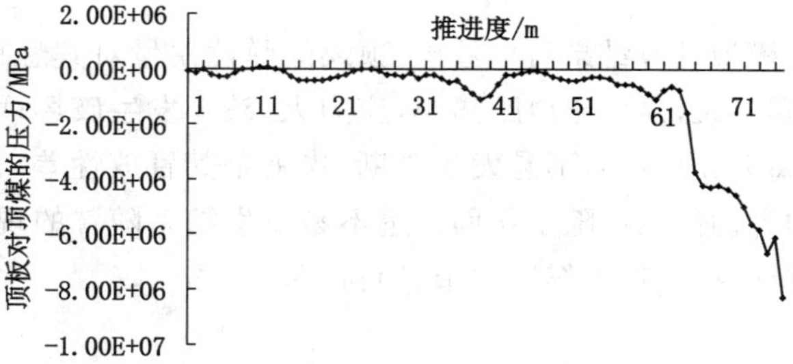

(c)

图 8-5 模拟顶板传递给顶煤的应力曲线

(a) 0.9 GPa 时顶板对顶煤压力曲线;(b) 1.8 GPa 时顶板对顶煤压力曲线;

(c) 2.7 GPa 时顶板对顶煤压力曲线

当顶煤的弹性模量为 1.8 GPa 时,顶煤最大应力为 6.72 MPa,离工作面煤壁 20 m 处压力降为零;而当弹性模量为 2.7 GPa 时,顶煤最大应力为 8.5 MPa,整个顶煤的压力都没有降为零。各岩层力学参数见表 8-11,主要模拟数据见表8-12。

表8-11　　各岩层力学参数

岩层	泊松比	弹性模量/MPa	密度/(kg/m³)	黏聚力/MPa	摩擦角/(°)	抗拉强度/MPa
粉砂岩	0.39	6.3	2 583	12.6	37.2	1.55
细砂岩	0.20	2.27	2 583	5.6	37.2	0.93
煤下	1.40	0.69	1 450	4.5	21.6	1.27
夹矸	0.29	3.3	2 583	8	37.2	1.55
煤	0.26		1 450	5.01	33.5	1.2
灰质泥岩	0.24	3.31	2 583	5.6	37.2	0.93
粉砂岩	0.24	7.31	2 583	5.6	37.2	1.55
细砂岩	0.29	15.56	2 459	15.21	38.4	3.21
粉砂岩	0.24	7.50	2 459	32.21	38.4	7.21
细砂岩	0.29	33.56	2 459	32.21	38.4	7.21

表8-12　　数值模拟所得顶煤应力与垮落情况

弹性模量 E/GPa	悬顶长度/m	最大压力/MPa	顶煤垮落情况
0.9	50	4	不好
1.8	20	6.72	较好
2.7	30(10)	8.25	好

由以上数值模拟计算结果可以看出，顶煤的弹性模量对其悬顶距离和应力有很大影响，弹性模量大，顶煤悬顶距离小，应力大，易于发生破坏；而当其弹性模量小时，其悬顶距离大、应力小，不易发生破断，也就是其冒放性差。可以看出，按前述指标所定义的高韧性顶煤随工作面推进不易发生随采随冒的现象，需采取人为措施改善其冒放性，提高这类煤层的顶煤回收率。

第四节　顶煤可控弱化技术

由于二煤层韧性大，节理裂隙不发育，顶煤属难冒煤层，根据可行性研究结果，需对顶煤进行弱化处理以及减小初采损失切顶处理。根据国内难冒厚煤层放顶煤开采实践，在二煤层综放试验工作面实施超前工作面顶煤预松动爆破对顶煤进行弱化处理。其特点是顶煤爆破弱化处理能与工作面生产实现平行作业，不影响工作面正常生产，有利于工作面实现高产。

综放试验工作面有一 F_6 正断层与其斜交，F_6 断层走向 220°，倾向 130°，倾角 85°,落差 5.3 m,断层斜交上平巷处落差为 3.2 m,同时工作面有 Y14 胶带巷、轨道巷等老巷穿过,对顶煤弱化的钻孔布置等预处理爆破工艺影响较大。针对综放试验工作面的具体情况,将工作面分成不同区域进行爆破,区域的划分如图 8-6 所示。

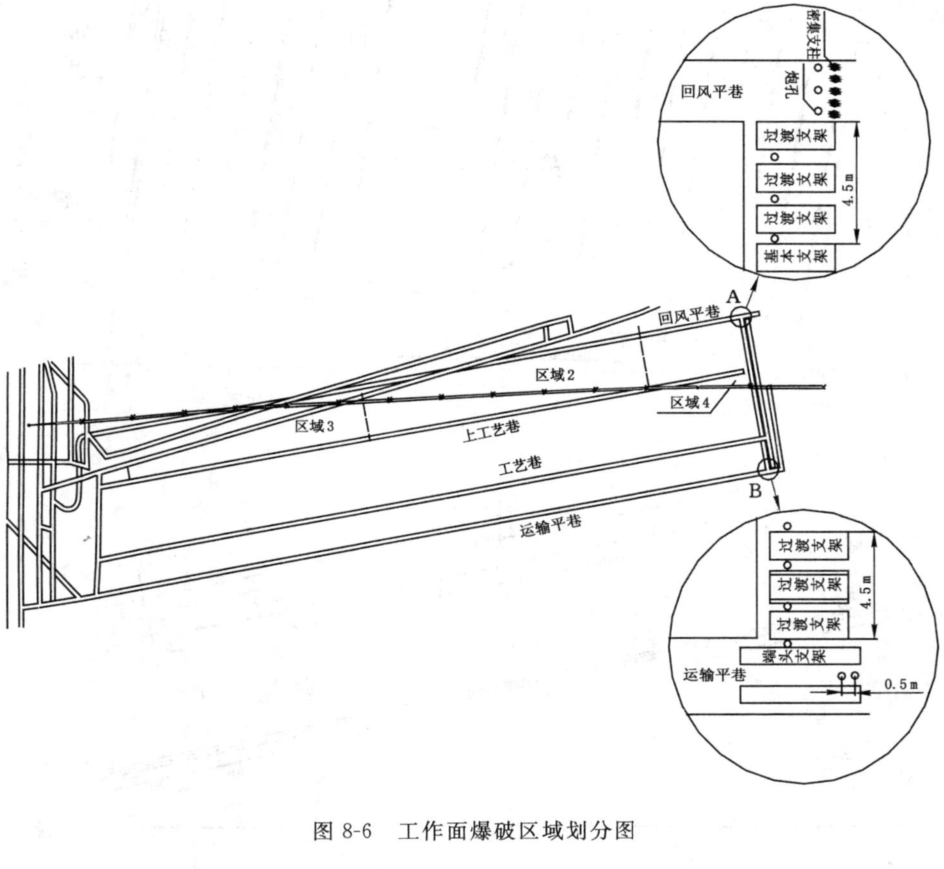

图 8-6　工作面爆破区域划分图

一、顺层平行深、浅孔联合爆破

区域 1 不受断层的影响,爆破孔的布置平面图如图 8-7(a)所示,剖面图如图 8-7(b)所示。炮孔深度为 40 m,倾角与煤层倾角一致,取 13°,布置双排孔,利用深孔爆破深部煤体,短孔爆破浅煤体(深孔封泥部分),长孔呈三角形布置,短孔亦呈三角形布置,长孔与短孔间隔布置,如图 8-7(c)所示。

区域 3 由于受 Y14 胶带巷与 Y14 轨道巷的影响,实施工艺上巷爆破,但炮孔深度随着走向长度的增加而线性减小(每 10 m 长度减小 1.0 m)。炮孔倾角与煤层一致,取 13°,布置双排孔,利用深孔爆破深部煤体,短孔爆破浅煤体(深孔封泥部分),长孔呈三角形布置,短孔亦呈三角形布置,长孔与短孔间隔布置。区域 3 炮孔

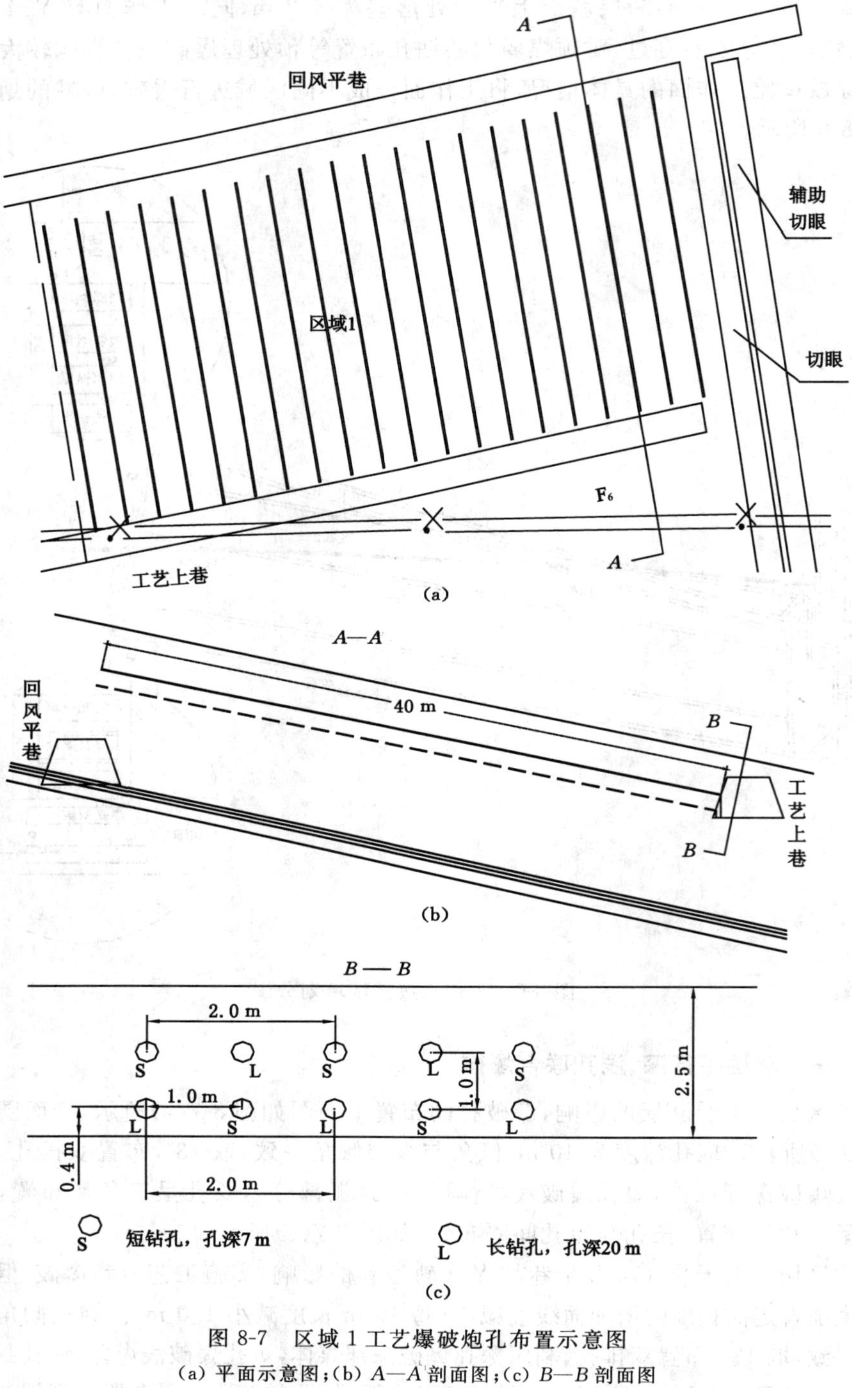

图 8-7　区域 1 工艺爆破炮孔布置示意图

(a) 平面示意图；(b) *A*—*A* 剖面图；(c) *B*—*B* 剖面图

布置与区域 1 相同(图 8-7),短钻孔孔深 2.5～7 m,长钻孔孔深10～40 m。

二、顺层水平、倾斜间隔深孔联合浅孔爆破技术

区域 2 工艺爆破炮孔布置方式如图 8-8 所示。

区域 2 由于受 F_6 断层影响,但单从煤层厚度方面考虑,断层落差相对较厚的顶煤,其落差不足以影响打孔的进行,只是钻孔穿越断层时,煤层比较破碎,影响成孔率和装药。因此虽然有断层影响,但仍旧在工艺上巷进行爆破施工,炮孔

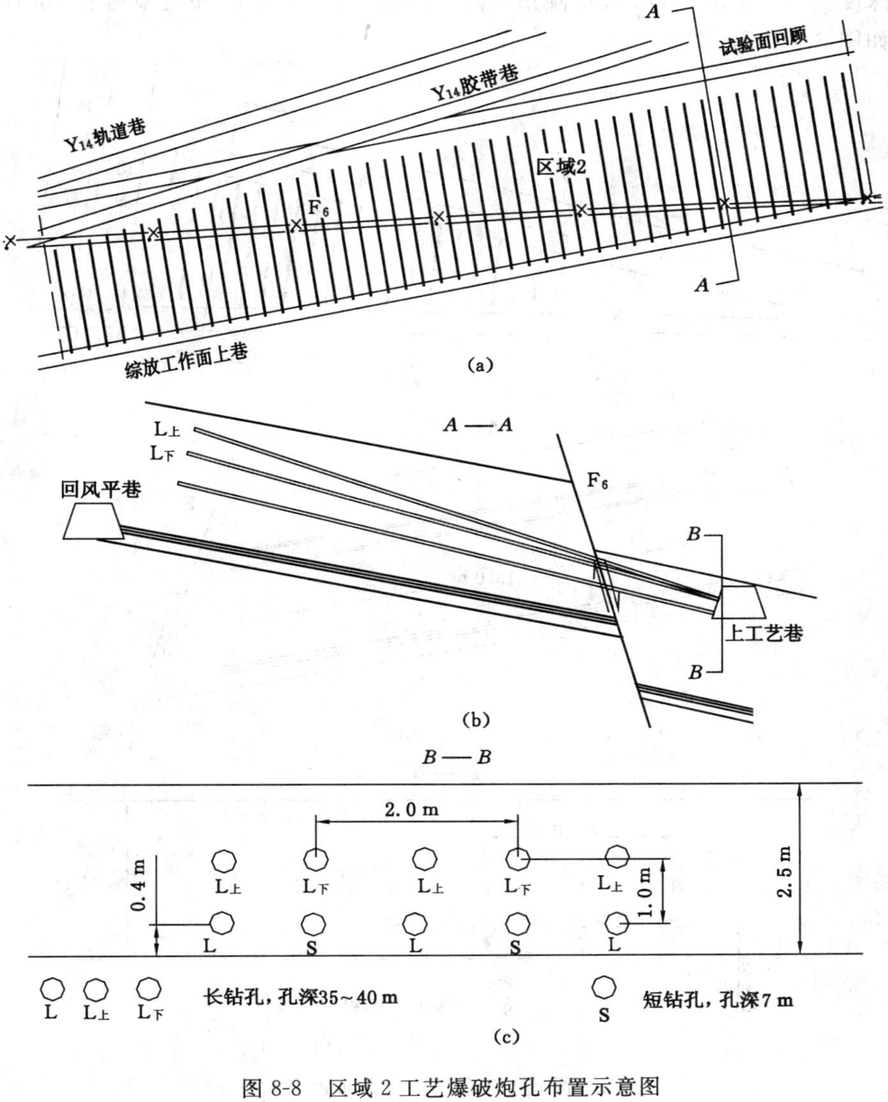

图 8-8 区域 2 工艺爆破炮孔布置示意图

(a) 平面示意图;(b) *A*—*A* 剖面图;(c) *B*—*B* 剖面图

深度 40 m，炮孔倾角为：下排孔角度与煤层倾角一致，取 13°，上排孔角度从 15°～19°不等。现场施工过程中，应根据实际情况对炮孔角度作实时调整。布置双排孔，利用深孔爆破深部煤体，短孔爆破浅煤体（深孔封泥部分），长孔呈三角形布置，短孔亦呈三角形布置，长孔与短孔间隔布置。

三、顺层平行浅孔爆破

区域 4 由于受 F_6 断层影响，其沿倾向煤体宽度较小，因此实施短孔爆破，炮孔深度为5～13 m 不等，炮孔倾角与煤层倾角一致，取 13°，布置双排孔，布置方式如图 8-9 所示。

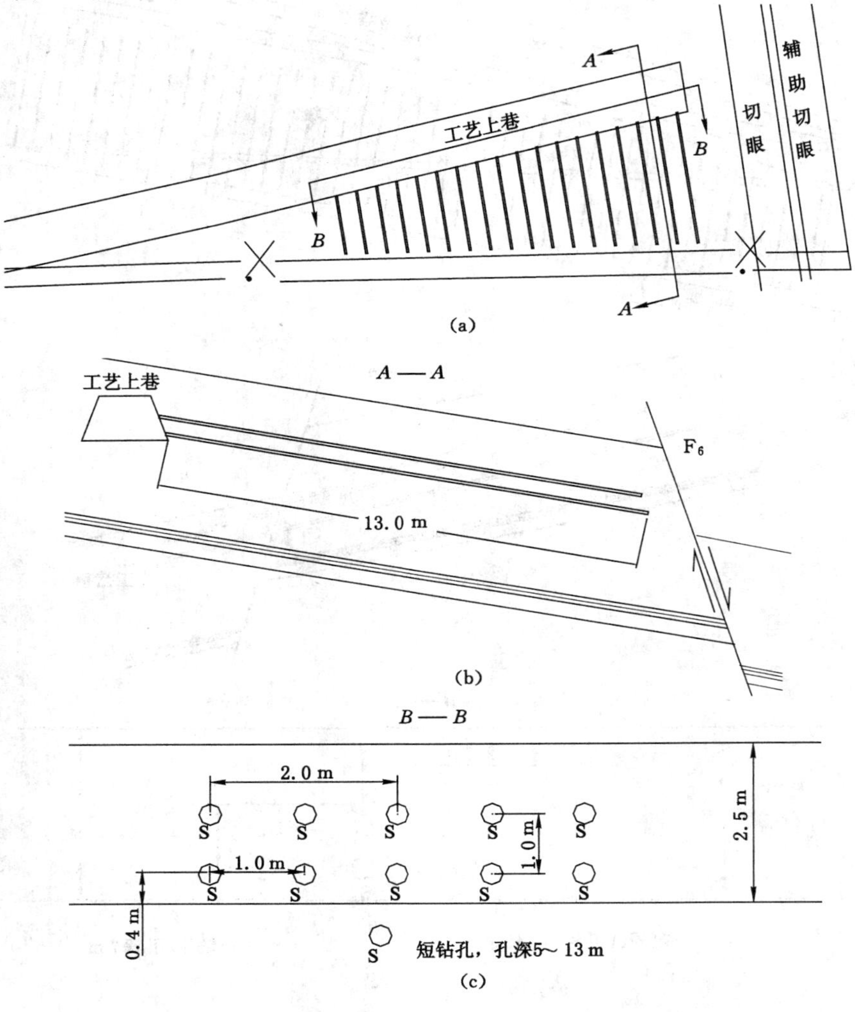

图 8-9 区域 4 工艺爆破炮孔布置示意图

(a) 平面示意图；(b) A—A 剖面图；(c) B—B 剖面图

区域 5 由于受 Y14 胶带、轨道巷的影响，沿倾斜方向煤体宽度较小，实施 Y14 胶带巷对 Y14 胶带巷与回风平巷煤体进行爆破不太经济，同时，中间还有 Y14 轨道巷，打眼时不好控制深度与角度，因此从安全与经济效益角度考虑，对区域 4 煤体进行架间松动爆破。

四、爆破参数

（1）炮孔间排距：确定炮孔排距为 0.72～1.44 m，试验工作面炮孔排距初步确定为 1.0 m，工作面回采过程中根据顶煤爆破效果进行调整。

（2）孔径：为了增大深孔爆破破坏范围，根据钻机能力和药卷直径及不耦合系数的要求，将炮孔确定为 ϕ60 mm（钻头 ϕ60 mm，钻杆 ϕ42 mm）。

（3）孔深及倾角：因为工作面有断层的影响，把工作面分为几个区域，区域的不同孔的深度不同，要根据被断层分割的不同区域来确定孔深。孔深最大的为 40 m，最小的为 6 m。

（4）装药不耦合系数：装药不耦合系数为 1.2～1.25。

（5）封孔长度的确定：炮孔深度为 20～40 m 的封孔长度为 7 m，炮孔深度为 7 m 的封孔长度为 2.5 m。

（6）起爆药量：按最安全条件考虑拟一次最大起爆药量 500～600 kg。

（7）装药量：钻孔的直径为 60 mm，线装药密度为 2.4 kg/m，每孔装药量为装药长度与装药线密度的乘积。最深孔的长度为 40 m，封泥长度为 7 m，装药长度为 33 m，所以最深孔的装药量为 79.2 kg，其他不同孔深的钻孔，其装药量可以通过装药长度和线装药密度来计算。

五、施工工艺

（1）钻孔：选用矿方提供的 KHYD75dIA 型煤矿用岩石电钻。

（2）装药：炸药使用石嘴山化工厂生产的煤矿许用安全乳化炸药，炸药为圆柱状，规格为 ϕ50 mm×250 mm，重 0.6 kg，线装药密度为 2.4 kg/m。装药工具使用矿方自制的木质接力杆，每节长度 1.2～1.5 m。炸药引爆使用煤矿许用安全防水导爆索和煤矿许用的 $8^{\#}$ 普通电雷管，并且使用双导爆索和双雷管进行起爆。

第九章　新型折返式缓坡斜井开拓方式与高效辅运技术

宁东煤炭基地煤层储量大，特厚煤层多，具有建设特大型现代化矿井的优势条件，必须考虑构建运速快、能力大、效率高、成本低、灵活性强、可实现不转载运输的无轨辅助运输系统。由于宁东矿区煤层埋藏相对神东矿区较深，很难实现平硐或斜硐开拓，为充分发挥无轨辅运系统的优点，必须创新开拓设计，实现辅运系统的高效便捷。宁东基地探索成功了无轨胶轮车高效辅运的折返式缓坡斜井开拓方案并进行了规模化应用，构建了高效、高可靠辅助运输系统[119]，实现了倾斜煤层条件下重型设备地面一井下工作面一站式整体长距离快速便捷运输。该技术在羊场湾、梅花井、枣泉、金凤等矿井得到了广泛应用，实现了从地面到井下工作面 7 000 m 以上的长距离一站式运输，运输效率大幅提高，取得了良好的应用效果。

第一节　新型折返式缓坡斜井开拓方式

羊场湾煤矿缓坡副斜井是宁东基地首个缓坡斜井，该斜井原设计倾角 16°，斜长 1 034 m，无法满足无轨胶轮车运输要求，因此需要新掘高效快速辅运井筒。

矿井一水平车场标高为＋1 058 m，工业广场地面标高为＋1 349 m，垂深为 291 m，＋1 058 m 水平以上煤层倾角一般在 8°～12°，＋1 058 m 水平以下煤层倾角在 0°～8°，新建副井有两种备选布置方式，分别为副立井布置和缓坡副斜井布置。

一、副立井方案

1. 副立井位置

位置位于现在工业广场副斜井附近，与地面辅助系统紧密衔接，十分便利，副立井井筒位于现有工业广场保护煤柱内，不需单独留设煤柱，＋1 058 m 辅助运输石门长 940 m，后期可作为开采下组煤的辅助运输巷道。地面不需新建场外连接公路，工业广场集中，管理容易。

2. 副立井井筒布置主要原则

满足综采支架及 8 t 以下无轨胶轮车整体下放,大件设备解体下放,井底车场设组装、换装硐室。

通过以上原则,按照井下运行设备、车辆的外形、重量等参数布置,副立井直径为 10.5 m,净断面 86.55 m^2,井筒垂深 320 m(含 30 m 井底水窝)。

二、缓坡副斜井方案

由于羊场湾煤矿上、下组煤层浅部露头除工业广场附近外,均布置有中、小型煤矿,根据开拓方式可布置缓坡副斜井的位置仅有一处,即工业广场东南侧,该位置为井筒保护煤柱范围,布置方式可分为一段倾斜和三段折返,一段倾斜与三段折返布置井巷工程量差别不大,但一段倾斜布置井口位置距现工业广场 1 600 m 左右,仍需场外公路联系,管理不便,因此,确定三段折返布置方式为缓坡副斜井方案,如图 9-1 所示。

井筒井口标高+1 347 m,井底标高+1 058 m,以 5.5°倾角分 3 段折返布置,上段+1 347 m~+1 270 m,斜长 803 m,+1 270 m 绕道 100 m,中段+1 270 m~+1 183 m,斜长 908 m,+1 183 m 绕道 100 m,下段+1 183 m~+1 058 m,斜长 1 302 m,全长 3 213 m,井筒间隔 300 m 设一处错车硐室,硐室长度 25 m。

井筒净宽 5.6 m,净断面 22.4 m^2,可满足小型车辆的双向行驶,大型车辆通过错车硐室满足车辆的会车。明槽段采用现浇砼支护,基岩段采用锚网喷及锚索支护,井筒铺设混凝土地坪。

三、方案一与方案二技术经济比较

1. 方案一主要优缺点

(1) 优点

方案一较方案二井巷工程量小,车辆运行时间短。

(2) 缺点

① 立井下放连续采煤机、采煤机、支架搬运车等超长、超宽设备、车辆需解体下放,在井下组装换装后方可运至工作面,井下组装连续采煤机、掘锚机等设备不仅安装困难,而且难以达到设备整体性能。井上下不仅不能实现连续运输,而且支架搬运车数量至少增至 4 辆才能满足支架搬运需要(地面 2 辆,井下 2 辆),较斜井方案增加 1 辆。

② 辅助运输环节多,设备占用台数多,设备管理复杂,故障率高。

③ 井筒直径大,提升设备重量大,提升设备管理复杂。

④ 副立井提升设备功率大,能耗高,操作及维护人员多,运营费用大。

2. 方案二主要优缺点

(1) 优点

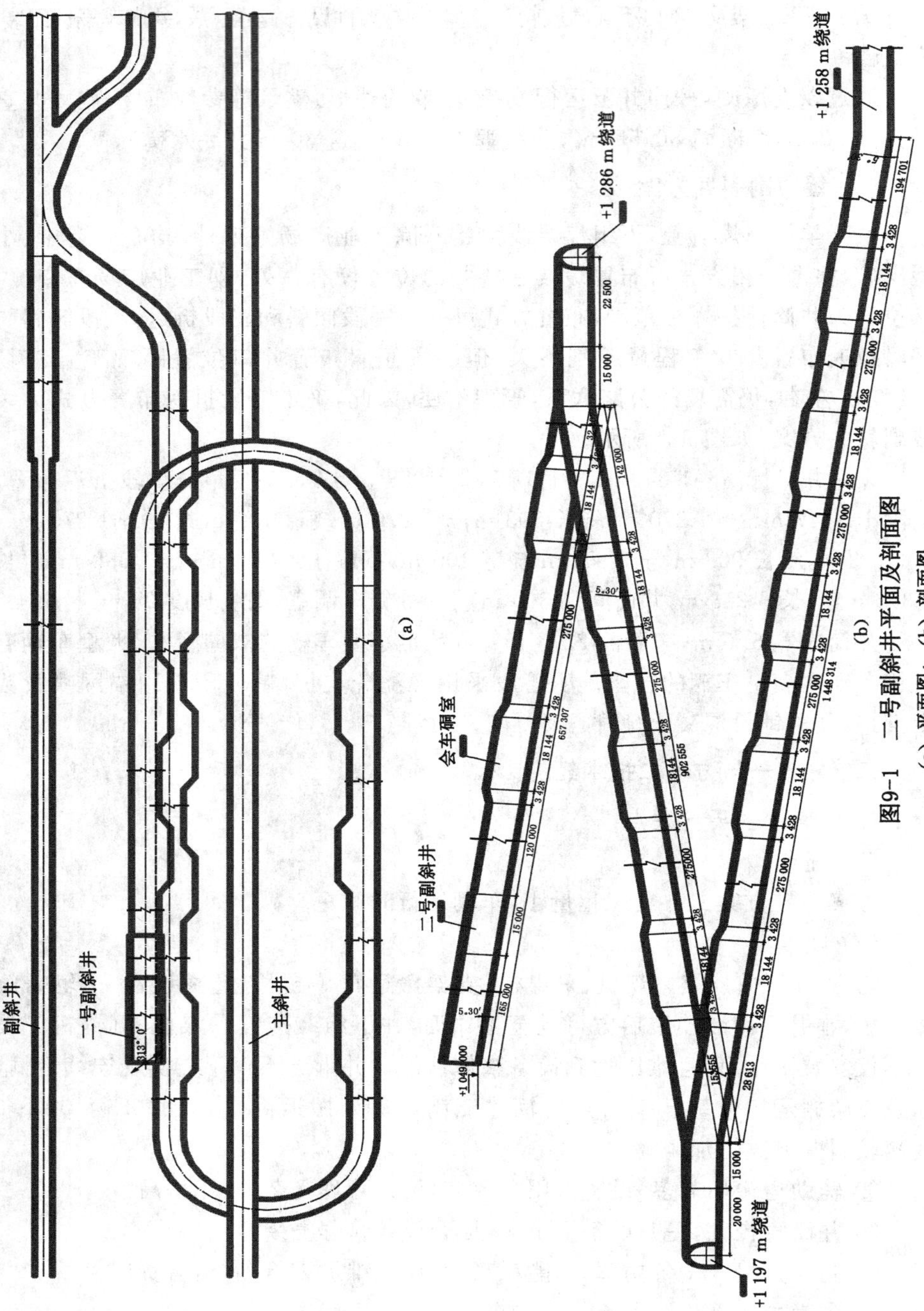

图9-1　二号副斜井平面及剖面图
（a）平面图；（b）剖面图

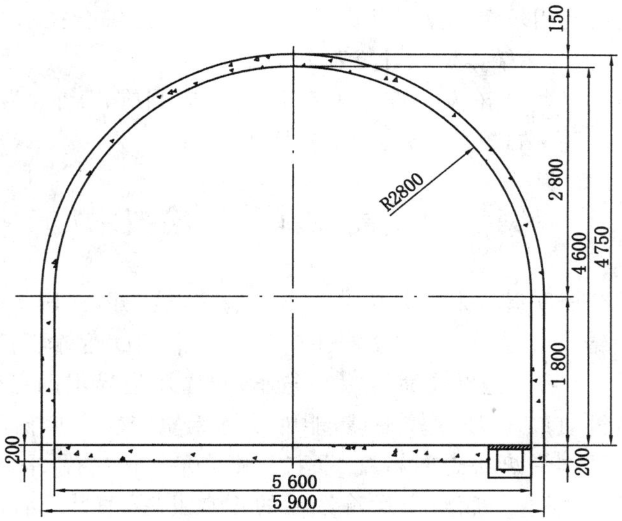

图 9-2　二号副斜井井筒布置

① 井下各种设备不需解体可接到达工作地点，系统简单，管理容易，用人少，辅助运输能力大。

② 无须提升设备，运营费用较低。

(2) 缺点

井巷工程量大，施工工期长。

3. 各方案可比部分井巷工程量及经济比较

方案一和方案二井巷工程量及经济比较见表 9-1。

表 9-1　　辅助运输方案比较表

序号	生产环节或费用名称	方案一(立井)	方案二(斜井)	增减值
一	井巷工程量(可比部分)/m	1 885	3 290	−1 405
二	投资/万元			
1	井巷工程	3 731.8	4 619.78	−887.98
2	土建工程	649.7	10.73	638.97
3	井筒设备及安装	2 283.16	0	2 283.16
4	合计	6 664.61	4 630.51	2 034.15
三	运营费(万元/年)			
1		305.65	77.58	228.07

虽方案二较方案一可比部分工程量多 1 405 m，但投资少 2 034.15 万元，副

立井方案年运营费用较缓坡副斜井高 228.07 万元。经综合技术经济比较，方案二为优。因此，辅助运输改造设计推荐方案二。

折返式缓坡斜井开拓方式在宁东矿区得到应用推广[120]，为辅助运输“地面—井下工作面”一站式快速便捷运输奠定了基础。

第二节 高效辅助运输技术

羊场湾煤矿辅助运输采用无轨胶轮车运输缓坡斜井，三段折返，坡度 5.5°，间隔 300 m 设错车硐室一处。通过＋1 058 m 水平辅助运输石门与 12 采区北翼辅助运输巷、12 采区边界辅助运输巷连通，北翼及边界辅助运输巷分别沿煤层等高线和向斜轴布置，坡度较平缓，能够发挥无轨胶轮车运输的优势。12 采区工作面走向基本沿煤层走向布置，平巷长度4 000 m 左右，平巷坡度 0°～7°，局部达 9°左右，能够满足胶轮车运输性能的正常发挥，使井下各工作面所需材料及矸石运输、人员运送从地面到井下由无轨胶轮车不经换装直接完成运输任务，简化现有有轨辅助运输系统。

图 9-3　无轨胶轮车

一、无轨胶轮车类型

根据牵引动力不同，无轨胶轮车可分为防爆柴油胶轮车和防爆蓄电池胶轮车两种，目前在国内神东和济宁矿区应用最为广泛。羊场湾煤矿井下辅助运输各种用途的设备类型如下。

1. LWC40T 型支架搬运车

LWC40T 型支架搬运车由澳大利亚约翰芬雷工程有限公司生产，最大载荷

40 t，可搬运重型液压支架或其他大型设备，主要用于采煤工作面安装、倒面或从工作面到井底车场(地面)之间的重型设备运输。

2. WC8 型防爆胶轮车

WC8 型防爆胶轮车由中国煤炭科学研究总院太原分院生产，负载能力 8 t，属工程车类，主要用于人员、材料、设备、矸石等的运输。

3. WqC4J 型防爆胶轮车

WqC4J 型防爆胶轮车由中国煤炭科学研究总院太原分院生产，负载能力 4 t，属改装型类，主要用于人员、材料、设备等的运输。

4. WqC2J 型防爆运人胶轮车

WqC2J 型防爆运人胶轮车由中国煤炭科学研究总院太原分院生产，双排座，载人 5 人，属工程指挥车，主要用于矿井管理人员、区队管理人员运输。

5. WqC20/2J 型防爆胶轮运人车

WqC20/2J 型防爆胶轮运人车由中国煤炭科学研究总院太原分院生产，单排座，载人 3 人，主要用于矿井生产人员运输。

二、无轨胶轮车运输系统配置情况

羊场湾煤矿总共配置无轨胶轮车 61 辆，其中指挥车 10 辆，负责运送人员；人车 16 辆，负责运送人员；三吨车 12 辆，五吨车 6 辆，八吨车 5 辆，运料车 5 辆，负责运送物料；洒水车 2 辆，负责巷道洒水降尘；铲板车 1 辆，负责搬运设备；炸药运输车 1 辆，负责运输爆炸物料；装载机 3 辆，负责掘进巷道倒渣。

无轨胶轮车可满足大型重型设备的搬运，如掘锚机组重量超过 90 t，可实现地面至掘进工作面的一站式运输，有效地保障了掘进面的装备、耗材等相关材料的快速、便捷运输，为井巷的快速施工提供了重要的辅助作用。

同时，无轨胶轮车也被广泛用于工作面重型设备的搬运，进而实现大型工作面的快速安装和搬家倒面，为全矿井的高效生产提供了有力的保障。

折返式缓坡斜井无轨胶轮辅运模式在羊场湾煤矿成功实施以后，在宁东煤炭基地得到了全面推广，为宁东基地千万吨矿井群和千万吨采煤工作面提供了强有力的技术支撑。

第四篇
复杂条件下千万吨级矿井安全保障技术

宁东煤田的开发受到煤层厚度变化大、倾角变化大（12°～45°）且易自燃、地层富含水且地质构造多等因素的制约。宁东基地开发之初，国内外尚无煤层倾角22°、采高达到6.2 m条件下的大采高工作面开采先例，也没有韧性指数达到9～11、厚度6～10 m以上的厚煤层综放开采的经验，同时工作面开采还面临着突水及自然发火等灾害的威胁，给千万吨级矿井的安全生产带来极大挑战。宁东基地开发过程中首次应用大规模液氮高效立体化防灭火成套技术[121]，破解了宁东煤田易自燃煤层防灭火难题；研发出基于千米定向钻进探放水技术的工作面顶板离层水防突技术体系，解决了工作面顶板离层水突水灾害防治难题，采用长距离大孔径定向钻孔施工技术及地面至煤层钻井抽采瓦斯技术大量抽采上覆卸压煤层的瓦斯及开采煤层采空区的瓦斯，有效降低被保护层的瓦斯含量和压力，保障了千万吨级矿井群的安全高效生产，成为开采规模增长最快的亿吨级煤炭基地之一。

第十章　立体化液氮防灭火技术

宁东煤田煤层易自燃，自然发火期极短(22 d)，对矿井安全生产影响极大。黄泥灌浆、凝胶、阻化剂等传统防灭火技术受缺水少土等条件和技术性能的制约，无法满足宁东基地特大型矿井安全生产需要；氮气防灭火降温效果较差，灭火周期长。液氮防灭火效果显著，但需要较为充足的液氮资源保证，同时井下贮装、运输较困难，目前仅处于试验及井下局部应用阶段。宁东基地创新的易自燃煤层液氮立体化防灭火技术，在国内外首次实现了液氮防灭火技术的规模化应用。利用大型煤自然发火实验台，真实地模拟宁东矿区主要开采煤层煤样自燃全过程，得出宁东矿区各主要开采煤层煤自燃特性参数，确定了采空区的“三带”范围和自燃危险区，并推断出了工作面的最小安全推进速度。结合宁东煤化工基地液氮副产品较为丰富的条件，针对液氮汽化形成气塞影响钻孔液氮灌注效率及现有注浆、注氮管路输送液氮(蒸汽)时易冻损的难题，突破了液氮直接灌注的技术瓶颈，研制了以缓冲罐为核心的地面/井下直注式液氮防灭火系统、液氮可控温式调节装置，实现了液氮大冷量高效率防灭火目的[122]，特别是在处理汝箕沟煤矿瓦斯爆炸(燃烧)导致全矿封闭事故时，应用液氮防灭火技术实现了12 d安全启封，灭火效率大幅提高。

第一节　特厚煤层自燃特征及参数计算

一、煤层自燃特性参数的计算方法

1. 耗氧速度

在实验条件下，松散煤体内的漏风强度恒定，且风流沿 z 轴方向均匀流动，根据传质学理论，煤体内氧浓度的一维稳态平衡方程为

$$\mathrm{d}c/\mathrm{d}\tau = -v(T) \tag{10-1}$$

式中　$\mathrm{d}c$——氧浓度变化量；

$v(T)$——温度为 T 时的耗氧速度，$\mathrm{mol/(s\cdot cm^3)}$；

$\mathrm{d}\tau$——时间变化量，其值为$\dfrac{S}{Q}\mathrm{d}x$，s；

$$\frac{Q\mathrm{d}c}{S\mathrm{d}x}=-v(T) \tag{10-2}$$

式中　Q——实验供风量，$\mathrm{m^3/s}$；

S——炉体断面积，$\mathrm{m^2}$。

煤体的耗氧速度与氧气浓度成正比，则

$$v(T)=\frac{c}{c_0}v_0(T) \tag{10-3}$$

式中　c_0——标准氧浓度，21%；

$v_0(T)$——标准氧浓度时的煤体耗氧速度，$\mathrm{mol/(s\cdot cm^3)}$。

把式(10-3)代入式(10-1)得

$$\mathrm{d}c=-v_0(T)\times\frac{Sc}{Q\cdot c_0}\mathrm{d}x \tag{10-4}$$

两边积分得

$$v_0(T)=\frac{Q\cdot c_0}{S\cdot(z_2-z_1)}\cdot\ln\frac{c_1}{c_2} \tag{10-5}$$

2. 放热强度

在实验条件下，炉体内风速很小，可近似认为通过碎煤的风流温度与煤温相同，仅考虑煤的氧化放热、传导散热和风流对流散热，忽略其他形式热交换，可得炉内中心轴处热平衡方程：

$$q(T)=\rho_e\cdot c_e\cdot\frac{\partial T}{\partial\tau}+\overline{Q}\cdot\rho_g\cdot c_g\cdot\frac{\partial T}{\partial z}-\lambda_e\cdot\left(\frac{\partial^2 T}{\partial r^2}+\frac{\partial^2 T}{\partial z^2}\right) \tag{10-6}$$

式中　λ_e——其值为 $n\lambda_g+(1-n)\lambda_m$；

c_e——其值为 $nc_g+(1-n)c_m$；

ρ_e——其值为 $n\rho_g+(1-n)\rho_m$；

T——煤温，℃；

$q(T)$——放热强度，$\mathrm{J/(s\cdot cm^3)}$；

τ——时间，s；

$\overline{Q}$——供风强度，$\mathrm{cm^3/(s\cdot cm^2)}$；

λ_e——煤体等效导热系数，J/(cm·s·℃)；

c_e——煤体等效比热容，J/(g·℃)；

ρ_e——煤体等效密度，$\mathrm{g/cm^3}$；

z——实验台径向和纵向坐标，cm；

ρ_m，c_m，ρ_g，c_g——实体煤与空气的密度和比热容；

n——孔隙率。

煤自燃过程中的氧化放热强度与氧浓度成正比，则

$$q_0(T)=q(T)\cdot c_0/c \tag{10-7}$$

式中　c——测点实际的氧浓度，%；

$q_0(T)$——标准氧浓度时的氧化放热强度。

3. CO、CO_2 气体产生速率

在实验台中，由于煤体的消耗，氧气浓度沿着风流方向不断减少，而 CO、CO_2 浓度不断增加。炉体内某一点处煤体 CO、CO_2 产生率与耗氧速率成正比，即

$$\frac{v_{co}(T)}{v_{co}^0(T)} = \frac{v(T)}{v_0(T)} = \frac{c}{c_0} \tag{10-8}$$

式中　$v_{co}(T)$——CO 产生速率，$mol/(cm^3 \cdot s)$；

$v_{co}^0(T)$——标准氧浓度时 CO 产生速率，$mol/(cm^3 \cdot s)$；

由式(10-8)可推得炉体内任意点的氧浓度：

$$c = c_i \cdot e^{-\frac{v_{O_2}^0(T)\cdot S\cdot n}{Q\cdot c_0}(z-z_i)} \tag{10-9}$$

式中　c_i——某已知点的氧浓度；

z_i——某已知点到入口的距离。

$$dc_{co} = v_{co}(T)d\tau, d\tau = \frac{dz}{u}, u = \frac{Q}{S \cdot n} \tag{10-10}$$

设高温点氧浓度为 c_1，到入口的距离为 z_1；其后一点的氧浓度为 c，到入口的距离为 z_2。积分得：

$$c_{co}^2 - c_{co}^1 = \frac{S.n.v_{co}^0(T)}{Q.c_0}\int_{z_1}^{z_2} c_1 . e^{-\frac{v_0(T).S.n}{Q.c_0}(z-z_1)} dz \tag{10-11}$$

得标准氧浓度时的 CO 产生速率为：

$$v_{CO}^0(T) = \frac{v_0(T) \cdot (c_{co}^2 - c_{co}^1)}{c_0 \cdot [1 - e^{-\frac{v_0(T)\cdot S\cdot n\cdot(z_2-z_1)}{Q\cdot C_0}}]} \tag{10-12}$$

同理 CO_2 产生速率为：

$$v_{CO_2}^0(T) = \frac{v_0(T) \cdot (c_{CO_2}^2 - c_{CO_2}^1)}{c_0 \cdot [1 - e^{-\frac{V_0(T)\cdot S\cdot n\cdot(Z_2-Z_1)}{Q\cdot c_0}}]} \tag{10-13}$$

式中　$v_{CO_2}^0$——CO_2 产生速率。

二、煤自燃特性参数实验测算结果

根据装煤量 1.5 t 的自然发火实验台所测的各点温度、氧浓度、CO 和 CO_2 浓度的分布，代入相应的公式，可测算出宁东矿区煤样在不同温度新鲜风流中的耗氧速度、放热强度及 CO、CO_2 产生率，放热强度与煤温的关系曲线如图 10-1 所示。

三、宁东矿区复杂特厚易燃煤层自燃极限参数分析

煤自燃的必要条件极限值称为煤自燃极限参数，主要有：最小浮煤厚度

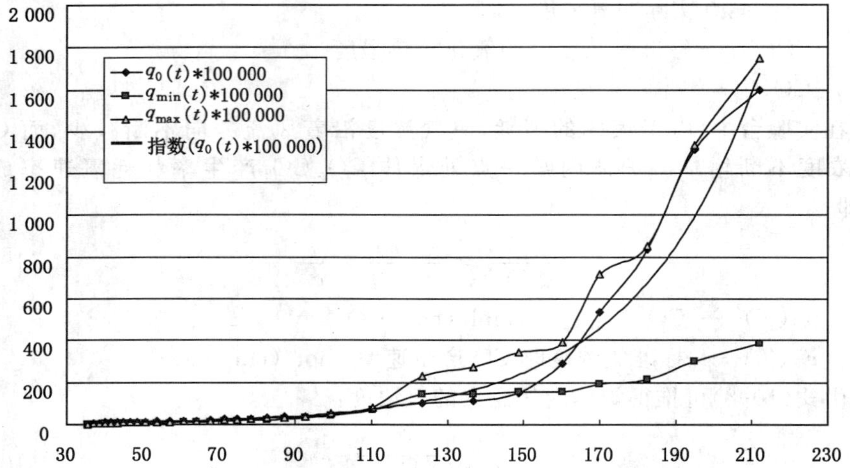

图 10-1　灵新矿 15[#] 煤层煤样放热强度与煤温的关系

$h_{\min}$，下限氧浓度 $c_{\min}$，上限漏风强度 $\overline{Q}_{\max}$，上限平均粒径$\overline{d}_{\max}$。

松散煤体自燃必须具备能够使散热强度小于放热强度的外界条件，即

$$(h > h_{\min}) \cap (c > c_{\min}) \cap (\overline{Q} < \overline{Q}_{\max}) \cap (\overline{d} < \overline{d}_{\max}) \qquad (10\text{-}14)$$

式中　c——松散煤体内氧浓度，%；

$\overline{Q}$——松散煤体内漏风强度，$cm^3/(cm^2 \cdot s)$；

h——煤体厚度，m；

$\overline{d}$——松散煤体平均粒径，cm。

1. 最小浮煤厚度

最小浮煤厚度的近似计算式为：

$$H_{\min} = \frac{\rho_g c_g \overline{Q}(T_c - T_y) + \sqrt{(\rho_g c_g \overline{Q})^2 (T_c - T_y)^2 + 8\lambda_e q_0(T_c)(T_c - T_y)}}{q_0(T_c)} \qquad (10\text{-}15)$$

式中　T_c——煤体温度，℃；

T_y——岩体温度，℃；

$q_0(T_c)$——煤温为 T_c 时的煤体放热强度，$J/(s \cdot cm^3)$。

若不考虑漏风带走的热量，则

$$h_{\min} = \sqrt{\frac{8 \times (T_c - T_y)\lambda_e}{q_0(T_c)}} \qquad (10\text{-}16)$$

浮煤堆积厚度是煤体热量积聚的先决条件，只有在满足所需厚度的基础上，才能考虑其他因素对蓄热环境的影响。

2. 下限氧浓度

下限氧浓度的近似计算式为：

$$c_{\min} = \frac{c_0}{q_0(T_c)}\left[\frac{8 \times \lambda_e(T_c - T_y)}{h^2} + \rho_g c_g \overline{Q} \cdot \frac{2 \times (T_c - T_y)}{h}\right] \tag{10-17}$$

式中　c_0——标准状态氧浓度。

3. 上限漏风强度

上限漏风强度的近似计算式为：

$$\overline{Q}_{\max} = \frac{h \times q_0(T_c)}{2 \times \rho_g c_g (T_c - T_y)} - \frac{4\lambda_e}{h\rho_g c_g} \tag{10-18}$$

4. 上限平均粒径

上限平均粒径的近似计算式为：

$$\overline{d}_{\max} = d_{\mathrm{ref}} \cdot \exp\left\{-\frac{a}{b} + \frac{\mathrm{div}(\rho_g c_g \overline{Q} T) - \mathrm{div}[\lambda_e \mathrm{grad}(T)]}{b \cdot q_0(T)}\right\} \tag{10-19}$$

在松散煤体一定厚度和漏风条件下，可求解出上限平均粒径$\overline{d}_{\max}$，只有当松散煤体平均粒径小于$\overline{d}_{\max}$时，才可能引起自燃。

第二节　特厚煤层采空区“三带”确定

一、复杂特厚易燃煤层采空区“三带”划分依据

采空区自燃“三带”包括散热带、氧化升温带和窒息带。在散热带，由于漏风速度较大，煤体表面对流换热量很大，此时尽管煤氧化放出大量的热，但热量很快被带走，因而煤温不会升高，不会发生自燃；窒息带内氧气浓度较低，煤氧化速度很慢，煤温也不会升高；只有在氧化升温带内，氧气浓度较高，漏风强度也较小，煤氧化放出的热量能够使温度上升。因而“三带”划分的依据为[123]：

散热带：

$$\overline{Q} > \overline{Q}_{\max} \tag{10-20}$$

窒息带：

$$c_{O_2} < c_{\min} \tag{10-21}$$

氧化升温带：

$$(h > h_{\min}) \cap (c_{O_2} > c_{\min}) \cap (\overline{Q} < \overline{Q}_{\max}) \tag{10-22}$$

二、采空区自燃危险区域划分方法和步骤

采空区自燃危险区域划分方法和步骤如下[127-129]：

(1) 根据实际条件，确定出采空区浮煤厚度分布等值线及厚度分布图。

(2) 根据工作面压力分布、采空区“两道”压力分布及氧气浓度分布，模拟出采空区漏风强度和氧气浓度分布，画出其等值线平面图。

(3) 现场实测空气和岩石温度 T_y，T_g 值和漏风强度等，实验测定煤不同温度下的氧化放热强度 $q_0(T)$，运用极限参数计算公式可计算出不同浮煤厚度、不

同煤温 T_m 和不同距离 x 时的三维极值 $h_{min}(T_i,\overline{Q_j},\overline{x})$，$c_{min}(T_i,h_j,x_k,\overline{Q_k})$ 和 $\overline{Q_{max}}(T_i,h_j,x)$，根据计算出的三维值取其某一温度的极大值，即：

$$\left.\begin{cases}h_{min}(\overline{Q}_i)=\max[h_{min}(T_1,x_1,\overline{Q}_i),h_{min}(T_2,x_2,\overline{Q}_i),\cdots,h_{min}(T_i,x_i,\overline{Q}_i),\cdots]\\c_{min}(h_i)=\max[c_{min}(T_i,x_1,h_1,\overline{Q}_1),c_{min}(T_i,x_2,h_2,\overline{Q}_2),\cdots,c_{min}(T_i,x_i,h_i,\overline{Q}_i),\cdots]\\\overline{Q}_{max}(h_i)=\min[\overline{Q}_{max}(T_i,x_1,h_1),\overline{Q}_{max}(T_i,x_2,h_2),\cdots,\overline{Q}_{max}(T_i,x_i,h_i),\cdots]\end{cases}\right\}$$

（4）将采空区浮煤厚度等值线平面图、氧气浓度分布等值线平面图和漏风强度分布等值线平面图绘在一起，把 $h=h_{min}(\overline{Q}_i)$、$c=c_{min}(T_i)$、$\overline{Q}=\overline{Q}_{max}(T_i)$ 的等值线在图上标出，则可知采空区散热带、氧化升温带和窒息带，并可得到氧化升温带的宽度 L_x。

（5）根据采空区氧化升温带的宽度 L_x，得出最大氧化升温带宽度 $L_{max}=\max\{L\}$，并计算出工作面极限推进速度 v_{min}，然后根据实际推进速度 v 是否大于极限推进速度 v_{min}，确定采空区是否有自燃危险性。再根据工作面推进速度和最短自然发火期计算出能引起自燃的氧化升温带最小宽度 $L_{xmin}=v\cdot\tau_{min}$，即可知采空区自燃危险区域，$L_x>L_{xmin}$。其中，工作面极限推进速度按下式计算：

$$v<\left(v_{min}=\frac{L_{max}}{\tau_{min}}\right) \tag{10-23}$$

式中 v_{min}——工作面极限推进速度，m/d；

L_{max}——工作面氧化升温带最大宽度，m。

三、采空区现场观测方案

（一）采空区测点布置

采空区的气体成分采用埋设束管进行测定，如图 10-2 所示。

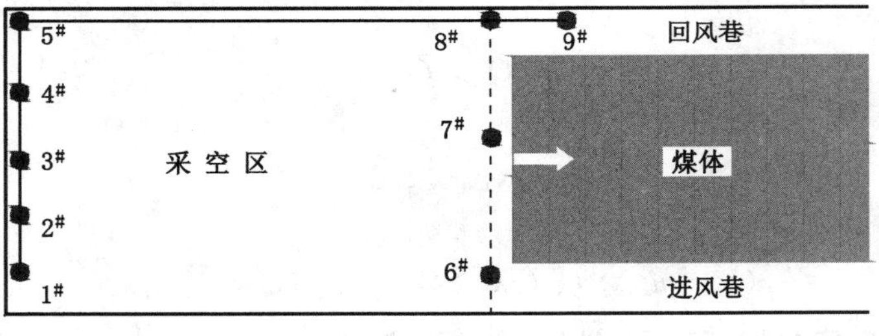

图 10-2 采空区观测点布置图

束管在铺设过程中使用 2 英寸钢管作为保护套管，为了便于区分不同测点，采用了 5 种不同颜色束管，束管直径 8 mm，端头使用过滤式设施。每根束管负责一个测点的气样，为了防止采空区积水堵塞束管，探头抬高 0.5 m 以上，同时在探头外用留有孔的铁箱罩住，以防挤压，测温探头与束管端口平齐，引线从 2 英寸的钢管内拉出，如图 10-3 所示。

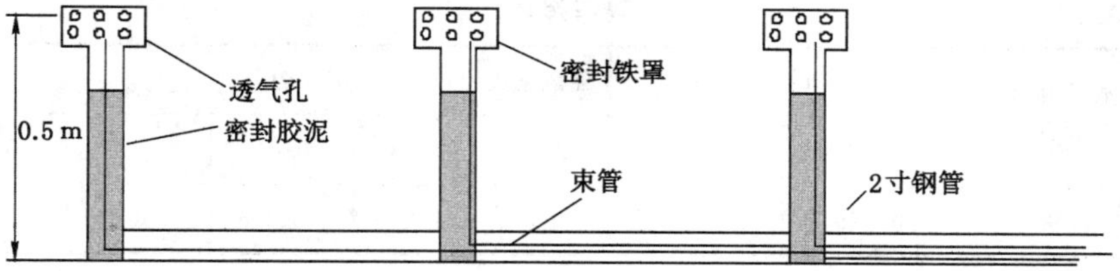

图 10-3　观测点探头布置图

（二）磁窑堡矿 W1714 综采面煤自燃“三带”划分及危险区域判定

1. 采空区氧气浓度分布规律

根据现场采空区监测结果，对 W1714 采空区氧浓度分布规律进行等值划分，其结果如图 10-4 所示。

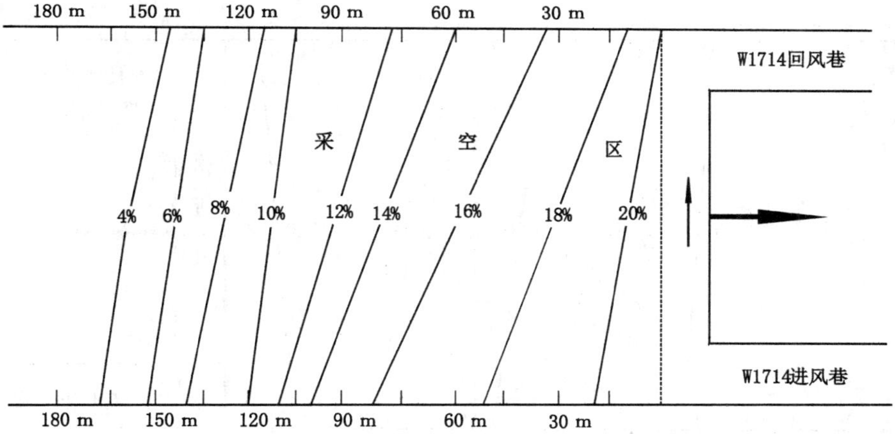

图 10-4　W1714 采空区氧浓度分布等值线图

2. 采空区漏风强度分布规律

通过实验测定的煤样耗氧速度及现场观测有关参数，可以计算出极限浮煤厚度、下限氧气浓度及极限耗氧速度，见表 10-1～表 10-3 和图 10-5。

表 10-1　　**下限氧气浓度表**

放热强度/[J/(cm³·s)]	漏风强度/[cm³/(cm²·s)]	浮煤厚度/m			
		0.4	0.5	0.8	1
$q_0(20)$	0.01	23.1%	14.8%	5.8%	3.8%
	0.2	26.6%	18.3%	9.4%	7.4%
	0.4	35.7%	29.3%	20.3%	18.2%

表 10-2　　极限浮煤厚度表

放热强度/[J/(cm³ · s)]	漏风强度/[cm³ /(cm² · s)]						
	0.002	0.004	0.007	0.008	0.01	0.2	0.4
$q_0(20)$	0.425 m	0.431 m	0.441 m	0.444 m	0.451 m	1.36 m	2.54 m

表 10-3　　极限漏风强度表

放热强度/[J/(cm³ · s)]	浮煤厚度/m				
	0.5	0.8	1	1.5	2
$q_0(20)$	0.024	0.094	0.133	0.224	0.31

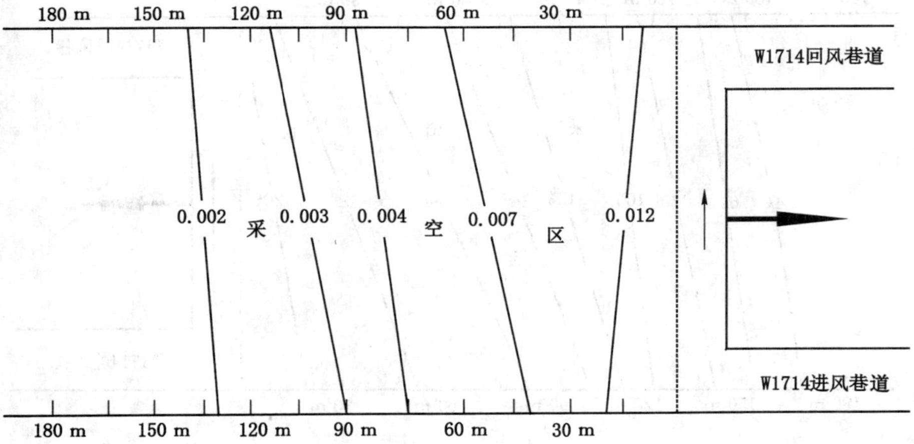

图 10-5　W1714 采空区漏风强度等值线图

3. 磁窑堡煤矿采空区自燃“三带”的确定

根据现场观测数据计算得到采空区浮煤厚度分布、氧气浓度和漏风强度分布，然后将采空区内下限氧气浓度 $c_{\min}$、上限漏风强度 $\overline{Q}_{\max}$ 绘制成等值线，并将其绘制在同一张平面图上，即得到采空区自燃“三带”分布图，如图 10-6 所示。上限漏风强度的曲线对应散热带和氧化升温带的边界，下限氧浓度的等值线对应窒息带和氧化升温带的边界。由图 10-6 可知：实际观测采空区进风侧氧化升温带宽度约 95 m，散热带宽度为 35 m；采空区回风侧氧化升温带宽度约 100 m，散热带宽度为 10 m，中部氧化升温带宽度约 75 m，散热带宽度约为 25 m，见表 10-4。

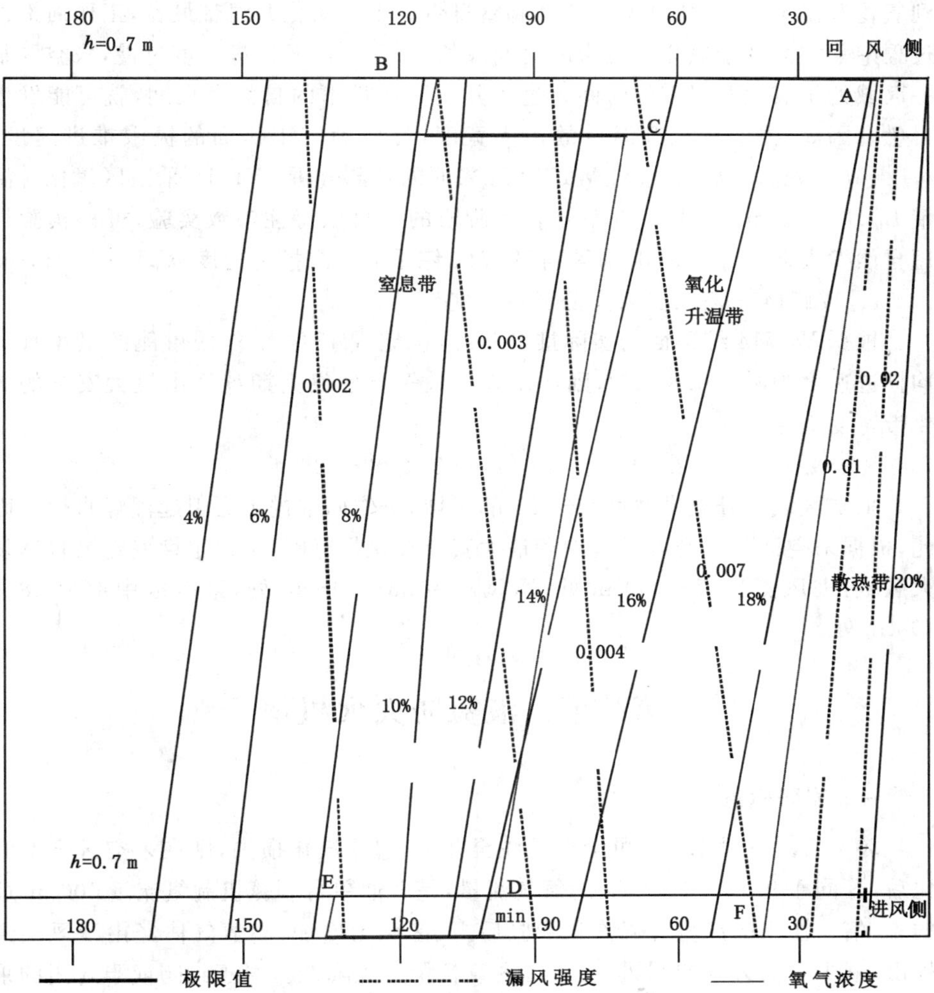

图 10-6　采空区自燃“三带”分布变化图

表 10-4　　**采空区氧化“三带”划分表**

划分地段	散热带	自燃带	窒息带
进风巷采空区	0～35 m	35～130 m	＞130 m
综采面采空区	0～25 m	25～100 m	＞100 m
回风巷采空区	0～10 m	15～115 m	＞115 m

4. W1714 综采面极限推进速度确定

随着工作面的推进，采空区内“三带”存在着动态变化。原散热带逐步移动到氧化升温带，原氧化升温带移动到窒息带。由于氧化升温带最宽，工作面推进过程中采空区处于氧化升温带的时间最长，一旦工作面推进速度过慢，采空区某一区域处于氧化升温带的时间超过了其实际条件下的自然发火期，就可能发生自燃。因此，根据氧化升温带的最大宽度，可以确定工作面的极限推进速度：$v_{\min}=L_{\max}/\tau_{\min}\cdot k$。通过对 W1714 综采面的观测分析，W1714 采空区氧化升温带 $L_{\max}=100$ m，$k=1.2$，同时结合下阶段的煤自燃特性参数实验，可得实验最短自然发火期 $\tau_{\min}=28$ d，则得到 W1714 综采面极限推进速度 $v_{\min}=2.97$ m/d。

5. W1714 采空区自燃危险区域确定

根据 W1714 综采面的实际推进状况，确定 W1714 工作面可能的最小日平均推进速度为 $v_0=0.8$ m/d，则运用煤层最短自然发火期计算出最大安全的氧化带宽度 L_0：

$$L_0=\tau_{\min}\times v_0=0.8\times 28=22.4\ \text{m}$$

采空区氧化升温带宽度小于 L_0 的区域，工作面推进不会引起浮煤自燃。因此，根据采空区氧化升温带范围和最大安全氧化带范围，可以定性确定易自然发火区域：进风侧为57～130 m 处，回风侧为 33～115 m 处，采空区中部为 48～100 m 处。

第三节　液氮防灭火机理

一、膨胀驱氧

20 t 液氮一般 1.4 h 可全部灌注至井下，忽略汽化损失，则在采空区全部汽化后，等同于 $9.1\times10^3\ \text{m}^3/\text{h}$ 的氮气流量，是普通单台制氮机制氮流量 600 m^3/h 的 15 倍。注入的液氮升温汽化膨胀后，火区压力增加，高氧气体经由漏风通道排出，减少了向火区的漏风，使火区内氧含量大大降低。对于封闭或半封闭的采空区而言，从理论上讲，注入液氮后增加了其注入空间内混合气体的总量，能够减少封闭区内外之间的压力差，从而起到减少封闭区外部向内部漏风的作用。

二、蒸汽雾化

由于液氮自身的膨胀系数和迅速汽化的特性，液氮在其释放口汽化吸热，使得液氮释放口周围形成低温区，水蒸气受冷凝结形成液态的水，微小的液滴看起就像云雾(图 10-7)，凝结的水珠附着在煤表面蒸发时吸收热量。低温液化氮气云团与空气中水分交互作用，在一定时间和区域内，其行为特征具有明显的重气扩散特点，尤其是空气中湿度比较大的时候，液氮蒸汽雾化现象更为显著。

采空区在存在热源(火源)的情况下，注入氮气受热源(火源)热风压的作用，氮气不能直接接触热源(火源)根部，会在热源(火源)高温区附近发生绕流现象，

图 10-7　液氮使得出口周围的水汽雾化

防灭火效率极大地受到限制；而向采空区注入液氮，液氮汽化吸收大量的热量，产生大量的液氮蒸汽，液氮蒸汽携带采空区中被凝结的水蒸气，与采空区热源（火源）产生的热风压产生热交换，对热源（火源）具有主动式抑制作用，逐步吞噬热源（火源）范围。

三、重气沉降

液氮在注氮口释放时，由于温度较低，密度较周围空气偏大，所以其扩散行为属于“重气云团扩散”，温度场向下运移速度快，因此，在注氮口的中下部温度降低更为明显。

第四节　液氮立体化防灭火技术及装备

一、液氮可控温式防灭火技术

现有的防尘管路、灌浆管路、瓦斯抽采管路等，大都通往工作面，液氮防灭火技术可以直接利用现有的管路灌注液氮，由于连续灌注液态氮到达火区，液氮温度过低，对输送管路的要求高，普通管路极易被冻裂（图 10-8），工作面的支架也极易冻坏，妨碍注氮；温度太高等同于常态的氮气，失去了液氮的降温性能，防灭火周期长。因此，在煤矿防灭火输送液氮过程中，实现液氮温度的可控式调节，已成为液氮防灭火技术中一个亟待解决的问题。

利用传热学原理，自主研制了一种矿用可控温式液氮防灭火装置，其原理图如图 10-9 所示，可以实现液氮出口温度的分级调控。

液氮流过两级（或者以上）换热细管，压风管路、井下自然风或局部通风机提

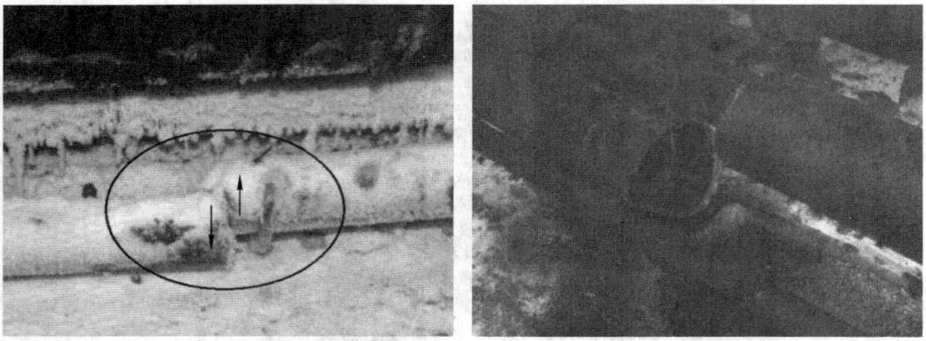

(a) (b)

图 10-8 井下由于冷缩应力冻坏的管路

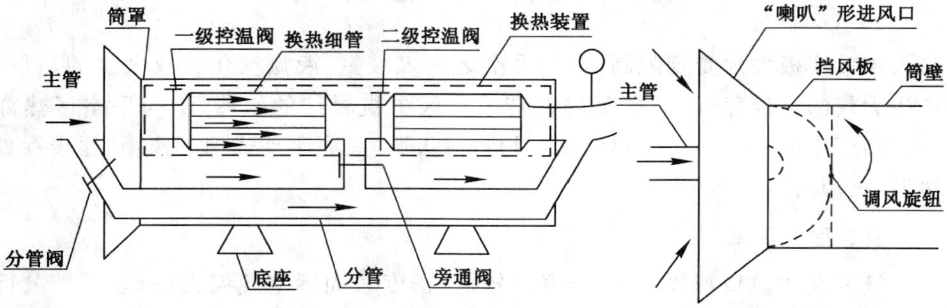

(a) (b)

图 10-9 可控温式汽化装置原理图

(a) 整体结构图;(b) 筒罩的侧视图

供的风流由筒罩喇叭形的进风口进入,经过换热细管外表面,在换热细管处与液氮充分对流换热,通过与调风手柄相连接的连杆机构来调节两片挡风板的角度,以达到控制风量的目的,两片挡风板可以向左侧开启,且在可调范围内的任意位置均可固定。在换热装置与分管并联节点后的主管路上装有温度计,用于测量管路内液氮流体的温度,测得的温度值作为温度调节的依据。如果所测温度高于要求值,则可采取以下措施:将筒罩左侧开口减小,使进入其中的风量减小。将一级控温阀、旁通阀打开,二级控温阀、分管阀关闭,使液氮只通过一级散热细管。如果此时测得的温度仍高于要求值,只将分管阀打开,其他阀门关闭,使液氮只流经主管和分管,减少换热量,从而使温度降到要求值。如若换热管长时间流经液氮,表面结霜,影响换热效果,也可使液氮只流经主管和分管,达到消霜的目的。若温度低于要求值,则以上调控步骤反过来调节即可。通过对液氮所流经管路长度及筒罩开口大小的调节,可以在保证灭火所需低温的前提下,不对液氮输送管路及火区附近的设备造成破坏。

为考察可控温式汽化器温度分级调控的效果，构建了实验室系统（图10-10），在液氮罐出口压力为0.03 MPa，流量为1 L/min的同等实验条件下，可控温式汽化装置调控液氮管路出口温度的结果，如图10-11所示。

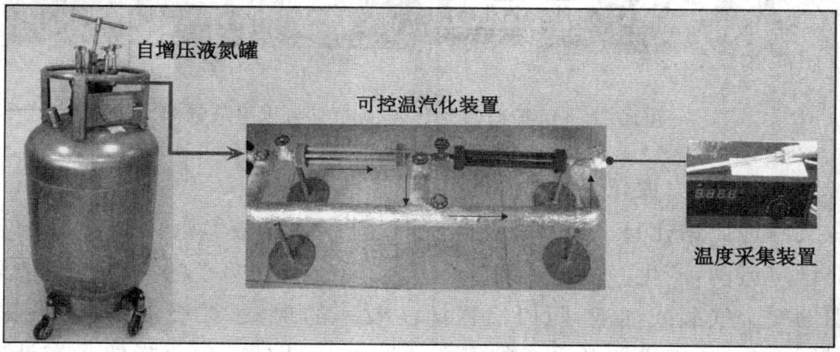

图10-10　分级控温模拟实验系统

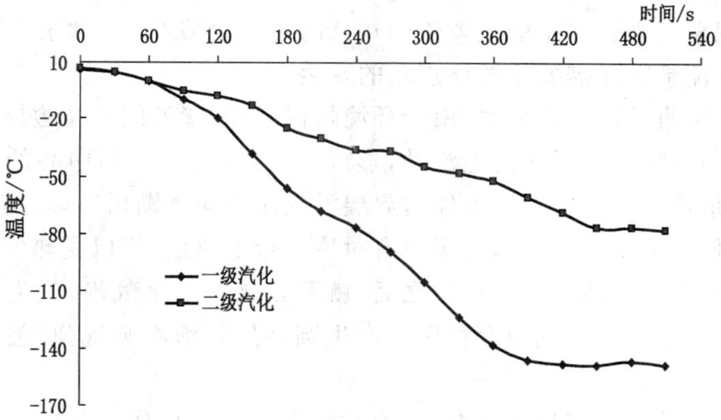

图10-11　可控温式汽化装置调控液氮出口温度

由图10-11看出，在相同的时间后，采取一级汽化装置，液氮最终出口温度为－148 ℃，采取二级汽化装置后，液氮的最终出口温度为－78 ℃，控温效果显著。图10-12为可控温汽化装置煤矿现场使用示意图。

二、地面钻孔直注液氮防灭火技术

直注式即将液氮直接灌注入火区。通过地面钻孔直接灌入火区或者将液氮装入专用的矿车储槽，然后输送到井下的使用地点，再将矿车储槽连接至压送设备，液氮借助增压器或者自身的压力，沿管路注入火区。按照注氮地点可分为地面钻孔直注式和井下直注式。此种注入方法，液氮以低温注入火区内，蒸发吸

图 10-12　可控温汽化装置煤矿现场使用示意图

热,冷却火区的能力大,灭火效率较高。

在实施地面钻孔直注式液氮防灭火技术时,由于液氮汽化形成气液两相流,造成非稳定流动,产生"气塞"或者"间歇泉"现象。气塞指的是管道中能阻止液体流动的一个气囊或气泡,阻碍液氮灌注效率的现象,在极端情况下还会产生"间歇泉"现象,危害管路及系统的安全。所谓"间歇泉"现象指的是在液氮沿竖直的长管道(指长径比达到一定值)向下输送过程中,由于液体汽化会产生气泡,而且随着气泡的增多气泡之间会发生聚合,最后把液氮反向挤出管道入口而产生的喷发现象。当管路中的流体流速较低时可能会发生"间歇泉"现象,但只有在流体停止流动时才需要注意该现象的发生。

液体在竖直管路中流动时,由于环境热侵,近管壁处的流体边界层受热密度减小,在浮力作用下会反向向上流动,形成热流体边界层,而中心的冷流体向下流动,二者形成对流作用。热流体边界层沿主流方向逐渐增厚,直至完全阻挡住中心流体,使对流停止,此后,由于没有对流来带走热量,所以受热区液体温度上升很快,在液体温度达到饱和温度之后,就开始沸腾产生气泡,气泡由于浮力而上升,随着气泡的增多,气泡会积聚而产生圆柱形气泡泰勒气弹,使得气泡的上升速度变缓。

由于竖直管路中气泡的存在,气泡黏性剪切力的反作用会减小气泡底部的静压,静压的减小又会使得剩余液体过热,从而会产生更多的蒸汽,这又会反过来使静压更低,如此相互促进,达到一定程度,会产生大量的蒸汽,出现液体携带着闪蒸的蒸汽反向喷出管路的情况,这就是有些类似于爆炸的"间歇泉"现象,如图 10-13 所示。

一定量的蒸汽夹带着液体喷射到储槽的上部空间会引起储槽空间整体温度的剧烈变化,从而引起压力的剧烈变化,当压力波动处于压力峰谷时,有可能使储槽处于负压状态,压力差的作用会导致系统的结构损坏。在蒸汽喷发后,管内压力迅速下降,液氮由于重力作用重新注入竖直管路,高速的液体将会产生类似于水锤的压力冲击,这对系统的冲击很大。

输送管内的气泡来自于液氮在管道壁面上的蒸发。由于输送管路具有一定

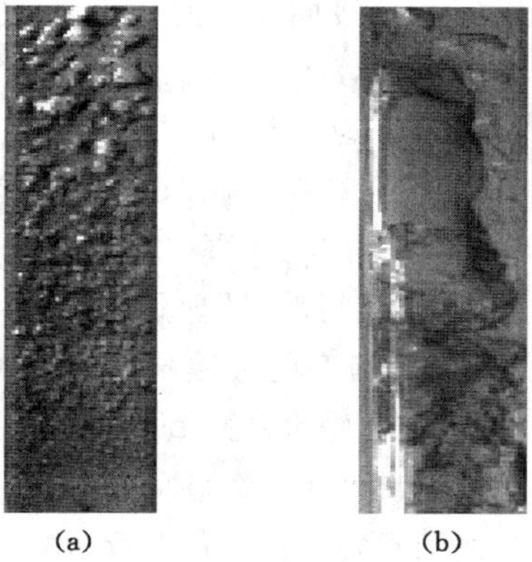

图 10-13　可视化管路里观察到的液氮流动及汽化过程

(a) 泡状流；(b) 弹状流

的隔热作用，管路漏热量不大，管道壁面上的沸腾模式一般为核态沸腾，需要注意的是脱离壁面的弥散汽泡在上升过程中逐渐聚合成更大的汽泡，当汽泡直径增大到接近管道内径时，由于受到管道壁面的限制，汽泡在管道半径方向的尺寸将不能继续增长，而是被逐渐拉长。因此，可以认为当汽泡直径略小于管道内径时即完成了弥散汽泡向弹状汽泡的转变过程。

地面液氮防火系统如图 10-14 所示。

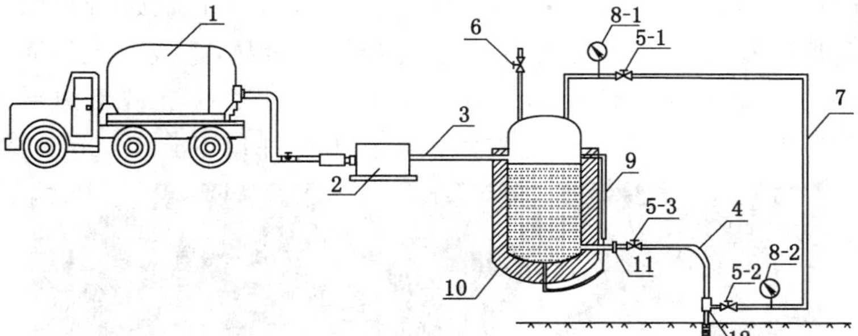

图 10-14　地面直注式液氮防灭火系统

1——液氮槽罐车；2——往复式低温液体泵；3——低温液体输送软管；4——真空低温绝热管；5-1——氮气出口减压阀；5-2——终端减压阀；5-3——缓冲罐出口液氮减压阀；6——泄压阀；7——氮气输送管；8-1——前压力表；8-2——后压力表；9——液位计；10——缓冲罐；11——真空法兰；12——三通阀；13——聚氨酯封孔段；14——注氮管

综上所述，在采取地面钻孔直接向火区灌入液氮，进入管路的泵送液氮由于受热后部分气化，成为气液两相流动，出现两相流动会使管道流量减小，阻力增大，且液氮和氮气之间的体积气化比在 1∶600 以上，极易产生“气塞”或“间歇泉”等现象，阻止液氮沿地面钻孔进入井下，影响液氮的灌注效率。针对现有地面钻孔直注式液氮防灭火技术的不足，提出一种“地面直注式液氮防灭火系统”，通过绝热缓冲罐实现气液两相的分离，进而防止“间歇泉”现象的产生。此系统解决了液氮汽化后的气液两相分离和避免注氮管堵塞的关键技术问题[128]，缓冲罐上部汽化后的氮汽，吹洗注氮管的孔壁，减小钻孔中水及残渣等对钻孔造成的冰堵或者堵塞。液氮注入火区的温度低，可有效吸收火区热量，液氮汽化后大流量的氮气可以有效惰化火区。该系统结构简单，便于安装，安全可靠，灭火效率较常态氮气防灭火技术提高 30%以上，而且有效避免了注液氮过程中出现的“气塞”、“间歇泉”等现象，较传统直接灌注液氮的工艺，液氮的灌注效率提高 20%以上，具有广泛的适用性，尤其适用于浅埋深煤矿井下采空区隐蔽火源的防灭火。

现场实践表明，在地面灌注液氮防灭火技术中，一罐车(16 t)的液氮，约 1.4 h 可以完成灌注，在采用“地面直注式液氮防灭火系统”以后，仅用 1 h 就可完成灌注，灌注时间缩短了 28.57%，有效地提高了液态氮的灌注率，效果显著。

2010 年 11 月 25 日，神华宁夏煤业集团有限责任公司汝箕沟煤矿 $32_2 13_{(1)}$ 备采面割煤，工作面初次来压，基本顶垮落形成的裂隙与二$_1$层煤采空区导通，原二$_1$层煤采空区小窑火区隐蔽火源通过裂隙导入 $32_2 13_{(1)}$ 采空区引燃(爆)瓦斯。11 月 26 日，经前期控制措施无效后，对 $32_2 13_{(1)}$ 综采工作面进行封闭注氮及地面灌浆治理 CO。在工作面封闭后，发生瓦斯燃烧事故，造成封工作面的板闭炸开，由于瓦斯燃烧形成大范围火区，井下 CO 高达 0.62%，工作面风巷注浆塑料管基本烧毁(图 10-15)，考虑到工作面距离行人井井口不到 1 000 m，工作面随

图 10-15　受灾最严重的 $32_2 13_{(1)}$ 工作面

时有再次发生爆炸的危险，为确保安全，实施了全矿井封闭。

针对全矿井封闭的现状和条件，采用以地面钻孔直注式液氮防灭火技术为主的灭火及抑爆方式，利用地面钻孔直接向 $32_213_{(1)}$ 工作面采空区灌注液氮(图10-16)。截至 2010 年 12 月 16 日，通过地面钻孔直注式液氮技术(图 10-17)向封闭火区注液氮 859.02 t(图10-18)。矿井封闭 10 d 内，采取地面钻孔直注式液氮灌注为主的防灭火工艺，氧气含量降至 10%以下，CO 将为 0，仅用 25 d 就有效惰化了封闭区，使矿井达到启封条件，效果显著。

(a)　　(b)

图 10-16　地面钻孔直注式液氮防灭火

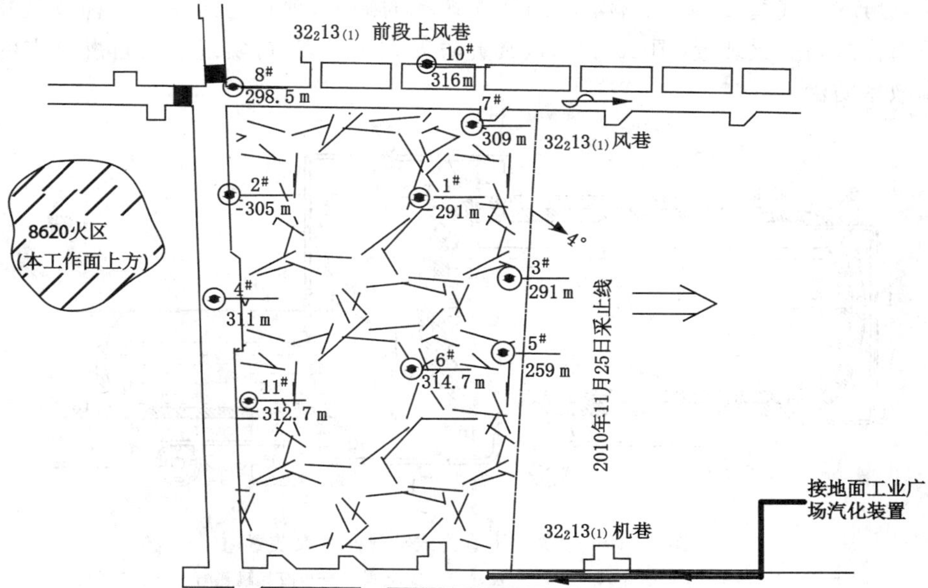

图 10-17　灌注液氮的地面钻孔图

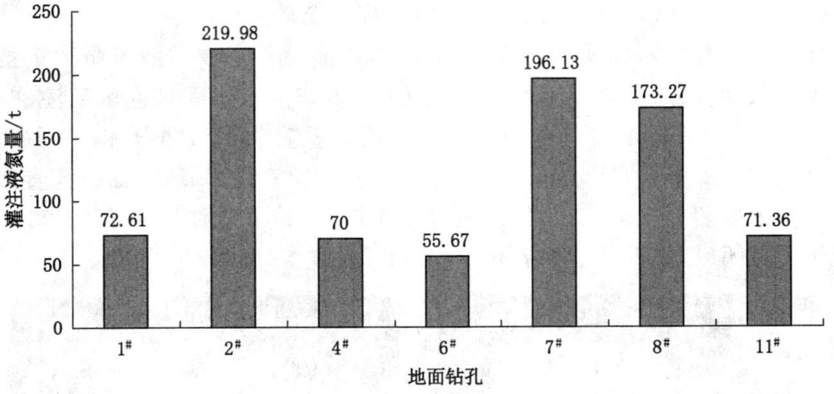

图 10-18　地面钻孔灌注液氮总量

三、液氮井下直注式防灭火技术

当矿井尚未封闭，矿井具备无轨胶轮运输条件或者轨道运输条件，可通过液氮罐车或者分装后专用的储槽矿车，将液氮输运到井下使用地点直接灌注。管路里输送液氮汽化膨胀产生的“气塞”等现象，亦会影响液氮的灌注效率。

为了克服现有的无轨胶轮液氮槽车或者液氮分装罐的液氮在注氮管道内汽化，会产生“气塞”现象，影响液氮的灌注效率的缺陷，项目组研发了一种液氮井下直注式防灭火装置(图 10-19)，该装置防灭火效率高，可实现煤层自燃火灾的高效率防治。

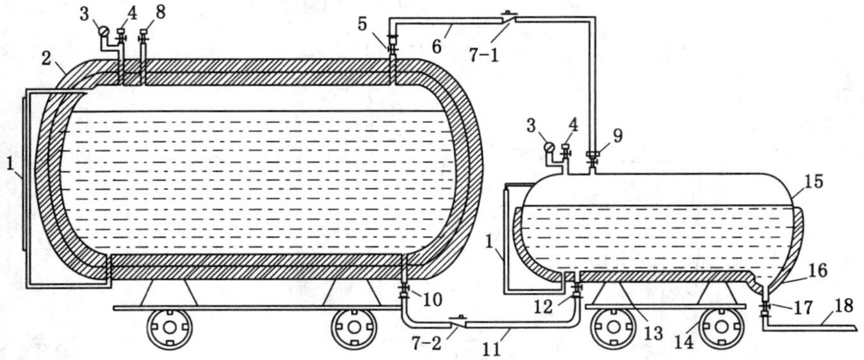

图 10-19　液氮井下直注式液氮防灭火装置

1——液位计；2——液氮罐；3——压力表；4——安全阀；5——液氮罐氮气入口控制阀；6——氮气回流管；7-1——上单向阀；7-2——下单向阀；8——液氮罐进液控制阀；9——缓冲罐氮气出口控制阀；10——液氮罐出液控制阀；11——绝热管；12——缓冲罐进液控制阀；13——底座；14——轨轮；15——缓冲罐；16——漏斗状汇流口；17——缓冲罐出液控制阀；18——钻孔管

图 10-20　井下液氮防灭火系统示意图

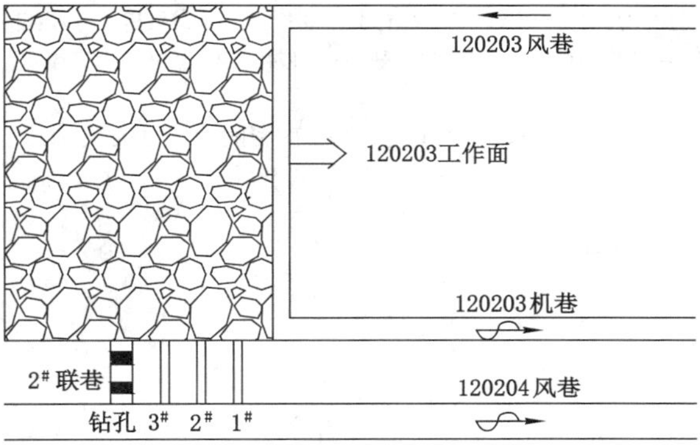

图 10-21　井下灌注液氮钻孔布置

本装置液氮罐中液氮通过绝热管注入缓冲罐，部分液氮在缓冲罐中发生汽化，汽化的氮气经过氮气回流管流回到液氮罐中，从而增加液氮罐中的压力，提高向缓冲罐注氮的速度；液氮则通过绝热管流入钻孔，进入防灭火区域；缓冲罐中氮气和液氮不同的利用途径，实现气液分离，降低气塞现象的影响。该装置可在煤矿井下轨道车的牵引下抵达密闭墙边，进行移动式灭火，整个装置无需风、电等辅助设施，属于安全无火花型，符合煤矿井下使用要求。

羊场湾煤矿 120203 工作面开切眼位置的浮煤超过其最短自然发火期，仍处于氧化自燃带，出现剧烈氧化升温，工作面 CO 浓度严重超限，最高达 0.26%，严重影响千万吨级大采高工作面的安全生产。为确保安全生产，羊场湾煤矿于 6 月 27 日对采空区采取了开放式注液氮技术。图 10-22 为 120203 机巷 2# 联巷密闭内 CO 变化曲线，图 10-23 为 120203 工作面 CO 变化曲线。

由图 10-22 和图 10-23 可以看出，羊场湾煤矿 120203 工作面采空区通过此次开放式注液氮技术后，采空区平均温度降低了 2～4 ℃，有效地抑制了浮煤氧化速度，改善了 120203 工作面的作业环境；采空区平均氧气浓度小于 10%，氮气约 85%～90%，惰化了采空区内气体，起到阻止遗煤自燃的作用。开放式注液氮防灭火技术成本低，工艺简单，是防治煤矿井下采空区自然发火的有效措

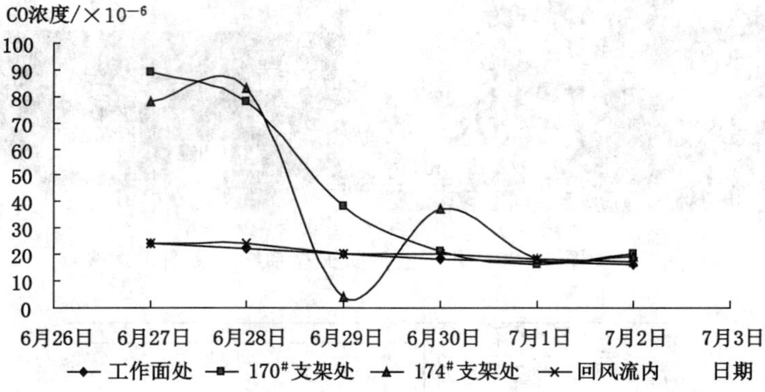

图 10-22　120203 机巷 2# 联巷密闭内 CO 变化曲线

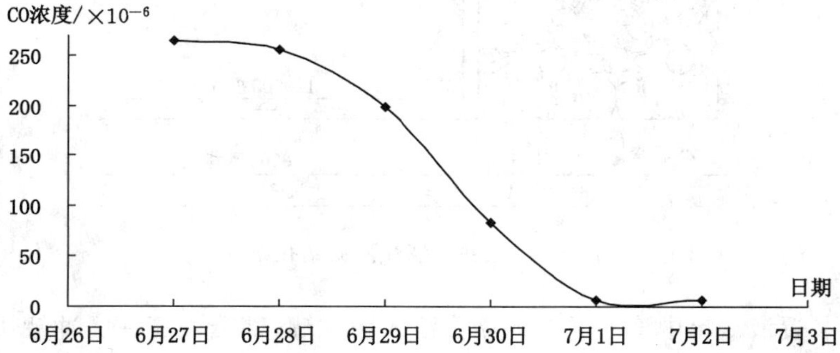

图 10-23　120203 工作面 CO 变化曲线

施，保证了该工作面的正常回采。

汝箕沟煤矿灭火过程中采用地面钻孔直注式液氮防灭火技术快速灭火抑爆，取得了成功。矿井封闭 10 d 内，氧气含量降至 10%以下，CO 降为 0，仅用 25 d 就有效惰化了封闭区，使矿井达到启封条件，实现了 12 d 安全启封，效果显著。随后羊场湾煤矿 120203 工作面也采用开放式注液氮技术后，采空区平均温度降低了 2～4 ℃，有效地抑制了浮煤氧化速度，改善了 120203 工作面的作业环境；采空区平均氧气浓度小于 10%，氮气约 85%～90%，惰化了采空区内气体，起到阻止遗煤自燃的作用。该技术成果突破了液氮直接灌注的技术瓶颈，在国内外首次实现了液氮防灭火技术的规模化应用，目前已在宁东矿区所属各矿全面推广应用，并在兄弟矿区的天荣公司和神华集团乌达黄白茨矿等 7 个矿井也进行大规模应用，灭火效果好，效率高。

第十一章　工作面顶板离层水防治技术

宁东矿区矿井水害类型多样，部分矿井建井和生产揭露的水文地质条件复杂，水害已严重影响到正常开采。鸳鸯湖矿区的红柳矿、石槽村矿和麦垛山矿在试生产或建设期间出现较大涌水。红柳矿首采工作面推进过程中，随着上覆直罗组砂岩含水层初次和周期性垮落断裂，采空区涌水量呈现周期性变化，瞬间峰值涌水量达 713 m^3/h。石槽村矿和麦垛山矿井巷施工揭露煤系地层含水层后，均出现较大涌水。另外，由于宁东矿区采用大采高开采工艺，传统的"三带"发生变异，一方面覆岩导水裂隙带发育高度加大，突水危险性加大，极易造成顶板透水事故；另一方面，大量涌水对大采高设备稳定性和巷道围岩控制造成威胁。

针对矿区开采条件特别是特有的顶板离层水，开展了长期的系统和深入研究，系统分析了顶板离层水突水机理，基于先进的千米定向钻进探放水技术等，形成以"探放为主，疏排为辅"的综合防治水技术，为煤矿安全生产提供了保障。

煤层开采后形成的采场空间，必然会引起围岩（包括开采煤层）的原始应力发生变化，当围岩所承受的应力超过它的极限强度时，就会发生位移、开裂、断裂直至破碎冒落。覆岩在发生变形和位移过程中伴有开裂、破碎、脱落等使岩层原有的导水和隔水性能改变，即属于破坏性采动影响。

第一节　顶板离层水防治技术

在实际开采条件下，由于覆岩结构中岩性的差异，在岩性发生变化的层面，受到采动的影响，经常产生离层现象，离层空间便成为储水空间。含水层富水性不均一使得离层空间储存水量的多寡也有差别。当离层空间储水达到一定数量时，在水压的作用下离层裂隙的应力平衡状态被打破，而导水裂隙延展到该离层时，离层水将会涌入矿井。

一、工作面离层突水机理分析

红柳煤矿 1121 工作面为 11 采区的首采面，埋深 150～350 m，工作面宽 302 m，走向长为 1 480 m，平均倾斜长为 306 m，煤层厚度为 4.3～5.8 m，平均 5.3 m，倾角为 5.3°～15.5°，平均 8.5°，可采储量 278 万 t，平均采高为 5 m，采用走向长壁综采一次采全高，全部垮落管理顶板方法。

2号煤开采矿井充水水源主要来自其顶板侏罗系直罗组底部粗砂岩裂隙孔隙含水层，2号煤顶板岩性及组合关系如图11-1所示。该含水层富水性弱，单位涌水量 q[L/(s·m)]≤0.1，从直观上判断以及与梅花井等相邻井田对比，对矿井安全威胁不大。然而，1121工作面从2009年9月开始回采到2010年3月共推进了约186 m，却经历了4次较大规模的突水，最大突水量3 000 m^3/h，工作面被迫两次停产。

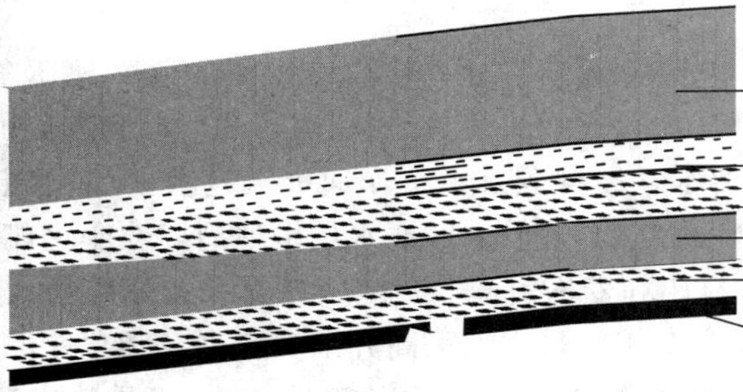

图11-1　2#煤顶板岩性及其组合示意图

2010年11月3日工作面基本顶垮落后，其上的粉砂岩、泥岩及粗砂岩产生塑性弯曲变形，形成大量张开状态裂隙，但导水裂隙带高度还没有达到50 m，没有将直罗组上段含水层水联通，直罗组上段粗砂岩含水层水向采空区上方渗透，贮存在采空区上方裂隙中，成为突水水源。11月17日，工作面恢复生产后，随着空顶距离、面积的扩大，采空区上方隔水层弯曲变形达到极限，瞬时产生大量裂隙，导水裂隙带高度增加，将直罗组上段含水层水与采空区联通，短时间内涌入采空区，是造成工作面突水的直接原因。11月21日9时，地质人员在测水时，发现泄水巷涌出水较平时黑，稍混浊，以为是工作面正在开采的影响。当天15时58分，灵武市发生4.3级地震，后经专家分析，涌水变混浊正是地震的前兆，震前地壳能量积聚到一定程度，在通过地震释放前，地壳运动剧烈，是诱导工作面产生突水的原因。工作面推采至约56 m处(回风巷和运输巷分别推进到47.5 m和64.5 m)时发生突水，工作面被迫停止回采。

根据上述过程分析，得出该工作面离层突水的机理为：2#煤开采，顶板破坏，离层逐渐形成，上、下分层粗砂岩含水层水顺着导水裂隙带涌入井下，矿井涌水正常，此时泥岩隔水层遇水膨胀、松散，逐渐填堵了导水裂隙，类似于“再造隔水层”，使得离层成为可以储水的地质体，直罗组粗砂岩含水层虽然渗透性较弱，但其具有孔隙水的特征，一旦可储水的离层形成，地下水通过原生裂隙、孔隙迅速充填离层带，使得离层成为一个相对稳定的“储水体”，此时整个地层处于平衡状态，随着工作面的继续推进，顶板破坏强度加大，伴随着周期来压，基本顶垮落、断裂，原先的平衡被打破，离层水瞬间溃入矿井，造成突水，如图 11-2 所示。

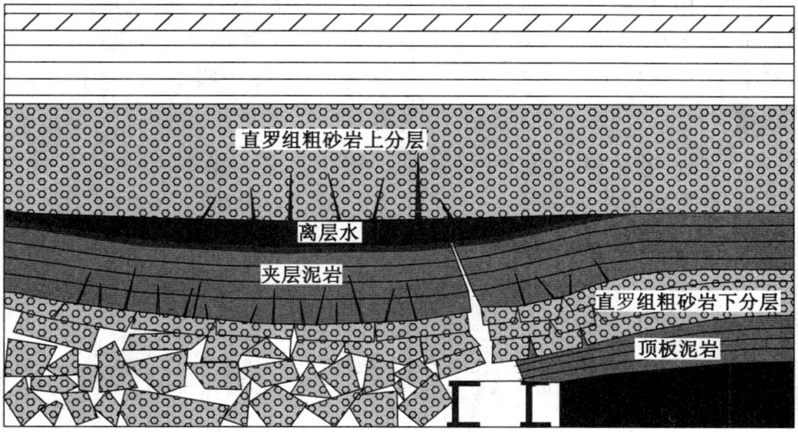

图 11-2　离层突水机理示意图

二、顶板离层水突水通道的现场探测技术

1. 突水通道的现场探测方法

为了对工作面突水进行预测，需要准确测定工作面上覆岩层破坏导水裂隙带的高度。利用瞬变电磁仪对 1121 工作面采空区开展覆岩破坏导水裂隙带高度超前探测。

由于含煤岩系沉积地层，其电阻率与地层岩性对应，具有较好的成层性规律，如果地层破碎富水，则其导电性增强，电阻率降低。1121 工作面部分采空区在重力和地层应力作用下，顶板塌落，形成冒落带、裂隙带和弯曲带。这些地质因素的变化，使得采空区及其上部地层的地球物理特征发生显著变化，主要表现为：

（1）煤层采空区冒落带与完整地层相比，岩性变得疏松，密实度降低，一般情况下，其内部充填的松散物的视电阻率明显高于周围介质，在电性上表现为高阻异常。

（2）煤层采空区裂隙带与完整地层相比，岩性没有发生明显的变化，但由于裂隙带内岩石的裂隙发育，裂隙带的高度一般在几十米，裂隙中充入的空气致使导电性降低，在电性上也表现为高阻异常。

（3）煤层采空区冒落带和裂隙带如果有水注入，使得松散裂隙区充盈水分达到饱和程度，会引起该区域的电导率迅速增加，表现为其视电阻率值明显低于周围介质，在电性上表现为低阻异常。

综上所述，瞬变电磁法具备探测导水裂隙带高度的条件。

矿井瞬变电磁法探测采用专门用于井下的多匝矩形发射线框，边长为 2 m×2 m。采用偶极装置进行探测，发射线框和接收线框是两个独立的线框，探测时主机与发射机中间间隔一定距离，一般大于 2 m。井下瞬变电磁法超前探测是将发射线框和接收线框垂直放置于工作面开切眼后方，如图 11-3 所示，发射线框和接收线框法线方向位于同一直线上，其中发射线框位于接收线框前面，间距大于 5 m，探测时通过同时旋转发射线框和接收线框来改变探测角度，转换不同角度则可探测开切眼前方或侧方一定范围的电阻率分布，根据电阻率分布情况推断巷道开切眼前方采空区上方导水裂隙带高度及含水性。

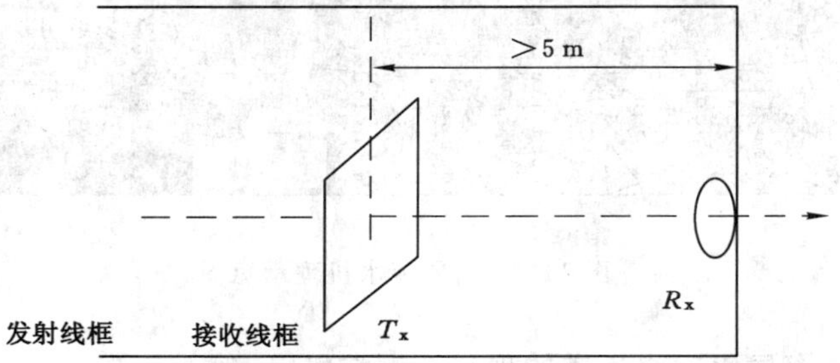

图 11-3　开切眼 TEM 超前探测装置方式

2. 1121 工作面导水裂隙发育高度的现场探测

为了探测 1121 综采工作面采空区冒落带高度，预测导水裂隙发展高度，在回风巷和运输巷与切眼交汇处各布置 4 个探测点，每测点分别布置 7 个不同角度的超前探测装置。切眼超前探方向，按 90°、75°、60°、45°、30°、15°、0°的探测方向设计，用于探测采空区冒落裂隙带发育高度，如图 11-4 所示。

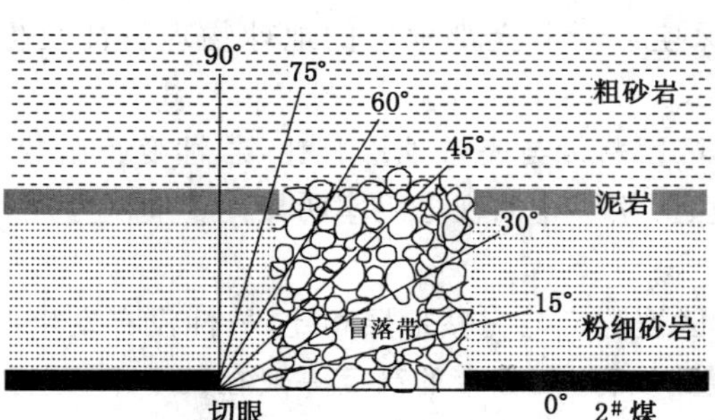

图 11-4　切眼超前探瞬变电磁观测系统

切眼正前方为 0°，依次前上方倾斜 15°、30°、45°、60°、75°、90°；然后切眼向工作面内侧 45°正前方 0°，依次旋转倾斜 15°、30°、45°、60°、75°、90°。

运输巷和回风巷与切眼交汇处分别设计 2 个旋转方向(平行巷道和与巷道成 45°角),每个旋转方向按照 7 个不同旋转角度(90°、75°、60°、45°、30°、15°、0°)进行,实际探测物理点 28 个。

3. 现场探测数据的处理与分析

参照 1121 综采工作面瞬变电磁探测成果与工作面涌水情况,根据实测的岩层电性特征,对于煤层顶板冒落带比较疏散,出现明显的高阻异常,导水裂隙带为砂岩充水,电阻率出现大幅度下降。根据实测电阻率分布特点,把导水裂隙带和冒落带及其含水性与电阻率的一般对应关系分为 4 个级别:

(1) 导水裂隙带(含水性相对强到较强),对应粗砂岩的电阻率一般小于 0.75 Ω·m。

(2) 弯曲带和导水裂隙带分界(含水性相对较强),对应砂岩电阻率大于 0.75 Ω·m,或者范围更大,但一般小于 4.8 Ω·m。

(3) 导水裂隙带和冒落带分界(含水性中等),对应粗砂岩的电阻率大于 4.8 Ω·m 或者范围较大,对应粗砂岩电阻率介于 4.8~7 Ω·m。

(4) 冒落带(含水性相对较弱),对应粗砂岩电阻率大于 7 Ω·m。

电阻率成像变换后形成的拟二维电阻率剖面图,如图 11-5 所示。图中横坐标表示切眼水平向采空区方向长度,纵坐标表示采空区正上方距采空区底板的距离。为了比较细致地分析地层电阻率变化,色谱划分了 20 个等级,其中颜色的变化情况反映了测线沿探测方向的电阻率分布特征,并根据其分布特征进行水文地质解释,其中测线前 20~30 m 左右,属于探测盲区,不在解释范围。限于篇幅,只对其中的两个探测方向进行解释。

① 切眼 *A* 号点(与运输巷呈 45°夹角)超前探电阻率剖面解释成果,如图 11-5(a)所示。从该剖面图所反映的电性特征来看,该位置超前探测向上部探测 90 m,向正前方探测 100 m,结合该工作面的开采资料,推断该位置斜前方 90 m 以后为正常地层的电性反应,90 m 以前为采空冒落后的电性反应,由于冒落带比较松散,孔隙较大,充水程度较弱,电阻率较正常地层要偏大;而导水裂隙带由于裂隙发育,充水程度较强,处于饱和状态,视电阻率较正常地层要偏小。结合视电阻率等值线梯度变化特征,推断冒落带最大发育高度约 45 m,裂隙带最大发育高度约 85 m。在该剖面前方 30~70 m、上方 30~70 m 位置存在低阻闭合圈异常,视电阻率小于 0.5 Ω·m,推断该位置富水性相对较强,粗砂岩裂隙水未排完毕。

② 切眼 *B* 号点(平行回风巷)超前探电阻率剖面解释成果,如图 11-5(b)所示。从该剖面图所反映的电性特征来看,该位置超前探测向上部探测 90 m,向正前方探测 90 m,结合该工作面的开采资料,推断该位置前方 49 m 以后为正常地层的电性反应,49 m 以前为采空冒落后的电性反应,结合视电阻率等值线梯

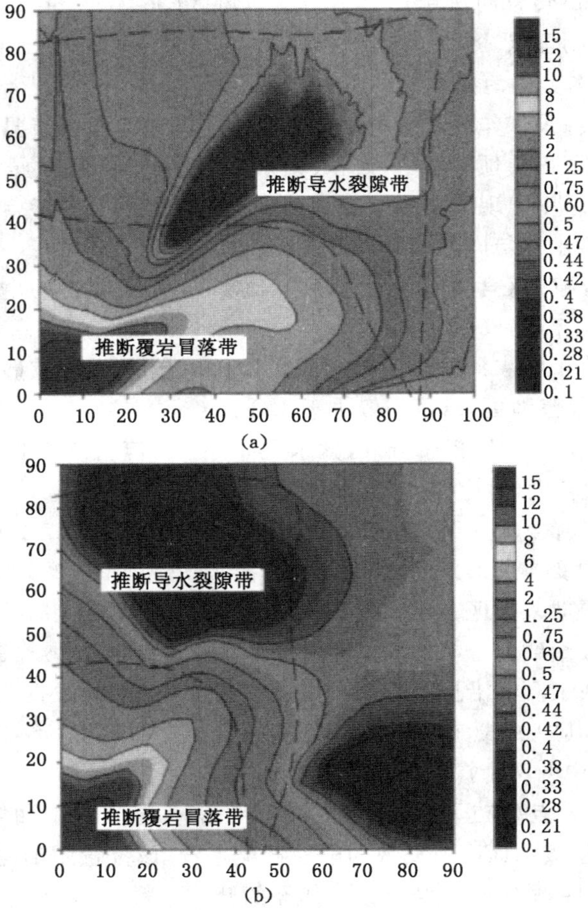

图 11-5　切点 A、B 点超前解释成果图

度变化特征，推断冒落带最大发育高度约 45 m，裂隙带最大发育高度约 80 m。另外，在垂向 50 m 以上，存在相对低阻异常，该位置为粗砂岩含水层的电性反应，推断该探测方向在该位置粗砂岩富水性相对较强，导通该含水层的裂隙较少。

综上所述，瞬变电磁超前探测向上部探测 110 m，向正前方探测 70 m，结合 1121 工作面的开采资料，推断该位置前方约 57 m 以后为正常地层的电性反应，57 m 以前为采空冒落后的电性反应，结合视电阻率等值线梯度变化特征，推断冒落带最大高度在 50 m 左右，裂隙带发育最大高度约 88 m。

三、综合治理及效果分析

根据 1121 工作面的导水通道探测结果，工作面最大导水裂隙带将达到 88 m，结合图 11-5，导水裂隙将直接揭穿直罗组砂岩含水层的上分层，同时，该层与下伏隔水层之间的离层水也将同样受到波及，从而使得直罗组砂岩含水层的上分层以及离层带中的水将沿导水通道涌入井下，导致突水事故的发生。因此，必须采取主动防御措施，对 1121 工作面顶板离层水及直罗组砂岩裂隙水进行治理，以防止灾害事故的发生。

根据 1121 工作面的实际水文地质条件及周边地区实践经验，离层水垂直向上的发育最低点标高在距煤层底板以上 50～60 m 之间，平面上，最低点位置距机巷煤帮约 15～30 m 范围。确定 1121 工作面的防治水思路：先期对煤层顶板直落组底部粗砂岩含水层进行有效疏放；结合工作面周期垮落步距，在周期垮落前对产生的离层水进行疏放。因此，在设计离层探放钻孔时应使钻孔穿过离层最低处。从钻孔个数上看，每个钻场设计 2 个钻孔，如果已成钻孔出水量超过 40 m^3/h，再加密放水钻孔。

红柳煤矿 1121 工作面疏放水工程于 2010 年 5 月 17 日开钻，截至 2011 年 1 月 15 日在 1121 工作面施工疏放水钻孔 102 个，其中风巷 44 个，机巷 58 个，共疏放水量 45.4 万 m^3。从工作面回采期间涌水情况来看，前期的疏放效果明显，达到了工作面回采过程中的“削峰”的目的。

从 2010 年 10 月份开始，工作面机巷、风巷疏水钻孔出水总流量基本稳定在 70 m^3/h 左右，静储量已基本得到了有效疏放，动态补给量约等于钻孔的疏水量，达到了平衡状态。

总体而言，到目前为止 1121 工作面疏放水取得了预期的效果，为工作面及矿井涌水量预计过程中参数的选取和计算方法的选择提供了重要依据，并为工作面防治水工程及防治水措施的制定提供了依据。

第二节　定向钻进深孔探放水技术

红柳煤矿井田含水层按岩性组合特征及地下水水力性质和埋藏条件等，由上而下划分为以下 5 个主要含水层：即第四系孔隙潜水含水层、侏罗系碎屑岩裂隙孔隙承压含水层（包括侏罗系中统直罗组裂隙孔隙含水层、2 煤～6 煤间砂岩裂隙孔隙承压含水层、6 煤～18 煤间砂岩裂隙孔隙承压含水层、18 煤以下至底部分界线砂岩含水层组）。井田稳定的隔水层有：直罗组底部砂岩含水层顶板的粉砂岩、泥岩为主的隔水层；各主要煤层及其顶底板泥岩、粉砂岩组成的隔水层。井田地下水补给来源，主要为大气降水，其次为含水层之间的越流补给。勘探报告采用大井法、狭长水平巷道地下水动力学法和富水系数比拟法分别计算[130-131]，预测矿井生产时井下正常涌水量为 618 m^3/h，最大涌水量为 713 m^3/h。

一、千米深孔定向钻进技术原理及方法

国内外中长距离钻机和井下定向技术是通过先进、可靠的随钻系统，以实现随钻监测和钻孔参数、轨迹的即时孔口显示，以利于施钻人员随时了解钻孔施工情况，并及时调整工具面方向和工艺参数，使钻孔尽可能按照设计的轨迹精确施工至目标含水层和施工中长距离钻孔。中长距离定向钻进疏水技术主要特点有：单孔成孔距离长，常规疏水钻孔深度一般在 200 m 左右，定向钻孔深度在 600 m 左右，平均单孔孔深为常规钻孔的 3 倍；施工周期短，疏放水时间长；补充精确的地质资料；含水层中穿行距离长，钻孔无效进尺少；钻孔施工适应性强；钻孔覆盖范围大。

目前，矿区范围内水害治理主要通过常规钻机在井下巷道或石门中向顶板直罗组砂岩含水层施工大角度仰角钻孔提前疏放顶板水的传统工艺方法，但由于存在井下常规钻机能力偏小，施工的钻孔长度短，且井下常规钻孔只有在开采巷道形成后方能进行施工，疏放水时间有限，且施工的常规钻孔由于受软硬互层和钻具自重影响不能精确施工至目标含水层，无效进尺多，疏放水效果差，因此，以目前的水害治理手段，不利于矿井扩大生产规模的长远规划要求。因此，采用井下定向疏水钻孔可实现超前疏水效果，提高疏水效率，为煤矿安全高效生产提供强有力的保障。

二、深孔定向探放水工程

根据宁东矿区的实际水害防治需要，采用煤炭科学研究院西安分院研制和生产的 ZDY6000LD 型井下定向钻机，用于红柳煤矿 1123 工作面水害防治实践中。

1. 钻场布置

根据试验区周边巷道、现有排水通道情况及试验区工作面倾斜情况，本次试验定向钻孔钻场布置在 31 采区回风联络巷与原 3121 工作面设计边界泄水巷交汇处（HF_1 测点处）。

2. 钻孔布置

(1) 钻孔平面布置：本次试验定向探放水钻孔影响半径上分层含水层按照 50 m 进行布置，下分层含水层按照 60 m 进行布置，试验区共布置了 6 个主孔 4 个分支孔。钻孔编号依次为：1#、2#、3#、3-1#、3-2#、4#、5#，5-1#、5-2#、6#，设计总工程量为 3 204 m，其中主孔设计工程量为 2 781 m，分支孔设计工程量为 423 m，具体情况见表 11-1。

表 11-1　　红柳煤矿井下定向疏放水试验钻孔工程量设计参数统计

钻场	孔号	方位/(°)	倾角/(°)	分支点	累计孔深/m	工程量/m	预计封孔长度/m
一号钻场	1#	142.5	30		441	441	28
	2#	150.2	25		459	459	34
	3#	161.5	30		480	480	28
	3-1#			264	441	177	
	3-2#			366	447	81	
	4#	172.5	25		519	519	34
	5#	181.5	30		594	594	28
	5-1#			348	432	84	
	5-2#			447	528	81	
	6#	153.5	30		288	288	28
合计/m						3 204	180

(2) 钻孔空间位置：试验区目标区域 2 煤老顶直罗组粗砂岩裂隙孔隙含水层下段是影响本井田的主要含水层，该含水层分上分层和下分层，为了探明上下分层含水层的涌水情况及各种工艺钻孔的疏水效果，本次钻孔空间层位布置根据不同的试验内容均有所不同，具体情况为：2#、4# 孔间隔 120 m 布置在下分层含水层中部进行施工，主要是对下分层含水层赋水进行疏放；1#、3#、5# 分别间隔 100 m 布置在上分层含水层中进行施工，主要对上分层含水层赋水进行疏放，为了能够试验岩石中开分支孔工艺及分支孔疏放水效果，在 3#、5# 钻孔中分别布置了两个分支孔。其中 3-1# 为水平分支孔，主要目的是试验水平分支孔的施工工艺；3-2#、5-1#、5-2# 三个分支孔均为上向分支孔，其主要目的是试验上向分支孔的施工工艺及增加疏放水通道，提高疏放水效果，6# 钻孔为本次试验的预留孔，其终孔层位为上分层含水层中部。

3. 钻具组合

(1) 开孔：ϕ96 mm 钻头＋ϕ73 mm 通缆钻杆＋ϕ73 mm 水尾。

(2) 扩孔：ϕ165 mm 钻头＋ϕ73 mm 通缆钻杆＋ϕ73 mm 水尾。

(3) 钻进：ϕ96 mm 钻头＋ϕ73 mm 螺杆马达＋ϕ76 mm 下无磁钻杆＋ϕ76 mm 测量短节＋ϕ76 mm 上无磁钻杆＋ϕ73 mm 通缆钻杆＋ϕ73 mm 水尾。

4. 钻孔结构

本次井下试验定向疏水钻孔均自煤层顶板完整粉砂岩段开孔，钻孔开孔至煤层直接顶板粉砂岩、泥岩段，采用 ϕ165 mm 扩孔钻头进行扩孔后下设 ϕ127 mm，壁厚 6 mm 的孔口管，在含水层中以 ϕ96 mm 裸孔钻进至终孔位置。

5. 孔口装置

探放水或需要收集放水时的水量和水压等资料时，需要安装质量合格耐压达 4 MPa 的控水阀门（ϕ127 mm 闸板阀或球阀）和压力表。孔口装置要同钻孔套管的法兰盘连接在一起，并且易于拆开，在测量过程中要求密封不漏水。为了不影响钻探施工进度，在孔口管固孔牢固后将孔口三通连接好并且安装好孔口阀门后方可下钻。钻进入含水异常体部位并出水后，边钻进边进行水量与水压观测。

6. 固孔要求

(1) 固孔必须采用固孔专用设备进行固孔，固孔深度穿过煤层直接顶板粉砂岩、泥岩段 0.1～0.2 m。

(2) 孔口管外端必须超出巷帮 0.2～0.3 m，并采用固孔专用设备向孔内注入固孔液（水泥砂浆或高分子固孔材料），注完后必须保证静置到固孔液凝固为止。

(3) 固孔凝固结束后对孔口管必须进行耐压试验，试验压力为 3.5 MPa 并稳定 30 min 后，孔口管周围不漏水时方可钻进。

三、实施效果

截至 2011 年 10 月 18 日，在红柳煤矿 1123 工作面共完成 1$^{\#}$、2$^{\#}$、3$^{\#}$、4$^{\#}$、6$^{\#}$ 五个井下定向主孔和 3-1$^{\#}$、3-2$^{\#}$ 两个分支孔的现场施工，完成总进尺为 2 439 m，累计疏放水量为 165 973.85 m^3。其中，最大孔深达到 492 m，单孔最大放水量达到 162 m^3/h。在钻孔施工过程中，各孔主要参数及放水情况、观测水文地质参数见表 11-2。

表 11-2　　各钻孔观测水文地质参数成果

孔号		终孔深度/m	水量/(m^3/h)					水温/℃		水压/MPa		时间/d
			见水点	平均值	终孔点	最大值	总水量	终孔	目前	终孔	目前	
2$^{\#}$		459	0.3	43	129	129	37 003.47	23	14	0.85	0.4	25
4$^{\#}$		492	0.3	34.9	129	129	36 145.10	14	14	0.4	0.5	47
6$^{\#}$		288	0.5	49.9	50	216	42 229.86	23	14	1.2	0.35	37
1$^{\#}$		456	0.5	47.5	90	90	19 136.07	14	14	1.3	0.12	29
3$^{\#}$	主孔	480	0.5	73	162	162	31 454.72	14	14	1	1	15
	分支	264										
合计		2 439	总水量：165 973.85(m^3/h)									

通过红柳煤矿 1123 工作面千米深孔定向钻进探放水技术实践，有效地缩减了大量钻孔工程量，延长了疏放水时间并增加了在含水层中的穿行距离，从而提

高了疏水效率，改善了1123工作面的水文地质条件，并缓解了工作面的水患威胁情况。

第三节　复合材料注浆固化治水技术

红柳井田侏罗系中统直罗组裂隙孔隙含水层是影响2煤开采的直接充水含水层。红柳矿1122工作面位于红柳井田中东部，为矿井11采区2#煤层首采工作面，工作面埋深50～150 m，走向长1 889 m，平均倾斜长302 m，煤厚3.1～6.1 m，平均5.28 m，倾角5.3°～15.5°，平均8.5°，可采储量381万t。1122工作面辅助运输巷平行于1122工作面进风巷，位于其东北方向35 m，如图11-6所示。红柳煤矿水文地质勘探类型划为二类一型，即以裂隙含水层充水为主、水文地质条件简单的矿床。勘探报告采用大井法、狭长水平巷道地下水动力学法和富水系数比拟法分别计算，预测矿井生产时井下正常涌水量为618 m^3/h，最大涌水量为713 m^3/h。

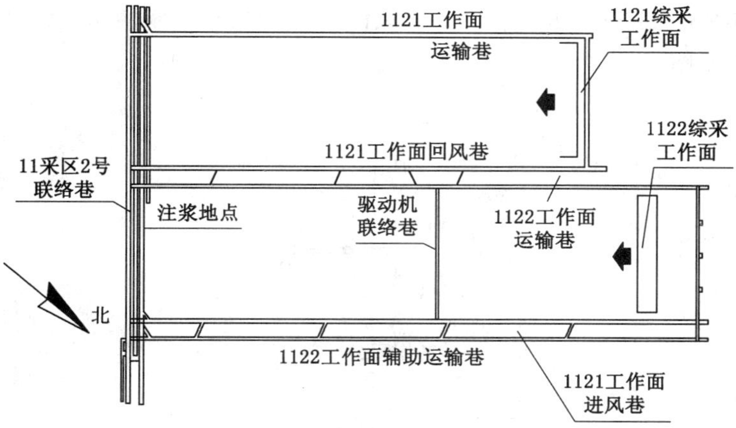

图11-6　1122工作面布置示意图

一、新型材料注浆堵水技术简介

目前，常用的堵水材料有聚氨酯(PU)、丙烯酸酯、聚合物水泥复合材料及聚合物改性乳化沥青等，其中聚氨酯使用较为广泛，聚氨酯防水涂料由A、B两组分构成，使用时两组分须严格按规定比例称量、混合，施工不方便，其中含有大量的有机溶剂，并且常用胺类固化剂(如MOCA)作B组分扩链剂，这些物质都对健康和环境有不利影响，因而近年来，单组分水固化聚氨酯防水涂料的研究逐渐活跃，该涂料以水为固化剂，与传统的固化剂相比，具有施工方便、无毒、无污染、成本低和能在较宽的温度范围内固化等优点。

SZD-1 型赛瑞单组分堵水剂是一种油溶性单组分聚氨酯快速注浆堵水材料，具有固化快、发泡倍数大、固化强度高、堵水效果好等特点，是迄今为止带水、带压化学灌浆堵漏施工、地基加固、混凝土补强的优选材料，可广泛使用在煤矿、地铁和隧道等地下工程的涌水、渗水的防渗堵漏处理。

二、新型材料注浆堵水工程实施

1. 试验巷道位置

1122 工作面辅运巷 2# 联络巷往北 20～40 m 段的淋水量较大，此次试验巷道长为 10 m，试验地点为 1122 工作面辅运巷 2# 联络巷往北 20～30 m 段。

2. 注浆孔布置

由于施工巷道已经成形，故设计在原有锚杆和锚索之间以三花眼方式布置注浆孔，通过注浆孔注浆堵水，并对围岩起到一定的加固作用。1122 工作面辅运巷断面宽 5 000 mm，钻孔布置采用巷道全断面顶部均匀布置 1 排 3 个注浆孔，注浆孔呈三花眼方式排列，中间孔垂直顶板钻进，左边孔（无风筒）左偏 30 mm，距中间孔 2 000 mm，右边孔（有风筒）右偏 40 mm，距中间孔 1 000 mm，注浆孔布置如图 11-7 所示。

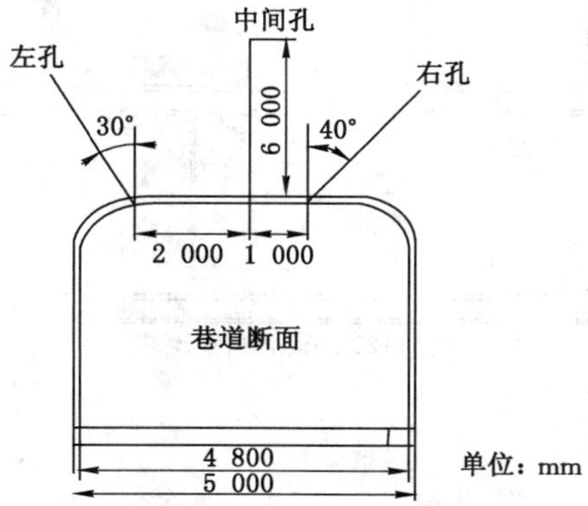

图 11-7　注浆孔布置图

根据实际施工条件及注浆堵水工艺要求，设计注浆孔径为 42 mm，先采用 28 mm 钻头成孔后用 42 mm 钻头扩孔 50～100 mm，孔深 6 000 mm。试验巷道全长 10 m，相邻组注浆孔交叉布置形成梅花孔，排距 2 500 mm，共 5 组。

3. 现场施工流程

检查注浆孔，务必将注浆孔内残渣等清洗干净。检查、连接注浆泵，接入压风管。试运行注浆泵，当确认吸浆管吸浆、出浆管出浆均正常后，即可准备注浆。将出浆管与枪头连接，随后接上封口器和里端注浆花管并送入孔内扶稳，封口器根据孔内裂隙发育情况合理伸入，到位后确认一切准备就绪即可注浆。每个孔注浆宜连续注完，当孔周边裂隙渗料或注浆压力达到 5 MPa 后即停止注浆，进行下一个孔注浆。注浆期间，应有一人控制注浆泵开关，一人照看吸料桶，随时添加堵水剂以防吸空，另有一人全面协调、观察注浆施工过程，若中间出现故障等需停泵处理时，应先停风然后再进行处理。注浆孔施工顺序应交叉进行，循环推进，直至注浆堵水区段全部注完为止。注浆完毕后，确认施工效果，采用清洗机油对注浆泵进行全面清洗，以防活塞、管体内部等积料堵塞。最后，清理工作现场。

设计单孔注浆量 20～100 kg，注浆泵注浆压力 0～7 MPa，注浆泵采用气力运转，所需压风风压 0.3～0.8 MPa。

含水层位置为巷道顶板上方 3～6 m，巷道靠人行一边淋水较小，靠带式输送机一边淋水较大，故采取先在含水层流动前方的注浆孔进行注浆，目的是截断水流，封堵胶带侧淋水。注浆钻孔采用深浅孔交叉分布等方式布孔，注浆操作由快变慢，保证注浆扩散效果，同时还要注重材料反应封堵效果。

红柳矿采用注浆堵水技术前在淋水侧使用铺帆布的方法搜集的淋水量约为 20 L/ min，待注浆堵水施工完成后，使用同样的方法搜集的淋水量约为 4 L/min，淋水量减少到原来的 20%，堵水效果显著。

中长距离定向钻进技术在矿井水害治理中的应用研究于 2011 年 8 月 25 日开始进行第二阶段现场试验和第三阶段收集数据，截至 2011 年 10 月 18 日，已完成了 5 个井下定向主孔和 2 个分支孔的现场施工，完成总进尺为 2 439 m，累计疏放水量为 165 973.85 m^3，井下定向钻孔探放水在红柳煤矿 1123 工作面水害防治实践实施表明，该技术的采用较为有效地缩减了大量钻孔工程量，延长了疏放水时间及增加了在含水层中的穿行距离，从而提高了疏水效率。通过对顶板离层水突水机理的研究，判明涌水水源和涌水通道，为制定工作面突水防治措施提供了依据。采用不同类型的探测方法，明确了覆岩导水裂隙高度，有利于顶板水情的监测和突水预防措施的制定，为今后各矿工作面消灭突水事故和保证煤矿安全生产提供了保障。

第十二章 长距离大孔径定向钻进施工技术

长距离大孔径定向钻进技术，是从石油开采行业移植到煤炭行业用以进行快速施工钻孔、高效抽采瓦斯的先进技术。长距离大孔径钻孔钻进采用先进的DGS导向系统（随钻测量定向系统，模块化电子信息传递连接钻杆），可以根据设计要求，按照指定目标方位定向钻进，将钻孔控制在准确的层位上。定向钻进深度大，钻孔施工速度快。澳大利亚的地面至煤层钻井抽采煤矿瓦斯技术，即Dymaxion工艺，占据澳大利亚80%以上的瓦斯抽采市场，并在美国、印度等国承揽大型煤矿瓦斯和煤层气抽采项目，成为此技术领域的世界领军者。神华宁煤集团为解决白芨沟矿的瓦斯抽采严重制约正常生产接续问题，于2006年引进澳大利亚长距离大孔径定向钻进抽采瓦斯技术获得成功，并在汝箕沟煤矿和金能煤业公司等高瓦斯、突出矿井推广应用，为公司的瓦斯治理和安全生产发挥了显著作用。

第一节 定向钻进影响因素

一、钻进深度影响因素

在地质稳定的煤层，VLD系列1000型定向钻井系统的设计钻井能力达到1 000 m。在某些近于沉积岩的岩层，该系统也能够达到1 000 m。实际能达到的深度完全不受地点、煤层和岩层条件限制，主要依赖于以下列出的条件。

（一）煤层中的限制因素

（1）煤的硬度、煤层结构、煤层压力、煤层的连续性。

（2）地质异常（包括断层、岩脉、冲击物、糜棱岩带、剪切带、矿渣带等）。

（3）黏土或凝灰岩的膨胀特性，割理的清楚程度。

（4）钻孔的稳定性，钻孔的设计，倾斜和冲击角度。

（5）钻孔偏离设计的程度。

（6）钻孔直径（89～99 mm）。

（二）沉积岩层中的限制因素

（1）岩石硬度（硬度在60～80 MPa（F_6～F_8）以上将限制钻井系统实现设计

深度，并降低钻进速度）。

(2) 岩层结构，岩层的连续性，岩层倾角，走向。

(3) 地质异常（包括：断层、岩脉、冲击物、糜棱岩带、剪切带、矿渣带等）。

(4) 黏土或凝灰岩的膨胀特性。

(5) 钻孔的稳定性，钻孔的设计。

(6) 钻孔偏离设计的程度。

(7) 进入煤层顶板的角度。

(8) 钻孔直径（89～99 mm）。

根据白芨沟调查情况，倘若在顶板煤层中不遇到糜棱岩夹层，在顶板和底板进行钻井是可行的；倘若岩层稳定，且设计的钻井能在煤层和底板上实现，取得良好的钻孔深度是完全可以实现的。

二、定向精度影响因素

钻孔弯曲是造成定向精度下降的最常见原因，是钻进施工过程中大量存在的现象，用现有的各种方法钻进时钻孔总会在某种程度上必然地偏离预定方向。

要使定向长钻孔顺利按照预定方向钻进，必须对钻孔弯曲的影响因素作详尽的分析，研究钻进方向偏离的原因和规律。

钻进过程中钻孔弯曲是主、客观因素共同作用的结果。地质因素是钻进时的客观因素，技术和工艺因素是钻进时的主观因素。在不同的条件下，两类因素对钻孔弯曲的影响程度是不同的，有时地质因素是主导因素，有时技术和工艺因素是主导因素。

（一）地质因素

影响钻孔弯曲的地质因素主要是钻进岩层的硬度、研磨性、密度、矿物成分、变质程度及结构构造等。地质因素的影响主要表现为造成岩石的非均质性，它对钻孔方向及其特征产生多种作用。岩层的层理、片理、裂隙、断层、软硬互层、溶洞、卵砾石等结构构造使岩层具有不均质性。

在这种岩石中钻进时，钻头在孔底受力不平衡，引起钻孔弯曲，其中层理、片理和软硬互层对钻孔的弯曲最具影响力。对岩石的大量测定和钻进实践表明，具有层理和片理的岩层，其物理力学性质在各个方向上不同，此种特性称为岩石的各向异性。在垂直于层理方向的硬度最小，破碎阻力最小，破碎速度最快；在平行于层理方向的硬度最大，破碎阻力最大，破碎速度最慢；与层理斜交方向岩层的硬度、破碎阻力、破碎速度介于两者之间。最大硬度与最小硬度的比值称为岩石的各向异性指数。

图 12-1 为钻头在与地层面的不同方向钻进时的钻孔破碎情况，图 12-1(a)是钻头垂直于地层层面钻进，钻孔为圆形，不发生弯曲；图 12-1(b)是钻头与地层层面斜交，钻头受一个来自地层下倾方向的力——地层造斜力的作用，使钻头

轴向力图向垂直于地层层面方向偏移，钻孔呈椭圆形；图 12-1(c)中由于垂直于地层层面方向的硬度小，孔壁岩石易破碎，形成的钻孔直径较大，孔壁间隙大，造成钻头稳定性差，钻孔也容易弯曲。

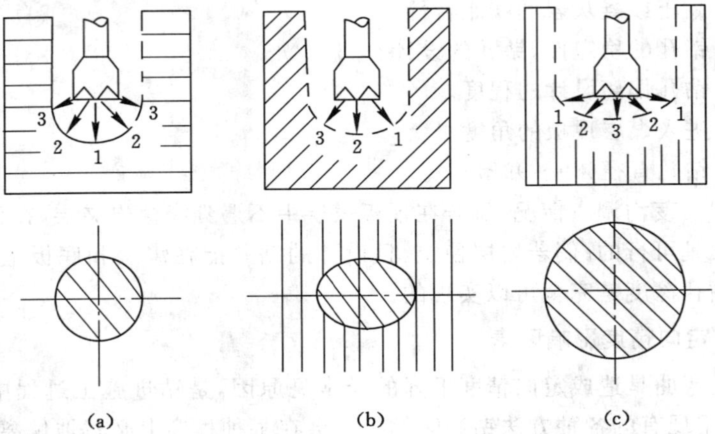

图 12-1　钻头在与地层面的不同方向钻进时的钻孔破碎情况

(a) 钻头与层面垂直；(b) 钻头与层面斜交；(c) 钻头与层面平行

图 12-2 为钻头在片理和层理的岩层中钻进时顺层克取和逆层克取的受力情况。因钻头与层面斜交，钻头切削具在孔底 A、B 两点所遇回转阻力不同，A 点为顺层克取，切削阻力 N 小；B 点为逆层克取，切削阻力 F 大，因此 A、B 两点形成切削阻力差($F-N$)。在孔底的 C、D 两点均系平行于层理克取，所遇回转

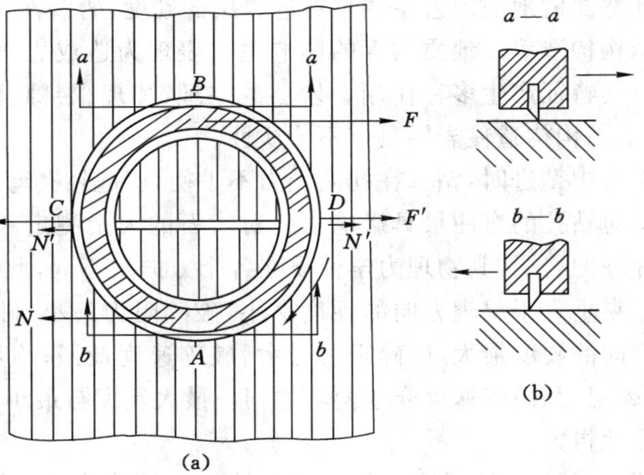

图 12-2　钻头在片理、层理岩层的顺层、逆层克取

(a) 逆层克取；(b) 顺层克取

阻力相等，但方向相反，无切削阻力差。如在图 12-2 的钻头中心引入两平衡力系，即 $F'=F''=F$，$N'=N''=N$，则根据理论力学可知，F 和 F' 组成一力偶，N 和 N' 组成另一力偶，此两力偶由钻杆传递的扭矩所克服，而 F'' 和 N'' 是一对不平衡的力，其差值（即地层造斜力），将使钻头沿 CD 方向倾斜延伸，使钻孔趋向于垂直层理面和片理面。

图 12-3 为钻头通过软硬互层时的钻孔弯曲情况。钻头通过软硬互层时对钻孔弯曲的影响取决于钻孔轴线的遇层角 δ（遇层角 δ 是指钻孔轴线与岩层层面法线的夹角的余角）和软硬岩层的硬度差。由于钻头作用在层面上的压力可分解为垂直于层面的分力 C 和平行于层面的分力 N。N 是钻头在岩层面上的下滑力，当下滑力大于钻头与岩层层面的摩擦阻力时，钻具便沿层面下滑，钻孔将顺岩层层面方向弯曲（俗称“顺层跑”），如图 12-3(c)所示。很明显，遇层角 δ 越小，下滑力（$N=P\cdot\cos\delta$）越大。钻具沿层面下滑的临界遇层角主要与岩石对钢的摩擦系数有关，这取决于岩石的性质。一般临界遇层角的值 $\delta\leqslant 20°$。图 12-3(a)为遇层角大于临界角时钻头由软岩层进入硬岩层的情况。由于钻头进入层面时，唇面受力不平衡，靠层面上硬岩一端的孔底的反力的合力大，靠软岩一端的孔底的反力的合力小，不仅钻头两端存在钻速差和孔底不对称不均匀破碎，而且将产生一倾倒力矩 M 使钻头扭转，并沿着地层上倾方向——即垂直于层面方向弯曲（俗称“顶层进”）。图 12-3(b)为遇层角大于临界角时钻头由硬岩层进入软岩层的情况。根据钻头在孔底受力不平衡情况，钻头靠层面上软岩一侧的钻速快，靠硬岩一侧的钻速慢，加之产生的倾倒力矩，使钻孔有向地层下倾方向弯曲的趋势。

从上述分析看出，在软硬岩层交替互存的情况下钻进时，由硬岩层进入软岩

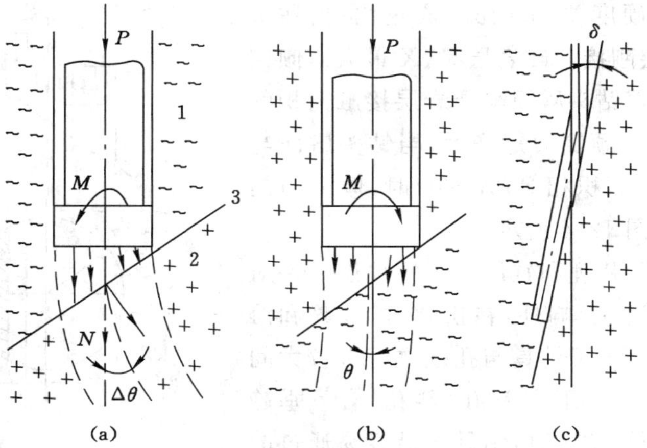

图 12-3　钻头通过软硬互层时的钻孔弯曲情况

(a) 由软岩钻至硬岩；(b) 由硬岩钻至软岩；(c) 遇层角较小时钻具的下滑情况

1——软岩；2——硬岩；3——软硬互层接触面

层钻孔弯曲的方向与由软岩层进入硬岩层钻孔弯曲的方向正好相反。但这相反的弯曲方向并不能完全抵消而使钻孔按原方向钻进。实践证明，在软硬交替岩层钻进时，钻孔仍然取向于垂直层面方向。这是因为钻头由硬岩层进入软岩层时，硬岩的孔壁完整、孔壁间隙小，能对钻具起导向作用，而且在软岩上的小块硬岩很易破碎，孔斜不明显；而钻头由软岩进入硬岩时，在软岩中形成的孔壁间隙较大，钻孔弯曲强度大。

钻头由软岩层进入硬岩层时因唇面受力不平衡而产生的倾倒力矩，作用于全面钻头唇面上的倾倒力矩 M_a 可由以下公式计算：

$$M_a = \frac{2}{3}(\sigma_n - \sigma_m) \cdot (R^2 - X^2)^{\frac{3}{2}}$$

式中　σ_n——硬岩的压入强度，N/m^2；

σ_m——软岩的压入强度，N/m^2；

R——钻头的半径，m；

X——钻头轴线至软硬岩层接触面的距离，m。

作用于取芯钻头唇面上的倾倒力矩 M_c 计算公式如下：

$$M_c = \frac{2}{3}(\sigma_n - \sigma_m) \cdot \left[(R_1^2 - X^2)^{\frac{3}{2}} - \lambda(R_2^2 - X^2)^{\frac{3}{2}}\right]$$

式中　R_1——钻头外半径，m；

R_2——钻头内半径，m；

λ——系数，当 $X < R_2$ 时，$\lambda = 1$；当 $X > R_2$ 时，$\lambda = 0$。

从以上两个公式可以看出，倾倒力矩与软、硬岩层的硬度差（$\sigma_n - \sigma_m$）成正比；当钻头唇面由软岩层刚接触硬岩层时（X 最大），倾倒力矩最小；随着钻头唇面与硬岩层接触面积的增加（X 减小），倾倒力矩增大；当钻头唇面与软硬岩层接触面积相等（$X=0$）时，倾倒力矩达最大值，如图 12-4 所示。

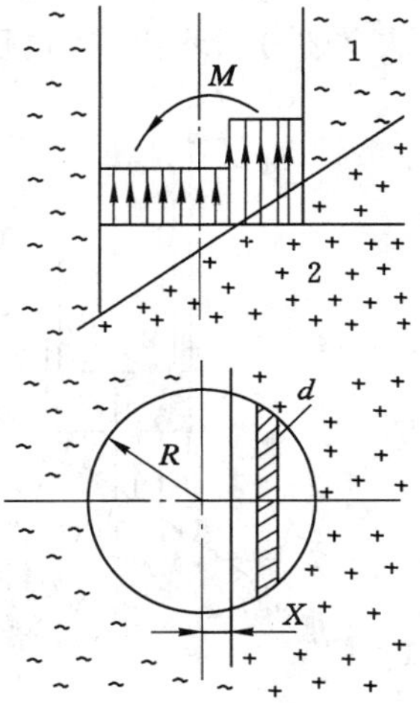

图 12-4　钻头通过软硬岩层接触面时的倾倒力矩

1——软岩层；2——硬岩层

除了层理、片理和软硬互层等地层条件对钻孔弯曲有较大影响外，在松软、极破碎和溶洞地层钻进时，由于钻具与孔壁之间有较大间隙，钻具在重力作用下，钻孔（斜孔）有下垂趋势；在卵、砾石层钻进时，钻具将沿容易通过的方向延伸，钻孔弯曲方向无一定规律。

地质因素对钻孔轨迹的影响表现为，孔底钻具受到一个来自地层的自然造斜力即地层力的作用。地层力的两个分力——地层变孔斜力和地层变方位力，使钻孔产生倾角和方位角的变化。

（二）技术因素

影响钻孔弯曲的技术因素可以分为两类：钻孔在给定方向上的初始偏斜因素——Ⅰ类；钻进过程中影响孔斜的因素——Ⅱ类。

第Ⅰ类技术因素主要是指：钻机安设不正确；钻具与钻孔中心未对正、使用了不合标准或超过公差极限的岩芯管、钻杆和其他碎岩工具；丝扣连接不同芯等。这些钻孔弯曲原因是容易消除的。

第Ⅱ类技术因素是指决定孔底钻具组刚度的钻具结构特性，它在钻孔弯曲过程中起着重要作用。因为在纵向弯曲和倾倒力矩的作用下，决定了孔底钻具组偏斜值的大小。孔底钻具组的稳定性，对钻孔弯曲强度有很大影响，它随钻具之长度增加和直径减小而降低。在纵向压力和倾倒力矩的作用下，发生弯曲的钻具组的轴，可用下式来描述：

$$y = \frac{M_a}{P}\left[\frac{\sin(l-k)}{\sin kl} - \frac{l-x}{l}\right]$$

式中　P——轴向载荷，N；

M_a——倾倒力矩，N·m；

l——钻具纵向弯曲半波长，m；

x——流动坐标，m；

$$k = \sqrt{P/EI}$$

E——钻杆的弹性模量，N/m^2；

I——钻杆的轴惯性矩，$N \cdot m^4$。

从上式可知，倾倒力矩值对孔底钻具组的弯曲和碎岩工具端面相对孔轴的偏斜角有很大的影响，从而导致弯曲强度增加，当孔底钻具组刚度（EI）降低时，弯曲强度增加。刚度降低是由于孔底钻具组壁厚不均匀、椭圆度和局部缺陷，他们都与其制造和不正确使用有关。

钻孔开孔时，只要安装正确和钻具组不偏心，各方面符合设计要求，在钻进时钻孔则不易弯曲，这主要是由于钻具组本身有足够的刚性；随着钻孔加深、钻杆不断接长，钻具的刚性不断减小，以至完全成为一个“柔性体”，钻头之所以能继续钻进是靠钻孔孔壁的导正，以及起导正作用的孔底钻具组的刚性。

（三）工艺因素

工艺因素的影响与钻进方法有关。在回转钻进时，工艺因素影响的程度常取决于弯曲强度与钻进参数的关系。影响钻孔弯曲强度最强烈的是轴向压力，为了获得较高的机械钻速，必须有足够的钻压，但钻压过大将导致孔底钻具组相对孔轴发生歪斜，增大了造斜力，而且因钻杆的半波峰压向孔壁，还扩大了孔径。

虽然机械钻速的增加，缩短了偏斜力的作用时间，抑制了弯曲强度的增大，但研究证实，钻具绕自身轴回转并使其下部定向歪斜的概率，随着钻压、转速和孔径的增加而增大，因此大的钻压为孔底钻具在固定的歪斜方向上只自转不公转创造了条件，这些均是加剧孔斜的因素。

转速对钻孔弯曲强度的影响具有双重性：一方面，钻具的离心力随转速的增加而增大，导致纵向弯曲半波长度减小和孔底钻具组歪斜增大，这就促使孔身扩大，钻具歪斜更大，因此，各向异性和软硬交变岩石可能导致钻孔弯曲强度增加；另一方面，由于转数增加后机械钻速也增加，减少了引起钻孔弯曲因素的作用时间，而且高转速下钻具易实现既自转又公转，因此，有些情况下随着转数提高会降低钻孔的弯曲强度。

根据美国煤层水平长钻孔的经验，通过控制打钻推力和转速可调整钻进方向上仰或下垂。大推力、低转速可实现钻孔向上弯曲；反之，小推力、高转速可使钻孔向下弯曲。另外，冲洗液的数量也会影响钻孔的弯曲，冲洗液量过大，会冲垮孔壁造成大的孔壁间隙，使孔斜加剧；冲洗液量过小，岩（煤）粉回流速度不够时，造成孔底岩（煤）粉堆积，也会使孔壁更强烈地扩大。

工艺因素将改变孔底钻具产生的侧向力和其受到的地层自然造斜力，通过改善钻进工艺和钻进参数来控制钻孔轨迹，也是受控定向钻进的一个重要手段。

通过研究地质因素对钻孔偏移的影响规律，为井下沿煤层钻孔技术应用中钻场位置的选取及钻孔轨迹的设计提供有力指导，一定程度上可从设计初期来避免钻进施工中钻孔弯曲问题，尤其是对保证施工中涉及的穿层工艺（岩层至煤层的过渡）关键环节的定向钻进具有重要作用；通过分析技术和工艺因素对钻孔偏移的影响，为确定井下长距离定向钻进技术工艺及技术参数提供了重要的依据。

第二节　钻进方法和钻井工艺

一、钻进方法

钻孔主要采用牙轮、复合片钻头，竖井采用回转钻进方法，水平井采用孔底马达钻头回转钻进方法，视地层情况及时调整钻进方法。

二、钻孔结构

（一）地面至煤层长距离钻井

地面至煤层长距离钻井分生产井和水平井。生产井采用 ϕ311 钻头钻到稳定层后、下入 ϕ273 mm 表套，然后采用口径 ϕ215 钻头钻进至设计孔深、套管 ϕ168 mm（煤层段玻璃套管）；水平井一开 ϕ311 mm、表套 ϕ273 mm，二开 ϕ251 mm，套管 ϕ219 mm；三开 ϕ200 mm，套管 ϕ150 mm（煤层段玻璃套管）；四开 ϕ121 mm。

(二) 井下沿煤层长距离水平定向钻孔

井下沿煤层定向孔是利用生产矿井中的巷道布置钻场，每个钻场根据瓦斯抽采范围和抽采需要布置数量不等的钻孔，钻孔钻进通过精确定向技术控制，以一定的弧度钻过岩层在煤层中进行长距离钻进，钻孔长达 1 000 m 以上。

开孔套管规格：长 3 m，内径 100 mm，用 ϕ145 mm 三牙轮钻头开孔。

主钻孔直径：96 mm。

钻孔揭煤后首先探顶以确定顶板标高，以后每隔 100 m 向上作探顶孔探顶一次，以保证钻孔处于抽采瓦斯的有利位置。

三、钻井工艺

(一) 地面至煤层长距离钻井系统

1. 生产井

运用 MGD 钻机由地面垂直向煤层打钻，钻穿表土层及风化基岩层分别下入套管，用水泥压浆封实后继续钻至目的煤层底板以下 50 m(50 m 段作沉渣、积水和排水用)，全孔下套管用水泥压浆固结，候凝 72 h 后，将煤层段套管磨碎后扩孔至 406.4 mm，盖上井盖，与煤层水平孔交汇对接。

2. 水平井

在抽采区煤层露头、风、氧化带附近选择钻场布孔呈放射状或扇形状钻进，从地表煤层下伏岩层进入煤层(因在煤层倾斜的上方布孔)，下入套管，顺煤层打水平主孔或倾斜主孔与垂直钻孔对接，并根据抽采需要在水平孔或倾斜孔内下穿孔衬管，进行分支孔施工。

从井口 65°钻 12-1/4 孔下套管，用 10-3/4 套管固井，钻 8 孔到风化层底，用 8-5/8 套管固井，直钻 5-1/2 孔造斜点(KOP)，然后在煤层中钻一个半径弯曲孔，弯曲率为 7 deg/30 m 使水平井着陆，用 5-1/2 套管固井。

定向钻水平井部分尺寸 4-3/4，用接在顶部的触头和集成的伽马传感器，保证孔底部钻具组合(BHA)保持在煤层中一个指定的方向上，并且在水平井的末端能和垂直井相贯通。

(二) 井下沿煤层长距离水平定向钻孔系统

该系统是由在瓦斯抽采目标区域内的生产巷道内布置的钻场、钻场到煤层的主钻孔及钻场内所有钻孔与矿井瓦斯抽放系统的连接装置共同构成。其中钻场到煤层的主钻孔与地面至煤层长距离钻井系统的水平井基本相同；钻场是按照施工钻机的占用空间和施工操作需要的空间在巷道一侧开掘的硐室；矿井抽放系统是矿井已有的设施；矿井瓦斯抽放系统与钻场内的主钻孔的连接装置和矿井所用相匹配。

(三) 钻进施工

本矿区地下岩层岩性分别为石英砂岩、粉砂岩、泥岩及煤层，可钻性等级为

6～9 级，属中研磨性。地表部分采用 ϕ245 或 ϕ311 牙轮钻头钻进，完整基岩采用 ϕ215 牙轮钻进。

1. 钻进参数

开孔钻进要求低转速，低钻压，大泵量，保证钻孔开孔垂直，便于下入 ϕ230 mm 左右的护孔管套管，其钻进参数见表 12-1。

表 12-1　钻进参数表

项目	转速/(r/min)	钻压/kgf	泵量/(L/min)	泵压/MPa
ϕ230	100～150	400～600	80～160	1.0～2.0

牙轮钻头具有自转、振动和冲击作用，要求有足够的冲洗液量保证钻头充分冷却，因此，在本区钻进中钻进参数应参考表 12-2。

表 12-2　钻进参数表

项目	转速/(r/min)	钻压/kgf	泵量/(L/min)	泵压/MPa
ϕ215	150～750	800～1 000	≥80	1.0～2.0

2. 钻孔冲洗液及护壁堵漏

(1) 钻孔冲洗液——泥浆

泥浆是钻探工作的“血液”，必须足够重视，全孔采用牙轮钻头钻进，因此，必须采用优质泥浆进行保护孔壁，携带岩粉，冷却钻头。泥浆性能要求见表 12-3。

表 12-3　泥浆性能要求

项目名称	比重/(g/cm³)	黏度/s	失水量/(mL/30 min)	含砂量/%	泥皮厚度/m
参数指标	1.05～1.20	18～28	10～15	4	1～2

现场配置泥浆，必须按照如表 12-4 所列配方进行配制，2 t 水＋200 kg 黏土粉＋1 kg 苛性碱(NaOH)充分搅拌，水化 24 h 后，测量其泥浆性能指标，要加入 CMC 或 PHP 改善泥浆性能。

表 12-4　泥浆配方

项目	原浆	CMC	PHP	其他
数量	1 m³	0.7%	0.7%～1.0%	

(2) 护壁堵漏

遇到大的漏水层位，如在溶洞、大裂隙中，孔内不返泥浆，应立即停泵停机，组织人员进行堵漏；钻探工作堵漏方法很多，根据经验，考虑到时间和成本，可采取如下经济实用的堵漏方法：

① 孔深在 100 m 以内的漏水层位，孔内有泥浆，可用黏土球(块)从孔口直接投入，达到一定数量后，用钻具挤压，以达到堵漏的目的。

② 若全孔漏失，孔内无泥浆，可用磅石膏浆堵漏，采用比例为 1∶0.5～1∶0.6的水和石膏，搅浆打匀直接从孔口倒入，由于石膏浆的凝固时间短，配制时可加入一定量的缓凝剂，延迟石膏浆的凝固时间。

③ 根据地层情况和漏失效果，若以上方法不能达到堵漏目的，可采用直接注水泥浆的方法进行堵漏。水泥浆的配方是水∶水泥＝1∶0.4～0.6，还可在水泥浆中加入其他堵漏材料，如水玻璃等。

3. 钻孔防斜措施

① 钻机安装就位后，应进行检查验收。

② 开孔钻进时，要求操作者低转速、低钻压、中等泵量钻进。二次变径钻进时，要求同上，并且主动钻杆不得有偏摆，轴心压力要均匀，随钻孔深度的加深而加长岩心管。

③ 尽量采用长岩心管(3～6 m)进行钻进，必要时考虑加扶正器，防止孔斜。

四、完孔作业

1. 安装套管

钻孔完成后煤层以上安装钢套管，煤层段安装玻璃钢套管，煤层以下安装钢套管。套管内径为 150 mm，外径为 168 mm。

2. 固井

套管安装完成后采用二次换浆法将套管和孔壁环状间隙的泥浆用纯水泥浆置换，达到固结套管的目的。

置换水泥浆量的计算方法：

干水泥量：

$$Q=(V_1+V_2+V_3)/V_4$$

式中　Q——水泥总袋数；

V_1——封固段环状容积，L(1 m^3＝1 000 L)；

V_2——附加量，L；

V_3——水泥塞容积，L；

V_4——1 袋水泥配置的水泥浆容积，L；

注：水泥浆的比重为 1.6，40 L/袋，1 袋水泥体积为 15.9 L。

用水量

$$V_{水}=水泥总袋数\times 1\ 袋水泥用水量(L/袋)/1\ 000\ m^3$$

替泥浆量

$$V_{替}=0.785\ 4d^2(H-h)/1\ 000\ m^3$$

式中 d——套管内径,cm;

H——套管下深,m;

h——水泥浆面高度,m。

3. 扫玻璃钢管及扩孔

(1) 扫玻璃钢管:套管安装完成后采用割刀钻头将煤层部分的玻璃钢管扫除露出煤层。

(2) 扩孔:扫完玻璃钢管采用扩孔器将煤层部分扩孔到口径 381 mm。

(3) 测井:测煤层段扩孔后情况。

(4) 冲孔:以上两道工序完成后采用优质泥浆进行冲孔,将孔内沉积物冲干净。地面至煤层长距离钻井的水平井,须从垂直生产井末端逆流冲洗。

五、形成抽采系统

1. 垂直生产井的泵与采气装备安装

从垂直井的末端侧部后面冲洗垂直井孔,安装 PCP 管,并达到要求的井深(与螺杆抽水泵连);然后安装井口泵及瓦斯阀和水阀、管道系统、仪表和监控设备、排空燃放管等,形成抽水和抽采瓦斯系统进行排水和抽放煤层瓦斯。

2. 井下沿煤层长距离水平定向钻孔与采气系统安装

采场内所有在煤层中钻进的长距离主钻孔完孔之后,与通达钻场附近的矿井瓦斯抽放系统,以矿井所用相匹配的连接装置进行连接,构成完善抽放系统,由矿井抽放瓦斯系统抽采目标区域的瓦斯。

六、井泵启动和水、气、泵系统运行的监控

井泵启动和水、气、泵系统运行的监控是整个过程中最重要的一部分,它关系到井的寿命。泵运行时若监控条件差,很容易损坏,导致停工换泵;水和气流监控条件差,可能导致水平井出现局部破坏从而导致煤层瓦斯流量减少,因此需要严格管理。

第三节　白芨沟矿长距离定向钻孔工程实施

白芨沟煤矿地处贺兰山腹地,是神华宁煤集团公司一座生产优质无烟煤的矿井。井田含煤地层为下侏罗统延安组,二层煤为主要可采煤层,煤层总厚度 0～29.36 m,平均厚18.33 m,属中到特厚煤层。

矿井自投产以来,历年瓦斯等级鉴定均属高瓦斯矿井。煤层瓦斯含量为

4.77～23.59 m^3/t。根据抚顺煤炭科学院测定的煤层瓦斯参数，煤层瓦斯介于可以抽采与较难抽采之间。矿井总瓦斯储量为 20.27 亿 m^3，可抽瓦斯储量为 12.96 亿 m^3。

白芨沟矿 2421(一)综放工作面于 2003 年 10 月 24 日发生瓦斯爆炸事故，在封闭工作面、采区均遭失败的情况下，从地面封闭了矿井。经过采取多种消除瓦斯爆炸和灭火的技术措施，2005 年 1 月矿井完全启封。封闭矿井和全面恢复生产系统，影响瓦斯抽采近 2 年时间，导致矿井抽掘采比例严重失调，而且按照白芨沟矿煤层吸附特性，采用传统的瓦斯抽采方式，预抽期将达到 3～5 a，才能完成 2521 和 2621 接续区段的瓦斯抽采，矿井生产面临难以为继的严重局面。

针对白芨沟矿生产接续的问题，神华宁煤集团引进了澳大利亚先进的长距离定向钻孔高效瓦斯抽采技术，对白芨沟矿煤层进行高强度瓦斯抽采。

2521、2621 两个区段的走向长度为 1 600 m，倾斜宽度为 500 m，煤层厚度为 21 m。抽采方案根据地表施工的瓦斯勘测参数井提供的两个区段的瓦斯含量和分布参数及井下抽放的情况，在区段的北部采用地面至煤层长距离钻孔抽采技术，在区段的南部采用井下长距离钻孔抽采技术，使 2521 和 2621 区段在开采前，煤层瓦斯含量降到 4 m^3/t 以下。

煤炭科学总院西安分院对 3 个瓦斯勘测测试井瓦斯含量进行了测试分析。测定结果为 BA01 参数井(2521 区段北部)瓦斯含量为 6.62 m^3/t，瓦斯压力 0.744 MPa，BA03 参数井(2521 区段南部)瓦斯含量为 12.34 m^3/t，瓦斯压力 1.3 MPa。测定结果为南部瓦斯含量高于北部。

最初的钻井布置及瓦斯抽采方案中，北部区域采用地面至煤层长距离钻孔抽采技术，即在北部区域的地面布置 4 个垂直竖井钻孔，每个竖井将与 3 个煤层水平钻孔贯通，形成一拖三的抽放系统进行瓦斯抽采，但在竖井施工过程中揭露的情况，发现北部区域地层存在采空塌陷区，钻井无法穿越。故原设计方案变更为南、北部区域均采用井下长距离钻孔抽采瓦斯方案。

最终的方案为利用区段南部 2521 条带底板以下 40 m 位置现有的 1640 岩石集中巷布置 B、C_1、C_2、F、G/A_2、和 A_1 等 6 个钻场进行钻孔抽采其南部区域瓦斯，钻孔沿 2521、2621 条带倾向布置，终孔位置位于 2621 条带以外约 15 m。另外，在 2521 区段中部 G/A_2 钻场设计 6 个走向钻孔，钻孔钻到开切眼以外；利用区段北部现有 1650 回风石门布置 H、I 和 J 三个钻场，进行走向钻孔抽采北部区域瓦斯，钻孔沿 2521、2621 条带走向布置。为了解决 2521 运输巷道和回风巷道掘进期间瓦斯涌出问题，在两巷两侧分别布置走向钻孔：在 A_1 钻场向 2521 运输巷道两侧沿煤层走向布置 2 个钻孔，由 E 钻场向 2521 回风巷道两侧沿煤层走向布置 2 个钻孔，如图 12-5 所示。

考虑二煤为特厚煤层，为避免一分层回采破坏钻孔，将钻孔层位控制在煤层

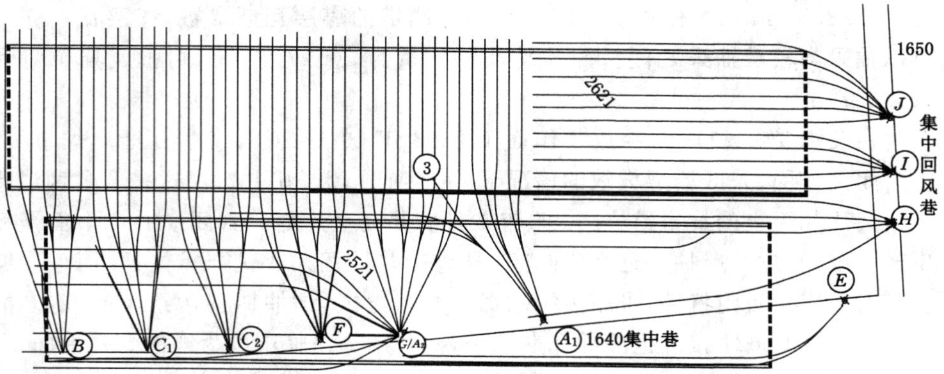

图 12-5　长距离定向水平钻孔布置平面图

顶板以下 8 m 处，煤层底板以上 12 m（煤厚 20 m）。为提高钻孔利用率，减少岩孔施工量，钻孔采用两个煤孔共用一个岩孔的“一拖二”设计。为了控制钻孔在煤层中层位，每隔 100 m 及遇到地质变化带时，施工探顶或探底钻孔，进行一次探顶和探底。钻孔间距 25 m，孔径 96～250 mm，钻孔深度 600～1 000 m。

钻机采用 VLD-Series 1000 型定向钻机施工，钻孔钻进能力可以达到 1 000 m 以上。钻孔开孔时先用 ϕ145 mm 的钻头开孔，钻进至 3 m 后，下 ϕ102 mm 套管封孔，封孔 4 h 后连接抽采管，边施工钻孔边进行抽采。施工时以 ϕ96 mm 钻头仰角钻进，钻进至设计层位后沿煤层水平钻进至终孔，如图 12-6 所示。

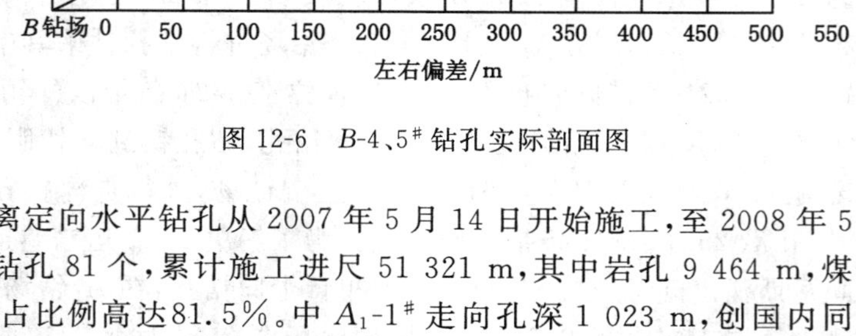

图 12-6　B-4、5# 钻孔实际剖面图

长距离定向水平钻孔从 2007 年 5 月 14 日开始施工，至 2008 年 5 月 14 日，完成定向钻孔 81 个，累计施工进尺 51 321 m，其中岩孔 9 464 m，煤孔 41 857 m，煤孔所占比例高达81.5%。中 A_1-1# 走向孔深 1 023 m，创国内同类钻进记录。施工过程中，最高日进尺达 732 m，最高月进尺 6 878 m，均为国内同类钻进的先进水平。钻孔数据详见表 12-5。

表 12-5　　定向水平钻孔钻进数据表

钻孔类型	钻场	孔数	孔深/m			煤孔比例/%
			岩	煤	合计	
倾向钻孔	B	8	887	3 730	4 617	80.79
	C_1	10	2 445	3 264	5 709	57.17
	C_2	7	474	3 534	4 008	88.17
	F	8	459	3 240	3 699	87.59
	G/A_2	11	891	3 579	4 470	80.07
	A_1	5	309	1 875	2 184	85.85
走向钻孔	A_1	3	90	2 741	2 831	96.82
	G/A_2	9	1 347	4 620	5 967	77.43
	E	2	132	1 776	1 908	93.08
	H	7	227	4 432	4 659	95.13
	I	5	271	4 476	4 747	94.29
	J	6	1 932	4 590	6 522	70.38
累计		81	9 464	41 857	51 321	81.55

第四节　白芨沟矿长距离定向钻孔抽采瓦斯工程实施效果

一、瓦斯抽采量

自2007年5月14日开始抽采到2008年11月30日，已抽出纯瓦斯5 522.012万 m^3(标况下纯量)。图12-7为各月瓦斯抽采总量图，其中2008年5月份钻孔全部施工完毕后抽采量最高，达到了439.90万 m^3。由图12-8可知，G/A_2 钻场抽采量最高，达到了1 215.34万 m^3。如图12-9所示每月钻井抽采量，2008年5月钻孔施工完毕后，各月抽采量基本差别不大，表明各钻场抽采系统运行稳定，抽采效果较好。

如图12-9所示，2007年8月至2008年11月瓦斯流量监测数据表明，单孔平均瓦斯流量达到1.6～4.2 m^3/min，最高时达到11.64 m^3/min左右(A_1-1#、2#、3#，2007年9月8日)，瓦斯浓度平均达62%～98%。除 A_1 钻场 A_1-1#、2#、3#受运输巷道掘进影响较大，流量下降比较明显外，其他钻孔流量变化趋势比较平稳。

二、瓦斯抽采的效果验证

根据瓦斯抽采量数据分析，定向长距离钻孔抽采效果较好。为了检验抽采

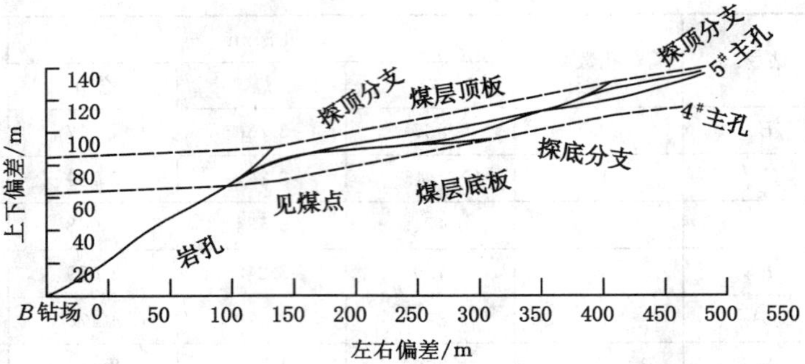

图 12-7　各月份抽采量对比表

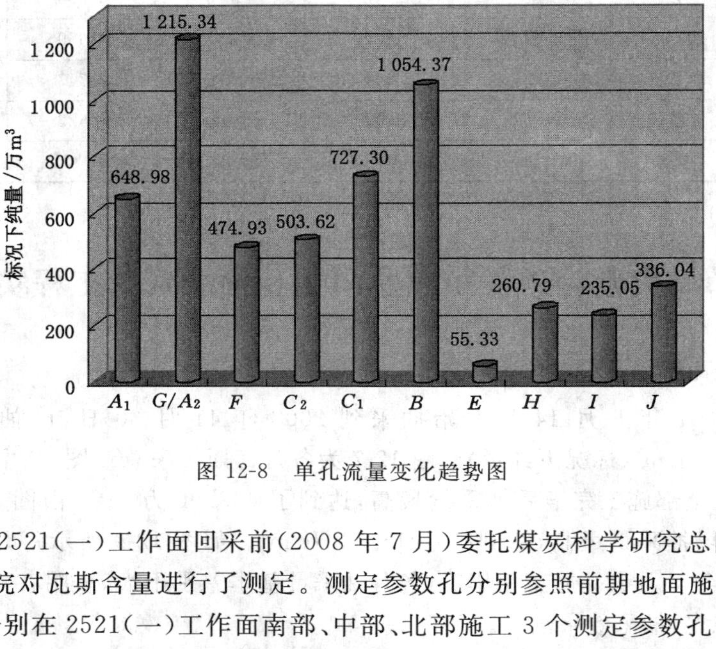

图 12-8　单孔流量变化趋势图

效果。在 2521(一)工作面回采前(2008 年 7 月)委托煤炭科学研究总院抚顺煤炭科学分院对瓦斯含量进行了测定。测定参数孔分别参照前期地面施工的 3 个参数井，分别在 2521(一)工作面南部、中部、北部施工 3 个测定参数孔。测定结果为：南部 1# 测定参数孔瓦斯含量为 6.83 m^3/t，可解吸瓦斯含量为 1.24 m^3/t，残存瓦斯含量为 5.59 m^3/t；北部 3# 测定参数孔瓦斯含量为 5.12 m^3/t，可解吸瓦斯含量为 0.5 m^3/t，残存瓦斯含量为 4.62 m^3/t。参照前期地面南部地面参数井测定瓦斯含量 11.8 m^3/t，计算南部 850 m 瓦斯储量为 7 214.077 5 万 m^3，经过 1.2 年抽采后，抽出瓦斯量按 4.97 m^3/t 计算，抽出瓦斯 3 038.47 万 m^3，平均每个月抽采量达到了 217 万 m^3。从以上数据可以看出，长距离大孔径定向钻孔可以在短期内降低煤层瓦斯含量，抽采效果显著。

三、瓦斯抽采变化相关参数分析

为了考察定向钻孔的抽采效果，选取钻孔长度最长的 A_1-1^#^、2^#^、3^#^孔和抽采时间较长的 B-2/3^#^孔，根据流量和浓度变化趋势图分析单孔流量与煤孔长度的关系、单孔流量和浓度随抽采时间变化的衰减情况，如图 12-9 和图 12-10 所示。

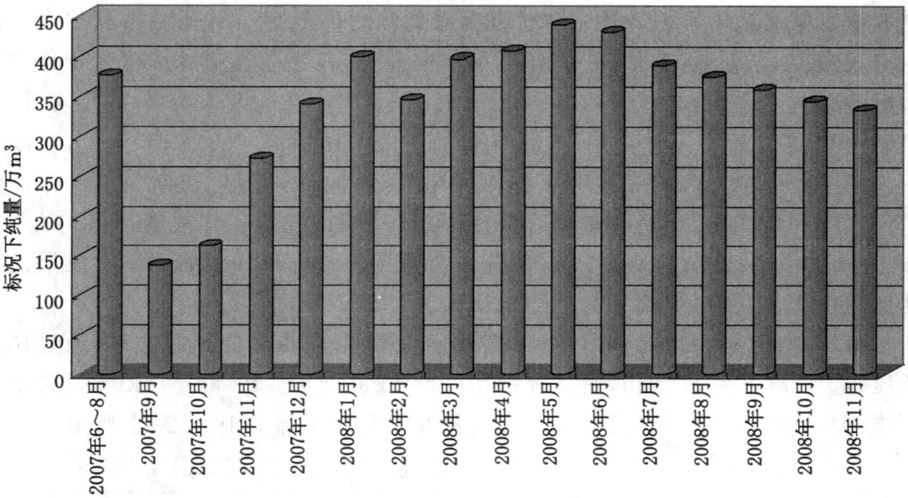

图 12-9　各钻场抽采量对比表

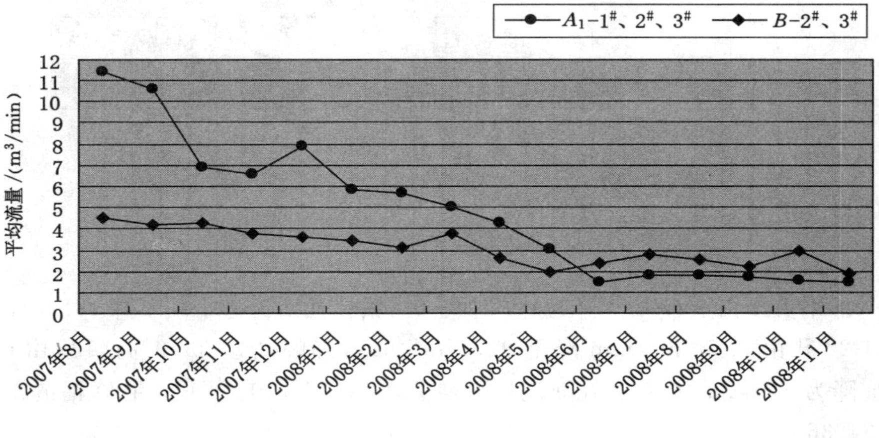

图 12-10　单孔浓度变化趋势图

选取的目标钻孔，A_1-1^#^、2^#^、3^#^孔，孔深最长达 1 023 m，单孔流量也最大，最大时达11.4 m^3/min，钻孔流量从2007年12月开始呈逐渐下降趋势，到2008年5月流量下降至3.04 m^3/min。浓度已从最初的95%下降至45%。因A_1-1#、2#、3#孔布置在2521运输巷道两侧，2521南运输巷道于2007年10月开始掘进，2521工作面于2008年8月开始回采，瓦斯流量和浓度下降主要受巷道掘进和工作面回采的影响。

B-2、3#钻孔布置在目标区域的最南端，南部煤层瓦斯含量较高，南端受掘进巷道影响晚（2008年2月运输巷道掘进到此附件范围），钻孔流量和浓度衰减速率较慢，抽采量较高。由于工作面由南向北推进，钻孔流量和浓度受工作面回采影响较大，工作面于2008年8月开始回采，10月推进至B钻场钻孔附近，考察钻孔浓度和流量变化情况，流量与第1个月相比提高了0.9 m^3/min，浓度由上月的72%提高到88%，表明工作面回采后，短时间内煤层瓦斯大量卸压。经过一段时间后，瓦斯流量和浓度下降逐渐趋于平稳，流量和和浓度仍保持在1.8 m^3/min和70%左右。表明倾向钻孔由于覆盖2521、2621区段，2521区段内钻孔覆盖范围少，受工作面回采后影响不大。

负压越高，抽采效果越好，为了考察定向钻孔与抽采负压的关系，通过调节负压，选取H、I钻场钻孔，使其分别在−18 kPa、−12 kPa和−6 kPa三种状态下维持稳定抽采，考察钻孔瓦斯流量与抽采负压的关系，如图12-11所示。

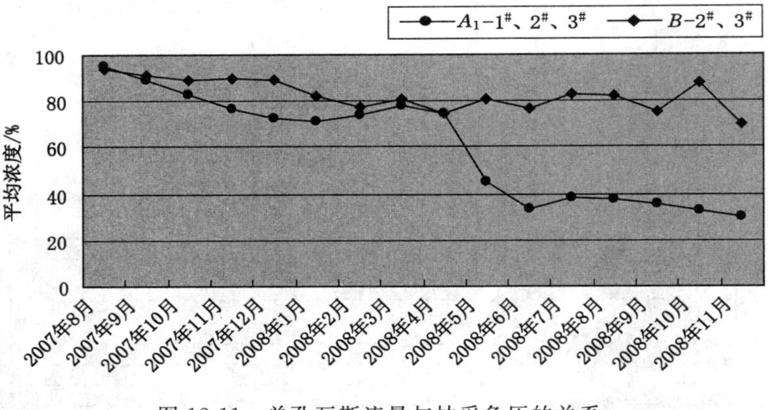

图12-11　单孔瓦斯流量与抽采负压的关系

抽采负压由−18 kPa降为−12 kPa时，钻孔瓦斯流量平均下降13.95%，其中1-2#孔由0.77 m^3/min降至0.51 m^3/min，降幅高达33.9%；负压由−18 kPa降为−6 kPa时，钻孔瓦斯流量平均下降19.05%，其中1-5#孔降幅最高，达到34.36%。

四、长距离定向钻孔同传统钻孔抽采瓦斯效果对比

长距离大孔径定向钻孔抽采瓦斯工艺同白芨沟煤矿传统工艺进行对比的情

况见表12-6和图 12-12。

表 12-6　　白芨沟矿两种抽采工艺抽采瓦斯效果对比

方式项目	单孔平均流量/(m^3/min)	百米瓦斯单孔抽采量/(m^3/min)	抽采浓度/%	钻孔效利用率/%	单孔孔深/m	抽放期/月
传统抽采工艺	0.06	0.04	45	40	70～120	48
长距离大孔径定向钻孔工艺	4.2	0.58	85	80	600～1 000	10

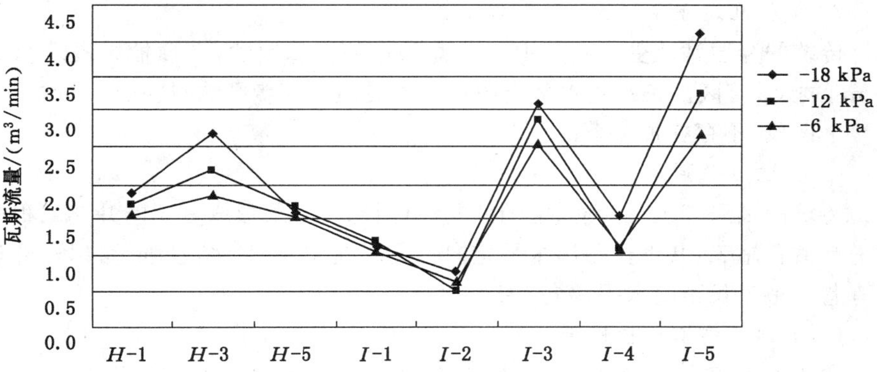

图 12-12　白芨沟矿两种抽采工艺抽采瓦斯效果对比柱状图

从对比图表可见，长距离定向钻孔单孔成孔距离长，传统工艺钻孔深度一般在 70～120 m，定向钻孔深度在 600 m 以上，最深达到 1 023 m，平均单孔孔深为传统钻孔的 9 倍；长距离定向钻孔煤孔比例高，决定瓦斯抽采效果的关键因素是钻孔的煤孔深度，传统钻孔煤孔所占比例平均为 40%左右，定向钻孔煤孔比例可达 80%，为穿层钻孔的 2 倍；长距离定向钻孔瓦斯抽采的单孔平均流量提高到传统抽采工艺的 70 倍，百米瓦斯单孔抽采量提高到 14.5 倍，抽采瓦斯浓度提高了 40%，钻孔有效利用率提高了 40%，抽放期缩短了 38 个月。矿井抽出率由原来的 45%提高到 70%，月抽采量由原来的 120 万 m^3 提高到 521 万 m^3。

五、长距离大孔径定向钻孔抽采瓦斯技术的优势

长距离定向钻孔瓦斯抽采技术在白芨沟矿的应用，成功解决了矿井瓦斯治理和生产接续的难题，为矿井安全生产奠定了基础，也为矿井瓦斯治理积累了经验。该技术与传统的穿层瓦斯抽采技术相比，具有以下优势。

（一）单孔成孔距离长，瓦斯抽采量大

长距离水平定向钻孔能够发挥钻机的最大效能，成孔距离长，钻孔瓦斯抽采量大，单孔百米瓦斯抽采量，平均 0.583 m^3/min，传统钻孔百米瓦斯抽采量为 0.04 m^3/min，长距离水平定向钻孔百米瓦斯抽采量是传统钻孔的 14.6 倍。

（二）瓦斯抽采效率高，预抽期短

瓦斯抽采效率高，单孔平均瓦斯流量达到 2.2～4.2 m^3/min，最高达到 11.64 m^3/ min，平均抽采浓度在 85%以上。预抽期可比传统抽采工艺缩短 3 a 以上。

（三）钻孔利用率高

传统的穿层抽放钻孔煤孔段占 40%，采用长距离水平定向钻孔煤孔段占 80%，减少了岩孔工程量，提高了钻孔利用率。

（四）钻孔覆盖范围大，消灭抽采盲区

传统的穿层钻孔受岩石集中巷布置和设备性能制约，在预抽区段之内形成 50 m 的抽采盲区。长距离水平定向钻孔不受施工环境影响，钻孔可以按设计覆盖整个区段，不存在抽采盲区。

（五）适应性强

传统的抽采工艺受时间、空间的制约比较大，必须形成一定的井巷工程后才能进行钻孔施工，井下长距离水平定向钻孔对施工环境适应性强，可以充分利用现有巷道施工长距离水平定向钻孔。

（六）钻孔施工可控性强

井下长距离水平定向钻进采用先进的 DGS 导向系统（随钻测量定向系统，模块化电子信息传递连接钻杆）和顶底板导向控制技术，对煤层厚度、起伏等地质构造变化，具有较强的适应性。

第十三章　地面钻井抽采瓦斯技术

地面瓦斯抽采钻井是从地面向下施工的各种形式的钻井，用于预排、预抽或抽采采空区、采动卸压瓦斯。与井下瓦斯抽采工程相比，地面钻井具有三方面的优势：第一，地面瓦斯抽采钻井的施工及抽采工作不受矿井巷道条件影响，可根据需要选择钻井的施工时间和地点；第二，在地面可采用大型钻机施工地面钻井，所以地面钻井的孔径一般较大，抽采瓦斯量大，效果显著；第三，地面瓦斯抽采工作便于管理，安全高效。

第一节　地面钻井井身结构设计

一、地面瓦斯抽采钻井的形式

国内外用以抽采瓦斯的地面钻井主要有以下几种：水射流径向钻井、地面大斜位钻井和地面垂直钻井。

水射流径向钻井又称地面大树枝钻井，首先施工垂直井身至煤层顶板上方一定位置，然后利用高压水射流破岩机理，通过特殊导向工具沿煤层走向和倾向钻出多个辐射状分支井眼，在低渗透性煤层中达到释放瓦斯的目的，最大限度地增加井控面积和产气通道，提高瓦斯抽采率。

地面大斜位钻井，井身主要由直井段、造斜段和稳斜段（定向段）组成，是一种通过造斜、稳斜等过程的控制，在煤层中实现钻进深度最大化，以增加钻井在煤层中的暴露面积，提高瓦斯抽采效果。

地面垂直钻井是利用潜孔锤钻头施工垂直钻井至设计终孔位置，利用工作面回采形成的裂隙进行抽采瓦斯，根据设计不同，地面钻井可抽采开采煤层采空区的瓦斯，或上覆煤层的采动卸压瓦斯。

水射流径向钻井和地面大斜位钻井主要预抽煤层瓦斯，由于我国煤层透气性普遍较低，采用增透措施效果不理想，并且工程施工工艺复杂，需要特殊钻具，受地质构造的影响施工难度大，成本高，所以在我国应用较少。

针对地质构造复杂、煤层透气性小的特点，在煤层群条件下联合保护层开采，地面钻井可大量抽采上覆卸压煤层的瓦斯及开采煤层采空区的瓦斯，有效降低被保护层的瓦斯含量和压力，因此我国多采用地面垂直钻井抽采瓦斯。

二、地面钻井的井身稳定性

由于我国多采用地面垂直钻井抽采瓦斯，现以地面垂直钻井为例研究地面钻井的井身稳定性。

地面钻井被破坏的本质原因是地层的移动与变形。煤层开采后，采空区周围岩层的应力平衡被破坏，引起应力的重新分布，从而造成岩层的移动变形与破坏，并由下向上发展。破坏地面钻井的作用力主要有：① 软岩层的高水平应力对地面钻井产生的挤压作用；② 岩层过大的非均匀变形及软岩层的流变对地面钻井产生的水平剪切作用。在这两者的作用中，尤以水平剪切作用对地面钻井的破坏最大[133]。

如图 13-1 所示，煤层采动后岩层相邻点的下沉和水平移动量是不相等的，表明点与点之间存在相对移动，因此引起岩层变形。岩层变形分为倾斜、曲率和水平变形（拉伸和压缩）等[134]。

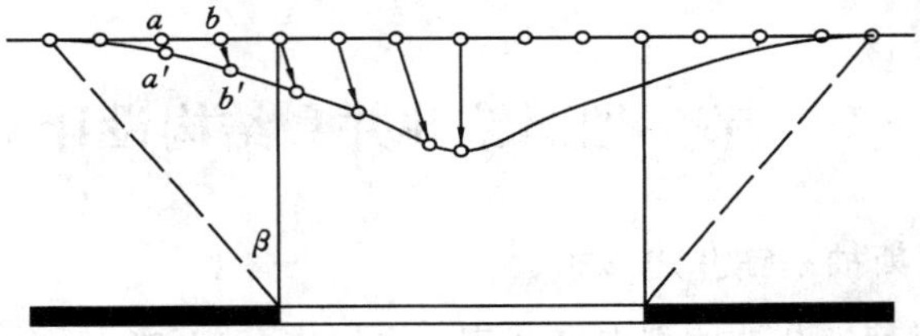

图 13-1　采动后岩层位移量图

（一）岩层移动分析

矿山岩体中分布着许多原生的节理、裂隙和断裂等弱面，因此可以将矿山岩体看作一种松散介质。开采引起的岩层与地表移动过程类似于松散介质的移动过程。这种移动过程是一个服从统计规律的随机过程，可以用概率论的方法揭示岩层与地表的随机分布规律[135]。

1. 单元开采

将整个开采范围分解成无穷多个无限小的开采单元，在开采单元上方的地表形成单元开采下沉盆地，单元开采下沉盆地的下沉曲线为正态分布密度函数。

如图 13-2 所示，O 点位于任意位置，开采单元的横坐标为 s，开采单元上方地表下沉盆地的下沉曲线表达式：

$$W_e(x,s)=\frac{1}{r}e^{\frac{-\pi(x-s)^2}{r^2}} \tag{13-1}$$

式中　r——主要影响半径（$r = H\cot\beta$），m；

　　H——埋深，m；

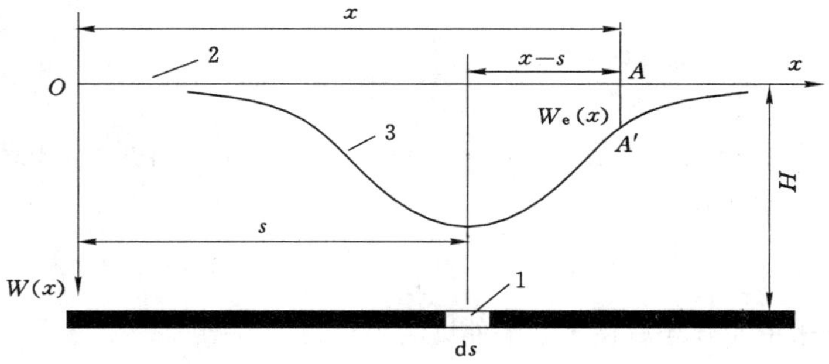

图 13-2　单元开采地表下沉盆地

1——开采单元；2——地表；3——单元开采地表下沉盆地的下沉曲线

β——主要影响角，(°)。

单元开采后，地面任意一点，如图 13-2 中的 A 点移动到 A'点，x 位置处的下沉量为$W_e(x)$。

整个开采范围对地表的影响相当于无穷多个单元开采对地表造成的影响之和，可以用概率分布密度函数曲线的积分来完成。

2. 半无限开采

一维开采空间中，若煤层开采范围是 0～+∞，即为半无限开采，如图 13-3 所示。

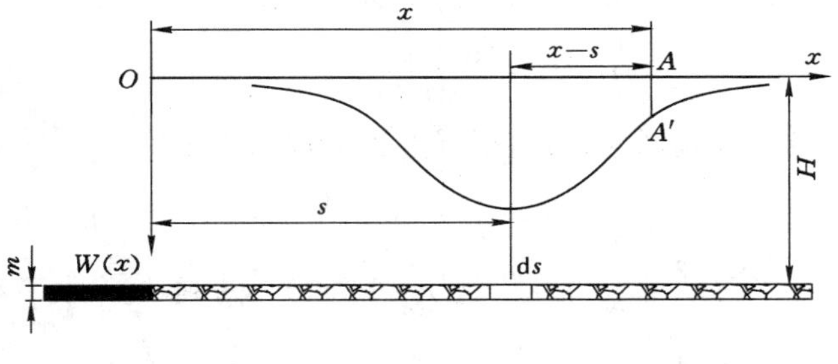

图 13-3　半无限开采单位厚度开采的地表下沉

半无限煤层开采条件下 x 位置处 A 点的下沉等于 0～+∞范围内无限多个单元开采引起的下沉总和：

$$W(x,s)=W_0\int_0^{+\infty}\frac{1}{r}e^{\frac{-\pi(x-s)^2}{r^2}}ds \tag{13-2}$$

以上积分式中，s 表示单元位置的变量，其分布范围为 0～+∞，而 x 是常量，表示所求任意点 A 处的坐标，W_0为地表的最大下沉量。

当采厚为 m，由于上覆岩层垮落、碎胀、断裂和离层，地表只能下沉 mq，受煤层倾角的影响，地表的最大下沉量为 $mq\cos\alpha$，即为

$$W_0 = mq\cos\alpha \tag{13-3}$$

式中　q——地表下沉系数；

α——煤层倾角。

若研究的岩层处在煤层上方任意水平，则半无限煤层开采后，任意水平 z 的 x 位置的下沉量如式：

$$W(x,s) = W_0\int_0^{+\infty}\frac{1}{r_z}e^{\frac{-\pi(x-s)^2}{r_z^2}}ds \tag{13-4}$$

r_z为开采单元开采后在 z 水平的影响半径：

$$r_z = z\cot\beta \tag{13-5}$$

令 $\lambda=\frac{\sqrt{\pi}(x-s)}{r_z}$，则式(13-4)可化为：

$$W(x,s) = -\frac{W_0}{\sqrt{\pi}}\int_{\frac{\sqrt{\pi}}{r_z}x}^{-\infty}e^{-\lambda^2}d\lambda$$

令 $\lambda=-u$，则

$$W(x) = \frac{W_0}{2}\frac{2}{\sqrt{\pi}}\left[\int_{\frac{\sqrt{\pi}}{r_z}x}^{-\infty}e^{-\lambda^2}d\lambda+1\right]$$

这就是煤层半无限开采后 z 水平 x 处下沉量的计算公式。

半无限整层开采后其他指标：

(1) 倾斜与水平移动

对式(13-7)求一阶导数，可求出沿 x 方向的地表倾斜 $i(x)$

$$i(x) = \frac{dW(x)}{dx} = \frac{W_0}{r}e^{\frac{-\pi x^2}{r^2}} \tag{13-6}$$

根据水平移动和倾斜的关系，得到沿 x 方向的水平移动：

$$U(x) = Bi(x) = bW_0e^{-\frac{\pi x^2}{r^2}} \tag{13-7}$$

其中 b 为水平移动系数，常数，且 $x=0$ 处，$b=\frac{U_0}{W_0}$是最大水平移动和最大下沉的比值，$b=0.3\sim0.4$。

(2) 水平变形

$$\varepsilon(x) = \frac{dU(x)}{dx} = -\frac{2\pi bW_0}{r^2}xe^{-\frac{\pi x^2}{r^2}} \tag{13-8}$$

(二) 井身围岩的水平位移

当工作面靠近地面抽采钻孔时，地面钻孔开始发生水平位移，当工作面推过地面钻孔，地面钻孔处于半无限开采空间上部时，水平位移与下沉充分发育。设煤层距上覆岩层的距离为 z(在本模型中，开采水平以开采煤层为基准线，开采煤层以上 z 值为正)，距 O 为 x 的点的各个指标分别为：

钻孔水平位移函数：

$$U(x,z) = bW_0 e^{-\frac{\pi x^2}{r_z^2}} \tag{13-9}$$

其中，$r_z = z\cot\beta$，则

$$U(x,z) = bW_0 e^{-\frac{\pi x^2}{(z\cot\beta)^2}} \tag{13-10}$$

根据现场实测及矿井开采的经验，乌兰煤矿地表下沉系数 $\eta=0.78$，7[#]煤层平均采高 1.9 m，煤层倾角 $\alpha=20°$，水平移动系数 b 取 0.35，$\cot\beta$ 约为 0.5，则

$$W_0 = 1.9 \times 0.78 \times \cos 20° = 1.39\ (\text{m})$$

由以上参数得到钻孔围岩水平位移的函数表达式：

$$U(x,z) = bW_0 e^{-\frac{\pi x^2}{(z\cot\beta)^2}} = 0.487 e^{-4\pi\left(\frac{x}{z}\right)^2} \tag{13-11}$$

钻孔水平变形函数表达式为：

$$\varepsilon(x,z) = \frac{\mathrm{d}U(x,z)}{\mathrm{d}x} = -3.896\,\frac{\pi x}{z^2} e^{-4\pi\left(\frac{x}{z}\right)^2} \tag{13-12}$$

通过上式分别绘出不同水平 z 对应的钻井的水平位移和变形量。

通过图 13-4 和图 13-5 可得出如下规律：

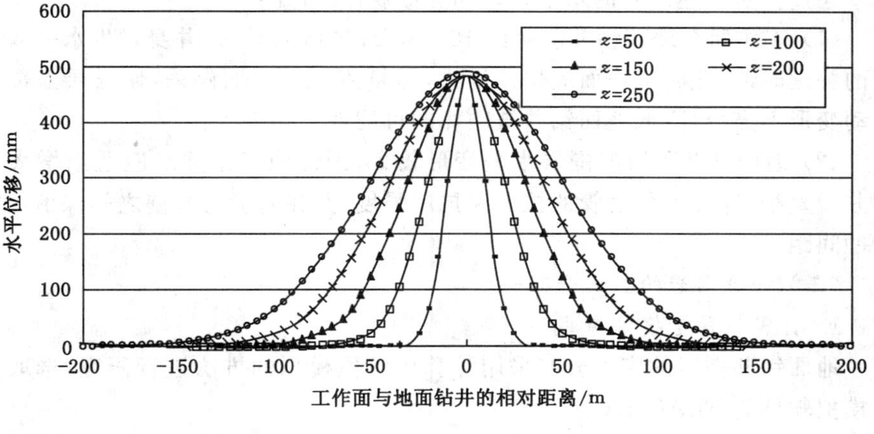

图 13-4　不同水平的岩层水平位移曲线图

(1) 在不同水平 z 上，井身围岩的水平位移和变形主要集中在工作面距地面钻井±100 m 的范围内；工作面距地面钻井越近，围岩的水平位移越大；工作面在地面钻井前后约 10～30 m 的区域，围岩的水平变形量最大，工作面远离该区域，围岩的水平位移量和水平变形快速减小。

(2) 水平 z 越高，发生水平位移的范围越大，即影响半径 r 越大，但是水平变形越小；水平位移量反映了井身的整体移动量，而水平变形则反映了井身受到的剪切破坏作用，因此，地面钻井的井身随着埋深的增加受到的剪切破坏作用越大。

(3) 在工作面刚推过钻孔时刻，即 $x=0$ 时，钻孔受到的水平位移破坏最小。

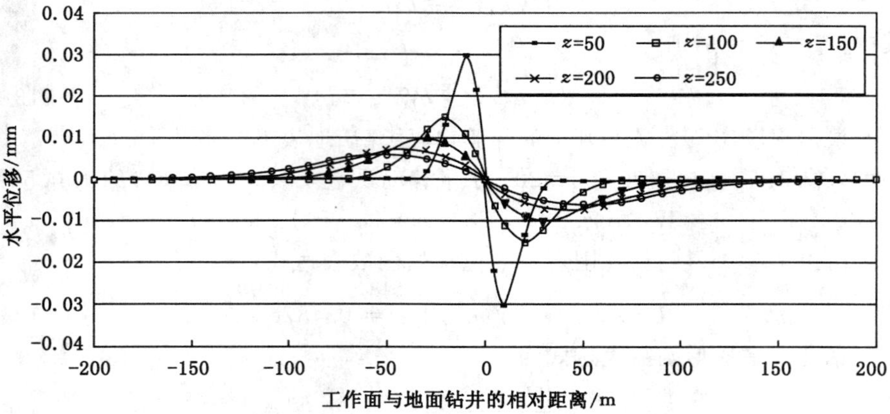

图 13-5　不同水平的岩层水平变形曲线图

通过分析上述围岩的水平移动和变形规律,可知:

(1) 工作面在地面钻井前后约 10～30 m 的区域时,是井身发生水平剪切破坏的关键时期,此时工作面应快速推进,尽量避免工作面停采,使煤层上覆岩层移动变形不充分,降低地面钻井被破坏的可能性。

(2) 地面钻井下段的围岩水平变形较大,因此施工钻井时应适当增大下段的井身直径,保证下段套管的抗剪和抗压强度,并在套管与井壁之间保留一定的缓冲间距。

(三) 井身围岩的应力分布

1. 计算机数值模拟模型

地面钻井围岩的应力分布采用计算机数值模拟的方法进行研究,选取的数值模拟软件为 FLAC 5.0。

根据试验区域的煤岩层条件,为方便研究,选取从上至下的 10 个层位并建立煤层走向二维模型进行研究,煤层为软化模型,各岩层节理面的力学参数见表 13-1,煤岩层的力学参数见表 13-2,根据取定的岩层物理力学参数,材料模型中的一般岩层选择为摩尔-库伦模型。

表 13-1　　节理面力学参数

力学参数	法向刚度/(kN/GPa)	切向刚度/(kN/GPa)	摩擦角 f/(°)	黏结力 C/MPa	抗拉强度 t/MPa
岩层间节理面	2.0	2.0	24.0	0	0

表 13-2　　　　　　　　　　煤岩层力学参数

序号	岩层	厚度 /m	内聚力 c /MPa	密度 ρ/(g/cm^3)	体积模量 K/GPa	剪切模量 G/GPa	抗拉强度 t/MPa	摩擦角 f/(°)
1	粉砂岩	5	4	2.50	4.44	9.0	4	32
2	砂质泥岩	132	1.08	2.44	3.42	2.39	3	30
3	2# 煤	4	2.5	1.5	3.0	1.0	1.5	25
4	粉砂岩	30	3.8	2.5	4.44	9.0	4	35
5	3# 煤	7	2.5	1.5	3.0	1.0	1.5	25
6	粉砂岩	78	3.8	2.5	4.44	9.0	4	35
7	7# 煤	2	2.5	1.5	3.0	1.0	1.5	25
8	粉砂岩	4	3.6	2.5	4.44	9.0	4	29
9	8# 煤	4	3.0	1.5	3.0	1.0	1.5	25
10	粉砂岩	12	4.2	2.5	4.44	9.0	4	28

建立的走向二维数值模型的尺寸为长×宽＝210 m×278 m，模型采用的围岩本构关系为摩尔-库伦模型，各个层位上单元块体基本一致。模型下边界垂直位移固定，左右两侧水平位移固定，如图 13-6 所示。

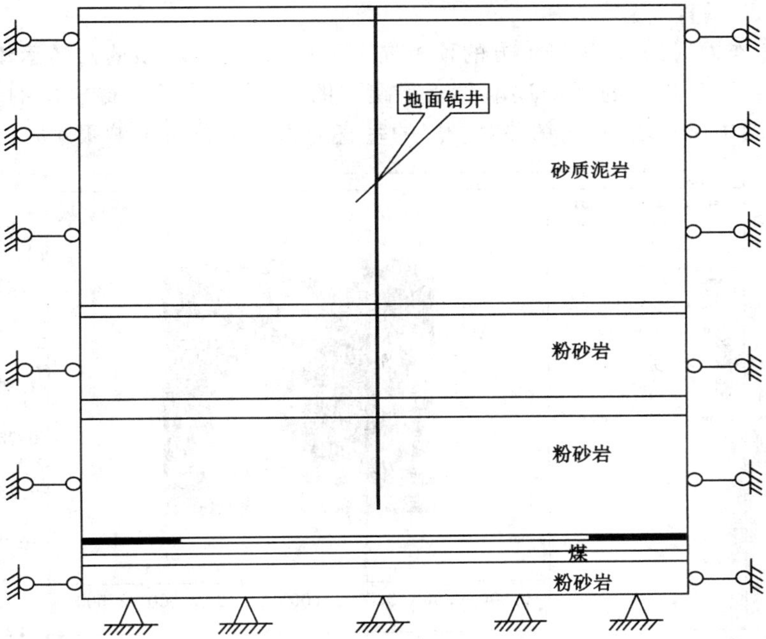

图 13-6　数值模型示意图

数值模拟的步骤为：① 建立网格；② 建立一个工作面回采的模型；③ 布置地面钻井；④ 在煤层开采条件下计算钻孔围岩的应力分布状态和特征。

建立的网格图如图 13-7 所示，共划分 420×362＝152 040 个单元。

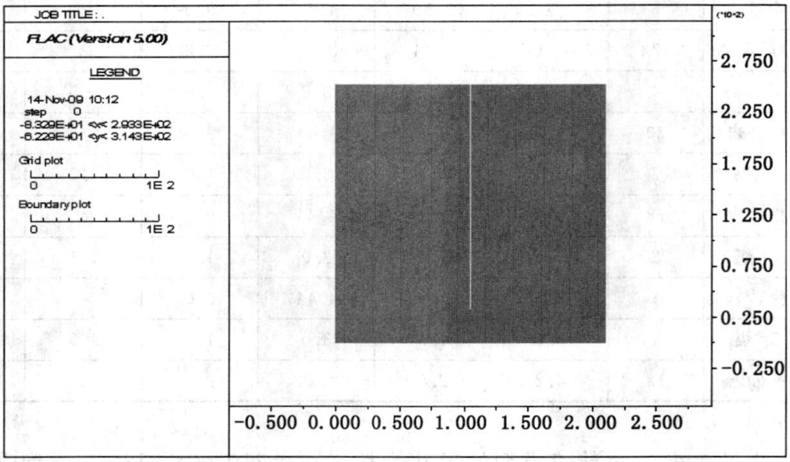

图 13-7　初始网格建立示意图

2. 围岩应力分析

(1) 垂直应力

工作面回采后，采场上方的顶板向下垮落，由于基本顶的回转运动，将垮落的岩石压实，岩体的运动逐渐趋于平衡。图 13-8 为采后上覆岩层的垂直应力场，从图中可看出，地面钻井对岩层的垂直应力场的分布影响很小，井身围岩的

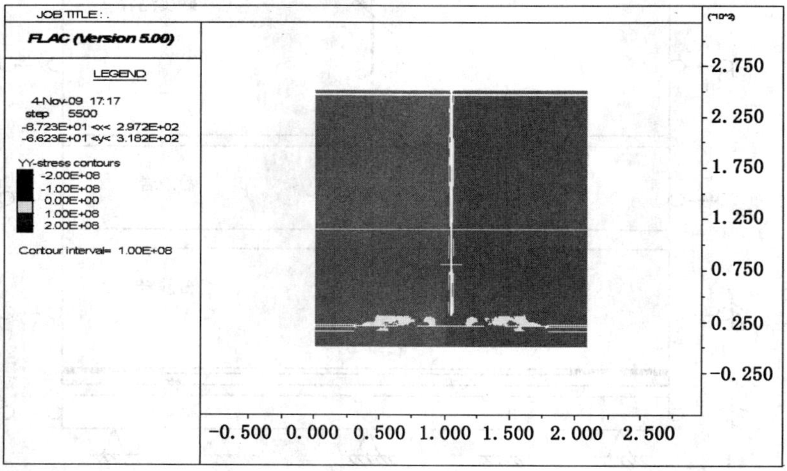

图 13-8　垂直应力场

垂直应力略有增大，最大应力集中系数约为 4.5，井身围岩的垂直应力曲线如图 13-9 所示。

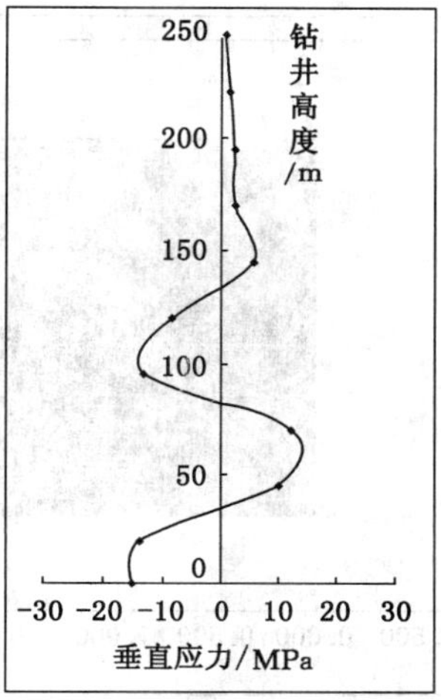

图 13-9　垂直应力变化曲线

(2) 水平应力

水平应力在井身围岩的分布是不同的，如图 13-10 所示，井身围岩的应力在 0.04～0.7 MPa 之间，地面钻井自井底向上的 100 m 范围内，井身围岩的水平应力较大，为 0.5～0.65 MPa，100 m 之上，围岩的水平应力急剧降低，特别是 180 m 之上的水平应力都低于 0.1 MPa。由于地面钻井下段存在水平应力集

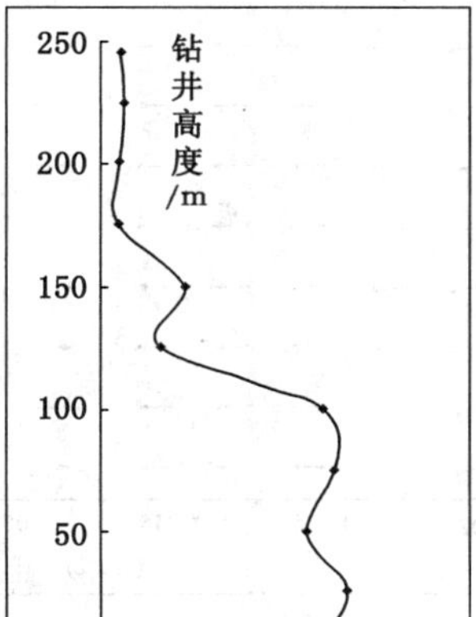

图 13-10　水平应力变化曲线

中,说明此段受到的水平剪切作用最大,破断失效的可能性最大。井身围岩的水平应力场如图 13-11 所示。

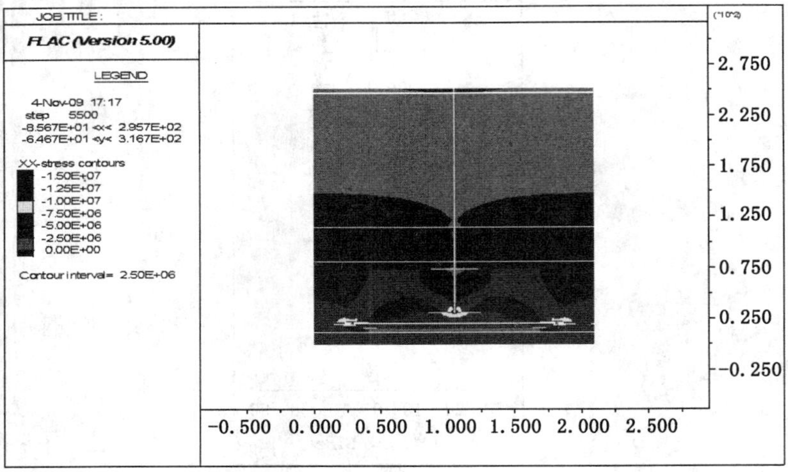

图 13-11　钻井井身围岩水平应力场

钻井井身水平方向 2～3 m 范围内的围岩位移矢量如图 13-12 所示,从图中可看出,煤层采动后,井身周围小范围的岩层都向地面钻井移动。

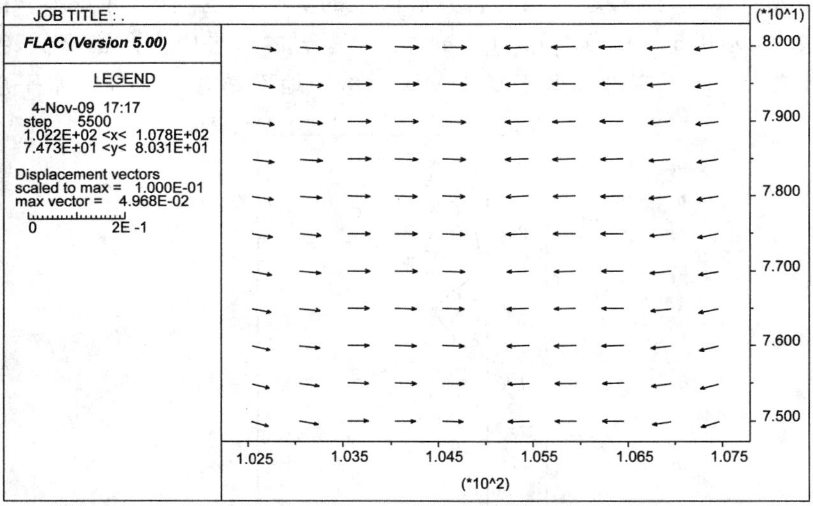

图 13-12　钻井井身围岩的位移矢量图

（四）抽采管布置形式对井身稳定性的影响

地面钻井内布置瓦斯抽采管以提高瓦斯抽采效果,特别是对地面钻井下段没有固井的部分，瓦斯抽采管在一定程度上也起到套管的作用，增大了地面钻井的井身稳定性。瓦斯抽采管被破坏，会严重影响地面钻井抽采瓦斯的效果。

瓦斯抽采管的布置形式通常有两种：① 只在地面钻井下段没有固井的部分布置瓦斯抽采管，这是国内普遍采用的形式，如图 13-13(a)所示；② 瓦斯抽采管贯穿于整个地面钻井井身，如图 13-13(b)所示，其长度大于第一种布置形式的瓦斯抽采管的长度。

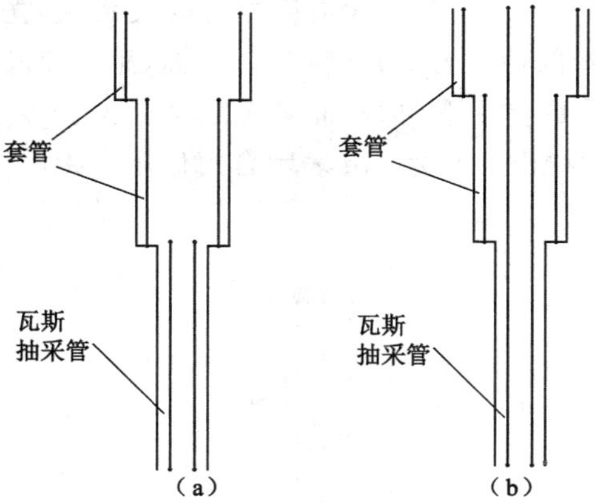

图 13-13　瓦斯抽采管的两种布置形式

为研究瓦斯抽采管的布置形式对地面钻井井身稳定性的影响，从地面钻井中截取一部分建立如图 13-14 的数学模型进行分析，假定瓦斯抽采管与地面钻井的井壁井身之间存在间距为 s 的缓冲间距，且其上、下两端都被固定。

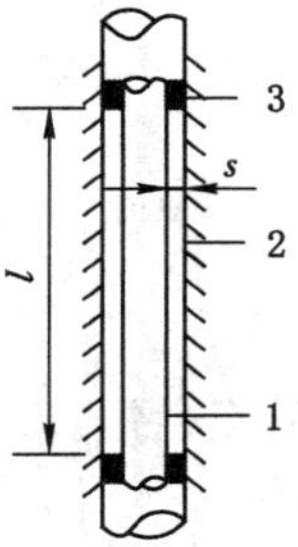

图 13-14　瓦斯抽采管与钻井模型图

s——瓦斯抽采管与钻井井壁间距；l——瓦斯抽采管长度；

1——瓦斯抽采管；2——钻井井壁；3——瓦斯抽采管固定点

由前面分析可知，地面钻井井身围岩受采动影响会发生一定的水平位移，因不同岩层的水平位移量不同，造成岩层之间发生相对错动即水平变形，对地面钻井产生剪切破坏作用。对于图 13-14 的模型,假定地面钻井的一侧井壁位置不变,另一侧的部分井壁发生靠近瓦斯抽采管的水平位移。若围岩发生较小的水平位移,由于缓冲间距 s 的存在,虽然地面钻井的井身遭到破坏,但由于瓦斯抽采管的存在,地面钻井抽采瓦斯没有受到任何影响。当围岩水平位移不断增大至 s 时,岩层与瓦斯抽采管接触,若水平位移继续增大,岩层就会对瓦斯抽采管产生压力并使其发生弯曲变形,产生水平挠度。

为分析瓦斯抽采管长度与其最大挠度之间的关系,建立如图 13-15 所示的受力模型,瓦斯抽采管的轴线为 x 轴,向右为 y 轴,瓦斯抽采管受到岩层向左的水平作用力 F,在该力的作用下,瓦斯抽采管发生弯曲变形,产生水平方向的挠度 v,瓦斯抽采管的轴线由 1 变为 2,a 表示合力作用点距原点的长度,其余管段长度为 b,抽采管总长度为 l。

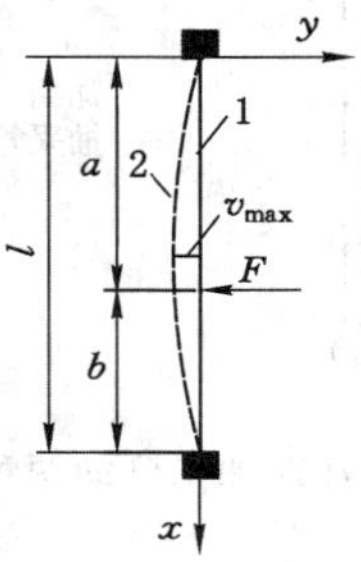

图 13-15　瓦斯抽采管受力示意图

瓦斯抽采管轴线的挠曲线表达式为[136]:

$$v=\begin{cases}-\dfrac{Fbx}{6EIl}(l^2-x^2-b^2) & 0\leqslant x\leqslant a\\ -\dfrac{Fb}{6EIl}\left[\dfrac{l}{b}(x-a)^3+(l^2-b^2)x-x^3\right] & a\leqslant x\leqslant l\end{cases}\tag{13-13}$$

式中　E——管材的弹性模量;

　　I——瓦斯抽采管横截面的惯性矩。

设 $a>b$,在 $x=\sqrt{\dfrac{l^2-b^2}{3}}$ 时,$v_{\max}=-\dfrac{Fb(l^2-b^2)^{3/2}}{9\sqrt{3}EIl}$。

在外力 F 一定的情况下,$\mathrm{d}v_{\max}/\mathrm{d}l<0$,则说明最大挠度值 $v_{\max}$(负)随 l 的增大而减小,即 $|v_{\max}|$ 随 l 的增大而增大。

通过上述分析可知,与长度较短的瓦斯抽采管相比,长瓦斯抽采管最大挠度值大,弯曲变形能力强,则在岩层水平变形相同的条件下受力小,从而降低了瓦斯抽采管被破坏的可能性,增强了地面钻井的整体稳定性,因此,瓦斯抽采管应选取贯穿于整个地面钻井井身的布置形式。

（五）筛管的受力分析

地面钻井中一般都下入筛管，卸压瓦斯通过布置在筛管管壁上的圆孔或条缝进入瓦斯抽采管。由于管壁上布置有圆孔或条缝，所以受力时易被破坏。现采用计算机数值模拟的方法，对实管和筛管在受力作用下的应力分布进行研究，以对比二者之间的破坏状态。

1. 建立模型

数值模拟软件选用 ANSYS 11.0，建立的实管和筛管的模型如图 13-16 所示。

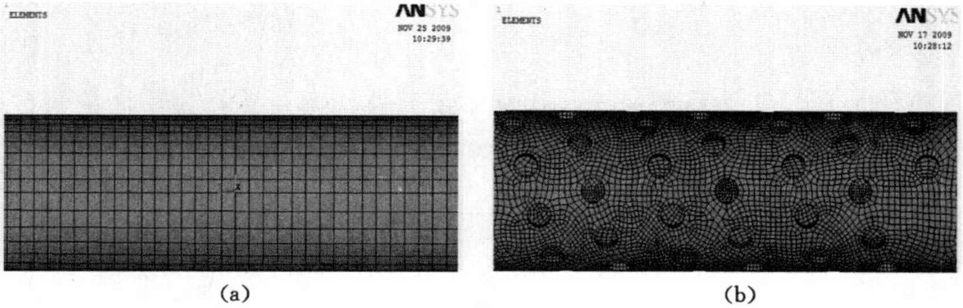

图 13-16　模型网格图

(a) 实管；(b) 筛管

所建模型中，实管和筛管长 10 m，管径为 140 mm，壁厚 7 mm，其中筛管上的圆孔按三角形错位布置，螺旋线圆周上有 10 个圆孔，圆孔孔径为 22 m，所取管材的力学参数见表 13-3。

表 13-3　　管材力学参数

弹模/GPa	泊松比	抗剪强度/MPa	抗拉强度/MPa
200	0.26	40	160

2. 模拟试验

由于建立的模型是地面钻井中的一段瓦斯抽采管，假设其顶端和底端固定，围岩在采动影响下发生水平移动和变形时产生相对错动，如图 13-17(a)所示，岩层 1 和岩层 2 相对于瓦斯抽采管分别向左和向右移动，二者接触钢管后产生剪切力，如图 13-17(b)所示，此时钢管外壁与岩层接触位置产生挤压作用 F 和 F'，钢管受挤压的部分沿着某一径向发生错动。

由上述分析，钢管约束及加载方式如图 13-18 所示，约束钢管的 x、z 方向的自由度，使其只能沿 y 方向摆动，钢管外壁施加径向应力。

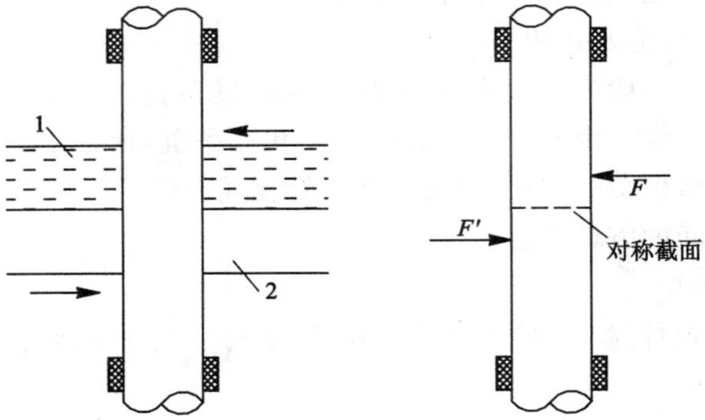

图 13-17　围岩水平移动与钢管受力
(a) 围岩水平相对移动示意图;(b) 钢管受力示意图

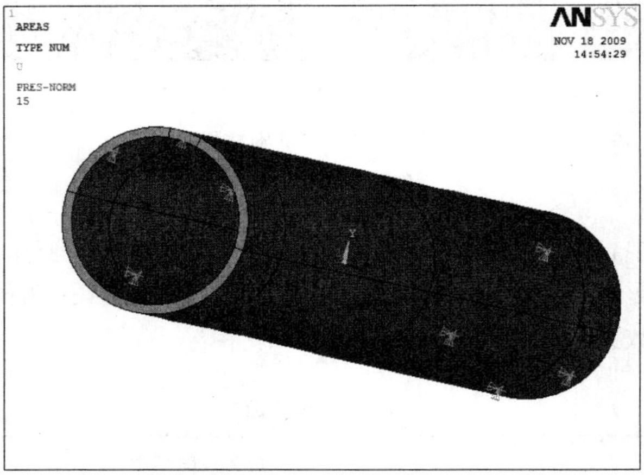

图 13-18　钢管约束及加载

若在钢管外壁施加 15 MPa 的径向应力,实管和筛管的等效应力云图如图 13-19(a)所示,xy 平面切应力云图如图 13-19(b)所示。

三、井身结构设计

(一) 研究现状及存在问题

目前国内施工的地面垂直钻井一般都包括井身直径依次减小的三部分:开孔段、岩层段和卸压抽采段。为防止开孔段表土层发生坍塌、冲积层的流砂和水涌入钻井内,在开孔段和岩层段都下入套管并用水泥砂浆固井,此外,在卸压抽采段下入筛管,不固井,瓦斯通过筛管周边的间隙和筛孔流入钻井。钻井内的固

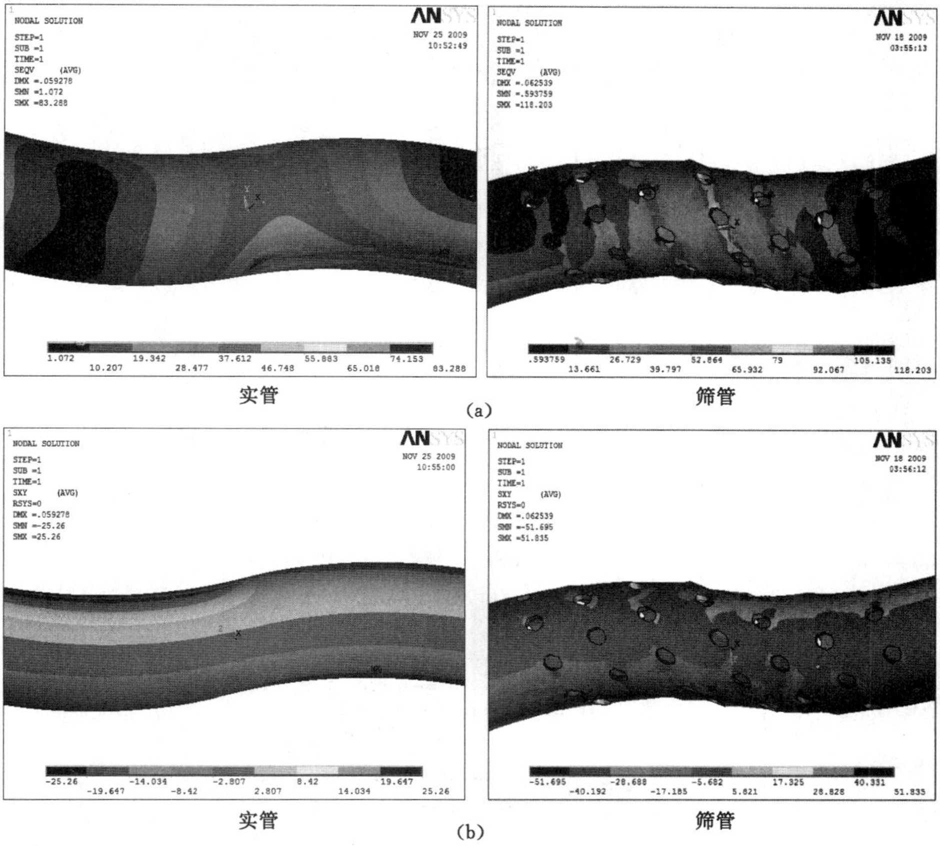

图 13-19　实管和筛管的应力云图

(a) 等效应力云图；(b) xy 平面切应力云图

井套管及筛管就是瓦斯抽采管，在采动影响下连接抽采系统进行抽采瓦斯。如淮南矿区张北矿 11418-1 钻井的井身分为 3 个阶段：第一阶段 ϕ311 mm，内装 ϕ245 mm 的套管，并注浆加固；第二阶段 ϕ216 mm，内装ϕ177.8 mm 的套管并注浆加固；第三阶段 ϕ190 mm，内装 ϕ139.7 mm 的槽管，不固井，槽管和整体套管重叠部分的长度约为 10 m，钻井底部位于开采煤层顶板上方 5 m 处[137]，如图 13-20 所示。又如铁法矿区的地面钻井分三次开井，一开 ϕ349 mm，二开 ϕ241 mm，三开 ϕ177.8 mm，一开下入表层套管并用水泥浆固管，之后一开和二开部分再下入技术套管，最后在三开部分下入产气套管，产气套管与技术套管的重叠部分为 10 m，其中产气套管为割缝筛管[138,139]。此外，淮北和平顶山等[140]矿区都采用了与上述类似的地面钻井的井身结构。

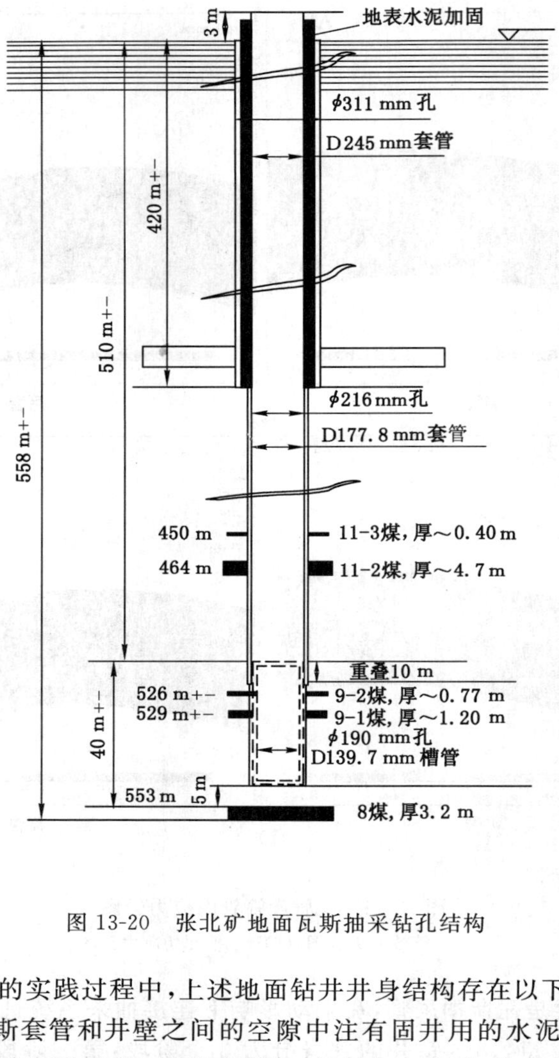

图 13-20　张北矿地面瓦斯抽采钻孔结构

在瓦斯抽采的实践过程中，上述地面钻井井身结构存在以下问题：

(1) 抽采瓦斯套管和井壁之间的空隙中注有固井用的水泥砂浆，当下组煤层开采时岩层采动变形量大、变形速度快、弯曲应力大时，由于抽采瓦斯套管和抽采瓦斯筛管与钻井井壁之间没有缓冲空间或缓冲空间太小，造成部分钻井无法适应这些变化而被剪断，致使含水层的水与砂涌入井内，严重影响地面钻井抽采瓦斯的效果。

(2) 瓦斯抽采管由开孔段、岩层段的固井套管和卸压煤层段的筛管组成，由于三者没有组成一个整体，使得各部分的长度相对较短，发生弯曲变形时最大挠度值较小，受围岩的水平变形而承受较大的力，易被破坏。

(3) 下入卸压抽采段的是筛管，由于筛管上布置有筛孔，造成抗剪强度降低，易被变形移动的岩层剪切破坏，增大了地面钻井工作失效的风险；另外，地面钻井高负压抽采卸压瓦斯时，煤屑和砂子等杂物经筛管被吸入抽采瓦斯管内，随着杂物在钻井底部不断淤积，抽采瓦斯管内被堵塞，严重影响瓦斯抽采效果。

（二）新型的井身结构

根据对地面钻井井身稳定性的研究，针对当前国内地面垂直钻井存在的问题，在现有井身结构的基础上设计了井身稳定性强、可大幅度延长地面钻井有效抽采时间的井身结构。

(1) 地面钻井的井身从地面至井底分别为直径依次减小的表层段、岩层段和卸压抽采段；从地面至基岩层为表层段，岩层段从基岩层向下延伸至卸压煤层顶板上方 20～100 m 处，卸压抽采段由岩层段的底端穿过卸压煤层一直延伸至距开采煤层顶板 5～7 倍采高处。

(2) 表层段和岩层段都下入套管并用水泥固井，以加固井身，并防止水、煤渣及砂子等流入井内影响瓦斯抽采效果，卸压抽采段不固井。

(3) 向地面钻井中下入瓦斯抽采管，瓦斯抽采管为通过丝扣连接的整管，贯穿于地面钻井的整个井身，其中穿过卸压煤层的部分为抽采瓦斯筛管，其余部分为抽采瓦斯实管，二者的管径相同。

(4) 抽采瓦斯筛管段采用套管强化技术进行处理，即用金属丝缠绕，金属丝间距约为 1 mm。

(5) 抽采瓦斯管的管径较小，使其与套管和卸压抽采段的井壁之间留有容许缓冲间距。

地面钻井的井身结构如图 13-21 所示，与现有井身结构相比，新型的地面钻井井身结构的优势体现在以下三方面：

(1) 瓦斯抽采管的直径较小，与套管和卸压抽采段的井壁之间留有一定的间距，既留出了瓦斯抽采管发生弯曲变形所需的空间，又使岩层发生水平移动或变形时对地面钻井的破坏作用得到缓冲，当井身或套管受力被破坏时，瓦斯抽采管被破坏的可能性很小。

(2) 瓦斯抽采管是一个从地面至井底的整管，最大挠度大，当岩层发生水平变形时弯曲变形量大，使得瓦斯抽采管承受的力较小，不易被破坏。

(3) 采用套管强化技术处理抽采瓦斯筛管段，既在一定程度上增强了抽采瓦斯筛管的抗压强度和抗剪强度，又减小了抽采瓦斯筛管过软岩或煤层时的阻力，同时可防止煤屑及砂子等杂物涌入抽采瓦斯管影响瓦斯抽采效果，如图 13-22所示。

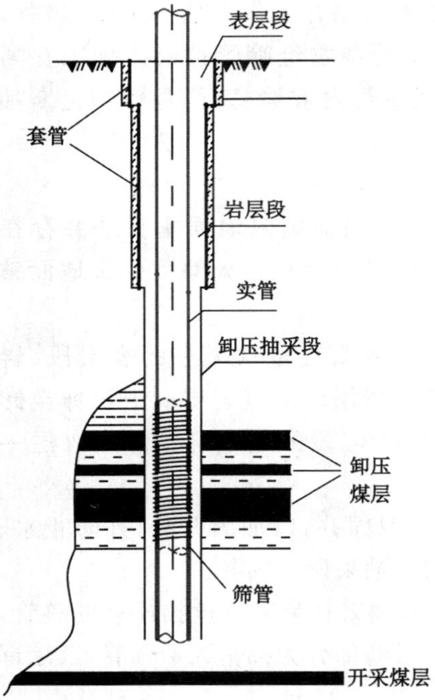

图 13-21　地面钻井井身结构示意图

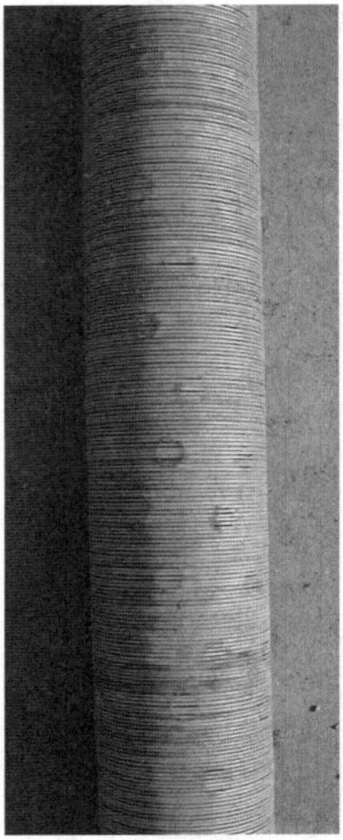

图 13-22　套管强化技术处理筛管

第二节　地面钻井抽采卸压瓦斯规律

下保护层工作面通过地面钻井后，受采动影响，在负压作用下地面钻井开始抽采被保护层的卸压瓦斯和保护层采空区的瓦斯。地面钻井抽采卸压瓦斯规律的研究，可为瓦斯抽采工作提供理论指导。

一、单井抽采卸压瓦斯的数学模型

（一）卸压煤层瓦斯的径向流动模型

由于煤是一种多孔介质，所以瓦斯在煤层中流动的影响因素较多。为简化分析，对卸压瓦斯流向垂直于煤层的钻孔的径向流动模型进行如下假设[141,142]。

（1）卸压煤层渗透率各向同性，其值为 K，且不随煤层瓦斯压力的变化而变化。

（2）卸压瓦斯向钻孔的流动过程视作等温过程，且符合达西定律。

（3）忽略钻孔中瓦斯的轴向流动，将钻孔四周的瓦斯流场，视为轴对称径向流场。

在以上假设的基础上建立如图 13-23 所示的卸压瓦斯的径向流动模型，设煤层均质等厚，厚度为 m，煤层渗透率为 K；圆盘边界为供给边界，供给压头为 p_e，在圆心处有半径为 $d/2$ 的圆孔，钻孔边界处的气压为 p_{e0}。同时，与钻孔垂直的煤层任何平面内瓦斯流动情况都相同[143,144]。

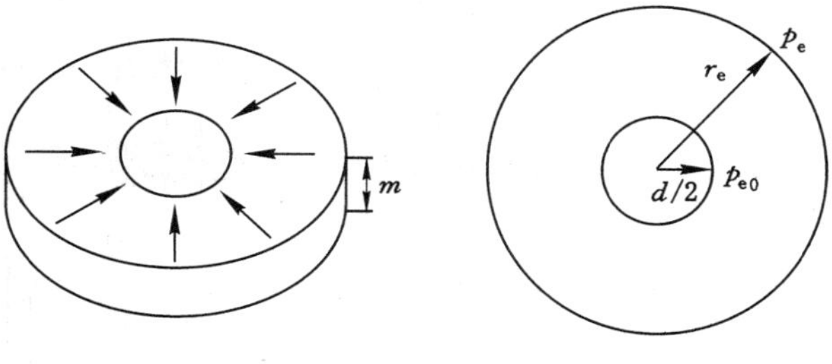

图 13-23　卸压瓦斯的径向流动示意图

上述的平面径向流为二维流动，由质量守恒定律可得

$$\frac{\partial^2 p}{\partial x^2}+\frac{\partial^2 p}{\partial y^2}=0 \tag{13-14}$$

化为极坐标形式为

$$\frac{\partial^2 p}{\partial r^2}+\frac{1}{r}\frac{\partial p}{\partial r}=0 \tag{13-15}$$

模型的边界条件为

$$\begin{cases} r=r_e, p=p_e(\text{在供给边界}) \\ r=\dfrac{d}{2}, p=p_{e0}(\text{在排流边界}) \end{cases} \tag{13-16}$$

将上式改写为

$$\frac{d}{dr}\left(r\frac{dp}{dr}\right)=0 \tag{13-17}$$

积分得

$$p=c_1\ln r+c_2 \tag{13-18}$$

根据边界条件可确定上式中的积分常量，得出平面径向流的压头分布为

$$p=p_e-\frac{p_e-p_{e0}}{\ln(2r_e/d)}\ln\frac{r_e}{r} \tag{13-19}$$

上式表明，平面径向渗流的压头分布是对数降低的。

由达西定律可得到在极坐标下的平面径向流速表达式为

$$v=\frac{k}{\mu}\frac{dp}{dr}=\frac{k}{\mu r}\frac{p_e-p_{e0}}{\ln(2r_e/d)} \tag{13-20}$$

平面径向流的流量表达式为

$$Q = 2\pi r \cdot m \cdot v = 2\pi m \frac{k}{\mu} \frac{p_e - p_{e0}}{\ln(2r_e/d)} \tag{13-21}$$

(二)地面钻井井内的气体流动研究

建立地面钻井井内气体流动的模型，如图 13-24 所示，在对模型进行数学分析之前对相关参数作如下定义：

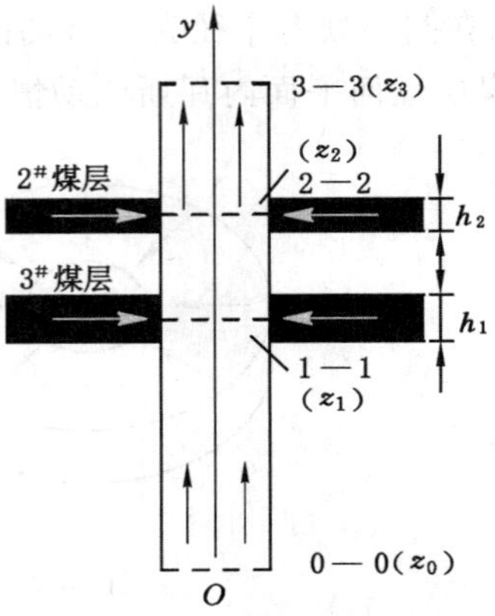

图 13-24 井内气体流动模型

0—0 断面——钻井底部的水平断面；

1—1 断面——钻井在 3# 煤层中间处的水平断面；

2—2 断面——钻井在 2# 煤层中间处的水平断面；

3—3 断面——钻井在地面处的水平断面；

$z_0 \sim z_3$——0—0～3—3 断面相对于原点 O 即井底的高度，m；

ρ_0，ρ_3——0—0 断面和 3—3 断面的气体密度，kg/m^3；

ρ——纯瓦斯密度，kg/m^3；

ρ_k——标准状况下空气的密度，kg/m^3；

d，r_0—— 地面钻井的直径和半径，m；

v_0，v_3——0—0 断面和 3—3 断面的气体速度，m/s；

v_1——1—1 断面 3# 煤层瓦斯涌入钻井的平均速度，m/s；

v_2——2—2 断面 2# 煤层瓦斯涌入钻井的平均速度，m/s；

c_1，c_2——0—0 断面和 3—3 断面处瓦斯的浓度，%；

Q_0，Q_3——指 0—0 断面和 3—3 断面处瓦斯的流量，m^3/s；

Q_1——3# 煤层瓦斯流入钻井的流量，m^3/s；

Q_2——2# 煤层瓦斯流入钻井的流量，m^3/s。

由卸压瓦斯径向流动模型可得 3# 煤层卸压瓦斯流向地面钻井的平均速度和流量分别为

$$v_1 = \frac{k_1}{\mu r} \frac{p_{e1} - p_1}{\ln(r_1/r_0)} \tag{13-22}$$

$$Q_1 = 2\pi h_1 \frac{k_1}{\mu} \frac{p_{e1} - p_1}{\ln(r_1/r_0)} \tag{13-23}$$

同理可得 2# 煤层的卸压瓦斯流涌出的平均速度和流量分别为

$$v_2 = \frac{k_2}{\mu r} \frac{p_{e2} - p_2}{\ln(r_2/r_0)} \tag{13-24}$$

$$Q_2 = 2\pi h_2 \frac{k_2}{\mu} \frac{p_{e2} - p_2}{\ln(r_2/r_0)} \tag{13-25}$$

可得 3# 和 2# 煤层向地面钻的瓦斯涌出量之比：

$$\frac{Q_1}{Q_2} = \frac{k_1(p_{e1} - p_1)h_1 \ln(r_2/r_0)}{k_2(p_{e2} - p_2)h_2 \ln(r_1/r_0)} \tag{13-26}$$

式中　p_{e1}, p_{e2}—— 3# 煤层和 2# 煤层的卸压瓦斯涌向地面钻井的供给压头，Pa；

p_1, p_2——1—1 断面和 2—2 断面处的气体压力，Pa；

μ——煤层气动力黏度，Pa·s；

k_1, k_2—— 3# 和 2# 煤层的瓦斯渗透率，m^2；

h_1, h_2——3# 和 2# 煤层厚度，m；

r_1, r_2——地面钻井在 3# 和 2# 煤层的影响半径，即供给压头边界至钻井轴线的水平距离，m。

由于 3# 和 2# 煤层的间距较小，因此可认为二者的卸压状态一致，即 k_1 与 k_2 相等，钻井影响半径 r_1 与 r_2 相等，则：

$$\frac{Q_1}{Q_2} = \frac{(p_{e1} - p_1)h_1}{(p_{e2} - p_2)h_2} \tag{13-27}$$

又可知：

$$Q_1 = 2\pi r_0 h_1 v_1 \tag{13-28}$$

$$Q_2 = 2\pi r_0 h_2 v_2 \tag{13-29}$$

由上式得

$$\frac{v_1}{v_2} = \frac{p_{e1} - p_1}{p_{e2} - p_2} \tag{13-30}$$

由 0—0 断面至 3—3 断面的质量守恒定律可得：

$$Q_0\rho_0 + Q_1\rho + Q_2\rho = Q_3\rho_3 \tag{13-31}$$

即为：

$$v_0\rho_0 \cdot \frac{\pi d^2}{4} + \pi d h_1 v_1 \rho + \pi d h_2 v_2 \rho = v_3\rho_3 \cdot \frac{\pi d^2}{4} \tag{13-32}$$

整理得：

$$v_0\rho_0 d + 4\rho(h_1 v_1 + h_2 v_2) = v_3\rho_3 d \tag{13-33}$$

对 0—0 断面至 3—3 断面瓦斯质量守恒：

$$\rho_0 v_0(1 - c_1) = \rho_3 v_3(1 - c_2) \tag{13-34}$$

气体的密度和瓦斯浓度之间的关系为：

$$\rho_0 = \rho c_1 + \rho_k(1 - c_1) \tag{13-35}$$

0—0 断面至 3—3 断面有能量守恒[145-147]：

$$v_0\rho_0 \cdot \frac{\pi d^2}{4}(\frac{v_0^2}{2}+\frac{p_0}{\rho_0}+z_0 g)+v_1\rho \cdot \pi dh_1(\frac{v_1^2}{2}+\frac{p_1}{\rho}+z_1 g)+$$

$$v_2\rho \cdot \pi dh_2(\frac{v_2^2}{2}+\frac{p_2}{\rho}+z_2 g)=v_3\rho_3 \cdot \frac{\pi d^2}{4}(\frac{v_3^2}{2}+\frac{p_3}{\rho_3}+z_3 g)+\Delta E_{内}+E_{阻} \tag{13-36}$$

若不考虑气体流动过程中温度的变化，即无内能损失，即：

$$\Delta E_{内}=0 \tag{13-37}$$

$$E_{阻}=E_{阻1}+E_{阻2} \tag{13-38}$$

式(13-37)中 $\Delta E_{内}$ 是指气体内能变化，$E_{阻}$ 是 0—0 断面至 3—3 断面的阻力损失，主要包括 $3^{\#}$ 和 $2^{\#}$ 煤层瓦斯进入地面钻井的局部阻力损失 $E_{阻1}$ 和从井底至井口的沿程损失 $E_{阻2}$。

设 $3^{\#}$ 和 $2^{\#}$ 煤层卸压瓦斯涌入地面钻井的平均速度为 v'，钻井内的平均密度为$\bar{\rho}$，平均速度为$\bar{v}$，可得局部阻力 $E_{阻1}$ 和沿程阻力 $E_{阻2}$：

$$E_{阻1}=\alpha_1\rho_w(Q_1+Q_2)\zeta\frac{v'^2}{2} \tag{13-39}$$

$$E_{阻2}=\alpha_2\bar{\rho}\bar{v}\cdot\pi\frac{d^2}{4}\lambda\frac{H}{d}\frac{\bar{v}^2}{2} \tag{13-40}$$

其中

$$v'=\frac{v_1h_1+v_2h_2}{h_1+h_2} \tag{13-41}$$

为简化处理，可把沿程阻力 $E_{阻2}$ 表示为：

$$E_{阻2}=\alpha'_2\rho_3\lambda\frac{H}{d}\frac{v_3^3}{2} \tag{13-42}$$

以上式中 ζ、λ 分别为局部阻力系数和沿程阻力系数，α_1、α_2 和 α'_2 分别为局部阻力校正系数、沿程阻力校正系数和等效沿程阻力校正系数，$\alpha'_2=\alpha_2\pi\frac{d^2}{4}\frac{\bar{\rho}}{\rho_3}\left(\frac{\bar{v}}{v_3}\right)^3$，$H$ 指 0—0 断面至 3—3 断面的距离，即地面钻井的深度，其他参数同前。

合并上式得：

$$E_{阻1}=\alpha_1\pi d\rho_w\zeta\frac{(v_1h_1+v_2h_2)^3}{2(h_1+h_2)^2} \tag{13-43}$$

将式(13-37)、式(13-42)和式(13-43)带入式(13-36)得：

$$v_0\rho_0 \cdot \frac{\pi d^2}{4}(\frac{v_0^2}{2}+\frac{p_0}{\rho_0}+z_0 g)+v_1\rho \cdot \pi dh_1(\frac{v_1^2}{2}+\frac{p_1}{\rho}+z_1 g)+v_2\rho \cdot \pi dh_2(\frac{v_2^2}{2}+\frac{p_2}{\rho}+z_2 g)$$

$$=v_3\rho_3 \cdot \frac{\pi d^2}{4}(\frac{v_3^2}{2}+\frac{p_3}{\rho_3}+z_3 g)+\alpha_1\pi d\rho_w\zeta\frac{(v_1h_1+v_2h_2)^3}{2(h_1+h_2)^2}+\alpha'_2\rho_3\lambda\frac{H}{d}\frac{v_3^3}{2} \tag{13-44}$$

联立可得如下含有未知量 $v_0, v_1, v_2, \rho_0, c_1$ 的方程组：

通过对下列方程组求解可确定 $v_0, v_1, v_2, \rho_0, c_1$ 的值，从而定量描述地面钻井抽采卸压煤层的瓦斯流量、采空区的瓦斯流量及浓度，并找出其相互关系，分析地面钻井抽采瓦斯的规律。

$$\begin{cases} \dfrac{v_1}{v_2} = \dfrac{p_{e1} - p_1}{p_{e2} - p_2} \\ v_0\rho_0 d + 4\rho(h_1 v_1 + h_2 v_2) = v_3\rho_3 d \\ \rho_0 v_0(1-c_1) = \rho_3 v_3(1-c_2) \\ \rho_0 = \rho c_1 + \rho_k(1-c_1) \\ v_0\rho_0 \cdot \dfrac{\pi d^2}{4}(\dfrac{v_0^2}{2} + \dfrac{p_0}{\rho_0} + z_0 g) + v_1\rho \cdot \pi d h_1(\dfrac{v_1^2}{2} + \dfrac{p_1}{\rho} + z_1 g) + v_2\rho \cdot \pi d h_2(\dfrac{v_2^2}{2} + \dfrac{p_2}{\rho} + z_2 g) \\ = v_3\rho_3 \cdot \dfrac{\pi d^2}{4}(\dfrac{v_3^2}{2} + \dfrac{p_3}{\rho_3} + z_3 g) + \alpha_1 \pi d \rho_w \zeta \dfrac{(v_1 h_1 + v_2 h_2)^3}{2(h_1+h_2)^2} + \alpha'_2 \rho_3 \lambda \dfrac{H}{d}\dfrac{v_3^3}{2} \end{cases} \tag{13-45}$$

（三）数学模型的求解

通过建立的地面钻井井内气体流动的数学模型，利用地面测定的瓦斯抽采参数，可计算出地面钻井抽采各卸压煤层的瓦斯量、采空区的瓦斯量及浓度。

已知某钻井的抽采负压 $\Delta p = 270$ mm(Hg)，瓦斯抽采的混合流量为 $Q_3 = 9.106$ m/min，瓦斯浓度 c_2 为 45%，钻井直径 $d = 0.139\,7$ mm，$z_0 = 0$，$z_1 = 83.29$ m，$z_2 = 119.45$ m，$z_3 = H = 258$ m，$h_1 = 3.5$ m，$h_2 = 6.42$ m。标准状况下的瓦斯密度 ρ 和空气密度 ρ_k 分别为 0.717 g/L 和 1.237 g/L。

1. 地面钻井出口处的速度 v_3 和密度 ρ_3

地面钻井出口处的速度 v_3 和密度 ρ_3 分别为：

$$v_3 = Q_3/\pi(\frac{d}{2})^2 = 9.906\,3 \text{ m/s}$$

$$\rho_3 = \rho \cdot c_2 + \rho_k(1 - c2) = 1.003 \text{ kg/m}^3$$

2. z_1 和 z_2 的压力估算

为简化模型，假设 0—0 断面的压强为 1 个标准大气压，即 $p_0 = 760$ mmHg（约 101.08 kPa），且钻井内压力按等梯度分布，则 h' 处的压力为：

$$p = p_0 - \frac{\Delta p}{H}h' \tag{13-46}$$

由上式可计算，3# 煤层处即 1—1 断面 $p_1 = 672.836$ mmHg，2# 煤层处即 2—2 断面 $p_2 = 634.994$ mmHg（约 84.45 kPa）。

3. 局部阻力和沿程阻力系数

查询文中相关数据，局部阻力系数 ζ 取为 0.985，校正系数 α_1 取 1（在本例中，由于卸压煤层流入钻井的速度远远小于钻井内的轴向速度，因此忽略了局部阻力）。

沿程阻力系数由下式计算：

$$\lambda = \left[\left(2\lg\frac{d}{2\varepsilon}\right) + 1.74\right]^{-2} \tag{13-47}$$

通过查表计算，可得 $\lambda = 0.021\,3$，校正系数 α'_2 取 0.26（α'_2 的取值范围为 0.1～0.3，在个别情况下取大于 0.3 的数，如钻井中涌水较多时）。

4. 2# 和 3# 煤层流入钻井速度的关系

已知 3# 和 2# 煤层的原始压力分别为 $p_{e1} = 1.2$ MPa，$p_{e2} = 1.1$ MPa，由于煤层的原始压力远远大于边界压力，可以认为 2# 与 3# 煤层流入钻井的速度比为：

$$\frac{v_2}{v_1} = \frac{p_{e2}}{p_{e1}} = \frac{1.1}{1.2} = 0.917$$

将上述数据及钻井参数换算为国际单位，带入式（13-45）得出的方程组整理如下：

$$\begin{cases} v_2 = 0.917v_1 \\ 0.139\,7v_0\rho_0 + 4\times 0.717\times(6.42v_1 + 3.5v_2) = 1.388 \\ v_0\rho_0(1-c_1) = 5.465 \\ \rho_0 = 0.717c_1 + 1.273(1-c_1) \\ 0.015v_0\rho_0\left(\dfrac{v_0^2}{2} + \dfrac{101\,325}{\rho_0}\right) + 2.819v_1\left(\dfrac{v_1^2}{2} + \dfrac{90\,179.25}{0.717} + 832.9\right) + 1.102v_2\left(\dfrac{v_2^2}{2} + \dfrac{88\,152.75}{0.717} + 119.45\right) \\ = 0.149\left(\dfrac{9.906\,03^2}{2} + \dfrac{65\,327.961}{1.003} + 2\,580\right) + \alpha'_2\left(1.003\times 0.021\,3\times\dfrac{258}{0.132\,7}\times\dfrac{9.906\,03^3}{2}\right) \end{cases}$$

采用数学通用软件 MathCAD 中的 Given 和 Find 方程组求解模块对上述方程组进行求解，很容易得到 $v_0 = 7.194$ m/s，$v_1 = 0.011$ m/s，$v_2 = 0.009\,8$ m/s，$\rho_0 = 1.082$ g/L，$c_1 = 29.8\%$，将 v_1 和 v_2 的值带入式（13-28）和式（13-29）得地面钻井抽采 3# 和 2# 煤层的瓦斯流量分别为 $Q_1 = 1.859$ m³/min、$Q_2 = 0.919$ m³/min，计算结果见表 13-4。

由表 13-4 的计算结果可知，2# 与 3# 煤层的瓦斯抽采量之比 $Q_2/Q_1 = 0.494$，2# 与 3# 煤层的瓦斯抽采量占地面钻井纯瓦斯抽采量的 58.4%，抽采效果理想。

表 13-4　　数学模型计算结果

	流速/(m/s)	混合流量/(m^3/min)	浓度/%	纯瓦斯流量/(m^3/min)
采空区	7.194	6.641	29.8	1.979
3# 煤层	0.011	1.859	100	1.859
2# 煤层	0.010	0.919	100	0.919
钻井出口(计算)	10.2	9.419	45	4.239
钻井出口(实测)	9.86	9.106	45	4.098

在统计瓦斯抽采期间，8# 地面钻井抽采各瓦斯源的纯瓦斯流量曲线如图 13-25 所示。

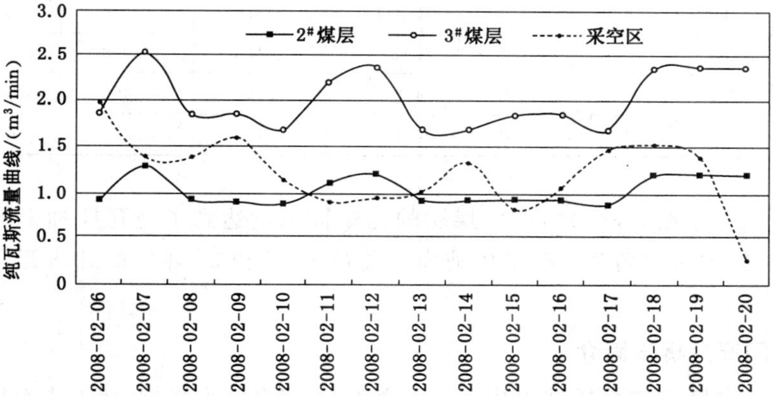

图 13-25　各瓦斯源纯瓦斯抽采流量的对比图

根据上述数学模型，对乌兰煤矿 8# 地面钻井在 2008 年 2 月 6 日至 2008 年 2 月 20 日期间的有关参数进行计算，计算结果见表 13-5。

表 13-5　　数学模型计算结果

日期	抽采负压 p/mmHg	瓦斯浓度 X/%	混合流量(实测) Q_3/(m^3/min)	纯瓦斯流量(实测) Q/(m^3/min)	2# 煤层抽采量 Q_2/(m^3/min)	3# 煤层抽采量 Q_1/(m^3/min)	采空区纯瓦斯抽采量 Q_0/(m^3/min)
2008-02-06	270	45	9. 106	4.097 565	0.919	1.859	1. 979
2008-02-07	260	45	9.355	4.209 75	1.29	2.535	1.379
2008-02-08	255	40	9.231	3.692 4	0.921	1.859	1.387
2008-02-09	275	43	9.355	4.022 65	0.902	1.859	1.609
2008-02-10	270	33	9.598	3.167 34	0.867	1.69	1.139

续表 13-5

日期	抽采负压 p/mmHg	瓦斯浓度 X/%	混合流量（实测）Q_3/(m^3/min)	纯瓦斯流量（实测）Q/(m^3/min)	2# 煤层抽采量 Q_2/(m^3/min)	3# 煤层抽采量 Q_1/(m^3/min)	采空区纯瓦斯抽采量 Q_0/(m^3/min)
2008-02-11	270	35	9.835	3.442 25	1.105	2.197	0.894
2008-02-12	270	38	9.598	3.647 24	1.198	2.366	0.934
2008-02-13	260	35	8.849	3.097 15	0.917	1.69	1.002
2008-02-14	265	38	9.106	3.460 28	0.911	1.69	1.329
2008-02-15	260	33	8.849	2.920 17	0.921	1.859	0.814
2008-02-16	260	35	9.106	3.187 1	0.921	1.859	1.055
2008-02-17	260	38	9.355	3.554 9	0.876	1.69	1.478
2008-02-18	250	45	9.835	4.425 75	1.198	2.366	1.522
2008-02-19	250	45	9.56	4.3020	1.198	2.366	1.393
2008-02-20	330	47	6.388	3.002 36	1.198	2.366	0.262

通过以上数据分析，2# 和 3# 煤层的瓦斯抽采量达到了纯瓦斯抽采流量的 58%～93%，说明对乌兰煤矿采用地面钻井抽采 2# 和 3# 煤层的卸压瓦斯效果显著。

二、回归分析法简介

地面钻井随工作面推进的瓦斯抽采规律，受很多因素影响，如工作面推过地面钻井的距离、负压、卸压煤层瓦斯含量，卸压煤层与保护层的距离、煤层地质条件等，由于不同矿区的煤层地质条件差异性很大，造成对地面钻井随工作面推进的瓦斯抽采规律研究的困难很大，本研究以数理统计学为基础，采用回归分析法进行研究。

在研究实际问题时，常会遇到许多相互联系、相互制约的变量，有一类变量之间的关系为非确定性关系，即虽然变量之间有一定的关系，但又不能用确定的函数关系式表达，这样的关系就是相关关系。

回归分析是研究相关关系的一种统计方法，只有一个自变量的回归分析叫作一元回归分析，多于一个自变量的回归分析称为多元回归分析。

（一）多元线性回归模型

假设随机变量 η 与 $m(m\geqslant 2)$ 个自变量 $x_1,x_2,\cdots,x_m$ 之间存在相关关系，且满足

$$\eta = b_0 + b_1x_1 + b_2x_2 + \cdots + b_mx_m + \varepsilon, \varepsilon \sim N(0,\sigma^2)$$

即 $\eta \sim N(b_0 + b_1x_1 + b_2x_2 + \cdots + b_mx_m, \sigma^2)$，其中 $b_0,b_1,b_2,\cdots,b_m,\sigma^2$ 是与 x_1，

$x_2,\cdots,x_m$ 无关的未知参数，ε 是不可观测的随机变量，称上式为 m 元线性回归模型，可得：

$$E\eta = b_0 + b_1 x_1 + b_2 x_2 + \cdots + b_m x_m$$

此式称为 η 对 $x_1,x_2,\cdots,x_m$ 的回归函数，或称为 m 元线性回归方程。

设 $\hat{b}_0,\hat{b}_1,\cdots,\hat{b}_m$ 分别是 $b_0,b_1,\cdots,b_m$ 的估计，就可以得到一个 m 元线性方程

$$\hat{y} = \hat{b}_0 + \hat{b}_1 x_1 + \cdots + \hat{b}_m x_m$$

称为 m 元线性回归方程。

（二）参数 β 的估计

对于 m 元线性回归模型，可用最小二乘法求参数 $b_0,b_1,\cdots,b_m$ 的估计，即求 $\hat{b}_0,\hat{b}_1,\cdots,\hat{b}_m$ 使得

$$\sum_{i=1}^{n}(y_i - \hat{b}_0 - \hat{b}_1 x_{i1} - \hat{b}_2 x_{i2} - \cdots - \hat{b}_m x_{im})^2$$

$$= \min_{b_0,b_1,\cdots,b_m} \sum_{i=1}^{n}(y_i - b_0 - b_1 x_{i1} - b_2 x_{i2} - \cdots - b_m x_{im})^2$$

满足上式的 β 的估计 $\hat{\beta}^T = (\hat{b}_0,\hat{b}_1,\cdots,\hat{b}_m)$ 称为 β 的最小二乘估计。

为了方便计算，在求 $\hat{\beta}$ 时，常常采用中心化方法，先写矩阵 $\overline{\boldsymbol{X}}$ 及 $\overline{\boldsymbol{Y}}$：

$$\overline{\boldsymbol{X}} = \begin{pmatrix} 1 & x_{11}-\overline{x}_1 & \cdots & x_{1m}-\overline{x}_m \\ 1 & x_{21}-\overline{x}_1 & \cdots & x_{2m}-\overline{x}_m \\ \vdots & \vdots & & \vdots \\ 1 & x_{n1}-\overline{x}_1 & \cdots & x_{nm}-\overline{x}_m \end{pmatrix}, \overline{\boldsymbol{Y}} = \begin{bmatrix} y_1-\overline{y} \\ y_2-\overline{y} \\ \vdots \\ y_n-\overline{y} \end{bmatrix},$$

且记

$$l_{ij} = \sum_{k=1}^{n}(x_{ki}-\overline{x}_i)(x_{kj}-\overline{x}_j) = \sum_{k=1}^{n} x_{ki}x_{kj} - n\overline{x}_i\overline{x}_j, i,j = 1,2,\cdots,m$$

$$l_{iy} = \sum_{k=1}^{n}(x_{ki}-\overline{x}_i)(y_k-\overline{y}) = \sum_{k=1}^{n} x_{ki}y_k - n\overline{x}_i\overline{y}, i = 1,2,\cdots,m$$

$$\boldsymbol{L} = \begin{pmatrix} l_{11} & l_{12} & \cdots & l_{1m} \\ l_{21} & l_{22} & \cdots & l_{2m} \\ \vdots & \vdots & & \vdots \\ l_{m1} & l_{m2} & \cdots & l_{mm} \end{pmatrix}$$

则可以验证

$$\begin{bmatrix} \hat{b}_1 \\ \hat{b}_2 \\ \vdots \\ \hat{b}_m \end{bmatrix} = \boldsymbol{L}^{-1} \begin{bmatrix} l_{1y} \\ l_{2y} \\ \vdots \\ l_{my} \end{bmatrix}$$

$$b_0 = \overline{y} - \sum_{j=1}^{m} b_j \overline{x}_j$$

且$\hat{b}_0,\hat{b}_1,\cdots,\hat{b}_m$ 就是 $b_0,b_1,\cdots,b_m$ 的最小二乘估计。

(三) 回归效果的显著性检验

在 m 元线性模型中,经常要考虑如下的假设检验问题。

(1) η 与 $x_1,x_2,\cdots,x_m$ 之间的线性相关关系只是一种假设,它们是否具有线性相关关系需要进行检验。如果它们之间没有线性相关关系,就意味着一切 $b_i(i=1,2,\cdots,m)$ 都应为零,这相当于检验假设 $H_0:b_1=b_2=\cdots=b_m=0$ 是否成立。

当假设 $H_0:b_1=b_2=\cdots=b_m=0$ 为真时,

$$F = \frac{S_{\mathrm{R}}/m}{S_{\mathrm{e}}/(n-m-1)} \sim F(m,n-m-1)$$

其中 $S_{\mathrm{R}} = \sum\limits_{i=1}^{n} (\hat{y}_i - \overline{y})^2$ 称为回归平方和,$S_{\mathrm{e}} = \sum\limits_{i=1}^{n} (y_i - \hat{y}_i)^2$ 称为剩余平方和。

给定显著性水平 α,查 F 分布表,求出临界值 $F_{1-\alpha}(m,n-m-1)$,当 $F > F_{1-\alpha}(m,n-m-1)$时,拒绝假设 $H_0:b_1=b_2=\cdots=b_m=0$。

(2) 如果 η 与 $x_1,x_2,\cdots,x_m$ 之间确有线性相关关系,但并不意味着每个自变量 $x_1,x_2,\cdots,x_m$ 对随机变量 η 都有显著影响,若 x_j 对 η 的影响不显著,就应该有 $b_j=0$。因此,要检验 x_j 对 η 是否有显著影响,就相当于检验假设 $H_0:b_j=0(j=1,2,\cdots,m)$是否成立。

由于$\hat{b}_j \sim N(b_j,c_{jj}\sigma^2)$,其中 c_{jj} 是矩阵 $\boldsymbol{L}^{-1}=C$ 的对角线上第 j 个元素,且$\hat{b}_j$ 与 S_{e} 相互独立。

当假设 $H_0:b_j=0$ 为真时,$\hat{b}_j \sim N(0,c_{jj}\sigma^2)$,所以$\dfrac{\hat{b}_j}{\sqrt{c_{jj}}\sigma} \sim N(0,1)$,又由定理得$\dfrac{S_{\mathrm{e}}}{\sigma^2} \sim \chi^2(n-m-1)$,所以

$$t_j = \frac{\hat{b}_j}{\sqrt{c_{jj}}}\sqrt{\frac{n-m-1}{S_e}} = \frac{\hat{b}_j}{\hat{\sigma}\sqrt{c_{jj}}} \sim t(n-m-1)$$

其中，$\hat{\sigma}=\sqrt{\dfrac{S_e}{n-m-1}}$，这就是用来检验 x_j 是否显著的统计量。

对于给定的显著性水平 α，查 t 分布表，求得临界值 $t_{1-\frac{\alpha}{2}}(n-m-1)$，当 $|t_j|>t_{1-\frac{\alpha}{2}}(n-m-1)$ 时，拒绝假设 $H_0:b_j=0$。

三、地面钻井瓦斯抽采流量的回归方程

乌兰煤矿地面钻井采用非均匀布井法，在5757工作面机巷侧布置6个钻井，分别是1#、加2#、3#、5#、7#、11#钻井，在5757工作面风巷侧布置8个钻井，分别是2#、加1#、4#、6#、8#、9#、10#、加3#钻井。地面钻井从开切眼开始，沿走向依次布置。根据实际情况，选取具有代表性的1#～8#钻井进行分析。

地面钻井采用孔板流量计量测定瓦斯流量，测量参数有孔板压差、负压、瓦斯浓度、温度，然后通过公式计算出标准状况下的纯瓦斯流量，以下所讨论的瓦斯流量都是标准状况下的纯瓦斯流量，简称标况纯瓦斯流量。如前所述，影响地面钻井抽采瓦斯流量的因素主要有工作面推过地面钻井的距离、抽采负压、卸压煤层瓦斯含量、煤层透气性系数及煤层地质条件等，在实际应用中，由于卸压煤层瓦斯含量、煤层透气性系数等不能实时监测，所以无法对此进行详细考察，因此，在研究地面钻井抽采瓦斯规律时只考虑推过钻井距离和抽采负压这两个因素。

通过散点图可知瓦斯流量与抽采负压、推过钻井距离在某一段上具有一定的线性关系，因此建立了以抽采负压、推过钻井距离为自变量，以瓦斯流量为因变量的二元线性回归模型。以瓦斯流量的最大值为分界点，把地面钻井抽采瓦斯过程分为瓦斯流量增长阶段和衰减阶段，并分别进行拟合求出两个阶段的回归方程。机巷侧和风巷侧的地面钻井由于布井相差较大，将分别进行研究。

（一）机巷侧地面钻井

1. 回归方程

根据二元线性回归方法所得到的拟合方程为：

$$y = b_0 + b_1 x_1 + b_2 x_2$$

式中　y——地面钻井的瓦斯抽采流量，m^3/min；

x_1——抽采负压，mmHg；

x_2——工作面推过地面钻井距离，m；

分别对1#、3#、5#和7#地面钻井的瓦斯流量以推过钻井距离和抽采负压为自变量进行回归拟合，机巷侧各个地面钻井二元线性回归方程的系数详见表13-6，拟合曲线见图13-26。

表 13-6　　各钻井瓦斯抽采流量二元线性回归方程系数表

钻井		系数			取值范围	
		b_0	b_1	b_2	x_1 /mmHg	x_2 /m
1#	增长阶段	5.649	−0.005 2	0.092 1	88～330	16～54
	衰减阶段	4.478	0.009	−0.012 7	45～320	54～345
3#	增长阶段	0.385	0.004 8	0.067 3	45～220	1～59
	衰减阶段	6.136	0.004 9	−0.012 8	90～260	59～106
5#	增长阶段	5.084	−0.015 1	0.169	190～280	1～24
	衰减阶段	6.658	−0.003 7	−0.043 2	100～260	24～112
7#	增长阶段	0.223	0.004 3	0.063 7	70～240	6～37
	衰减阶段	1.797	0.006 1	−0.020 9	40～280	37～103

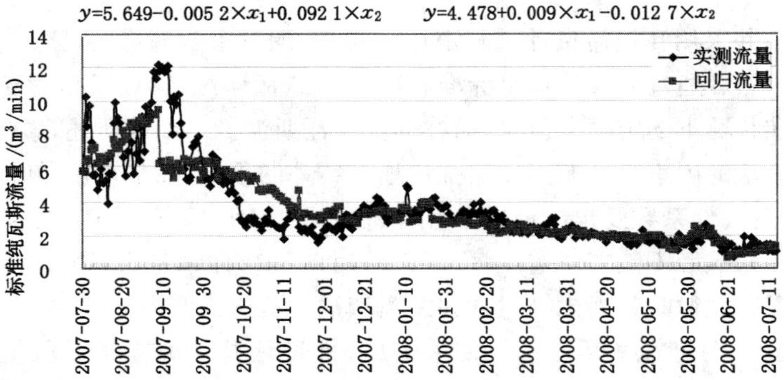

(a)

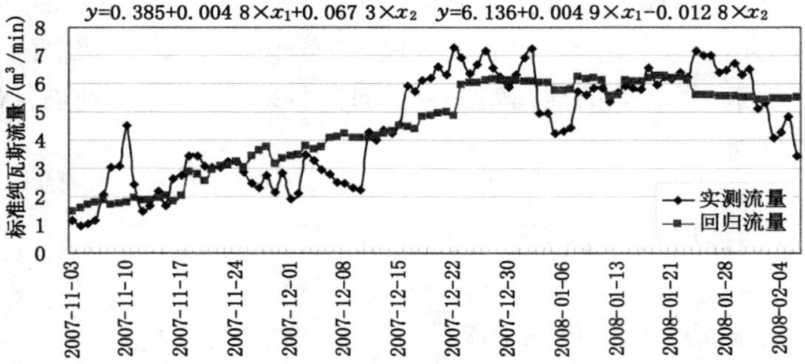

(b)

图 13-26　机巷侧各钻井抽采瓦斯流量回归拟合曲线(1)

(a) 1# 地面钻井；(b) 3# 地面钻井

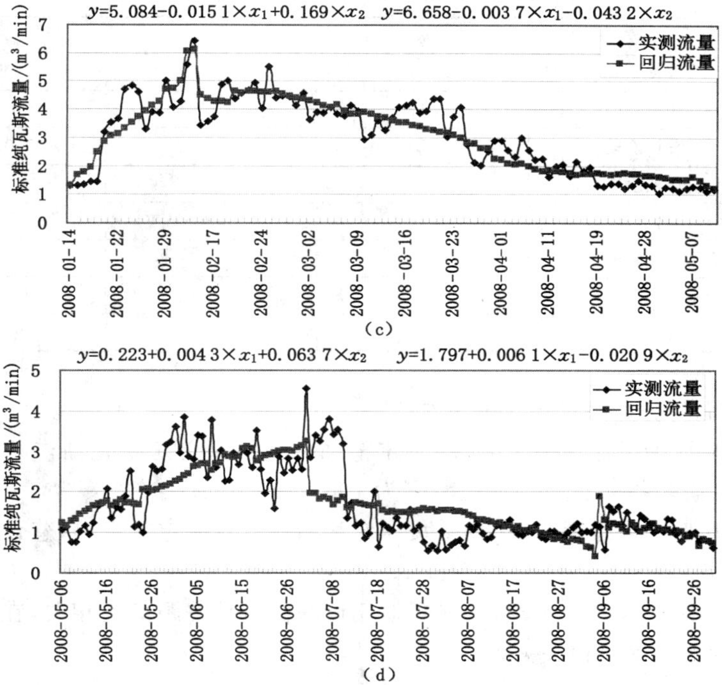

图 13-26 机巷侧各钻井抽采瓦斯流量回归拟合曲线(2)

(c) 5# 地面钻井；(d) 7# 地面钻井

在显著性水平 $\alpha=0.01$ 下，对假设 $H_0:b_1=b_2=0$ 进行检验，得到的结果是：只有“3# 钻井的衰减阶段”接受假设 $H_0:b_1=b_2=0$，其他均拒绝假设 $H_0:b_1=b_2=0$。

在显著性水平 $\alpha=0.01$ 下，对假设 $H_0:b_j=0(j=1,2)$ 进行检验，得到如下结果：

(1) 1#、3#、5#、7# 钻井抽采瓦斯增长阶段的 b_1 均接受假设 $H_0:b_1=0$。

(2) 3#、5# 钻井抽采瓦斯衰减阶段的 b_1 均接受假设 $H_0:b_1=0$。

(3) 3# 钻井抽采瓦斯衰减阶段的 b_2 接受假设 $H_0:b_2=0$。

(4) 其他都拒绝原假设。

在上述假设检验中，若接受假设 $H_0:b_1=b_2=0$ 则认为抽采负压和推过钻井距离对抽采瓦斯流量都没有显著影响；若接受假设 $H_0:b_1=0$，则认为抽采负压对抽采瓦斯流量没有显著影响；若接受假设 $H_0:b_2=0$，则认为推过钻井距离对抽采瓦斯流量没有显著影响。

根据显著性假设检验分析，剔除没有显著性影响的系数后，机巷侧各个地面钻井二元线性回归方程的系数见表 13-7。

表 13-7　　显著性分析后瓦斯流量二元线性回归方程系数表

钻井	系数	b_0	b_1	b_2
1#	增长阶段	5.649	—	0.092 1
	衰减阶段	4.478	0.009	−0.0127
3#	增长阶段	0.385	—	0.067 3
	衰减阶段	—	—	—
5#	增长阶段	5.084	—	0.169
	衰减阶段	6.658	—	−0.043 2
7#	增长阶段	0.223	—	0.063 7
	衰减阶段	1.797	0.006 1	−0.020 9

从上面的分析可以得出如下结论：

(1) 瓦斯抽采流量增长阶段，一定范围内的抽采负压对瓦斯流量没有显著影响，在此阶段抽采负压的取值范围为 100～250 mmHg。

(2) 瓦斯抽采衰减阶段，抽采负压对瓦斯流量有一定的影响，建议取值范围为 150～250 mmHg。

(3) 瓦斯抽采增长阶段，抽采瓦斯流量与推过钻井距离正相关，在抽采衰减阶段，二者之间呈负相关关系。

2. 通用计算式

地面钻井瓦斯抽采流量的通用计算式根据对各钻井拟合回归方程的分析和实际抽采过程中的影响因素，利用加权平均的方法求出。

由于各钻井的瓦斯抽采量和抽采时间不一样，因此各钻井的权值不同。钻井的权值通过综合考虑各钻井的瓦斯抽采量和抽采时间两个因素确定，方法为：分别求出各钻井的瓦斯抽采量和抽采时间在单侧所有统计钻井的瓦斯抽采总量和总时间中所占的比例，即为权值 f_1 和 f_2，二者的平均值就是钻井的综合权值 f。机巷侧各钻井的权值详见表 13-8。

表 13-8　　机巷侧各钻井的权值

钻井	瓦斯抽采量		瓦斯抽采时间		综合权值
	总量/$\times 10^4 m^3$	权值 f_1	时间/d	权值 f_2	$f=\frac{f_1+f_2}{2}$
1#	181.185 7	0.538	368	0.456	0.5
3#	62.787 1	0.187	96	0.119	0.15
5#	53.647 6	0.159	131	0.162	0.16
7#	38.847 6	0.116	212	0.263	0.19
合计	336.468	1	807	1	1

根据表 13-4 和表 13-5 中的数据，机巷侧钻井增长阶段瓦斯流量的通用计算式各系数计算如下：

$$b_0 = 5.649 \times 0.50 + 0.385 \times 0.15 + 5.084 \times 0.16 + 0.223 \times 0.19 \approx 3.738$$

$$b_1 = 0 \times 0.50 + 0 \times 0.15 + 0 \times 0.16 + 0 \times 0.19 = 0$$

$$b_2 = 0.0921 \times 0.50 + 0.0673 \times 0.15 + 0.169 \times 0.16 + 0.0637 \times 0.19 \approx 0.0953$$

所以，机巷侧钻井在增长阶段的瓦斯抽采流量的通用计算式为

$$y = 3.738 + 0.0953x_2 \quad x_2 \in [0,60]$$

式中　x_2——推过钻井距离，m。

机巷侧钻井衰减阶段瓦斯流量的通用计算式各系数计算如下：

$$b_0 = 4.478 \times 0.50 + 6.658 \times 0.16 + 1.797 \times 0.19 \approx 3.646$$

$$b_1 = 0.009 \times 0.50 + 0 \times 0.15 + 0 \times 0.16 + 0.0061 \times 0.19 \approx 0.0057$$

$$b_2 = -0.0127 \times 0.50 + 0 \times 0.15 - 0.0432 \times 0.16 - 0.0209 \times 0.19 \approx -0.0172$$

因此，机巷侧钻井在衰减阶段的瓦斯抽采流量的通用计算式为：

$$y = 3.646 + 0.0057x_1 - 0.0172x_2 \quad x_1 \in [150,250], x_2 \in [60,345]$$

式中　x_1——负压，mmHg；

x_2——推过钻井距离，m。

（二）风巷侧地面钻井

1. 回归方程

风巷侧 2[#]、4[#]、6[#] 和 8[#] 地面钻井的瓦斯流量以推过钻井距离和抽采负压为自变量的回归拟合曲线如图 13-27 所示。

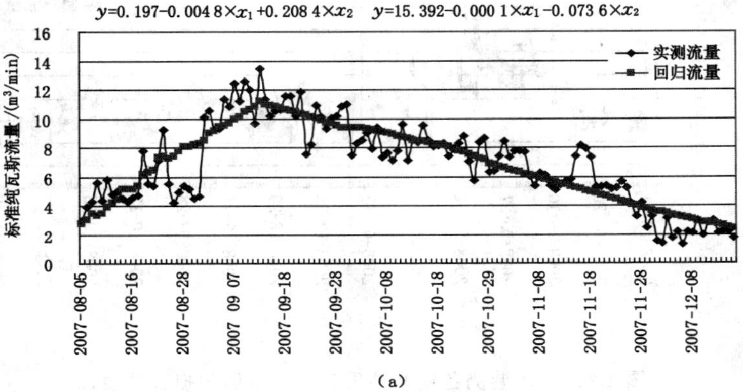

图 13-27　风巷侧各钻井抽采瓦斯流量回归拟合曲线(1)

(a) 2[#] 地面钻井

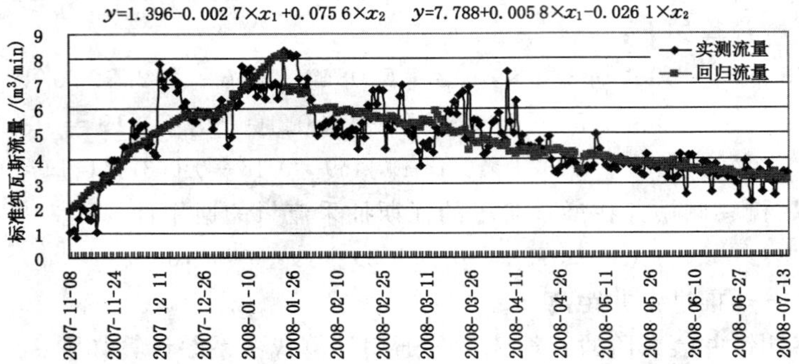

(b)

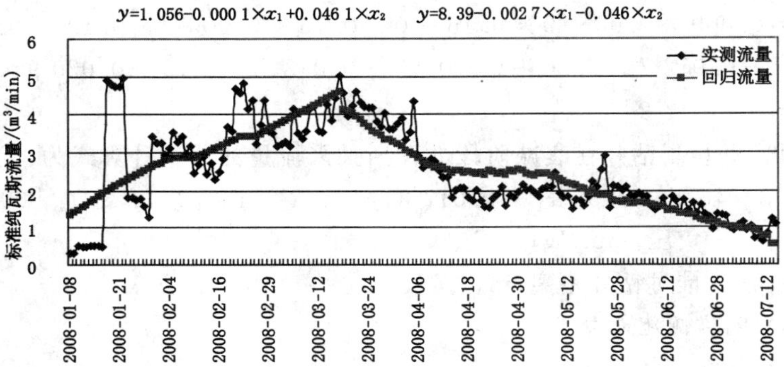

(c)

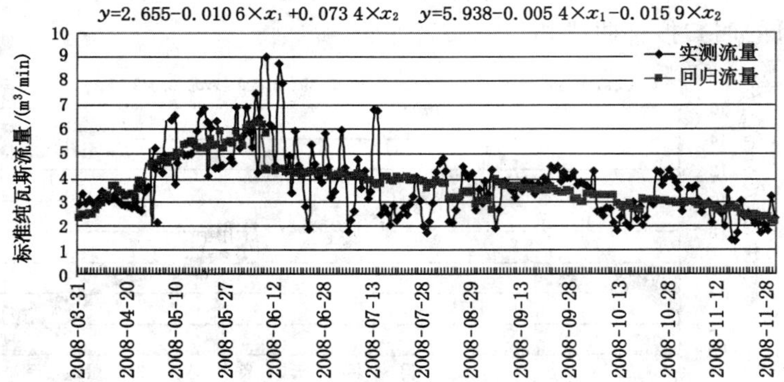

(d)

图 13-27　风巷侧各钻井抽采瓦斯流量回归拟合曲线(2)

(b) 4# 地面钻井;(c) 6# 地面钻井;(d) 8# 地面钻井

风巷侧各个地面钻井二元线性回归方程的系数详见表 13-9。

表 13-9　　各钻井瓦斯抽采流量二元线性回归方程系数表

钻井		系数			取值范围	
		b_0	b_1	b_2	x_1 /m	x_2 /kPa
2#	增长阶段	0.197	−0.004 8	0.208 4	160～330	19～57
	衰减阶段	15.392	−0.000 1	−0.073 6	100～320	57～176
4#	增长阶段	1.396	−0.002 7	0.075 6	70～280	13～98
	衰减阶段	7.788	0.005 8	−0.026 1	115～320	98～227
6#	增长阶段	1.056	−0.000 1	0.046 1	200～350	7～78
	衰减阶段	8.39	−0.002 7	−0.046	110～250	78～157
8#	增长阶段	2.655	−0.010 6	0.073 4	100～240	25～65
	衰减阶段	5.938	−0.005 4	−0.015 9	10～260	65～209

在显著性水平 $\alpha=0.01$ 下，对假设 $H_0: b_1=b_2=0$ 进行检验，得到的结果是：2#、4#、6# 和 8# 钻井抽采的增长阶段和衰减阶段均拒绝假设 $H_0: b_1=b_2=0$。

在显著性水平 $\alpha=0.01$ 下，对假设 $H_0: b_j=0(j=1,2)$ 进行检验，结果如下：

（1）各钻井抽采的增长阶段和衰减阶段的 b_2 均拒绝假设 $H_0: b_2=0$。

（2）只有 4# 钻井抽采衰减阶段的 b_1 拒绝假设 $H_0: b_1=0$，其余均均接受假设 $H_0: b_1=0$。

根据显著性假设检验分析，剔除没有显著性影响的系数，风巷侧各个地面钻井二元线性回归方程的系数见表 13-10。

表 13-10　　显著性分析后瓦斯流量二元线性回归方程系数表

钻井	系数	b_0	b_1	b_2
2#	增长阶段	0.197	—	0.208 4
	衰减阶段	15.392	—	−0.073 6
4#	增长阶段	1.396	—	0.075 6
	衰减阶段	7.788	0.005 8	−0.026 1
6#	增长阶段	1.056	—	0.046 1
	衰减阶段	8.39	—	−0.046
8#	增长阶段	2.655	—	0.073 4
	衰减阶段	5.938	—	−0.015 9

从上面的分析可以得出如下结论：

（1）瓦斯抽采增长阶段，抽采负压在一定范围内对瓦斯流量没有显著影响，在此阶段抽采负压的在取值范围为 100～200 mmHg。

(2) 瓦斯抽采衰减阶段,抽采负压对瓦斯流量有一定的影响,建议取值范围为150～250 mmHg。

(3) 瓦斯抽采增长阶段,抽采瓦斯流量与推过钻井距离正相关,在抽采衰减阶段,二者之间呈负相关关系。

2. 通用计算式

风巷侧各钻井的权值见表 13-11。

表 13-11　　风巷侧各钻井的权值

钻井	瓦斯抽采量		瓦斯抽采时间		综合权值
	总量/$\times10^4 m^3$	权值 f_1	时间/d	权值 f_2	$f=\dfrac{f_1+f_2}{2}$
2#	134.127 2	0.252	138	0.135	0.19
4#	197.261 3	0.370	324	0.318	0.35
6#	71.115 6	0.133	290	0.285	0.21
8#	130.756 5	0.245	267	0.262	0.25
合计	533.260 6	1	1 019	1	1

根据表 13-10 数据,风巷侧钻井增长阶段瓦斯抽采流量的通用计算如下:

$$b_0 = 0.197\times0.19+1.396\times0.35+1.056\times0.21+2.655\times0.25\approx1.412$$

$$b_1 = 0\times0.19+0\times0.35+0\times0.21+0\times0.25=0$$

$$b_2 = 0.208\,4\times0.19+0.075\,6\times0.35+0.046\,1\times0.21+0.073\,4\times0.25 \approx 0.094\,1$$

因此,风巷侧抽采增长阶段瓦斯流量的通用计算式为:

$$y = 1.412+0.094\,1x_2 \quad x_2\in[0,90]$$

式中　x_2——推过钻井距离,m。

风巷侧钻井衰减阶段瓦斯抽采流量的通用计算式各系数计算如下:

$$b_0 = 15.392\times0.19+7.788\times0.35+8.39\times0.21+5.938\times0.25\approx8.897$$

$$b_1 = 0\times0.19+0.005\,8\times0.35+0\times0.21+0\times0.25\approx0.002\,0$$

$$b_2 = -0.073\,6\times0.19-0.026\,1\times0.35-0.046\times0.21-0.015\,9\times0.25 \approx -0.036\,8$$

因此,风巷侧抽采衰减阶段瓦斯流量的通用计算式为:

$$y = 8.897+0.002\,0x_1-0.036\,8x_2 \quad x_1\in[150,250],x_2\in[90,240]$$

式中　x_1——负压,mmHg;

　　x_2——推过钻井距离,m。

（三）回归方程的验证

1. 钻井瓦斯抽采参数

5757工作面机巷侧各钻井的瓦斯抽采参数统计数据见表13-12。

表13-12 机巷侧钻井瓦斯抽采参数统计表

钻井	平均瓦斯流量 $\overline{Q}$/(m³/min)	最大瓦斯流量 Q_{max}/(m³/min)	流量最大时推过钻井距离 S_{max}/m	$\overline{Q}/Q_{max}$ /%	距切眼的距离 S_0/m
1#	3.565	12.184	53.77	29	33.25
3#	4.478	7.268	58.75	62	156.25
5#	3.076	6.439	23.5	48	236.25
7#	1.670	4.569	37.35	37	336.25

由表13-12，可以得出如下结论：

（1）平均瓦斯流量 $\overline{Q}$ 的范围为1.670～4.478 m³/min，加权平均值为3.264 m³/min。

（2）最大瓦斯流量 Q_{max} 的范围为4.569～12.184 m³/min，加权平均值为9.081 m³/min。

（3）瓦斯流量达到最大时，工作面推过钻井距离的范围为23.5～58.75 m，加权平均值为46.55 m。

（4）平均值占最大值的比例，即 $\overline{Q}/Q_{max}$ 范围为29%～62%，加权平均值为38.5%。

5757工作面风巷侧各钻井的瓦斯抽采参数统计数据见表13-13。

表13-13 风巷侧钻井瓦斯抽采参数统计表

钻井	平均瓦斯流量 $\overline{Q}$/(m³/min)	最大瓦斯流量 Q_{max}/(m³/min)	流量最大时推过钻井距离 s_{max}/m	$\overline{Q}/Q_{max}$ /%	距切眼的距离 S_0/m
2#	6.841	17.240	56.9	40	35.5
4#	4.752	8.317	97.57	57	151.5
6#	2.493	5.007	77.57	50	221.5
8#	3.715	9.018	65.05	41	296.5

由表13-13可以得出如下结论：

（1）平均瓦斯流量 $\overline{Q}$ 的范围2.493～6.841 m³/min，加权平均值4.450 m³/min。

（2）最大瓦斯流量 Q_{max} 范围5.007～17.240 m³/min，加权平均值9.493 m³/min。

(3) 瓦斯流量达到最大时，工作面推过钻井距离的范围为 56.9～97.57 m，加权平均值为 77.51 m。

(4) 平均值占最大值比例，即 $\overline{Q}/Q_{max}$ 范围为 40%～57%，加权平均值 48.3%。

从上述地面钻井瓦斯抽采流量的数据统计可看出，风巷侧地面钻井的瓦斯抽采效果优于机巷侧的地面钻井。

2. 验证

由上述分析可知，机巷侧和风巷侧的地面钻井抽采瓦斯流量达到最大时，工作面推过钻井距离的平均值分别为 46.55 m，77.51 m，将其分别代入相关公式，得机巷侧、风巷侧地面钻井抽采瓦斯的最大流量的回归值分别为 8.174 m^3/min，8.706 m^3/min，与实际统计的9.081 m^3/min，9.493 m^3/min 相比，相对误差分别为 10%，8%，说明建立的数学模型与瓦斯抽采的实际情况基本相符，可利用其分析其他地面钻井的瓦斯抽采规律。

四、最大布井间距

随着工作面的推进，瓦斯抽采流量会随之变化，虽然各钻井的变化有所差异，但总体趋势都是先增后减且与推过钻井距离关系密切。通过对瓦斯抽采流量与推过钻井距离的关系及地面钻井有效抽采的研究，可对钻井沿走向布置提供依据。

（一）地面钻井有效抽采范围的定义

1. 流量系数与有效流量系数

为方便分析，首先定义地面钻井的流量系数 h：地面钻井的平均瓦斯流量 $\overline{Q}$ 与最大瓦斯流量 Q_{max} 之比即为流量系数。

由钻井瓦斯抽采参数的统计分析可知，机巷侧 1#、3#、5#、7# 钻井的流量系数 h 的加权平均值为 38.5%，风巷侧 2#、4#、6#、8# 钻井的流量系数 h 的加权平均值为 48.3%，因此，试验区域地面钻井的流量系数为：

$$h = \frac{38.5\% + 48.3\%}{2} = 43.4\%$$

令

$$h' = h \cdot b$$

式中 h'——有效流量系数，%；

b——有效系数。

有效流量系数 h' 的物理意义为：当地面钻井的瓦斯流量与最大瓦斯流量之比大于有效流量系数时，可认为地面钻井处在有效抽采状态。

若 b 选取为 0.8，则 $h'=43.4\%\times0.8=34.7\%$，为方便研究，$h'$ 取为 35%。

2. 有效抽采范围的定义

由第一节的瓦斯抽采流量方程可知，当工作面推过地面钻井一定距离后，钻井开始抽采瓦斯，之后瓦斯流量迅速增大，当工作面推过钻井约 60 m 时流量达到最大并开始进入流量衰减阶段。

根据地面钻井抽采瓦斯过程及对抽采统计参数的分析，并综合考虑地面钻井瓦斯抽采的实际情况，地面钻井的有效抽采范围 S 的可定义为：地面钻井开始抽采瓦斯至在瓦斯流量衰减阶段的流量为最大流量的 35%或 1 m^3/min 的时间内工作面推过钻井的范围，可用下式表示：

$$S = [x_1, \max(x_2, x_3)]$$

式中　x_1——地面钻井开始抽采瓦斯时工作面推过钻井距离，m；

x_2——瓦斯流量衰减阶段流量为最大值 35%时推过钻井距离，m；

x_3——瓦斯流量衰减阶段流量为 1 m^3/min 时推过钻井距离，m。

根据上述有效抽采范围的定义，取 x_2 和 x_3 中的较大值以确定出最大有效抽采范围，即以较小的瓦斯流量为标准计算地面钻井的有效抽采范围。

（二）机巷侧地面钻井的最大布井间距

由上述分析可知，地面钻井的最大布井间距可根据钻井的有效抽采范围确定，因本统计分析中各地面钻井最大瓦斯流量的 35%都大于 1 m^3/min，因此在本研究中都以 1 m^3/min 为标准分析地面钻井的最大布井间距。

在瓦斯流量衰减阶段，根据实测数据，流量为 1 m^3/min 时工作面推过各钻井的距离分别为 345 m，106 m，111 m，93 m，因此加权平均值为：

$$345\times0.5+106\times0.15+111\times0.16+93\times0.19=224\ (\text{m})$$

瓦斯流量衰减阶段机巷侧地面钻井的流量通用计算式为：

$$y = 3.646 + 0.005\,7x_1 - 0.017\,2x_2 \quad x_1 \in [150,250], x_2 \in [60,345]$$

若抽采负压取 200 mmHg，通过瓦斯抽采流量的通用计算式可计算出当地面钻井的流量为 1 m^3/min 时，工作面推过钻井的距离为 220 m。

通过上述两种方法的计算，地面钻井瓦斯抽采流量为 1 m^3/min 时工作面推过钻井的平均距离为(224+220)/2=222 (m)，取 220 m。

因此，地面钻井有效抽采范围为[1,220]，若考虑地面钻井 20 m 的抽采重叠区域，机巷侧地面钻井的最大布井间距为 200 m。

（三）风巷侧地面钻井的最大布井间距

在瓦斯流量衰减阶段，根据实测数据，瓦斯流量为 1 m^3/min 时工作面推过各钻井的距离分别为 176 m，288 m，157 m，210 m，因此加权平均值为：

$$176\times0.19+288\times0.35+157\times0.21+210\times0.25=220\ (\text{m})$$

瓦斯流量衰减阶段风巷侧地面钻井的流量通用计算式为：

$$y = 8.897 + 0.002\,0x_1 - 0.036\,8x_2 \quad x_1 \in [150,250], x_2 \in [90,240]$$

若抽采负压取 200 mmHg，通过瓦斯抽采流量的通用计算式可计算当地面钻井的流量为 1 m^3/min 时，工作面推过钻井的距离为 225 m。

通过上述两种方法的计算，地面钻井瓦斯抽采流量为 1 m^3/min 时工作面推过钻井的平均距离为(220＋225)/2＝222.5 (m)，取 220 m。

因此，地面钻井有效抽采范围为[7,220]，若考虑地面钻井 20 m 的抽采重叠区域，风巷侧地面钻井的最大布井间距为 200 m。

第三节　二次保护卸压瓦斯抽采规律

在煤层群开采条件下，被保护层往往多次卸压保护。本研究中，以乌兰煤矿 5857 工作面开采时地面钻井抽采瓦斯的实测数据，分析了二次保护时地面钻井抽采瓦斯的规律。

5857 工作面回采过程中，加 1#、3#、5# 和 10# 地面钻井由于钻井内涌水较多，没有抽采瓦斯，而其他钻井都进行了抽采工作。由于 1#、4#、7#、8#、9#、11#、加 2# 和加 3# 钻井抽采瓦斯时间不长，对其分析的参考意义不大，因此不作分析。下面只分析位于风巷侧的 2# 和 6# 钻井的瓦斯抽采规律。

以抽采负压、推过钻井距离为自变量，以瓦斯流量为因变量，建立二元线性回归方程，系数详见表 13-14，2# 和 6# 钻井的回归拟合曲线如图 13-28 所示。

表 13-14　各钻井瓦斯抽采流量二元线性回归方程系数表

钻井		系数			取值范围	
		b_0	b_1	b_2	x_1 /(mmHg)	x_2 /m
2#	增长阶段	7.404	0.029 8	0.025 2	85～130	0～60
	衰减阶段	2.878	0.010 1	－0.004 2	15～210	60～450
6#	增长阶段	2.148	－0.001 47	0.012	20～50	19～52
	衰减阶段	2.575	0.006 6	－0.012 3	40～290	52～266

在显著性水平 $\alpha = 0.01$ 下，对假设 $H_0: b_1 = b_2 = 0$ 和假设 $H_0: b_j = 0(j = 1,2)$ 分别进行检验，得到的结果是：2# 和 6# 钻井抽采瓦斯流量增长阶段的抽采负压和推过钻井距离对瓦斯流量都没有显著影响，而抽采衰减阶段的抽采负压和推过钻井距离对瓦斯流量都有显著影响。

根据显著性假设检验分析，剔除没有显著性影响的系数后，2# 和 6# 地面钻井二元线性回归方程的系数见表 13-15。

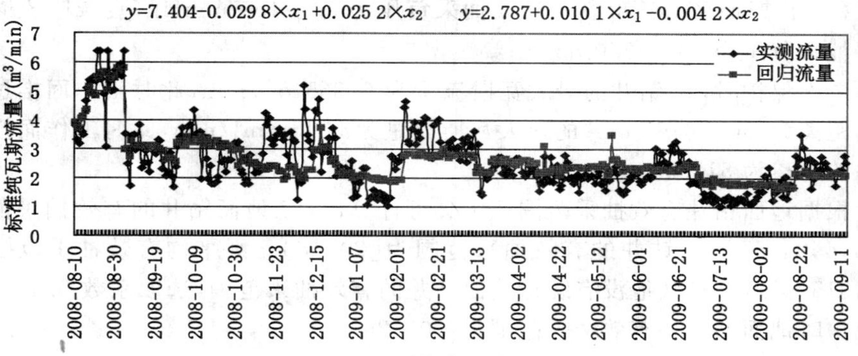

(a)

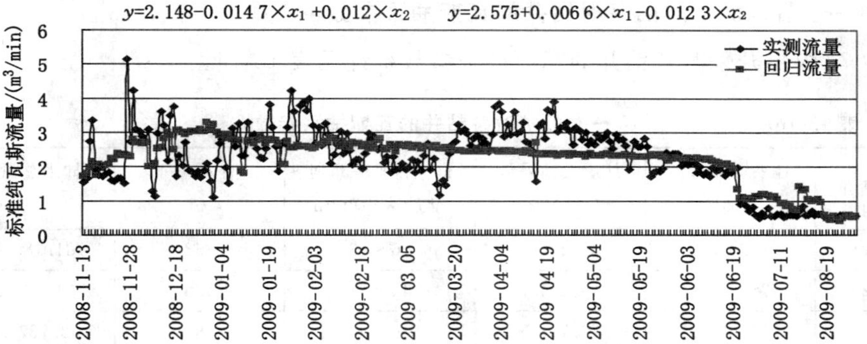

(b)

图 13-28　二次保护时地面钻井瓦斯抽采的拟合回归曲线

(a) 2# 钻井；(b) 6# 钻井

表 13-15　　显著性分析后瓦斯流量二元线性回归方程系数表

钻井	系数	b_0	b_1	b_2
2#	增长阶段	7.404	—	—
	衰减阶段	2.878	0.010 1	−0.004 2
6#	增长阶段	2.148	—	—
	衰减阶段	2.575	0.006 6	−0.012 3

从上面的分析可以得出如下的结论：

(1) 与首采保护层开采相比，次采保护层开采时瓦斯抽采流量的波动较大。

(2) 瓦斯抽采增长阶段，抽采负压在和推过钻井距离对对瓦斯流量都没有没有显著影响，说明在二次保护条件下，瓦斯抽采增长阶段影响瓦斯抽采的异常因素较多。

(3) 瓦斯抽采增长阶段的建议抽采负压为 50～150 mmHg，衰减阶段时的建议抽采负压为 150～250 mmHg。

二次保护时，2# 钻井的最大瓦斯流量为 6.365 m^3/min，此时工作面推过钻井的距离为 54.5m；6# 钻井的最大瓦斯流量为 5.155 m^3/min，此时工作面推过钻井的距离为 51.85 m。

根据地面钻井有效抽采范围的定义可计算出，2# 地面钻井的有效抽采范围为[0,450]，6# 地面钻井的有效抽采范围为[20,180]，则平均有效抽采范围为[10,315]。若考虑其他没有统计地面钻井的有效抽采范围，选取系数 0.4，则二次保护时地面钻井的有效抽采范围为[10,126]。

不同回采期地面钻井瓦斯抽采对比分析

一、首采保护层回采时钻井的瓦斯抽采参数

7# 煤层开采时各钻井的瓦斯抽采参数统计见表 13-16。

表 13-16　　一次保护时各钻井的瓦斯抽采参数

钻井	月平均抽采量 /×10^4 m^3	月最大抽采量 /×10^4 m^3	最大月抽采量时推过钻井距/m	抽采时间 /d	抽采总量 /×10^4 m^3
1#	15.098 8	38.472 5	46～83	368	181.185 7
2#	26.825 4	46.951 1	44～81	138	134.127 2
3#	15.696 8	26.793 6	59～101	96	62.787 1
4#	17.932 8	30.914 1	63～106	324	197.261 3
5#	10.729 5	17.984 3	21～42	131	53.647 6
6#	7.111 6	17.369 5	56～99	290	71.115 6
7#	4.856 0	11.390 3	21～37	212	38.847 6
8#	13.075 7	23.317 9	41～61	267	130.756 5
9#	6.267 8	12.374 2	53～83	161	43.874 8
10#	3.102 1	8.747 3	49～89	234	27.919 1
11#	1.653 2	2.698 1	30～70	168	14.879 2
加 1#	6.345 2	13.784 5	20～55	72	25.380 8
加 2#	5.835 1	18.279 8	61～104	328	70.021 5
加 3#	5.414 5	7.084 1	71	193	37.901 3

通过对表 13-16 的分析得出如下结论：

(1) 单井月抽采量最大值达到 46.951 1×10^4 m^3，单井抽采总量最大值达到 197.261 3×10^4 m^3。

(2) 月抽采最大值时推过钻井距离的范围为 20～104 m，平均 43～78 m。

(3) 机巷侧各井抽采瓦斯总量达 421.368 7×10^4 m^3,风巷侧各井抽采瓦斯总量达668.336 6×10^4 m^3,7# 煤层开采时瓦斯抽采总量达 1 089.705 3×10^4 m^3。

二、次采保护层回采时钻井的瓦斯抽采参数

8# 煤层开采时各钻井的瓦斯抽采参数统计见表 13-17。

表 13-17　　二次保护时各钻井的瓦斯抽采参数

钻井	月平均抽采量/×10^4 m^3	月最大抽采量/×10^4 m^3	最大月抽采量时推过钻井距/m	抽采时间/d	抽采总量/×10^4 m^3
1#	4.265 1	5.577 7	0～49	41	8.530 1
2#	10.075 8	19.020 7	0～46	451	161.212 7
3#	0	0	0	0	0
4#	6.927 6	13.383 4	0～59	57	20.782 7
5#	0	0	0	0	0
6#	7.410 1	13.449 5	137～150	357	88.921 6
7#	0.701	1.087 6	46～73	25	2.103
8#	0.794 1	1.816 1	112～145	100	3.970 4
9#	4.400 3	5.309 2	26～52	134	22.001 7
10#	0	0	0	0	0
11#	0.303 9	0.496 7	6～42	48	0.911 8
加 1#	0	0	0	0	0
加 2#	2.687 3	4.084 4	0～49	45	5.374 6
加 3#	3.564 2	3.822 2	43～51	151	14.256 6

通过对表 13-17 的分析得出如下结论:

(1) 单井月抽采量最大值达到 19.0207×10^4 m^3,单井抽采总量最大值达到161.212 7×10^4 m^3。

(2) 月抽采最大值时推过钻井距离的范围为 0～150 m,平均 37～72 m。

(3) 机巷侧各井抽采瓦斯总量达 16.919 5×10^4 m^3,风巷侧各井抽采瓦斯总量达311.145 7×10^4 m^3,8# 层煤开采时瓦斯抽采总量达 328.065 2×10^4 m^3。

通过对不同回采期地面钻井瓦斯抽采量的分析,可知与机巷侧的地面钻井相比,风巷侧的地面钻井的瓦斯抽采效果显著,机巷侧与风巷侧地面钻井瓦斯抽采总量之比在 7# 和 8# 煤层回采期间分别为 63%和 5.4%;与 7# 煤层回采时的瓦斯抽采相比,8# 煤层回采过程中的瓦斯抽采效果相对较弱,瓦斯抽采总量约为一次保护时的 30%。

7# 煤层开采时比 8# 煤层开采时的瓦斯抽采效果优越，其原因为：① 首采保护层开采时地面钻井大量抽采卸压瓦斯，被保护层的瓦斯含量已大幅度降低；② 首采保护回采后形成的采空区具有“缓冲效应”，使次采保护层开采时对上覆远距离被保护层的卸压保护效果相对较弱；③ 首采保护层开采后，地面钻井的封孔段受采动的影响裂隙发育，在一定程度上造成瓦斯抽采浓度降低。

第五篇
千万吨级矿井群生态建设技术

宁东煤炭基地为减少煤炭资源开采对环境的负面影响，以技术创新和管理创新为动力，统筹发展质量、发展速度与资源环境承载力，强化节约资源和生态建设意识，大力发展综合利用产业和循环经济。将煤炭生产产生的大量废弃物包括矿井水、煤矸石等开发为可综合利用新的产品，变废为宝，用于矿井生态建设，构建大型现代化生态矿区。这种生态建设方式低投入、低消耗、高效率、可循环、少排放，缓解日益加大的资源约束和生态环境压力。

第十四章　矿井水循环利用技术

宁东地区多年平均降水量 180～200 mm，降雨量年内分配不均，其中 7～9 月份连续 4 个月降雨量占年降雨量的 70%左右。降雨年际变化大，降雨变差系数 C_v在 0.38 左右。多年平均水面蒸发量 1 300～1 600 mm(E601 型蒸发皿)，最大蒸发量出现在 6 月，平均干旱指数为 7.0。区域内多年平均径流深小于 3 mm，空间分布大致与降水量相应，具有总量小、年内分配不均、年际变化大的特点，70%～80%的径流集中于汛期，年径流变差系数 C_v在 0.7 左右。多年平均降雨量 6.3 亿 m^3，形成当地地表水资源 0.075 亿 m^3，平均产水模数 0.2 万 m^3/km^2。区域内地下水补给主要为大气降水补给，资源量 0.062 亿 m^3，与地表水间重复计算量 0.062 亿 m^3。当地水资源总量为 0.075 亿 m^3，多以洪水形式流走，难以利用。

在煤田地质构造中，伴随煤层而埋藏于地下，以储量大为主要特点的地下水是煤炭开采过程中不可避免的副产物，由地下被大量排出地面。矿井水一方面是地质灾害，严重威胁着矿井的安全生产；另一方面，大量的矿井水外排，不仅会对周边环境造成污染，同时更是对水资源的巨大浪费。对矿井水进行处理再利用，一方面能减少矿井水外排对周边环境的破坏，另一方面处理后的矿井水能满足工业生产和生活的用水量需求。

对于宁东矿区这个极度缺水地区来讲，矿井水是一种十分宝贵的自然资源，因而，神华宁煤集团以大幅度提高矿井水综合利用率为目标，坚持全面规划、合理开发、统筹兼顾、高效利用的方针，大力发展矿井循环利用技术，缓解矿区水资源短缺的矛盾，保护生态环境，促进矿区及周边地区经济社会的可持续发展。对宁东基地建设成为产业关联度强、生产集约度高、资源节约和环境友好、稳定可靠、优质高效的国家重要的能源化工基地具有十分重要的意义。

第一节　宁东矿区矿井水资源综合利用现状

一、宁东矿区矿井水排放量

宁东地区矿井水正常涌水量约 5 000 万 m^3，其中灵武矿区约 1 000

万 m^3,鸳鸯湖矿区约 1 800 万 m^3,横城矿区约 200 万 m^3,马家滩矿区约 500 万 m^3。按照目前各矿井开采的实际统计情况,矿井疏干水正常涌水量 2 600 万 m^3,最大3 890万 m^3,经处理以后部分回用于井下消防、洒水及地面绿化,总利用量 900 万 m^3,占总量的 34.62%;其余 1 695 万 m^3,经处理达标以后排放,详见表 14-1。

表 14-1　　宁东煤田矿井水资源利用情况统计表

序号	矿井名称	设计能力/(万 t/a)	井下涌水量/(万 t/a)				
			正常	最大	利用量	外排量	外排去向
灵武矿区							
1	灵新煤矿	330	380	443	64	316	西天河
2	原磁窑堡二矿	500	160	192	40	120	西天河
3	枣泉煤矿	800	450	500	250	200	圆疙瘩湖
4	羊场湾煤矿	1 500	475	611	103	372	圆疙瘩湖
鸳鸯湖矿区							
5	清水营煤矿	1 000	324	481	110	214	
6	红柳煤矿	800	1 000	1 200	60	940	马家滩南湖
7	麦垛山煤矿	800	871	900	60	811	马家滩南湖
8	梅花井煤矿	1 200	420	629	292	128	
9	石槽村	800	440	500	60	380	马家滩南湖
横城矿区							
10	任家庄煤矿	240	228	585	61	167	不排放
11	红石湾	360	60	100	40	20	
石沟驿矿区							
12	石沟驿煤矿	120	64	70	9	55	宋家小沟
马家滩矿区							
13	双马	960	396	500	90	306	马家滩南湖
14	金凤	500	530	600	70	460	马家滩南湖
15	金家渠	800	530	600	80	450	马家滩南湖
总计		10 710	6 328	7 911	1 389	4 939	

二、矿区矿井水质分类

从本质上讲，矿井水实际上就是矿区所采煤层及开拓巷道附近的地下水，有时会因地表裂隙而渗入部分地表水，但其基本水质是与当地地下水水质相符，主要受当地水文地质以及气候、地理等自然条件的影响。矿井水除了保持当地地下水特征外，还因流经采掘工作面而带入了大量的煤粉以及岩粉等悬浮颗粒，具有高悬浮物的特征。此外，由于矿工的生产生活活动，还使矿井水带有较多的细菌。对于开采高硫煤的矿井水，由于所夹带的硫铁矿物的氧化作用，矿井水会呈现酸性和高铁性。按照对环境的影响以及作为生产生活用水水源的可行性，习惯上将矿井水按水质类型分为洁净矿井水、含悬浮物矿井水、高矿化度矿井水（有称矿井苦咸水）、酸性矿井水和含有毒有害元素矿井水 5 类。

1. 洁净矿井水

洁净矿井水即指水质中性，低浊度，低矿化度，有毒有害元素含量很低，基本符合生产生活用水标准，主要来源于奥陶纪石灰岩水、矿岩裂隙水等。

2. 含悬浮物矿井水

含悬浮物矿井水即指地下水受开采的影响带入煤粉和岩粉，水中含有较多的悬浮物和细菌，但是其余理化和毒理指标符合生产生活用水标准。

3. 高矿化度矿井水（矿井苦咸水）

高矿化度矿井水即指矿化度（无机盐总含量）大于 1 000 mg/L 的矿井水，它主要含有 SO_4^{2-}、Cl^-、Ca^{2+}、Mg^{2+}、K^+、Na^+、HCO_3^- 等离子，硬度相应较高，水质多数呈中性或偏碱，带苦涩味，少数为酸性。高矿化度矿井水不利于作物生长，会影响混凝土质量，人长期饮用，将引起腹泻和消化不良。中国北方缺水煤矿的矿井水往往属于高矿化度水。

4. 酸性矿井水

酸性矿井水即指水质特征为 pH 值小于 5.5 的矿井水，一般 pH 值为 3～5.5之间，个别小于 3，总酸度高。当开采含硫煤层时，硫受到氧化与生化作用产生硫酸，酸性水易溶解煤及岩石中的金属元素，故铁、锰等金属元素以及无机盐类增加，使矿化度、硬度升高。

5. 含有毒有害元素矿井水

含有毒有害元素矿井水即指主要含有氟、铁、锰、铜、锌、铅及铀、镭等元素的水。含氟矿井水来源于含氟较高的地下水区域或煤与岩石中含氟矿物萤石 CaF_2、氟磷灰岩；含铁、锰矿井水一般是在地下水还原条件下形成，多呈 Fe^{2+}、Mn^{2+} 的低价状态，有铁腥味，易变浑浊，可使地表水的溶解氧降低；含重金属矿井水主要有铜、锌、铅等；放射性元素水主要含有铀、镭等天然放射性核元素及其衰变产物，其含量超过饮用水标准。

三、宁东矿区矿井水质概况

实际上矿井水的水质往往是复合型的，其中有的矿井水含了10多项超过饮用水标准和工业用水标准的成分，给矿井水的资源化带来了一定困难。宁东矿区位于鄂尔多斯台缘褶皱带东侧马家滩台陷—中生代沉积凹陷区内，水文地质条件简单，区内地下水资源有限，仅横穿矿区中部的白芨滩、梅花井两条古河道下部含有少量地下水。两条古河道汇合于鸳鸯湖，向西流经磁窑堡南注入西天河。梅花井古河道虽宽度达1.5 km，洪积层最大厚度达17 m，但含水层厚度仅5.3 m，且径流条件差。从水质来看，矿化度已达2.0～2.8 g/L，最高达7 g/L；含氟量达5 mg/L。白芨滩古河道由于多年取水，静水位已经下降，储量减少，目前可开采量只有1 000 m^3/d，且水质逐步变差。宁东矿区15座矿井的含悬浮物矿井水不同于普通地表水（江河湖水），其水质具有明显的煤矿行业特点。

1. 含悬浮物矿井水

（1）悬浮物含量很不稳定，悬浮物浓度差异较大，例如枣泉矿悬浮物含量曾高达2 146.8 mg/L，其他大部分矿井的悬浮物含量也远高于地表水，感官性状差。

（2）悬浮物粒度小、比重轻、沉降速度慢。矿井水中悬浮物颗粒直径较小，平均为2～8 μm，总悬浮物中约85%以上的粒径小于50 μm；煤粉平均密度一般为1.3～1.5 g/cm^3，远远小于地表水系中泥砂颗粒物的平均密度2.4～2.6 g/cm^3。

（3）矾花形成比较松散，易破碎，混凝沉降后煤泥浓度小。矿井水中的煤粉为有机物和无机物的复合体，不同煤化阶段的煤分子结构大不相同，煤粒表面所带电荷数量也不相同，因此其亲水程度各异。

（4）不同的含悬浮物矿井水，由于悬浮物含量和煤屑在悬浮物中的所占比例不同，使得COD_{Mn}差异较大，但COD_{Mn}是由于煤屑中碳分子的有机还原性所致，在水中十分稳定，它将随着悬浮物的去除而消失，宁东矿井大部分COD_{Mn}均在3 mg/L以下，故不需要进行生化处理。

2. 高矿化度矿井水

高矿化度矿井水中含有大量的Ca^{2+}、Mg^{2+}、K^+、Na^+、Cl^-、SO_4^{2-}、HCO_3^-等离子，这些离子总量大于1 000 mg/L，水质多数呈中性或偏碱性，带苦涩味，俗称苦咸水。高矿化度矿井水又可分为微咸水（含盐量为1 000～3 000 mg/L）、咸水（含盐量为3 000～10 000 mg/L），盐水（含盐量为10 000～50 000 mg/L），卤水（含盐量在50 000 mg/L）。宁东煤矿高矿化度矿井水含盐量一般在1 000～13 000 mg/L之间，南部矿井达10 000 mg/L以上。

3. 矿井水质报告

根据集团公司各矿提供的矿井水水质化验检测资料，其结果详见表14-2。

表 14-2　　宁煤集团宁东矿区煤矿水质分析汇总表

序号	矿井名称	SS/(mg/L)	pH	总硬度/(mg/L)	总碱度/(mg/L)	F/(mg/L)	Cl/(mg/L)	SO_4^{2-}/(mg/L)	TDS/(mg/L)	Na/(mg/L)	Ca/(mg/L)	Fe/(mg/L)	COD/(mg/L)
1	灵新矿		8	943	495	1.55	1 300	1 280	4 460	1 180	119	—	<10
2	羊场湾一区		7.96	1 152		1.20	1 144	1 247	4 263	982	142	0	1.91
	羊场湾二区		8.03	1 103		1.40	551	629	2 115	288	62	0	2.11
3	枣泉煤矿	2 147	7.92	1 830	398	0.95	2 327	1 902	6 785	1 733	234		3.2
4	石沟驿煤矿		8.11	102.5		2.80	2 970	2 529	9 841	2 493	184	0.04	1.78
5	梅花井煤矿		7.86	529		0.12	477	727	2 190	507	90		28.76
6	清水营煤矿		8.08	2 733			3 634	3 331	11 435	2 638	342	1.23	45.12
7	石槽村煤矿		8.42	2 809	141	1.06	4 099	3 908	12 287	3 297			1.12
8	红柳煤矿		8	3 481		1.20	4 889	3 882	13 538	3 430	627	1.2	
9	麦垛山煤矿								13 538				
10	双马煤矿		8.93				3 258	4 986	12 686	3 528	303		
11	金凤煤矿 冯记沟煤矿	1 000	8	1 272			664	1 318	3 191				
12	红石湾煤矿		8.15	922		0.40	1 061	839	3 347	780	178	0	1.71
13	任家庄煤矿		7.73	2 016		1.60	2 852	726	6 114	1 378	342	0.01	2.15

4. 高矿化度原因分析

矿井水中矿化度高的原因是多种因素形成的，其主要原因有以下几点：

(1) 被采煤层中含有大量碳酸盐矿物及硫酸盐矿物，使矿井水中 Ca^{2+}、Mg^{2+}、Cl^-、SO_4^{2-} 等盐类离子增加。

(2) 地区干旱，降水量小，蒸发量大，地下水补给不足，矿井水盐分浓缩。

(3) 当开采高硫煤层时，因硫化物氧化产生游离酸，再同碳酸盐矿物、碱性物质发生反应，使矿井水中 Ca^{2+}、Mg^{2+}、SO_4^{2-} 等离子增加。

宁东矿区的高矿化度矿井水的形成主因是以上的(1)和(2)两种因素造成的。北部矿井含盐量较低，约在 3 000～6 000 mg/L 左右；南部矿井含盐量较高，例如石槽村煤矿总矿化度 12 287 mg/L，红柳、麦垛山煤矿总矿化度高达 13 538 mg/L。这些矿井水必须进行脱盐处理，否则不能使用。

因此，宁东矿区矿井生产排出的矿井水全部属于高矿化度苦咸水，含盐量都在 3 000～14 000 mg/L 之间。如果只对矿井水进行絮凝沉淀，而不经过深度脱盐处理，矿井水仅能满足黄泥灌浆用水和洗煤厂补充水的要求，为了提高水资源的利用价值，满足更广大的用水需求，宁东矿区建立了矿井水处理站对矿井水进行综合处理，矿井水处理站在考虑矿井水水质情况、出水水质要求的基础上，精心选择国家重点技术创新项目“矿井水资源净化循环利用成套技术装备”的科研成果，采用絮凝、沉淀、脱盐、消毒相结合的工艺。矿井水经过处理后回用于选煤厂补水、水源热泵循环水、井下消防洒水、防火灌浆用水、地面生产系统冲洗、防尘洒水等。

四、现建矿井水处理站概况

目前，神华宁煤集团宁东矿区各矿井建成的矿井水处理站有任家庄矿矿井水处理站、枣泉矿矿井水处理站、梅花井矿矿井水处理站、石槽村矿矿矿井水处理站、羊场湾矿矿井水处理站、红柳矿井水处理站一期、金凤煤矿矿井水处理站、双马矿井水处理站、清水营矿井水处理站、红石湾矿井水处理站。在建中的矿井水处理站有红柳矿和麦垛山矿合建矿井水处理站二期，灵新矿、金家渠、石沟驿、乌兰矿、焦煤公司也均在建设中。

第二节　矿井水处理技术及利用

宁东矿区由于矿井水量大、矿化度高，利用国家重点技术创新项目“矿井水资源净化循环利用成套技术装备”的攻关科研成果，采用絮凝、沉淀、脱盐、消毒相结合的工艺，相关技术框架如图 14-1 所示。矿井水由井下排水泵提升后进入地面的缓冲调节池，部分煤泥在缓冲调节池中得以沉淀，经水量水质调节后由提升泵提升进入高效澄清池，泵后先投加混凝剂，再投加絮凝剂，经混凝反应、沉淀、澄清后，出水进入无阀滤池，经过池中的瓷砂过滤器对水中杂质进行彻底过滤，过滤出水经二氧化氯复合消毒，再经过反渗透工艺脱盐后进入清水回用池，由回用车间供水泵输送供给矿区居民、电厂、生态建设、选煤厂用水等，多余的清水达标外排。预沉调节池的煤泥水输送至煤泥水池，高效澄清池的煤泥水由可控电动排泥阀重力排泥到污泥浓缩池，煤泥水池的煤泥水再由水泵提升去洗煤厂煤泥处理系统及原污泥浓缩池。

一、矿井水反渗透脱盐技术

神华宁煤集团针对宁东矿区矿井水属高矿化度苦咸水这一问题，采用先进的反渗透(RO)矿井水脱盐技术，目前已建成任家庄和石槽村(一期工程)两座矿井水反渗透脱盐处理站，处理规模分别为 140 m^3/h 和 120 m^3/h，处理后达到生活饮用水标准，回用率达到 70%，2008 年底投入运行至今，已并入生产、生活用水管网。目前，清水营、梅花井、石槽村(二期)、红石湾、红柳(含麦垛山)、金凤煤矿六座矿井水处理站正在与矿井同步建设中，“十二五”期间还将增加羊场湾、灵新矿、枣泉、双马、金家渠五座矿井水处理站，设计处理总规模将达到 8 000 m^3/h，总投资近 10 亿元，设计年节约水资源 4 000 万 m^3。

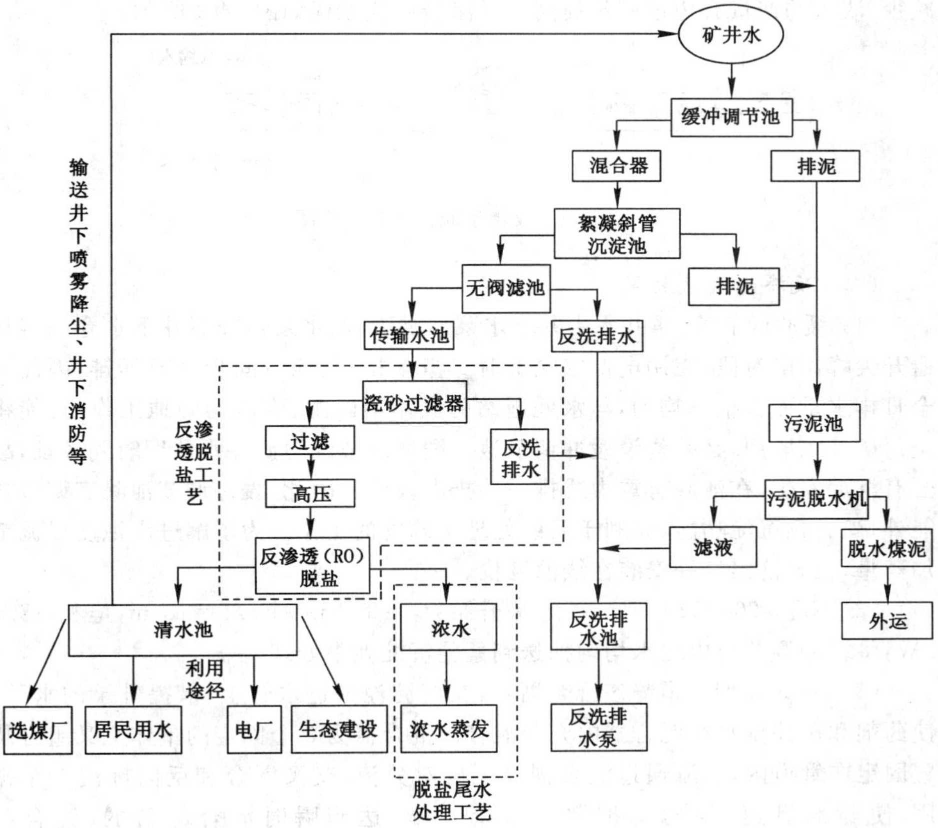

图 14-1　矿井水处理技术框架

（一）技术特点

反渗透(RO)技术可以去除水中所有杂质——各种离子、分子、有机物、胶体、细菌、病毒等，是当今世界公认的高效、低耗、无污染水处理技术，适用于含盐量大于 4 000 mg/L 的水的脱盐处理。反渗透脱盐法的特点：① 反渗透法脱盐率高，能耗低；② 属于清洁生产过程，不使用化学试剂，不排放再生液；③ 工艺流程简单，有利于实现水处理的连续化、自动化；④ 同时反渗透结构紧凑，占用面积小，适用于大规模连续进水的水处理系统。

反渗透技术有优越的价格性能比，在煤矿苦咸水淡化处理中能发挥更大的作用，无论出水水质、电耗、脱盐效率、占地面积、自动化程度都是其他工艺无法比拟的。目前宁东矿区所有矿井水的含盐量均较高，为了取得较好的处理效果，方便管理，降低处理费用，可将反渗透处理工艺作为高矿化度矿井水处理的主导工艺。同时，随着科学技术的发展和高回收率脱盐技术的应用，浓水排放量将会减少，淡水的产量有望进一步提高。反渗透脱盐流程如图 14-2 所示。

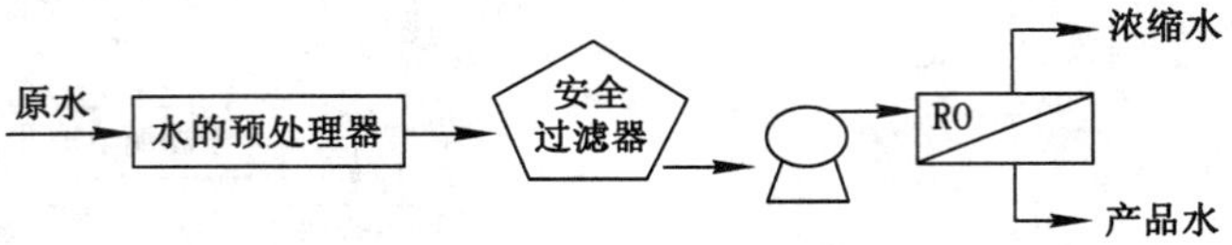

图 14-2　反渗透脱盐流程示意图

（二）反渗透脱盐装置

（1）缓冲调节池：矿井水由井下水泵房供给，其水泵是按照井下水仓的容积避开尖峰用电时段，在用电低谷收费时尽量多排，其他时间少排或不排，因此从全日排水量而言很不均匀，与水处理站的工作不匹配，为能均匀地工作，且能将全部矿井水取用，必须建设缓冲调节池。缓冲调节池内矿井水停留时间较长，故会有沉淀发生，在池底有重力式排泥斗排泥设计。因此，缓冲调节池除有调节功能外，尚有预沉淀功能，有利于后续处理构筑物的工作。为了解进水浊度以调节加药量，在水池出口处安装在线浊度仪。

（2）KQW200/220-18.5/4 型提升泵：$Q=322\ m^3/h$，$H=13\ m$，电机 18.5 kW，将缓冲调节池内之水均匀抽送到絮凝沉淀池中处理。

（3）GJ-300 型管道静态混合器：装在沉淀池的进水管上，借提升泵的水压，使药剂和矿井排水在混合器内充分混合。混合器为 3 个固定的单体交叉组合装置固定在管道内，水流通过混合器产生成对分流，交叉混合和反向旋流三个作用，使药剂迅速、均匀地扩散于整个水体，达到瞬时混合的目的，混合率达90%～95%。

（4）SJY-500 型投药装置：投加聚合氯化铝（PAC）。加药装置互为备用，便于调节加药量，加药量用转子流量计控制。

（5）絮凝斜管沉淀池：沉淀池 2 格 1 组，每格设计水量 160 m^3/h，全日最大处理能力7 680 m^3/d，可以满足最大排水量之需要。全日正常工作 19.5 h；反应采用穿孔旋流反应池，分成 6 格，每格平面尺寸为 1.6 m×1.6 m，总停留时间 20 min；斜管沉淀池也分成 2 格独立运行系统，每格平面尺寸为 5.3 m×6.5 m，内设聚丙烯蜂窝斜管。排泥斗排泥入污泥池，出水为三角堰非淹没出流，出水堰前设有 JYG300 型 DN300 集油管，可将表面上残留的油污排除。出水浑浊度小于 20 NTU。

（6）无阀滤池：滤池 4 格 2 组，水量 $Q=320\ m^3/h$，滤速 7.35 m/h。单层石英砂滤料，粒径 0.5～1.0 mm，厚 700 mm，下有卵石垫层厚 450 mm，小阻力平格栅配水系统。滤池设有反冲洗时停止进水的浮漂闸板自动控制设施。出水系统为特殊的从集水区底部取水，将初滤水单独作为清洗水，解决初滤水的污染和利用问题。无阀滤池的反洗排水进入反洗排水池，沉淀池出水直接流入滤池分配水箱。

(7) 转输水池：400 m^3方形钢筋混凝土池1座，存贮无阀滤池的出水供加压泵抽取进行深度脱盐处理。水池平面尺寸11.4 m×11.4 m。选矸车间补充水由转输水池中抽水后供给。

(8) KQW125/170-22/2型加压泵：$Q=133$ m^3/h，$H=38$ m，2 960 r/min，电机22 kW，抽取转输水池的水加压送入瓷砂过滤器。

(9) YL-3000型瓷砂过滤器：$D=3\ 000$ mm，4台，同时使用，内装ϕ0.5～2.0 mm粒径瓷砂滤料，厚1 000 mm，下部有ϕ50～4.0 mm的瓷球作垫层，厚450 mm，滤速9.44 m/h，由于瓷砂表面有很多微孔，具有优良的吸附能力，代替石英砂作为各种给水处理的过滤材料，特别适用于反渗透装置的直接过滤预处理工艺，出水浊度小于1 NTU。滤料的垫层参数组成由下至上，见表14-3。

表14-3　滤料的垫层参数

名称	直径/mm	厚度/mm
大瓷球	50～32	150
中瓷球	32～16	150
瓷球	16～8	100
小瓷球	8～4	50
粗瓷砂	4～2	50
瓷砂滤料	0.5～2	1 000

小阻力平格栅配水系统，进水设有挡水板，防止水流直冲滤层，反冲洗用水洗，水洗强度为8 L/(m^2·s)，即204 m^3/h，膨胀高度10%；反洗时间为5～10 min，期终允许水头损失5 m，反洗供水由反洗泵满足，瓷砂过滤器出水直接送入反渗透装置的5 μm过滤器。矿井水磁砂过滤设备如图14-3所示。

(10) RO-100型反渗透装置：5 μm保安过滤器：ML-800型，过水能力133 m^3/h；高压泵：CR120-7型，$Q=133$ m^3/h，$H=140$ m，电机75 kW，380 V；段间增压泵：CR64-2(E)型，$Q=63.9$ m^3/h，$H=44.3$ m，电机11 kW，380 V；膜元件：一段超低压节能型反渗透膜ESPA1型，二段ESPA1型，组合安装；压力容器：WAVE-300P-8-1R2R-H-5-WH型，材质为玻璃钢；电动慢开门：700G-4I型，DN150；电动排水门：702Z-4I型，DN80。

反渗透装置RO-100型单台产水量100 m^3/h，进水量133.3 m^3/h，浓水排放量33.3 m^3/h，回收率75%。采用膜元件为海德能公司生产的超低压节能型反渗透膜ESPA1型芳香聚酰胺复合膜，其渗透量大，压力小，脱盐率高，可以满

图 14-3　矿井水磁砂过滤设备

足灵新矿矿井水一次脱盐的要求。每套膜元件 105 支组合安装，每根压力容器内 5 个膜元件，每套设备 21 根压力容量，14-7 制排列，一级两段段间增压脱盐，系统脱盐率 93.57%。由于原水含盐量较高，硬度大，为防止在浓水端有 $CaCO_3$、$BaSO_4$、$SrSO_4$ 或 $CaSO_4$ 等沉淀，设计投加高效新型阻垢剂亚仕兰 3090，投药量 2.80 mg/L。RO-100 型反渗透装置如图 14-4 所示。

图 14-4　RO-100 型反渗透装置

反渗透装置运行 3～4 个月左右需将膜元件清洗一次，去除可能附着在膜面上的有机物、细菌以及一部分矿物盐类结晶，清洗剂视不同需要可采用 4%～10%的 EDTA 溶液、pH＝10 的 NaOH 溶液、pH＝2 的 HCl 溶液，以及用 $NaHSO_3$ 亚硫酸氢钠及非氧化性杀菌剂异噻唑啉酮的衍生物等，以消除污垢及生物黏泥。

(11) 消毒：采用以 Cl_2 和 ClO_2 为主的复合消毒剂发生器 ZH-300 型 2 台，产气量 300 g/h，电源柜 KZDF-300/12 型，300 A，12 V。消毒器正常 1 台工作，投

氯量按 1～2 mg/L 设计，在细菌高发期也可 2 台同时使用，维持脱盐水池内余氯量≥0.3 mg/L 即可。

(12) 脱盐水池：400 m^3方形钢筋砼水池 1 座，存贮反渗透的产品水输送到矿井已建的水池内供生产用水和非饮用生活水。为清洁和防腐需要，池内壁池底均贴瓷砖。

(13) 反洗水泵：KQW150/285-18.5/4 型，$Q=204\ m^3/h$，$H=21$ m，18.5 kW。抽取转输水池内之水，供瓷砂过滤器反冲洗用。

(14) 脱盐水泵：KQW150/315-30/4 型，2 台，1 用 1 备，$Q=200\ m^3/h$，$H=32$ m，电机 30 kW。将脱盐产品水池内之水加压输送到矿井水池内。

(15) KQW65/160-4/2 消毒液动力泵：为采取负压输送二氧化氯复合消毒液，2 台，$Q=25\ m^3/h$，$H=32$ m，电机 4 kW，可单台使用也可同时使用。

(16) 污泥池及反洗排水池：缓冲调节池和絮凝斜管沉淀池的排泥排入污泥池贮存。污泥池内设置 WQR15-20-2.2A 污泥泵 2 台，2.2 kW，1 用 1 备，污泥泵自身带液位控制系统。污泥泵将污泥池的污泥输送至污泥脱水间进行煤泥压滤处理。无阀滤池和瓷砂过滤器的反洗排水排至反洗排水池贮存。反洗排水池内设置 WQR65-15-5.5 反洗排水泵 2 台，5.5 kW，1 用 1 备，反洗排水泵自身带液位控制系统。反洗排水泵将反洗排水池的反洗水输送至缓冲调节池进行再处理。

(17) LDW-1000 型污泥脱水机 2 台，可交替使用，也可同时使用。污泥泵抽送的污泥投加聚丙烯酰胺(PAM)作絮凝剂，加药机 GTF1000 型 2 台，压滤液流入反洗排水池中，脱水后的泥饼外运。

(三) 脱盐尾水处理工艺

矿井水由于进行反渗透处理不可避免产生一定量的浓水，其浓度将远高于矿井水原水。如果将这部分矿井水外排，高浓度的浓水将对环境造成更大的危害。神华宁煤集团利用矿区独特的自然环境——低降水量高蒸发量，将矿井水蓄存后利用得天独厚的自然条件对浓水进行晾晒，从而达到减量化的目的而不污染环境。

脱盐工艺的尾水处理有多种，对于海水淡化的尾水处理就是直接排海；对于一些水量较少的尾水可以考虑钻孔深井回注；鉴于宁东矿区地理位置的独特性，各矿自身条件的不同，自身消化脱盐尾水的能力也不一样，经过各矿实地调查，各矿脱盐尾水的处理的方式如下。

1. 矸石山灭火用水

对有矸石山着火的矿井，脱盐后的浓水其含盐量很高，特别是其中的硫酸钙 $CaSO_4$ 的含量非常大，最适合于矸石山灭火，因水分蒸干后可形成一层 $CaSO_4$ 的石膏膜包裹在矸石的表面，使其隔绝空气，达到灭火的目的，同时浓水还可减少矸石山的粉尘飞扬。

2. 蒸发池处置

由于宁煤矿井处于西北干旱少雨地区，全年蒸发量几乎为降水量的 10 倍，蒸发强烈，日照充足，雨期时间短，因此，将浓水送入一定面积的蒸发池内，靠自然蒸发，使排入的浓水量与蒸发量相平衡。这样蒸发池不会漫溢，而起到调蓄功能，形成水体可为咸水湖，亦能作为景观水体。例如，枣泉矿、羊场湾矿均有可供利用的塌陷坑、“氧化塘”等设计将利用其作为蒸发池，处置浓水。

蒸发池的设计利用矿井周边的低洼地带，低洼地带经防渗处理后，用以蓄存矿井脱盐尾水，对于部分蒸发池还需建拦水坝，防止尾水的漫流。主要有两种方式：单独处理和集中处理。

(1) 单独处置

对于一些矿井涌水量较少，同时矿井周边有可用作蒸发池的低洼地时，尾水可就地处置，建设蒸发池对尾水进行蓄存，从而达到减量化。可能进行单独处理的矿井有红石湾煤矿和清水营煤矿。

① 红石湾矿蒸发池：浓水量 1 577 m^3/d，采用 DN200 管道长 2 km，送入面积18.7×10^4 m^2的蒸发池进行减量化处置。

② 清水营矿蒸发池：浓水量 4 500 m^3/d，初期设置蒸发池 2 座，北池面积 53 528 m^2，用 DN250 管道长 400 m，将浓水引入池中；西池面积 49 456 m^2，用 DN250 管道长 300 m，将浓水引入池中进行蒸发减量化处置。随着浓水量的增加，再续建面积较大的蒸发池。

(2) 集中处置

对于一些矿井由于周边均属于开采区，矿井涌水量又大，全部脱盐后脱盐尾水量大，自身很难消化，只能在井田外围选择洼地对周边井田脱盐尾水进行集中蓄存。这种做法一方面能减少管理的难度，同时可以对蒸发池周边进行绿化处理，能有效改善周边环境小气候，增加局部的空气湿度。

① 灵羊枣浓水处置系统：选择羊场湾矿西侧的圆疙瘩湖作为蒸发池，存蓄浓水量4 947 m^3/d，进行减量化处置，其中，灵新矿浓水量 1 600 m^3/d，建 DN200 管道长 11 km，用 45 kW 的浓水泵加压输送入池。羊场湾矿浓水量 1 427 m^3/d，建 DN200 管道长 2 km，用7.5 kW 的浓水泵加压输送入池。枣泉矿浓水量1 920 m^3/d，建 DN250 管道长 13 km，用55 kW的浓水泵加压输送入池。

② 鸳马浓水处置系统：选择双马矿西井附件的季节性湖泊——南湖作为蒸发池，可集中存贮梅花井矿、石槽村矿、红柳矿(麦垛山矿)、双马矿、金凤矿和金家渠矿等矿井水处理站的浓水，进行减量化处置，存贮浓水量 35 759 m^3/d，该系统分为以下几部分。

梅花井—石槽村—红柳—南湖系统：梅花井矿浓水量 1 246 m^3/d，建

DN200 管道长 12.5 km，用 11 kW 浓水泵加压输送至石槽村浓水转输泵站。

石槽村矿浓水量 5 670 m^3/d，汇合梅花井来水后水量为 6 916 m^3/d，建 DN300 管道长 13 km，用 55 kW 浓水泵 2 台加压输送至红柳浓水转输泵站。

红柳矿浓水量 11 757 m^3/d，汇合石槽村来水后，水量为 18 673 m^3/d，建 DN450 管道 14.6 km，用 160 kW 浓水泵 3 台加压输送至南湖。

双马东井—南湖系统：双马东井浓水量 4 588 m^3/d，建 DN300 管道长 5 km，重力自流输送浓水至南湖。

双马西井—南湖系统：双马西井浓水量 4 393 m^3/d，建 DN250 管道长 1 km，重力自流输送浓水至南湖。

金家渠—金凤—南湖系统：金家渠矿浓水量 4 011 m^3/d，建 DN250 管道长 7 km，重力自流输送浓水至金凤矿浓水转输泵站。

金凤矿浓水量 4 094 m^3/d，汇合金家渠矿来水后，浓水总量为 8 104 m^3/d，建 DN350 管道 19 km，用 110 kW 浓水泵 2 台，加压输送浓水入南湖。

(3) 浓水处置系统工程量

宁东矿区各矿井浓水蒸发池工程量、输送管道工程量、浓水输送泵站工程量分别见表 14-4～表 14-6。

表 14-4　　蒸发池工程量

序号	名称	面积/$\times10^4 m^2$	容积/$\times10^4 m^3$	备注
1	红石湾矿蒸发池	18.7		
2	清水营矿蒸发池北池	5.35		初期用
	清水营矿蒸发池西池	4.95		初期用
3	圆疙瘩湖蒸发池一期	33	132	
	圆疙瘩湖蒸发池二期	82.74	331	
4	南湖蒸发池一期	427	1 282	
	南湖蒸发池二期	198	1 188	
	南湖蒸发池三期	1 328	6 205	

表 14-5　　浓水输送管道工程量

序号	管线名称	管径/mm	管长/km	材质	备注
1	红石湾矿—蒸发池	DN200	2	钢骨架 HDPE	
2	清水营矿—蒸发池	DN250	0.7	钢骨架 HDPE	
3	灵新矿—圆疙瘩湖	DN200	11	钢骨架 HDPE	
4	羊场湾矿—圆疙瘩湖	DN200	2	钢骨架 HDPE	

续表 14-5

序号	管线名称	管径/mm	管长/km	材质	备注
5	枣泉矿—圆疙瘩湖	DN200	13	钢骨架 HDPE	
6	梅花井矿—石槽村浓水泵站	DN200	12.4	钢骨架 HDPE	
7	石槽村矿—红柳矿浓水泵站	DN300	13	钢骨架 HDPE	
8	红柳矿—南湖	DN450	14.6	钢骨架 HDPE	
9	双马东井—南湖	DN300	5	钢骨架 HDPE	
10	双马西井—南湖	DN250	1	钢骨架 HDPE	
11	金家渠矿—金凤浓水泵站	DN250	7	钢骨架 HDPE	
12	金凤矿—南湖	DN350	19	钢骨架 HDPE	

表 14-6　　浓水输送泵站工程量

序号	泵站名称	输水量/(m^3/d)	水泵功率/kW	数量/台	备注
1	红石湾矿浓水泵站	1 577	11	2	不锈钢泵 1 用 1 备
2	清水营矿浓水泵站	4 500	—	—	自流入蒸发池
3	灵新矿浓水泵站	1 600	45	2	不锈钢泵 1 用 1 备
4	羊场湾矿浓水泵站	1 427	7.5	2	不锈钢泵 1 用 1 备
5	枣泉矿浓水泵站	1 920	55	2	不锈钢泵 1 用 1 备
6	梅花井矿浓水泵站	1 246	11	2	不锈钢泵 1 用 1 备
7	石槽村矿浓水转输泵	6 916	55	3	不锈钢泵 2 用 1 备
8	红柳矿浓水转输泵站	18 673	160	4	不锈钢泵 3 用 1 备
9	双马东井浓水泵站	4 588	—	—	自流入南湖
10	双马西井浓水泵站	4 393	—	—	自流入南湖
11	金家渠矿浓水泵站	4 011	—	—	自流入金凤矿浓水转输泵
12	金凤矿浓水转输泵站	8 105	110	3	不锈钢泵 1 用 1 备
	合计装机容量		1 394	20	
	合计运行容量(实际值)		950.5	12	

3. 露天煤场洒水防尘

由于西部地区风沙大，露天煤场遇到风沙天气容易扬起沙土和煤尘，为了抑制沙土和煤尘的扬起，改善周边环境，常常需要对露天煤场进行喷水。

4. 洗煤厂生产补充水

洗煤厂由于选煤工艺对于水质要求各不相同。考虑到宁东矿区的选煤工艺一般为重介选煤，重介选煤对于水质要求较低，可以考虑将一部分矿井原水处理后，含盐量不是很高的脱盐尾水用于补充矿井洗煤厂用水中，作为水质要求不太高的生产补充水，但一般含盐量不超过 6 000～7 000 mg/L。

二、井水资源外输规划方案

（一）矿井水可供外输水量

目前整个神华宁煤集团宁东矿区矿井的开采每天排出的矿井水约为 69 792 m^3，待矿井全部达产，每天产生的矿井水量约为 179 614 m^3。大量的矿井水若弃之不用，既污染环境，又是一种极大的浪费。

随着国家环保政策越发严格，国家对于企业的环保要求也将越来越高。宁东矿区各矿矿井水处理站也在相继开工建设，矿井水处理后的水量又远大于矿井自身用水量。现在宁东矿区矿井水处理站处于两难，一方面矿井水不经处理直接外排，由于矿化度较高，将对周边环境造成污染；另一方面矿井的排水量较大，如对矿井水全部处理，处理成本较高，矿井自身又使用不完，造成浪费。矿井水是一种有用的资源，煤矿矿井水资源的综合利用大有可为，因此需要将可外输的矿井水进行调配，实现循环经济要求和较少污染物的排放。

宁东能源基地地处毛乌素沙漠的边缘，居住人口比较少，受自然环境限制，可耕作农田也相对较少，除了中心区外，周边居民主要以牧民为主。用水大户主要是基地区域内煤矿、煤化工及电力企业。经过深度处理后的矿井水除了满足矿井自身用水需求外，多余产品水需要外供其他用水企业。虽然集团内的煤化工企业是用水大户，但是煤化工基地位于整个宁东矿区的北部，将南部多余的矿井水输送至北部，距离较远（从金家渠矿井至煤化工基地直线距离超过 130 km），从输水成本上来看不经济，因此本规划富余矿井水外供方案的原则采用就近供给的原则。

经调查，宁东能源基地内已建成、正在建设和规划建设的电厂主要有 10 个。由于地处缺水干旱地区，大部分电厂发电机组由传统的水冷机组改为空冷机组以节约水资源，但是机组的用水量还是相对较高。同时按照环境影响评价要求，基地内新建电厂必须要以矿井疏干水（矿井排水）作为工业循环冷却水的主水源，因此将各煤矿的矿井水深度处理后供给各电厂将是一举两得。一方面处理利用矿井水，节约了宝贵的黄河水；另一方面在减少矿井水外排的同时，也极大地保护了西部脆弱的生态环境。由于需用水量远大于矿井可外供水量，因此矿井水只能就近选择用户供应，用作电厂的补充水源。

宁东矿区总计涌水量为 179 614 m^3/d，矿井水一级处理后回用水量为 14 480 m^3/d，经脱盐深度处理后产品水量为 117 405 m^3/d，各矿井自用产品水量为 64 920 m^3/d，可外供基地各用水户的产品水量为 56 420 m^3/d，浓水处置水量为 47 729 m^3/d，尚需有非自产清水补给个别矿井用水量为 3 935 m^3/d。

（二）分区集中外输供水方案

1. 方案的基本原则

（1）宁东矿区 15 座矿井，分布在横城、石沟驿、灵武、鸳鸯湖和马家滩五个矿区内，比较分散，特别是石沟驿矿区只 1 座矿井，且没有外输水量，故可维持现状，不考虑到外输水系统范围内。

横城矿区位于西北角，只有 2 座矿井（任家庄矿、红石湾矿），其中任家庄无外输水供应，而红石湾矿在达产后，涌水量增加，剩余产品水可就近供给水洞沟电厂，因此该系统相对独立。

灵武矿区是生产矿井，灵新矿、羊场湾矿、枣泉矿在一条南北线上，已形成独立的供水系统，磁窑堡煤矿由于服务年限短，且无外输水供应，可不予考虑，因此将灵新矿、羊场湾矿、枣泉矿作为一个小集中外输水供应系统比较合理。

鸳鸯湖矿区和马家滩矿区基本上在一条南北线上，除清水营矿和梅花井矿为投产矿井外，其余矿井均为基建井，且投产期基本上是由北向南逐步达产。目前，黄河水源管线已基本形成一个系统，故将鸳鸯湖矿区和马家滩矿区连成一条相对大集中的外输水供应系统比较合理。因此，从地理条件及供水现状情况确定采用分区集中供水方案。

（2）宁东各矿井在建井期均采用大泉水厂地下水或鸭子荡水库的黄河水，但矿井投产后矿井水处理站建成，矿井的生产生活水源宜优先取用经过处理后的矿井水，分质供水，剩余产品水外供。

（3）现有大泉水厂主要供应宁东镇中心区及宝塔石化工业园区的生产生活用水，以解决其供水紧张的局面，现有的矿井供水系统作为备用水源。

（4）白芨滩水源地供水量较小，维持现有供水系统不变，输到磁窑堡高位水池后供给原有用户。

（5）从古窑子泵站引入的黄河水供水系统，可作为矿区外输产品水的供水系统。各供水点均将多余的外输水送入该系统，与黄河水混合后供应给沿线的电厂用水。

2. 红石湾矿外供输水系统

外供水量为 4 732 m^3/d，新建 DN300 管线 8.5 km，将矿井水处理站多余的产品水输送到水洞沟电厂作为循环冷却补充水。

3. 灵羊枣外供输水系统

灵新矿外输水量为 822 m^3/d，羊场湾矿外输水量为 5 865 m^3/d，枣泉矿外输水量为 480 m^3/d，系统总计输水量为 7 168 m^3/d，供枣泉电厂作循环冷却补充水。

供水系统：主供水管道利用大泉水厂三泵站—四泵站 DN400 管道，将灵新矿产品水输送到枣泉电厂。另外，枣泉矿产品水利用羊场湾—枣泉矿的DN250的输水管，反向送水到羊场湾水处理站(即四泵站)，汇合羊场湾矿产品水后，利用二泵站—四泵站的DN400管道反向输水到枣泉电厂。

4. 鸳马外供输水系统

以现有的黄河水供水管线——古窑子泵站至金凤配水站DN800～DN600管道作为外输产品水的供水主干管，各矿井外输水均分别输送到主干管内，而后分送给各需要用水的电厂作为循环冷却补充水。

（三）矿井水外输主要系统构成

(1) 新建金家渠矿井水处理站，同时新建DN350管路约7 km，将金家渠深度处理后的多余产品水输送至金凤配水站中的清水池。

(2) 金凤矿配水站新建泵房，将金凤矿矿井水处理站多余产品水和金家渠来水输送至西马配水站。

(3) 新建双马(西井)矿井水处理站和新铺DN350管道13 km至西马配水站，收集双马西井及金凤配水站的来水送给马家滩电厂用水，多余水送入双马东井水处理站配水池。

(4) 双马(东井)多余产品水汇合西马配水站来水由已建管线并入已建成的红柳——金凤配水站管线，输送至红柳配水站。

(5) 红柳矿配水站新增输水泵，同时新增DN250管线3.5 km，将红柳配水站存水输送至宁东矸石电厂，多余水利用原有管道输送到石槽村配水站。

(6) 新建DN400管路6.5 km，将石槽村配水站存水输送给永利电厂，多余产品水利用原有管道输送到梅花井配水站。

(7) 新建DN350管道3.5 km，将梅花井配水站存水输送给鸳鸯湖电厂，多余部分送至古窑子泵站，而后供宝塔石化用水。

(8) 清水营矿外输产品水仍利用原有黄河水管线，送至煤化工基地用水。

（四）外输供水特点

宁煤宁东矿区外输供水的特点是多点分散制水后，供应相对集中的几个急需用水大户。由于又有纵贯南北的现有输水管线，因此特定了可利用已有的大直径供水管作为外供水的输水管。矿区另一个特点是各矿建成的年限不同，有先后之别，先北后南，有部分矿井因地质条件的复杂程度不同，有可能延缓开工日期。另外，各矿井投产后，矿井涌水量达到预期的水量时间也不一样，因此可变化的因素较多。作为用户需要稳定长期供水，以保证其正常生产。故作为供水的生产厂就需有互相调剂灵活调度的能力，否则供水不安全。分散供水受条件限制过多，供水可靠程度差，而分区集中供水正好补偿了分散制水的不足，因此外输供水推荐采用分区集中供水方案。

由于南部矿区矿井涌水量大，产品水外输水量也较多，而南部矿区对产品水的需求量较少，这样多余产品水的外输水主供水方向为由南向北供水；同时由于宁东矿区的主供水源是黄河水，主要由鸭子荡水厂由北向南供给各用水户。因此，矿井的产品水的外输一方面能减少黄河水资源的供给；另一方面，反向供水也有利于减少黄河水的动力消耗，优先满足黄河水管网末端用水户的用水需求，保证用水户的供水安全。

第三节　矿井水资源循环利用机制

一、建立矿区水务产业，实现水资源集成利用

水资源在宁东矿区作为一种宝贵的短缺资源，必须进行统一规划、统一调配、合理使用。应建立专门的水资源和水环境的水务公司，将取水、供水、排水及废水资源化回用等各个环节统一管理，实现水资源效益最大化。

二、全过程控制，实现水资源的层级循环利用

根据水质、水量和用水需求合理设计矿井水处理工艺，对矿井水、工业污水、生活污水、地表水、地下水层级利用，降低成本，提高效益；提高企业的生产技术水平、加大废水治理力度，有效控制废水排放总量和污染强度；建立矿区内部中水管道系统，实现矿井水在井下灌浆、井下消防、井下除尘以及井上道路洒水、洗煤补充水、电厂补充水等的综合利用系统，努力实现矿区废水零排放，水资源集成化后的资源流程如图 14-5 所示。

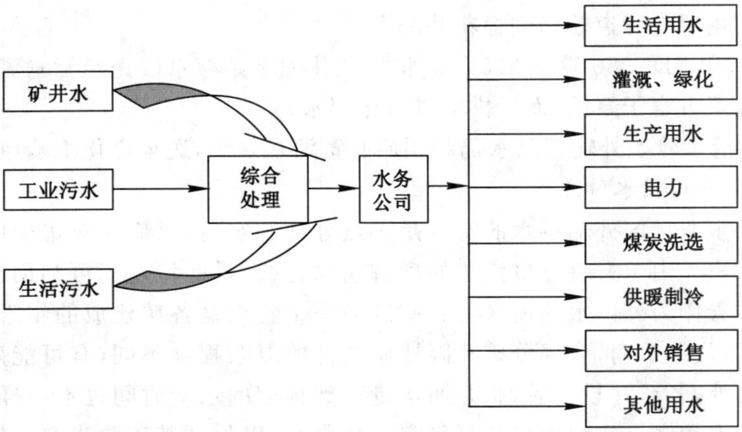

图 14-5　水资源集成化后的资源流程

三、做好水资源利用规划

在矿区水资源开发利用整体规划的基础上，为合理、有效利用水资源，下一

步要抓紧做好水资源开发专项规划，重点编制矿区供水规划、供水管网改扩建工程规划、排水管网建设规划，加快供水和污水处理工程建设步伐，提高供水能力和污水处理能力。提高企业的重复用水率，改进工艺、提高节水意识，在一定程度上缓解水资源短缺和发展的矛盾。

四、加强节约用水管理

(1) 加强对员工进行节水知识的宣传和教育，对企业的水管理人员和操作人员进行培训教育和考核使其了解和掌握专业知识，以提高人员素质。牢固树立正确的用水观念，把“节约用水、人人有责”融会到具体行动中去，在矿区形成节约用水、合理用水、防治水污染、保护水资源的良好氛围。

(2) 企业的水资源管理中心对各分厂实行水用量月度控制指标和考核标准(含水量、水质、水压和排污水等指标)以及相关的奖惩制度。

(3) 完善计量工作。各个分厂和各个部门及各个用水及排水环节全部安装符合规范要求的水表，以便于计量考核和分析，并定期检查和更换。确保计量准确，减少供水企业损失。实行分户装表，计量收费，把用水量与每个单位经济利益挂钩考核。

(4) 大力推广应用新型节水水龙头和卫生洁具，循环经济体系的进一步完善，对解决宁东矿区水源匮乏，将起到更好的效果。矿井水的循环综合利用，可促进矿区经济的进一步发展。

五、矿井水循环利用效益

1. 经济效益

宁东矿区矿井水处理量 179 614 m^3/d,65.56 Mm^3/a;矿井自用预处理后的水量 14 480 m^3/d,5.29 Mm^3/a;矿井自用脱盐产品水量 64 920 m^3/d,全年 23.7 Mm^3/a;外输脱盐产品水量 56 420 m^3/d,20.59 Mm^3/a;外排浓水至蒸发池水量 47 729 m^3/d,17.42 Mm^3/a。

这样大量的矿井水外排入地面水体，环保部门不允许，它将污染了环境且需缴纳排污费。现在将矿井水全部进行脱盐处理利用，无外排水，若按预处理后的水价 2.0 元/m^3，矿井自用脱盐产品水水价 5.30 元/m^3，外输脱盐产品水水价 7.70元/m^3计，一年即可创造29 473万元产值，经济效益十分可观。

2. 环境效益

(1) 每年减排废水量为 66.56 Mm^3/a，不再污染环境。

(2) 每年可减排 TDS 量(含盐量)582 178 t/a，减排 SS(悬浮物)22 946 t/a。

(3) 浓水蒸发池利用了圆疙瘩湖和南湖原有间歇湖的地面水体，增加蓄水面积 2 098×10^4 m^2，改善了沙漠荒原的环境，并能改善当地的环境气候。矿井净水氧化池，如图 14-6 所示。

图 14-6　矿井水净化氧化塘

另外宁东地区原来是由大泉水厂供水，且供水量不足，用水十分紧张，故又引入黄河水源送到了古窑子泵站，而后供给鸳鸯湖矿区和马家滩矿区各矿井的生产生活用水。矿井水处理利用工程建成后，各矿井均可以解决自用生产生活用水，不需外供水源。而大泉水厂可集中供给宁东镇等人饮需求，这样可极大地缓解大泉水厂供水紧张能力不足的局面；同时可节省宝贵的黄河淡水资源，因此社会效益也十分显著。

第十五章　煤矸石资源化利用技术

煤矸石简称矸石，是在成煤过程中与煤层伴生的一种含碳量低、比较坚硬的岩石，在煤炭生产过程中成为废弃物。它是由碳质页岩、碳质砂岩、砂岩、页岩、黏土等岩石组成的混合物。

全国每年矸石排放总量约 1.7 亿 t。全国现有矸石山 1 500 余座，累计存量约 34 亿 t，占地面积 13 000 多公顷。煤矸石是工业固体废弃物中排放和堆存量最大的一种，若不加以利用，长期堆放于地面，不仅占用大量土地、影响自然景观、破坏小区内的生活环境，而且还会造成大气、土壤、水体污染及地质灾害的发生，若对煤矸石加以充分的利用，则将变“废”为宝，化害为益。

宁东矿区结合本矿区实际情况，研究出一套适合宁东矿区特殊地质环境的矸石减排与矸石处理技术。通过采取从矸石产生的源头入手减少矸石的产生，矸石充填塌陷区、斜坡、凹地，硬化工业场地和发电，矸石山搬迁，在沟内或凹地规划专门排矸场，在煤化工基地建成专用灰渣厂等措施，有效地解决了煤矿出矸对环境破坏较严重这一难题。

宁东矿区采取矸石减排技术，不仅有效解决了矸石堆积自燃、压占土地等对环境的破坏，还为企业带来了良好的经济效益和社会效益。

第一节　煤矸石综合利用现状

神华宁煤集团宁东矿区 2014 年煤矸石产生总量为 814 万 t，综合利用煤矸石 544 万 t/a，综合利用率 67%。粉煤灰、炉渣部分用于建筑材料。

宁东矿区目前采取的矸石治理措施主要包括：一是从煤矸石产生的源头入手，在煤炭生产设计中合理布置巷道及采区，尽量减少煤矸石的产生。二是对排放到地面的矸石，主要用于充填塌陷区、斜坡、凹地，硬化工业场地和发电，已建成灵州矸石电厂和太西矸石电厂，正在建设宁东矸石电厂（移交国华电力运管）等。三是对长年堆积的矸石山，逐年搬迁治理。已投资 2 000 万元，对大武口洗煤厂 1 500 万 t 的矸石山进行整治、覆土绿化，将黑色的矸石山变成了绿色景观，移交政府管理；投资 1 959.5 万元，搬迁石嘴山矿区 4 座矸石山，总计 301 万 m^3，全部推平覆土。四是对新建矿区提前测算矸石排放量，在沟内或凹地规划专门排矸场，排入沟内或凹地的矸石采取阶梯平台式堆放，边排边覆土压实，待整个矸石场排满后进行绿化，恢复生态。五是在煤化工基地建成专用灰渣厂，对生产过程产生的固体废弃物进行集中处理。

第二节　宁东矿区煤矸石性质分析

经对宁东矿区各矿煤矸石进行试验，分析总结出宁东矿区煤矸石是有如下性质：

(1) 煤矸石的颗粒组成

从煤矸石的筛分试验结果可以得知矸石颗粒粒径偏大，见表15-1。

表15-1　筛分试验结果

筛孔尺寸/mm	31.5	26.5	19	9.5	4.75	2.36	1.18	0.6	0.075
通过百分率/%	98.71	89.20	62.53	20.02	8.57	6.51	5.79	5.35	0.27

(2) 压碎值试验

煤矸石的压碎值为33.8%，属于软质集料。压碎值试验结果，见表15-2。

表15-2　压碎值试验结果

序号	总质量/g	通过2.36 mm筛孔质量/g	压碎值	平均值
1	3 000	1 030	0.343	0.338
2	3 000	996	0.332	
3	3 000	1 017	0.339	

(3) 表观密度和吸水率

集料密度较大，吸水率较高，密度及吸水率实验结果，见表15-3。

表15-3　密度及吸水率实验结果

表观密度/(g/cm³)	自燃堆积密度/(g/cm³)	捣实堆积/(g/cm³)	集料吸水率/%
2.35	1.12	1.23	0.65

(4) 煤矸石的膨胀性及崩解性

岩土体的膨胀通常分为两种，一种是粒间膨胀；一种是内部膨胀。对于煤矸石来说发生粒间膨胀的可能性很小，而内部膨胀则是煤矸石膨胀性研究的关键所在。对具有遇水软化、发生崩解的泥岩和炭质页岩类煤矸石的膨胀性进行研究，通过对其自由膨胀率、无荷膨胀率、膨胀力试验，得到炭质页岩、泥岩煤矸石属于弱膨胀性的结论。对两种无裂隙煤矸石样，放入水中浸泡，计算崩解量。两种煤矸石在水中浸泡30天，崩解量达到30%以上，有较强崩解性。

（5）煤矸石压密性

压密固结程度对煤矸石工程性质的稳定性有直接影响，煤矸石的水稳性可通过充分压密得到改善。所以，煤矸石工程利用对压密程度要求相对较高。煤矸石的粒度分布直接影响着煤矸石的压密性，用不同粒度级配的煤矸石进行了压密和渗透试验，试验结果表明：影响煤矸石固结的主要级配缺陷不是粒度分布的均匀程度，而在于细小颗粒的含量，如果适当提高矸石中细小颗粒的含量比例，其固结性可以得到明显改善。

（6）煤矸石的水稳性

煤矸石属于一种碎石类土，其水稳性比一般的碎石类土相对较差。煤矸石的水稳性可以通过提高固结压密度得到明显改善。

（7）煤矸石的渗透性

煤矸石的渗透性与压密程度有关，充分的压密能大大减小煤矸石的渗透性。研究表明：在煤矸石中添加一定比例的细颗粒含量有助于煤矸石压密性的改善与渗透性的降低。

（8）煤矸石的剪切强度

对煤矸石进行室内模拟直剪试验，在相同的含水量条件下，煤矸石的内摩擦角随密实程度的增大而增大，而内聚力却基本不变。

(9)煤矸石的化学组成

煤矸石的含碳量一般在20%以下，化学成分以 SiO_2 及 Al_2O_3 为主，一般占总量60%～80%，其主要成分与普通黏土相似，以黏土矿物为主。

第三节　宁东矿区煤矸石减排和资源化利用技术

一、矸石减排技术框架

宁东矿区各矿结合本矿井实际情况，煤矸石减排和资源化利用应因地制宜，灵活多样，各矿井要各具特色，同时又需注重实效，与原煤生产、经济效益和采掘接续相结合，将短期工作与长远治理相结合。宁东矿区矸石减排及资源化利用主要技术框架，如图15-1所示。

煤矸石的减排应从源头做起，结合井下处理技术和地面利用技术，构建宁东矿区煤矸石减排和地面资源化利用体系，从根本上实现“地面矸石零堆放”的战略目标。

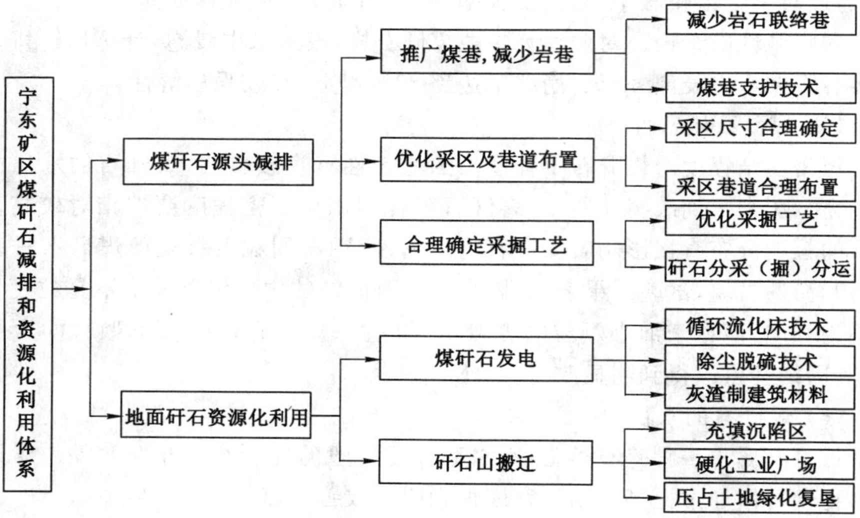

图 15-1 宁东矿区煤矸石减排和资源化利用技术框架

1. 煤矸石源头减排

从源头上即矿井开采设计时,即将矸石的减排纳入洁净开采工艺体系中,通过改革开采设计,优化巷道布置和开采工艺,减少岩巷,推广煤巷,从而减少煤矸石的产出量。

2. 地面矸石资源化利用

对于洗煤矸,由于所含发热量、矿物成分等因地而异,需依据资源化分析所得结果采用不同的资源化利用途径,如利用煤矸石制建筑材料、煤矸石发电、塌陷坑回填复垦等。

二、煤矸石源头减排技术

煤矸石的减排应从源头做起,从源头上减排即矿井开采设计时,将矸石的减排和井下处理纳入洁净开采工艺体系中,通过改革开采设计,优化巷道布置和开采工艺,减少岩巷,推广煤巷,从而减少煤矸石的产出量。

1. 全煤巷布置技术

根据宁东矿区煤层赋存地质条件,煤层开采时充分贯彻“少做岩巷,多做煤巷”的理念,以降低煤矸石产出量为原则,合理确定护巷煤柱,选择稳定可靠的巷道支护技术。

(1) 采用单一煤层布巷方式,取消层间联络巷和岩石集中巷。采用分层开拓方式,各自形成独立的生产系统,避免岩巷工程量较大的集中开拓方式。

(2) 建立水平煤仓取代传统的垂直煤仓和仓储系统。

(3) 采用可靠度较高的锚梁网喷与宽煤柱护巷或巷帮充填相结合的支护技术。

2. 优化及改造采区与巷道布置

(1) 合理确定采区尺寸。

(2) 推广沿空留巷技术。

3. 合理确定采掘工艺

(1) 优化采掘工艺参数。

(2) 合理确定采煤方法实施煤矸采(掘)分装分运。

煤矸石分装分运技术是解决洗煤厂洗选出矸较多的有效办法，宁东矿区实施矸石分装分运的矿井主要有枣泉矿、麦垛山矿等。麦垛山矿建立专用矸石斜井，实现了煤矸分运各行其道，使得升井矸石处理较为方便，升井矸石用于充填塌陷区、斜坡、凹地，硬化工业场地和电厂发电，使得矸石得以综合利用，变废为宝，该矿的环境得以改善，彻底实现了"地面矸石零堆放"的目标；枣泉矿 11201 大采高综采工作面，由于该工作面倾角度较大，工作面回采时飞煤飞矸、"三滑一倒"等现象十分突出，严重影响煤炭的正常采运和施工安全。为确保工作面顺利回采，枣泉矿采取在工作面挂全断面防护网、缩小架间距、配置特种作业安全帽、加大管理人员带班跟班力度、加强现场安全管控预控等措施，有效控制了飞煤、倒架现象的发生。同时，提前做好各类安全隐患的排查治理工作，确保工作面回采稳步推进。随着 12106 工作面的推进，相继进入 F_6、F_5、F_4、F_{26}、F_{27} 正断层，整个工作面出现煤炭开采速度瞬间下降、设备采割艰难、人员劳动强度增大、煤炭采运安全系数下降等实际困难。

为确保工作面顺利推进，枣泉矿统筹谋划，通过现场跟班采集数据，由生产班全面负责矸石的人工分选，单采一刀组织一次人员捡矸；由检修班负责矸石的装运工作，并对整个装运工作实施"四人协管制"，即由当班队长、技术员、班组长和安检人员互相监管、督察现场煤炭质量和安全生产，通过四人同时签订当班煤质"保证单"的形式，确保煤炭和矸石彻底"分家"；再由检修班组织装矸外运。枣泉矿在过断层期间，通过采取煤矸分装分运措施，不仅极大地降低了煤炭的含矸量，有效提高了煤炭质量，还使得矸石地面管理有序，使得升井矸石直接排入凹地，成功实现了"地面矸石零堆放"目标。

三、煤矸石发电

1. 宁东矿区矸石电厂

宁东矿区为消纳各矿井产生的大量煤矸石，实现资源综合利用，保护生态环境，采取经济环保的矸石发电技术。已建成的宁鲁煤电公司电厂装机规模为 2×150 MW 空冷发电机组和 2×440 t/h 循环流化床锅炉；宁东矸石电厂装机规模为 2×300 MW 发电机组和 2×1 177 t/h 循环流化床锅炉。正在建设的还有 2×660 MW 机组。电厂生产用水全部取用矿井疏干水；所用煤矸石主要由梅花井、石槽村、麦垛山、红柳等洗煤厂供应。

按照《煤矸石综合利用管理办法》，含煤矸石的燃料应用基低位发热量小于 12.55 MJ/kg 时作为煤矸石利用。发热量大于 7.5 MJ/kg 的煤矸石直接作循环流化床锅炉燃料，发热量低于 7.5 MJ/kg 的煤矸石掺加煤泥等用于煤矸石发电厂，其灰渣生产建材。对于矸石中含硫量较高的，应采用炉内石灰脱硫技术，减少污染排放。宁东矸石电厂如图 15-2 所示。

图 15-2　宁东矸石电厂

2. 炉渣综合利用

循环流化床锅炉炉渣是煤矸石与劣质煤在循环流化床锅炉内经过 350～1 000 ℃左右温度燃烧后排出的残渣，大部分是红褐色。灰白色不透明颗粒，并有少量未燃的碳粒.含有较多的可溶性二氧化硅和氧化铝，是活性较好的火山灰混合材料。

宁东矸石电厂循环流化床锅炉炉渣的易磨性好，而且其中活性物质主要有非晶质硅和氧化铝，这两种氧化物具有与 $Ca(OH)_2$ 作用的能力，生成一定强度的水化物，是优质的水泥混合材料。

四、矸石山搬迁充填复垦

宁东煤炭基地石嘴山矿区，是 20 世纪 50 年代末期就已开发的老矿区，经过几十年的开采，已造成矿区矸石堆积成山和大面积的采煤沉陷区，生态环境破坏严重，对当地居民的生产生活造成很大隐患。

针对老矿区矸石山和沉陷区的治理和新矿区煤矸石综合利用，神华宁煤集团开发出一套具有宁东矿区特色的煤矸石充填复垦沉陷区技术，不仅可以大量的利用矸石，而且可以再造农田，植树造林，重塑矿区生态环境。

煤矸石充填复垦技术可分为三种情况，即井下新排煤矸石充填复垦、原有煤矸石山充填复垦和洗选煤厂煤矸石充填复垦。

(1) 新排煤矸石复垦是指不再起堆煤矸石山，将矿井新生产的煤矸石直接排入塌陷坑，然后推平覆土造田，成为排矸复田系统。井下新排煤矸石复垦由于新排煤矸石尚未风化，颗粒比较大，当矿车运输时，即使沿途洒落，也不会对环境带来大的危害。

(2) 对老煤矸石山，逐年搬迁，石嘴山矿区已将 4 座矸石山成功搬迁，总计 301 万 m^3，全部推平覆土。搬迁运输的煤矸石充填到塌陷区或在沟内或凹地规划专门排矸场，排入沟内或凹地的矸石采取阶梯平台式堆放，边排边覆土压实，待整个矸石场排满后进行绿化，恢复生态。

(3) 对洗选煤厂煤矸石，直接充填到塌陷区，经过处理用于建筑或农林种植。大武口洗煤厂 1 500 万 t 的矸石山已经成功进行整治、覆土绿化，黑色的矸石山变成了绿色景观。

开采沉陷所引起的生态破坏如图 15-3 所示。

(a)

(b)

图 15-3　开采沉陷所引起的生态破坏

岩矸及自燃矸石暂时不能加工利用的，可以填塌陷区或埋填造地。充填造地只需保水措施，阻止水土流失。在造地的片区上先将熟化表土转移，然后垫铺岩矸或自燃矸石至一定厚度，碾压整平将熟化土覆盖，如此分片区逐年扩展，可造就大面平地和台阶地，同时结合土壤改良，再造优质农田或植树造林，将排矸征地露天堆放变为租地造地复垦，具有环保、经济与农林基本建设多重意义。煤矸石充填复垦技术流程，如图 15-4 所示。

采用煤矸石充填复垦塌陷区过程中，如煤矸石中存在对土壤有危害物质元素的，为防止可能因受地下水及下渗雨水的浸泡，而淋溶出有害物质。在采用煤矸石充填复垦时，应首先铺设防渗地膜，防止二次污染。宁东矿区矸石山搬迁充填复垦具体过程如图 15-5 所示。

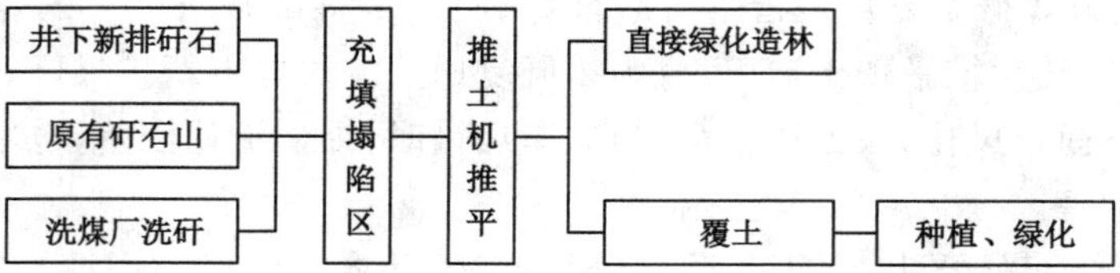

图 15-4　煤矸石充填复垦技术流程

图 15-5　矸石山搬迁复垦过程

(a) 矸石山搬迁外运；(b) 推平覆土；(c) 绿化改造

第十六章 煤层气(瓦斯)资源化开发利用技术

截至2014年底，宁东煤炭基地已探明煤层气(煤矿瓦斯，以下均简称为煤矿瓦斯)资源量54.9亿 m^3，可抽采瓦斯储量18.03亿 m^3，主要分布在银北矿区，2014年度矿井瓦斯等级鉴定中，有3对煤与瓦斯突出矿井，即金能煤业分公司、乌兰煤矿、石炭井焦煤分公司，有1对高瓦斯矿井，即汝箕沟无烟煤分公司白芨沟井(以下简称白芨沟井)。全面采用当前先进技术、装备，强化瓦斯抽采，实现矿井"抽、掘、采"的平衡，以技术装备与工程为基础，以瓦斯利用促抽放，以抽放促安全，全面提高矿井的防灾、抗灾能力。

通过采用低浓度瓦斯发电机组发电，将当前井口抽放的8%以上浓度的瓦斯，利用细水雾输送技术送至低浓度瓦斯发电机组进行发电，每方瓦斯发电2～3 kWh。该实施方案建设周期短，可实现就地发电，2014年集团累计抽采瓦斯1.1253亿 m^3，利用瓦斯6 009万 m^3，利用率为53.4%左右，实现煤炭企业的良性循环发展，保证了矿井的安全高效开采，并为企业产业链发展奠定坚实基础。

第一节 煤层气综合利用现状

神华宁煤集团从1994年开始进行瓦斯利用，主要用于发电、居民用气、锅炉用气、炭黑生产。煤矿瓦斯发电主要供给宁夏电网。白芨沟井抽采的瓦斯用于居民用气和制造炭黑产品，乌兰煤矿、金能煤业分公司、石炭井焦煤分公司抽采的全部瓦斯用于发电(上网)。神华宁煤集团各矿井2014年瓦斯抽放及利用情况见表16-1。

表16-1 神华宁煤集团各矿井2014年瓦斯抽放及利用情况

矿区名称	2014年			
	抽放量/$\times 10^4$ m^3	抽放浓度/%	利用量/$\times 10^4$ m^3	利用率/%
集团公司	11 253.17		6 009.32	53.4
乌兰煤矿	4 525.54	0.9～42	2 665.21	58.9
白芨沟井	3 092.88	1.8～31	2 108.11	68.16
金能分公司	2 327.5	21	1 236	53.1
石炭井焦煤公司	1 307.25	10.2	0	0

一、白芨沟瓦斯利用情况

白芨沟矿 1987 年建立瓦斯抽采系统，1994 年开始利用瓦斯，主要供本矿 2 050户居民使用、取暖和制造炭黑产品(年产 5 000 t)。1994～2014 年，已累计利用瓦斯量 5.7 亿 m^3，其中：2014 年利用瓦斯量 2 108.1×10^4 m^3。

二、金能煤业分公司、石炭井焦煤分公司、乌兰煤矿瓦斯发电利用情况

金能煤业分公司 2007 年底建成 4 000 kW 低浓度(瓦斯浓度 8%以上)瓦斯电站并投入运行，2014 年瓦斯发电利用量 1 236×10^4 m^3，发电量 2 483×10^4 kW·h。乌兰煤矿 2010 年 9 月底建成一期 48 000 kW 低浓度(瓦斯浓度 8%以上)瓦斯电站并投入运行，二期 4 200 kW 于 2013 年 12 月建成，2014 年瓦斯发电利用量 2 665×10^4 m^3，发电量 5 839.2×10^4kW·h。石炭井焦煤分公司 4 800 kW 低浓度(瓦斯浓度 8%以上)瓦斯电站于 2015 年 1 月并网发电，集团公司瓦斯发电规模达 21 000 kW。

第二节　瓦斯抽采优化

一、优化通风系统

集团公司高瓦斯、突出矿井均为开采几十年的老矿井，生产系统复杂，各系统能力偏小，装备落后，通风线路长、通风设施多、阻力大、通风系统非常复杂，灾害严重。为提高矿井抗灾能力，简化系统。2006 年以来，对银北高瓦斯矿井全面实施了“一优三减两提高”改造工程，(“一优”指对各高瓦斯矿井系统进行优化；“三减”指减头、减面、减人；“两提高”指提高矿井抗灾能力和瓦斯抽采利用水平)，改造后各矿井通风系统由复杂变为简单，由困难变为容易，矿井防灾、抗灾能力显著提升，四对矿井共减少生产人员 5 000 多人，封闭各类巷道约63 000 m，大幅度减少采掘工作面数量及原煤产量，简化生产系统，实现白芨沟井“一井一面”，乌兰煤矿、石炭井焦煤分公司、金能煤业分公司“一井二面”的生产格局。

二、引进适合瓦斯抽采矿井的抽采新工艺和新途径

集团公司在常规瓦斯抽采的基础上，不断探索和引进适合瓦斯抽采矿井的抽采新工艺和新途径，极大丰富了矿井瓦斯抽采治理技术体系，瓦斯抽采指标符合《煤矿瓦斯抽采基本指标》(AQ 1026—2006)，见表 16-2。

“十二五”以来，矿井抽、掘、采基本平衡，确保采掘生产活动始终在抽采达标的区域内进行，杜绝了“一通三防”人身伤亡事故，消除了突出事故及重大瓦斯事故。

表 16-2　　　　目前各瓦斯抽采矿井瓦斯抽采指标完成情况

项目矿井	矿井抽采率/%	规定抽采率/%	是否达标	采煤工作面抽采情况							备注
				工作面名称	可解析瓦斯量/(m^3/t)	规定可解析量/(m^3/t)	是否达标	抽采率/%	规定抽采率/%	是否达标	
白芨沟井	72.23	≥45	是	0102^{1}025 工作面	3.08	≤7	是	82.55	≥50	是	
乌兰矿	60.39	≥45	是	Ⅱ020802 工作面	3.7	≤7	是	79.83	≥40	是	
				Ⅱ030702 工作面	4.2	≤7	是	86.9	≥40	是	
金能煤业分公司	50.5	≥40	是	Ⅲ010204 工作面	4.47	≤7	是	38.4	≥20	是	
				Ⅲ010301 工作面	3.2	≤7	是	30	≥20	是	
石炭井焦煤分公司	56.6	≥40	是	Ⅲ011002 工作面	3.9	≤7	是	47.1	相对量小于10,不考核	是	

三、提高装备水平,整体提升矿井瓦斯抽采能力

按照“大流量、多抽泵,大管径、多回路”的原则,2006 年以来先后对瓦斯含量高的白芨沟井、乌兰煤矿、金能煤业分公司、石炭井焦煤分公司进行矿井瓦斯抽采系统扩能改造,使集团公司瓦斯抽采能力由原来的 637 m^3/min 提高到 4 242 m^3/min,瓦斯抽采能力大幅度提高,彻底解决了矿井瓦斯抽采能力不足的问题,实现高、低压分开抽采的分源瓦斯治理模式。

四、不断完善常规瓦斯抽采工艺,提高瓦斯抽采效果

乌兰矿采用麻花钻杆配合常规钻机,施工 ϕ98～115 mm 大孔径卸压排放孔及瓦斯抽采孔。各矿根据采面参数和地质条件,增加布置中间巷,合理布置瓦斯抽采钻孔参数施工顺层钻孔,同时布置瓦斯治理巷对抽采煤层大范围施工穿层钻孔实现超前预抽。给每个抽采矿井配备 3～4 台 6000S 大功率钻机,施工长距离(300～400 m)、大孔径(113 mm)抽采钻孔。

五、引进先进的瓦斯抽采工艺及装备

集团公司积极推广新设备、新技术和新工艺的应用。于 2006 年购置了澳大利亚生产的 VLD-1000 型钻机,在金能公司施工井下定向钻孔,2007 在白芨沟井引进了澳大利亚先进的长距离井下定向钻孔施工工艺技术,2008 年购置西安煤炭研究院研制生产的 ZDY6000LD 钻机,在汝箕沟无烟煤分公司和金能煤业分公司施工井下定向钻孔。井下定向钻孔可实现工作面超前本煤层瓦斯预抽,增大瓦斯抽采量,从源头上治理瓦斯,延长预抽期,提高抽采效率。为煤矿安全高效生产提供强有力的保障。

六、坚持应抽尽抽、可保尽保防治煤与瓦斯突出

神宁公司现有3对煤与瓦斯突出矿井:各矿都成立专门防突机构,开展防突日常业务管理。各矿井区域性、局部防突都开展“四位一体”综合防突措施,坚持区域综合防突措施先行,局部综合防突措施补充的原则。乌兰煤矿主要采取保护层开采区域综合防突措施,开采下组煤7[#]、8[#]煤层作为保护层来解放上组煤2[#]、3[#]煤层的“二保二”的开采模式;金能煤业分公司采用穿层钻孔预抽3[#]突出煤层瓦斯和开采上保护层区域综合防突措施;石炭井焦煤分公司采用穿层钻孔预抽4[#]、5[#]号突出煤层瓦斯和开采上保护层区域综合防突措施。各突出矿井都采取防突措施消除煤层的突出危险性后再进行采掘施工,坚决做到“不掘突出头,不采突出面”。

七、监控有效

神宁公司所有生产矿井都按照《煤矿安全监控系统及检测仪器使用管理规范》(AQ 1029—2007)和《煤矿安全监控系统通用技术要求》(AQ 6201—2006)的要求,完成矿井安全监控系统安装和升级改造,监测系统都取得国家安全标志证书,各功能符合国家规范要求,功能齐全,运行稳定可靠,传感器种类齐全,并对所有高瓦斯、突出矿井的瓦斯传感器全部更换为红外线传感器。

八、管理到位

神华宁夏煤业集团公司由总经理、总工程师和各分管领导组成瓦斯治理领导小组,生产技术部负责瓦斯治理技术管理,安全监察局负责现场监察及日常检查。瓦斯抽采矿井设立通风副工程师、设立通风科(部),下设通风队(区)、瓦斯抽放队,配备了经验丰富的管理干部和工程技术人员,形成比较完备的瓦斯治理管理体系。

第三节　瓦斯资源化开发利用技术

神华宁煤集团瓦斯抽采利用主要集中在白芨沟井、金能煤业分公司、乌兰煤矿、石炭井焦煤分公司,针对部分矿井瓦斯涌出量较高的特点,为从根本上治理和消除对安全生产的威胁,矿井瓦斯治理坚持“超前预抽,抽采达标、综合治理”原则,矿井瓦斯抽放除采取本煤层及邻近煤层穿层钻孔预抽或本煤层顺层钻孔边采边抽、边掘边抽及采空区抽放等传统井下钻孔抽放工艺外,在乌兰矿实施地面钻井抽采高突煤层群保护层开采卸压瓦斯技术及白芨沟井、金能分公司实施井下长距离水平定向钻孔高效瓦斯抽采技术。“十一五”期间累计抽采瓦斯6.81亿 m^3,利用瓦斯4.02亿 m^3;瓦斯利用方式主要为民用、制造炭黑和发电。矿井瓦斯抽采技术主要有以下几种。

一、实现超前预抽、抽采达标、综合治理

贯彻“超前预抽、抽采达标、综合治理”的方针，坚持岩巷先行，施工穿层钻孔对所有预抽煤层超前实施抽采的区域措施，条件具备的煤层施工长距离定向钻孔抽采，预抽期达到3～8年，严格执行瓦斯抽采“三同时”，彻底消除边掘边抽的煤层条带抽采措施，实现抽采达标再布置采掘活动。

具备条件的煤层全部坚持实施保护层开采，回采工作面采取顺层钻孔、穿层钻孔预抽，采空区、上隅角埋管抽采，顶板高位钻孔抽采，地面、井下卸压钻孔抽采等多种方法，实现工作面瓦斯综合治理，消除回采过程中的瓦斯超限。

二、地面钻井抽采高突煤层群保护层开采卸压瓦斯技术

乌兰煤矿高瓦斯突出煤层群远程卸压开采及瓦斯治理关键技术是把乌兰煤矿7#、8#煤层作为保护层，2#、3#煤层作为被保护层，先采7#、8#煤层对2#、3#煤层解放释放瓦斯和地应力消突，再开采2#、3#煤层。在5757、5857工作面实施保护层开采试验，瓦斯抽采效果显著，2#、3#煤层的残余瓦斯含量，分别为3.63 m^3/t和3.14 m^3/t，抽采率分别为65.8%和66.3%，3#煤层卸压区域透气性系数由0.1 $m^3/(MPa^2 \cdot d)$以下增加到20.4 $m^3/(MPa^2 \cdot d)$，被保护的5347综放工作面回采时瓦斯涌出量在10 m^3/min左右，无瓦斯超限现象。

三、实施井下长距离水平定向钻孔高效瓦斯抽采技术

针对白芨沟井抽掘采关系严重失调，影响矿井正常生产接续的问题，引进澳大利亚先进的长距离水平定向钻孔高效瓦斯抽采技术，对白芨沟井煤层进行高强度瓦斯抽采。自2007年5月施工至2008年5月底，共施工钻孔91个，完成总工程量52 854 m，截至2014年底，共抽采瓦斯8 750.68万m^3，井下钻进月最高进度在5 000 m以上；日最大进度：岩孔150 m，煤孔500 m，单孔施工最长达1 023 m。单孔流量最高达11.4 m^3/min，最高抽放浓度98%，平均浓度在85%。2008年8月，对2521工作面煤层瓦斯含量进行测试，瓦斯含量由12.34 m^3/t降到5.12～6.83 m^3/t，工作面日产量达4 000 t/日，在短时间内有效缓解矿井抽采接续紧张的局面，瓦斯抽采效果显著。

四、高压水射流增透防突技术

乌兰煤矿八层煤和金能公司三层煤属于松软、低透性煤层，由于其煤质软、煤层透气性差、瓦斯压力及含量大，施工钻孔时，塌孔、埋钻、抱钻现象严重，钻孔可钻性和成孔性差，常规钻孔治理效果有限，不能满足安全生产需要。为解决上述问题，2010年，神华宁煤能源工程公司联合西安美尼矿山设备科技有限公司开展了“高压水射流增透防突技术在神华宁煤集团乌兰矿和金能公司高突矿井的应用及研究”，成功实现了高压水射流增透防突技术工艺。集团公司积极探索适合松软、低透性煤层瓦斯治理新技术，如顶底板长距离瓦斯定向抽放孔、底板

穿层钻孔密集网格式预抽、筛管护孔技术等。

五 实施“两堵一注”封孔新工艺、提高瓦斯封孔效果

为了彻底改善瓦斯抽采钻孔的封孔效果，进而实现高负压、高浓度瓦斯抽采，推广实施“两堵一注”机械封孔新工艺，采用JD-WFN-1型封孔囊袋与JD-WFK-2型封孔剂配合，利用注浆泵注浆压力使JD-WFN-1型封孔囊袋两端囊袋鼓起，封闭钻孔，再持续带压自行向中间密封腔注浆，注浆压力不低于1 MPa，充实并压入孔壁裂隙内，实现有效快速密实封孔。封孔剂微膨胀，凝固后不收缩，使钻孔封孔段得到可靠的固化、稳定周围煤体不再产生新的漏气通道(裂隙)，瓦斯抽采钻孔孔口负压提高15%，瓦斯浓度提高20%，并且消除了瓦斯抽采钻孔周边渗水、阴水和长流水现象，有效提高了煤层瓦斯抽采效果。

神宁集团2014年瓦斯发电利用情况见表16-3。

表16-3　　2014年瓦斯发电利用情况

单位	装机容量/kW	数量/台	单机容量/kW	类型	发电利用瓦斯量/$\times 10^4$ m^3	发电量/$\times 10^4$ kW·h
集团公司	21 000	34			3 901.21	8 322.2
金能公司	4 000	8	500	低浓度机组	1 236	2 483
乌兰煤矿	12 200	16	500	低浓度机组	2 665.21	5 839.2
		6	700	低浓度机组		
焦煤公司	4 800	4	1 200	低浓度机组		

结　论

针对宁东复杂埋藏条件特大型整装煤田地层富含水，地质构造多，煤层易自燃且倾角、厚度变化大的特点，通过统筹规划，合理布局，在自主研发、集成创新的基础上，开发出复杂条件千万吨级矿井安全开采技术和复杂特殊地层大断面井筒快速施工技术，形成了宁东煤炭基地亿吨级生产规模，成为建设速度最快、综合效益最好的亿吨级煤炭基地之一，主要成果如下。

一、创新了宁东煤炭基地复杂软弱富含水地层高效建井技术，为千万吨级矿井群高效建设提供了关键支撑

（1）揭示了井筒疏降水非线性井流机理及软岩地层控制冻结的温度场发展规律，开发出宁东煤炭基地复杂软弱富含水地层凿井技术体系。将导向钻进、靶域钻进等技术引入大直径降水井和疏导孔施工中，降水井深度达到 650 m，疏导孔终孔直径达到 450 mm 以上，实现了 600 m 井筒疏降水施工，创国内外之最；自主创新基于保护上部既有井筒的非全井控制冻结凿井技术，通过热盐水循环控制冻土边界、花管释放冻胀压力、控制冻结挖土等技术，形成软岩地层中非全井控制冻结法的设计与信息化施工技术。

（2）自主研发大断面软岩井巷柔模注混凝土快速支护技术，首次将纤维柔性材料组成的结构模板应用于地下工程支护，首次实现了“柔性模板＋柔性模板内浇筑混凝土＋金属网＋外层喷射混凝土”的锚碹联合支护结构，开发出配套的快速施工工艺，并在大断面黏土软岩斜井条件下取得了日进 6.0 m、月进 165 m 的成绩，与原采用砌碹支护相比，施工速度提高一倍以上。

二、创新了宁东煤炭基地大断面三软煤巷围岩控制技术，为宁东矿区安全高效开采提供保障

（1）应用了复杂地质条件“锚—梁—网—索”综合支护措施，形成了特厚易燃煤层大断面巷道支护控制与快速施工安全保障支撑技术体系，利用“声—光—电”超前探测预报技术，解决了大断面巷硐稳定性控制及快速施工难题，单头月进尺达 980 m，创造了国内同类机型施工新纪录。

（2）创新复杂环境巷道锚杆可缩性条带碹支护技术，条带碹部分采用柔模泵注混凝土结构，无条带碹部分用锚杆支护，并采用壁后充填泡沫混凝土的方式实现可缩性设计。结合锚杆支护与砌碹支护特点的支护结构，锚碹联合支护体的轴力和弯矩可降低30%～80%，增加了碹体的稳定性，提高了支护结构的可靠性。

(3) 采用了“三软”煤层锚网支护综采面沿空掘巷技术，通过6 m及10 m小煤柱沿空掘巷与围岩注浆加固，有效控制了巷道的两帮移近量和顶板下沉量，保证了工作面回采期间巷道的稳定性。

三、创新了宁东亿吨级煤炭基地核心开采工艺技术及安全保障技术，为亿吨级煤炭基地的开发提供了重要保障，为复杂条件千万吨级矿井安全生产提供了重要支撑

(1) 首创大倾角(煤层倾角10°～30°，走向起伏8°～30°)复杂特厚煤层6.2 m大采高千万吨级工作面开采工艺及其国产化装备的配套技术，首次实现了大倾角复杂煤层4.5～6.2 m大采高工作面成套装备的国产系列化，首次开发出以工作面围岩控制、快速安装与回撤、快速过地质构造为核心的大倾角大采高复杂煤层千万吨级工作面系列化开采技术，实现了宁东煤田6.2 m以下煤层的安全高效开采。

(2) 开创了高韧性特厚煤层综放开采新工艺，首次揭示了韧性指数9～11难冒厚顶煤采动变形机理，集成创新了“工艺巷顺层深、浅孔联合爆破+顺槽扇形孔爆破”多方位分区域可控顶煤弱化技术，实现了宁东煤田6 m以上高韧性特厚煤层的高效高回收率安全开采。

(3) 首次提出了适应于无轨胶轮车高效辅运的折返式缓坡斜井开拓方案并在煤矿井下进行了规模化应用，构建了高效高可靠辅助运输系统，实现了重型设备从地面直达井下工作面7 000 m以上的长距离一站式快速便捷运输。

(4) 明确了易煤层自然发火过程中CO气体的涌出特点及赋存规律，揭示了液氮“膨胀驱氧+蒸汽雾化+重气沉降”特有的防灭火特性，突破了液氮直接灌注的技术瓶颈，提出了“地面直注式+井下巷道直注式+井下可控温式”立体化液氮防灭火工艺技术体系，结合宁东煤化工基地液氮副产品资源丰富的条件，在国内外首次实现了液氮防灭火技术的规模化应用。

(5) 首次揭示了软弱富含水地层工作面顶板离层水突水机理，基于先进的千米定向钻进探放水技术，形成了以“探放为主，疏排为辅”的综合防治水技术，实现了矿井的安全回采。

(6) 采用长距离大孔径定向钻孔施工技术、地面至煤层钻井抽采瓦斯技术，提出防止定向钻进钻孔偏移的技术措施，提高了钻进速度、钻孔孔径及瓦斯抽采量，实现了瓦斯抽采和消突工作的安全高效。

四、创新了千万吨级矿井群生态建设技术，“低投入、低消耗、高效率、可循环、少排放”的生态建设方式缓解了日益加大的资源约束和生态环境压力

(1) 采用矿井水循环利用技术，将矿井排放的废弃水经过矿井水处理站净化，重新再利用，水资源总利用量为 $900\times10^4\ m^3$，占总量的 34.62%，大幅度提高了矿井水综合利用率，缓解了矿区水资源缺乏的形势。

(2) 应用煤矸石资源化利用技术，通过用矸石充填塌陷区、建设专用灰渣厂及煤矸石发电等措施，矸石利用率可达到 68%，解决了矸石堆积自燃、占用土地等问题。

(3) 应用煤层气(瓦斯)资源化开发利用技术，将井口抽放 6%的低浓度瓦斯与保护层开采区域的 50%～90%的高浓度瓦斯配气处理，利用低浓度燃气机组进行发电，减少了企业用电成本，增加了企业竞争力。

参考文献

[1] 刘传贵.梅河五井斜井混凝土帷幕法施工[J].建井技术,1981(1):23-26,42.

[2] 崔民华.义安斜井用降低水位法通过含流砂的冲积层[J].建井技术,1982(3):28-31.

[3] 周晓敏.斜井井筒的冻结法施工[J].建井技术,1989(3):20-23.

[4] 春来.表土降水法成功[J].建井技术,1990(6):13.

[5] 艾绍义.古山立井井外疏干法施工[J].建井技术,1993,14(1):30-32.

[6] 张召千,邓光辉,苗勤书.降低水位法在特大含水表土层中的应用[J].建井技术,1997,18(3):9-11.

[7] 杨春来.上排下疏立井凿井新工艺[J].建井技术,1999,20(3):6-10.

[8] 魏军贤,梁国栋.立井过流砂层施工技术[J].建井技术,2005,26(3):26-28.

[9] 谷松山,孙清华.东峰煤矿良户立风井井筒过流砂层施工[J].建井技术,2009,30(2):10-11.

[10] 吕志江,王丛发.高寒地区特殊地层条件下的斜井井筒施工[J].建井技术,2009,30(4):11-13.

[11] 李俊华,孙国祥.特殊井壁段壁后动水帷幕注浆堵水技术[J].建井技术,2009,30(5):23-24,22.

[12] 李龙辉,方晓瑜.降低水位法在富水表土段立井井筒施工中的应用[J].建井技术,2009,30(6):12-13,19.

[13] 吴新选,党宏星.帷幕导水法治理立井淋水技术[J].煤炭工程,2007,39(9):66-67.

[14] 朱敏荣.浙江南皋桥煤矿一号井用淹水沉井施工[J].煤炭科学技术,1979(3):16.

[15] 庄玉伦.斜井沉井法的设计与施工[J].煤炭科学技术,1997,25(3):34-37.

[16] 徐辉东,杨仁树,郭保国,等.龙固矿副井特厚表土层冻结段外壁施工技术[J].煤炭科学技术,2005,33(9):20-22.

[17] 李国富,贾安立,单智勇,等.极软岩巷道锚注支护技术的研究与应用[J].岩石力学与工程学报,2002,21(A2):2574-2578.

[18] 余伟健,高谦,宋建国.复合性软岩巷道联合支护优化设计[J].采矿与安全

工程学报,2007(2):235-238.

[19] 魏树群,张吉雄,张文海,等.高应力硐室群锚注联合支护技术[J].采矿与安全工程学报,2008,26(3):281-285.

[20] 张炜,张东升,王旭锋,等.大断面回采巷道锚梁网索联合支护效果分析[J].煤炭工程,2008,40(7):64-66.

[21] 史学东.复合顶板条件下联合支护技术在东荣三矿的应用[J].煤炭技术,2006,25(3):72-73.

[22] 刘明,于洪伟.兴安矿井巷修工作中联合支护成功经验[J].煤炭技术,2006,25(4):72-73.

[23] 刘明,张林财.锚索锚杆挂网喷碹联合支护在煤巷中的应用[J].煤炭技术,2006,25(5):76-77.

[24] 黄成华,刘瑜.锚网梁索联合支护在窄煤柱沿空送巷中的应用[J].煤炭技术,2006,25(10):73-75.

[25] 杨国承.富力煤矿联合支护实践[J].煤炭技术,2007,26(3):78-79.

[26] 卢凤江.锚网索联合支护在应力集中区巷道中的应用[J].煤炭技术,2007,26(8):80-81.

[27] 罗天相,刘志平.联合支护在掘进巷道穿煤层和松、软岩层中的应用[J].煤炭技术,2008,27(6):78-79.

[28] 张宏发,赵祥,朱明.锚网梁索联合支护技术在邢东煤矿深井煤巷的应用研究[J].煤炭技术,2008,27(11):47-50.

[29] 周永忠,丁光彬.高地压大型软岩硐室施工关键技术[J].建井技术,2011,32(6):18-20.

[30] 崔立志,卢士超,卢江.锚喷、锚索、壁后注浆联合支护在松软岩层大断面硐室的应用[J].煤炭工程,2005,37(10):28-29.

[31] 张连福.新型锚喷支护技术及其在桃园矿区的应用[J].岩石力学与工程学报,2006,25(11):2208-2212.

[32] 高升峰,张永平,胡万杰.锚网喷支护在软煤底板层大断面综掘中的应用[J].煤炭技术,2006,25(7):67-68.

[33]吴克绍,王者尧.屯兰煤矿+750 m水平西大巷的安全施工方法[J].煤矿安全,1999,30(6):2-4.

[34] 高中勤,杜雯倩,谷利召,等.钢筋混凝土桩—梁框架在基坑支护中的应用[J].煤炭工程,2002(12):37-38.

[35] 庞成.提高井下巷道混凝土发碹效率的探索及应用[J].煤炭技术,2011,30(7):102-103.

[36] 朱阳,隋旺华,曾宪明,等.地下空间注浆加固围岩抗爆效应模型试验[J].

中国矿业大学学报,2007,36(3):360-364.
[37] 杨志强,高谦,王正辉.预应力锚索支护参数优化研究及在金川二矿区的应用[J].岩土力学,2008(5):1361-1366.
[38] 黄盛初,胡予红.国外大煤炭公司经营战略及开采技术发展趋势[J].中国煤炭,2002,28(11):9-12,4.
[39] 赵海明,眭一平,张红斌,等.望云煤矿15#煤层厚层坚硬石灰岩顶板控制与弱化方案[J].煤炭工程,2012(8):46-47,51.
[40] 刘耀明,仇安东,谢飞鸿,等.急倾斜坚硬煤层预弱化放顶煤技术[J].煤矿开采,2009,14(2):17-19.
[41] 吴国友,刘奎,郭胜均,等.综放面特殊煤层的注水降尘研究[J].采矿与安全工程学报,2008,25(1):99-103.
[42] 张玉亮,徐元强,李俊,等.华亭煤矿冲击地压监测及防治技术[J].煤炭科学技术,2012,40(9):20-23,79.
[43] 李玉民,李德荣.高韧性煤层综放开采可行性研究[J].煤炭工程,2004,36(9):14-16.
[44] 李玉民,蔡晓芒.高韧性易自燃煤层综放开采[J].西北煤炭,2004,2(4):3-6.
[45] 葛家德,王经明.疏水降压法在工作面防治水中的应用[J].煤炭工程,2007,39(8):63-65.
[46] 李占五,王兴富,彭锟,等.超化煤矿三软煤层采煤工作面底板承压水的防治[J].煤炭科学技术,2009,39(1):103-105.
[47] 丁克,郑学涛.试论江西地区水体下采煤的若干问题[J].煤炭学报,1982(4):81-89.
[48] 张风达,孟祥瑞,高召宁.煤层底板导升突水机理研究[J].矿业安全与环保,2013,40(2):1-4.
[49] 张国伟,孙亚军,刘颖.超高承压底板含水层探放水技术[J].煤矿安全,2009,40(6):36-39.
[50] 李玉民,康永华,高成春,等.高产高效矿井十年专题报道:我国水体下综放开采技术的应用及展望[J].煤炭科学技术,2003,31(12):1-5.
[51] 李玉民,任奋华.西天河下控水安全开采优化分析与评价[J].煤炭科学技术,2006,34(8):4-7.
[52] 肖德昌.影响高倍数泡沫灭火发泡质量的几个问题[J].煤矿安全,1981(8):33-36.
[53] 马超.高倍微胶囊阻化剂泡沫防灭火技术在煤矿的应用[J].煤矿安全,2010,41(9):48-50.

[54] 何宝林.BGP 型泡沫灭火机的新式安装法[J].煤矿安全,1991,22(12):42.
[55] 吴际湘.我国煤矿燃油惰气灭火技术的现状与展望[J].煤矿安全,1998,29(10):20-22.
[56] 孔令六.注凝胶技术在矿井防灭火工作中的应用[J].煤炭科学技术,2004,32(6):27-29.
[57] 周光华,黄盛初,李玉民,等. 新型胶体材料在白芨沟矿火区下分层煤自燃预防中的应用[J]. 煤炭安全,2013, 39(6):87-89,97.
[58] 周兴旺.我国特殊凿井技术的发展与展望[J].煤炭科学技术,2007,35(10):10-17.
[59] 杜文斌.井巷稳定性的影响因素与支护方式[J].煤炭技术,2006,25(4):114-116.
[60] 蔡美峰,李玉民,来兴平,等. 大柳塔煤矿采空区动力失稳机理[J]. 辽宁工程技术大学学报(自然科学版),2009,28(1):1-4.
[61] 李玉民,来兴平,蔡晓芒,等. 开采扰动区(EDZ)内层状围岩变尺度损伤及失稳预计实验及综合分析[J]. 西安科技大学学报,2007,27(1):15-19,29.
[62] 周光华. 网下炮采放顶煤工作面矿压显现分析[J]. 西北煤炭,2003,1(4):9-10.
[63] 冯茂龙,周亚杰.高韧性易自燃难冒特厚煤层综放开采技术研究[J].煤炭科学技术,2005,33(4):1-4,7.
[64] 索永录.综放开采大放高坚硬顶煤预先弱化方法研究[J].煤炭学报,2001,26(6):616-620.
[65] 羊群山,袁浩,何杰兵.大断面深立井井筒冻结表土段快速施工技术[J].煤炭技术,2009,28(9):128-129.
[66] 何富连,杨绿刚,谢生荣,等.复杂地质条件下综采面安全高效开采关键技术[J].采矿与安全工程学报,2013,30(2):218-222,242.
[67] 陈朝晖.冻结凿井技术研究进展与存在的问题[J].建井技术,2007,28(3):28-31.
[68] 陈旭.柔模泵注混凝土支护技术在松软地层斜井施工中的应用[J].建井技术,2012,33(5):24-27.
[69] 王德胜,潘卫东.极复杂条件下 6.5 m 大采高工作面综采技术研究[J].煤炭工程,2013(1):52-53,56.
[70] 唐秦生.贵石沟斜井掘进工艺和装备的研究[J].煤炭科学技术,1985(11):2-5,60.
[71] 董伟,王学兵,史波波,等.开区注液氮防灭火技术在羊场湾煤矿的研究与应用[J].煤炭工程,2011,43(12):47-49.

[72] 李凤荣,陈真富,王和志.煤层顶板离层水体分布规律及防治技术探讨[J].采矿与安全工程学报,2009,26(2):239-243.
[73] 石智军,温榕,方俊,等.煤层井下定向钻进用随钻测量系统的研制[J].煤炭科学技术,2013,41(3):16-20,69.
[74] 姚宁平,陈健,殷新胜,等.MK 系列近水平长距离钻机的研究应用现状[J].煤炭科学技术,2004,32(3):67-68.
[75] 煤炭部赴英深井冻结、注浆堵水技术考察组.英国注浆堵水技术[J].煤炭科学技术,1979(6):54-58.
[76] 成春奇,郑高升,魏广庆.井筒检查勘察阶段井筒涌水量预测误差分析[J].建井技术,2003,25(3):17-20.
[77] 殷新胜,凡东,姚克,等.松软突出煤层中风压空气钻进工艺及配套装备[J].煤炭科学技术,2009,37(9):72-74.
[78] 周曙春,杜坤乾,谢军.正循环钻进、气举反循环清孔工艺施工应用[J].岩土工程学报,2011,33(A2):166-168.
[79] 周杨洲,王佰顺.气动潜孔锤硬质砂岩钻进技术研究[J].煤炭技术,2011,30(5):64-66.
[80] 王占军.大直径竖井钻机发展现状与我国钻机发展建议(一)[J].矿山机械,2009,37(19):29-32.
[81] 郑小平,孟超,王怀华,等.冻融温度场作用下既有井壁受力变形规律研究[J].煤炭科学技术,2011,39(12):33-36.
[82] 李功洲.深井冻结壁位移实测研究[J].煤炭学报,1995,20(1):99-104.
[83] 周晓敏,贺震平,纪洪广.高水压下基岩冻结壁设计方法[J].煤炭学报,2011,36(12):2121-2126.
[84] 陈文豹,汤志斌.潘集矿区冻结壁平均温度及冻结孔布置圈径的探讨[J].煤炭学报,1982(1):46-52.
[85] 王宏,尹鹤峰,宁云才,等.快硬膨胀水泥锚杆锚固机理研究[J].矿山压力与顶板管理,1995,12(3):138-140.
[86] 汪永茂,朱成义,王健,等.煤巷预应力锚杆支护设计方法及其应用研究[J].煤炭工程,2002,34(4):33-36.
[87] 韩涛.富水基岩单层冻结井壁受力规律及设计理论研究[D].徐州:中国矿业大学,2011.
[88] 胡长青.大采高综采设备在较大倾角工作面开采实践[J].煤矿开采,2007,12(6):39-40.
[89] 闫振东,程建祯.寺河矿一次采全高国产装备大采高回采工艺实践[J].煤炭科学技术,2009,37(10):4-6.

[90] 刘茂军."两硬"条件下特厚煤层放顶煤工作面安全开采[J].煤炭科技,2011(2):62-64.
[91] 李继平.磁窑堡煤矿二号煤层综放开采顶煤弱化及开采工艺[J].煤炭工程,2009,41(9):39-41.
[92] 宋浩.斜井施工的回顾和展望[J].建井技术,1994,15(1):2-4.
[93] 张涛伟,吴学明,陈占扬,等.厚煤层大采高综采工作面长度合理性分析[J].煤矿安全,2010,41(8):128-130.
[94] 杨伟,杨宇,王晓,等.大倾角煤层伪斜工作面支架稳定性分析[J].煤炭工程,2011,43(6):88-90,93.
[95] 张慧敏,赵连刚,魏天乐.综采放顶煤工作面控制液压支架与输送机下滑的技术[J].煤炭技术,2007,26(1):125-127.
[96] 齐宏伟,刘永立,冯俊杰,等.新强煤矿急倾斜煤层综采工作面采煤机稳定性控制研究[J].煤炭技术,2013,32(5):58-60.
[97] 华心祝,谢广祥.大采高综采工作面煤壁片帮机理及控制技术[J].煤炭科学技术,2008,36(9):1-3,24.
[98] 李立波,刘小明,周光华. 大断面破碎围岩巷道保护煤柱稳定性分析与评价[J]. 煤炭工程,2010,42(10):81-83.
[99] 来兴平,周光华,张建华,等. 基于现场监测的破碎围岩介质垮落失稳及综合分析[J]. 煤炭学报,2008,33(3):246-250.
[100] 李立波,来兴平,李玉民,等. 破碎围岩环境下巷道应力与变形监测[J]. 西安科技大学学报,2010,30(1):24-28.
[101] 张建华,吕兆海,周光华,等. 破碎围岩条件下开采扰动区 LSMA 的动力失稳[J]. 西安科技大学学报,2007,27(4):544-549.
[102] 慕杨,庞重.综采工作面顶板破碎及煤壁片帮原因分析[J].煤炭技术,2006,25(2):83-84.
[103] 鲁连得.张集矿北区 17228 综采工作面拆除支架顶板控制与管理[J].煤炭技术,2008,27(7):85-86.
[104] 李俊龙.综放面架前冒顶控制及破碎围岩注浆加固工艺技术[J].煤炭技术,2011,30(8):93-94.
[105] 安供.加强顶板管理防止冒顶事故[J].煤矿安全,1981(4):35-41.
[106] 翟桂武.大采高综采面顺槽超前支护支架及其应用[J].煤炭工程,2008,40(7):29-30.
[107] 曹胜根,李忠华.综放工作面端头支护技术[J].煤炭科技,2008(3):41-43.
[108] 丁华,杨兆建.面向知识工程的采煤机截割部现代设计方法与系统[J].煤

炭学报,2012,37(10):1765-1770.

[109] 杨荣明,吴士良.神东矿区大采高综采工作面过空巷顶板结构和支护方式研究[J].煤炭工程,2013,45(4):55-58.

[110] 任奋华,蔡美峰,来兴平,等.大采空区覆岩破坏高度测控试验分析[J].西安科技学院学报,2004,24(1):9-11.

[111] 周光华,伍永平,林红梅,等.复杂特厚煤层6.2 m采高开采工艺优化[J].西安科技大学学报,2010, 30(4):397-401.

[112] 周卫金,吴灿银,周卫星,等.大采高综采工作面快速安装技术[J].煤矿开采,2009,14(2):27-29,11.

[113] 李玉民,李建民,李德荣,等.灵武矿区磁矿羊一矿联合技术改造方案研究[J].煤炭工程,2002(3):11-13.

[114] 李玉民,李德荣.灵武矿区磁羊矿井联合技术改造的创新与实践[J].煤炭工程,2005,37(12):26-28.

[115] 来兴平,周光华,张建华,等.羊场湾煤矿大断面巷道冒顶现场综合调查与控制分析[J].西北煤炭,2006,4(3):19-21,8.

[116] 斯华纯.综放工作面快速过断层技术实践[J].煤炭技术,2005,24(5):114-115.

[117] 陈少璞,王滨,王瑞智,等.大柳塔煤矿 12611-2 综采面过断层技术研究[J].煤炭工程,2011,43(10):72-74.

[118] 王飞,罗昆.深孔松动爆破在钱营孜煤矿首采 3212 工作面的应用[J].煤矿安全,2011,42(8):126-127.

[119] 索永录,孙书亮,段王拴,等.高瓦斯综放面预先爆破弱化坚硬顶煤试验[J].煤炭科学技术,2009,37(3):1-3.

[120] 魏锦平,阎志义.综放采场坚硬顶板控制实践[J].矿山压力与顶板管理,2000,17(2):71-74.

[121] 平琦,马芹永,袁璞.岩石试件 SHPB 劈裂拉伸试验中能量耗散分析[J].采矿与安全工程学报,2013,30(3):401-407.

[122] 倪兴华.安全高效矿井辅助运输关键技术研究与应用[J].煤炭学报,2010,35(11):1909-1915.

[123] 陈燎原.大倾角斜井运人索道的设计及应用[J].煤炭科学技术,2001,29(3):25-27,37.

[124] 原芝泉,万鹿贵.液氮防灭火系统在煤矿中的应用[J].煤炭工程,2013,45(3):60-62.

[125] 张辛亥,郑忠亚,邓军,等.彬县下沟矿 4# 煤层自燃特性参数研究[J].煤炭工程,2011(8):108-110,113.

[126] 丁永禄,董伟,郝军.工作面回撤期间封闭和注液氮防灭火技术[J].煤炭科学技术,2013,41(2):49-51,55.

[127] 裔传标,罗亚兵,史守芳.定向钻进技术在张集煤矿探放水中的应用[J].煤炭技术,2010,29(1):214-216.

[128] 李玉民. 3122中上(二)保护层工作面采动瓦斯的涌出和流动特征[J].煤炭工程,2003,35(10): 45-48.

[129] 周英,南华.特厚易自燃煤层综放开采采空区“三带”划分研究[J].中国煤炭,2006,32(2):32-34,4.

[130] 徐精彩,余锋,李树刚,等.石嘴山二矿2268综放采空区自燃危险区域划分研究[J].煤炭学报,2003,28(3):256-259.

[131] 朱红青,李峰,潘凤龙,等.非间隔式注氮防灭火工艺管路压力载荷研究[J].煤炭学报,2012,37(A2):351-356.

[132] 左伟,王金安,贾亚会,等.富含水层下煤矿开采涌水量预测方法对比研究[J].煤炭工程,2009,41(11):78-81.

[133] 李金燕,张维江.宁夏王洼煤矿矿井涌水分析与涌水量计算[J].煤炭工程,2012,44(8):81-84.

[134] 刘玉洲,陆庭侃.地面钻孔抽放采空区瓦斯及其稳定性分析[J].岩石力学与工程学报,2005,(A01):4982-4987.

[135] 钱鸣高,石平五.矿山压力与岩层控制[M].徐州:中国矿业大学出版社,2003.

[136] 杜计平,汪理全.煤矿特殊开采方法[M]. 徐州:中国矿业大学出版社,2003.

[137] 刘鸿文.简明材料力学[M].北京:高等教育出版社,1997.

[138] 胡千庭,梁运培,林府进.采空区瓦斯地面钻孔抽采技术试验研究[J].中国煤层气,2006,3(2):3-7.

[139] 杨世安,吕恩森,温永言,等.铁法矿区煤层气开发地面钻孔技术[J].中国煤层气,1996(2):141-143.

[140] 李国君,刘长久.铁法矿区地面垂直采空区井技术[J].中国煤层气,2005,2(4):7-10.

[141] 井多胜,徐传田.地面钻孔抽放瓦斯技术的试验[J].煤炭技术,2006,25(6):84-85.

[142] 胡殿明,林柏泉.煤层瓦斯赋存规律及防治技术[M].徐州:中国矿业大学出版社,2006.

[143] 袁亮.松软低透煤层群瓦斯抽采理论与技术[M].北京:煤炭工业出版社,2004.

[144] 周光炯，严宗毅．流体力学[M]．北京：高等教育出版社，1994．
[145] 郭楚文，李意民．工程流体力学[M]．徐州：中国矿业大学出版社，2002．
[146] 汪志明，崔海清，何光渝．流体力学[M]．北京：石油工业出版社，2006．
[147] 纪哲锐．MathCAD PLUS 6.0 快速入门及应用[M]．北京：清华大学出版社，1998．
[148] 吴群英，林亮．应用数理统计[M]．天津：天津大学出版社，2004．